Friedrich Baethgen

Beiträge zur semitischen Religionsgeschichte

der Gott Israels und die Götter der Heiden

Friedrich Baethgen

Beiträge zur semitischen Religionsgeschichte
der Gott Israels und die Götter der Heiden

ISBN/EAN: 9783743656383

Hergestellt in Europa, USA, Kanada, Australien, Japan

Cover: Foto ©Lupo / pixelio.de

Weitere Bücher finden Sie auf **www.hansebooks.com**

BEITRÄGE

ZUR

SEMITISCHEN RELIGIONSGESCHICHTE

VON

Lic. Dr. FRIEDRICH BAETHGEN

A. O. PROFESSOR DER THEOLOGIE.

DER GOTT ISRAEL'S

UND

DIE GÖTTER DER HEIDEN.

BERLIN,

H. REUTHER'S VERLAGSBUCHHANDLUNG.

1888.

INHALTSÜBERSICHT.

Einleitung . . . . S. 5—7.

Die Götterwelt der heidnischen Semiten . . . . S. 9—130.
    Edomiter S. 9. — Moabiter 13. — Ammoniter 15. — Phönicier 16—65. Baal und die Baalim 17. Baalat 29. Astarte 31. Milk (Moloch) 37. Milkat 40. Adonis 40. Eschmun 44. Reschef 50. Anat 52. Pumi und Pa'am 53. Sakkun, Adar, Do'om 54. Tanit 55. Allat 58. Sad 59. Sidon 60. Gestirndienst 61. Assyrische, aramäische und ägyptische Götter bei den Phöniciern 61. — Philister **65**. — **Aramäer 66—81**. Hadad 67. Atargatis 68. Rimmon 75. Monimos und Aziz 76. Gad-Tyche 76. Elagabal 80. Götter Teima's 80. — Palmyra **81**—91. Baalschamen 82. Aglibol und Malachbel 84. Bel und Jarchibol 86. Bol 87. Schemesch 88. Nebo 89. Atargatis, Allat 90. — Nabatäer 91—109. Dusares 92. Allat 97. Aumos, Theandrites, Vaseathu 101. Syrische, griechische und ägyptische Götter bei den Nabatäern 103. Nabatäer der Sinaihalbinsel 105. in Hegr 108. Deificationen 109. — Araber 109—116. — Sabäer (Himjaren) 116—130. — Aethiopier 130.

Israels Verhältniss zum Polytheismus . . . . S. 131—252.
    Die Pluralform des Wortes Elohim 132. Theophore Personennamen 140. Die baal-haltigen Namen 141. Die melek-haltigen 147. — Angebliche abgeblasste Göttergestalten 147. Die Protoplasten und vorsündfluthlichen Patriarchen 148. Noah und seine Söhne 153. Abraham, Isaak und Jakob 154. Jakobs Söhne 158. Simson 161. Angebliches mythologisches Gepräge der hebräischen Sprache 174. — Die alttestamentl. Aussagen über Israels ältesten Glauben 179. — **Die** verschiedenen Formen des Götzendienstes in Israel und die damit parallel laufende Verehrung Eines Gottes 189—252. Die Stämme in Gosen 190. El Schaddai 192. Verehrung ägyptischer Götter 197. Israel und die Kananiter 200. Jahve der Gott Israels 203. Baaldienst der Israeliten 208. Bamoth 213. Mazzeben 215. Ascheren 218. Kedeschen 220. Menschenopfer 220. Israels Glaube im Anfang **der** Königszeit 222. David 224. Salomo 228. Das Südreich im 1. Jahrh. nach der Trennung 231. Das Nordreich 233. Das Südreich seit Joas 237. Assyrischer Götzendienst 238. Das Deuteronomium und Josias 243. Die letzten Jahre des Reiches und das Exil 247.

Die Einheit innerhalb **der Vielheit der semitischen Götter und der** Monotheismus Israels . . . . . . S. 253—296.
Einheitsbestrebungen **des** semitischen Polytheismus **253**. Götteramalgamationen 254. Reducirung der Göttermengen **auf eine** ursprünglich geringere Anzahl durch Ausscheidung der fremden **Götter** 258. Locale und qualitative Differenzirung 260. Hauptgottheiten **262.** Ursprüngliche Identität derselben **263. Genesis der** Göttinnen 265. Monismus 269. Allgemeine Benennungen für Gott und Götter 270. El 276. Der gemeinsame Ausgangspunkt der heidnisch-semitischen Religionen und der israelitischen 288. Skizzirung der Entwickelung bei den Israeliten 289. El Schaddai 291. Moses und die Propheten 295.

Excurs. Die allgemeinen Benennungen für Gott und Götter bei den verschiedenen semitischen Völkern . . . . . . S. 297—310.

Register . . . . S. 311.

Abkürzungen.

CIG = Corpus Inscriptionum Graecarum. — CIL = Corpus Inscriptionum Latinarum (Band VIII wenn kein anderer angegeben). — CIS = Corpus Inscriptionum Semiticarum Band I. — JA = Journal Asiatique. — Euting Samml. (oder nur: Euting) = Euting, Sammlung karthagischer Inschriften. — Euting Pun. St. = Euting, Punische Steine. — KGF = Schrader, Keilschriften und Geschichtsforschung. — KAT = Schrader, Keilschriften und Altes Testament. — Scholz = P. Scholz, Götzendienst und Zauberwesen bei den alten Hebräern. — Schröder = P. Schröder, Die phönicische Sprache. — Vogüé = de Vogüé, Syrie centrale. Inscription sémitiques. — Wadd. = Le Bas et Waddington, Voyage archéologique. Inscriptions. — ZATW = Zeitschrift für die alttestamentliche Wissenschaft. — ZDMG = Zeitschrift der Deutschen morgenländischen Gesellschaft.

Um zur Lösung der Frage beizutragen, wie sich der Monotheismus Israel's in Mitten der stammesverwandten polytheistischen Umgebung erklärt, habe ich Materialien gesammelt, deren ausgiebige Verwerthung ich mir vorbehalte, aus denen ich aber schon jetzt einige, wie ich glaube wichtige Resultate gezogen habe.

Den Abstand, welcher zwischen dem Gottesglauben Israel's und dem der heidnischen Semiten besteht, hat man in neuerer Zeit von zwei entgegengesetzten Seiten her aufzuheben oder abzuschwächen versucht. Auf der einen Seite findet Renan's These von einem ursprünglichen Monotheismus aller Semiten, der sich bei zahlreichen Vertretern innerhalb des Polytheismus erhalten hätte, noch heute Anhänger. Auf der anderen Seite wird für Kuenen's Behauptung, die Israeliten hätten ursprünglich die polytheistische Naturreligion der übrigen Semiten getheilt, und der Monotheismus Israel's sei das natürliche Ergebniss der sittlichen Predigt der Propheten, der Anspruch erhoben, zu den gesichertsten Ergebnissen der heutigen geschichtlichen Wissenschaft zu gehören. Unter diesen Umständen bedarf eine erneute Untersuchung über das Verhältniss zwischen dem Gott Israel's und den Göttern der Heiden keiner Rechtfertigung.

Im ersten Theil habe ich durch einfache Zusammenstellung des Materials die Vielgestaltigkeit des semitischen Polytheismus anschaulich zu machen gesucht. Es versteht sich von selbst, dass ich hier in erster Linie aus einheimischen Quellen, d. h. den in neuerer Zeit in überraschender Fülle zu Tage geförderten Inschriften geschöpft habe. Dies Material ist freilich spröde und trocken, es ist dafür aber zuverlässig. Von den Göttermythen habe ich absichtlich abgesehn; für meinen Zweck waren sie nicht erforderlich. Mit einem Scheine des Rechts kann man mir den Vorwurf machen, ich hätte in der Uebersicht über die Götter der heidnischen Semiten Zusammengehöriges auseinander gerissen. Manche Götter und gerade die wichtigsten sind verschiedenen semitischen Stämmen gemeinsam; und wenn ich kein anderes Ziel verfolgt hätte, als den Gottesglauben der heidnischen Semiten zu zeichnen, ohne auf sein Verhältniss zu dem Israel's Rücksicht zu nehmen, so hätten jene gemeinsamen Götter zusammenhängend behandelt werden können und müssen. Da es mir aber darauf ankam, den Glauben der einzelnen semitischen Stämme im Verhältniss zu dem der Israeliten klar zu stellen, d. h. da bei den einzelnen semitischen Stämmen untersucht werden musste, wie sie sich zur Einheit Gottes gestellt haben, so mussten bei jedem Stamm die sämmtlichen von ihm verehrten Götter aufgezählt werden, auch auf die Gefahr hin, dass diese Götter z. T. an anderen Stellen noch einmal behandelt wurden.

Die Götterwelt der Babylonier und Assyrer habe ich ausser Betracht gelassen, nicht weil ich sie für unwichtig hielte, sondern weil ich hier vorläufig kein Material vorlegen konnte, und es mir widerstrebte, statt dessen einige Excerpte aus Büchern zu geben, deren Zuverlässigkeit mir selbst zweifelhaft ist. —

Nachdem die Götterwelt der heidnischen Semiten vorgeführt worden war, musste im zweiten Theil untersucht werden, ob Israel's Gottesglaube sich wirklich, wie Kuenen u. A. behaupten, in alter und mittlerer Zeit in Nichts von dem seiner Stammesverwandten unterschied. Ich habe hier der negativen Kritik einen ziemlich breiten **Raum** gewährt, **um endlich** einmal mit Ansichten aufzuräumen, **die** ebenso **unhaltbar** sind, wie **sie in** weiten Kreisen, und zwar gerade in solchen, die **in** besonderer Weise auf das Prädikat **der** Wissenschaftlichkeit Anspruch machen, das Verständniss der Geschichte Israel's verdunkeln. — **Aus der** Untersuchung, ob **der** Polytheismus bei den Hebräern ursprünglich war, ist zugleich eine Skizze **des** Götzendienstes der abtrünnigen Israeliten erwachsen.

Die geschichtlichen Untersuchungen **der** beiden ersten Theile führen **zu dem** Resultat, **dass der** Gottesglaube Israel's von Alters **her** specifisch verschieden war von dem seiner Stammesverwandten, **und** die Behauptung, der alttestamentliche Monotheismus sei auf **dem** Wege natürlicher Entwickelung **aus dem** Polytheismus entstanden, erweist sich **bei genauerer** Prüfung als nicht stichhaltig. Anderseits deutet **die** den Israeliten mit den heidnischen Semiten gemeinsame Benennung für Gott darauf hin, dass diese **beiden** Richtungen **des** Semitismus trotzdem in **ihrem** Gottesglauben **nicht** völlig unabhängig von einander sind. **Den gemeinsamen** Ausgangspunkt und die verschiedenartige Entwickelung des Gottesglaubens bei den Israeliten und bei den heidnischen Semiten sucht die dritte Studie nachzuweisen.

DIE GÖTTERWELT DER HEIDNISCHEN SEMITEN.

> Ταῦθ' ἡμῖν εὕρηται ἐπιμελῶς εἰδέναι
> τὰ Φοινίκων ποθοῦσι, καὶ πολλὴν ἐξερευ-
> νησαμένοις ὕλην, οὐχὶ τὴν παρ' Ἕλλησι·
> διάφωνος γὰρ αὕτη καὶ φιλονεικότερον
> ὑπ' ἐνίων μᾶλλον, ἢ πρὸς ἀλήθειαν
> συντεθεῖσα.

Unter allen semitischen Völkern ist keins den Israeliten so nahe verwandt wie die **Edomiter**. Dass die Israeliten sich dieser Verwandtschaft wohl bewusst waren, zeigt die genealogische Sage, nach welcher **Esau** oder Edom der Zwillingsbruder Jakobs ist und beide Isaak zum Vater haben. Dem entsprechend schreibt das Deuteronomium[1] vor: „Den Edomiter sollst du nicht verabscheuen, denn er ist dein Bruder. . . . Kinder, die ihnen geboren werden, sollen im dritten Geschlecht in die Gemeinde Jahve's kommen". Esau ist der ältere der beiden Zwillingsbrüder, **d. h.** die Edomiter sind früher zu staatlicher Einheit gekommen als die Israeliten, denn es gab Könige im Lande Edom, ehe die Israeliten einen König hatten[2]. Unter diesen Umständen liegt die Erwartung sehr nahe, dass die beiden Bruderstämme auch in religiöser Beziehung mancherlei Gemeinsames hatten und dass die Edomiter einen Gott verehrten, der, wenn auch anders genannt, doch eine ähnliche Stellung zu seinem Volk einnahm, wie Jahve zu Israel. Diese Erwartung wird jedoch völlig getäuscht. **Nach** den freilich dürftigen Nachrichten über den Gottesglauben

---

[1] 23, 8 f.   [2] Gen. 36, 31.

der Edomiter waren sie echte Polytheisten. Als der König Amazja aus dem Kriege mit den Edomitern zurückkehrte, brachte er ihre Götter mit, stellte sie für sich als Götter auf und betete sie an und räucherte ihnen[1]. Mit Namen wird uns im alten Testament direct kein edomitischer Gott genannt, aber aus einigen edomitischen Personennamen lassen sich die Götternamen erschliessen.

Ob die Namen Esau und Edom selbst, wie Stade[2] vermuthet, halbverschollene Gottesnamen sind, ist freilich recht zweifelhaft, denn der angebliche mit Esau gleichnamige Gott Usoos der Phönicier, welcher mit seinem Bruder verfeindet ist und aus den Fellen von ihm erjagter wilder Thiere zuerst Kleidung für den Körper verfertigt, ist höchst wahrscheinlich nichts Anderes als eine Entlehnung des Philo von Byblus aus dem alten Testament. Edom aber, der eigentliche Gesammtname des Volkes, ist durch den Personennamen Obed-Edom noch keineswegs als Gottesname erwiesen[3]; vielmehr scheint es, dass dieser Name nur dialektisch von hebr. *adam* „Mensch" verschieden ist. Die Edomiter nannten sich בני אדום „Menschen" κατ' ἐξοχήν[4]. Dagegen kommen in der Liste edomitischer Könige[5] theophore Personennamen vor, aus denen man auf die von den Edomitern verehrten Götter schliessen kann. Der Königsname Baal Chanan[6] zeigt, dass sie den Gottesnamen Baal kannten; Hadad[7] trug seinen Namen nach einem gleichnamigen Gott, den wir bei den Syrern kennen lernen werden. Der Name von Esau's Sohn Je'ûsch (יעוש)[8] deckt sich den Gesetzen der

---

[1] 2 Chr. 25, 14. ‖ [2] Geschichte des Volkes Israel I 121. ‖ [3] Nicht alle mit עבד zusammengesetzten Namen sind theophore. — In Karthago (CIS 295) findet sich der Personenname עבדאדם, daneben (ibid. p. 365) aber auch der Titel מלך אדם „rex hominum". — ‖ [4] Der Ausdruck בני אדם ist zu erklären wie der analoge בני ישראל. ‖ [5] Gen. 36. ‖ [6] Gen. 36, 38. ‖ [7] v. 35; vgl. 1 Reg. 11, 14 ff. ‖ [8] Gen. 36, 4. Der Name findet sich ausserdem zweimal bei Benjaminiten 1 Chr. 7, 10. 8, 39. Ferner 23, 10 (ein Levit) und 2 Chr. 11, 19 (ein Sohn Rehabeams). — Nach Sayce, Lectures on the Origin and Growth of Religion p. 55 wäre auch Saul (Gen. 36, 37) der Name eines in Edom importirten babylonischen Gottes.

Lautverschiebung gemäss genau mit dem eines arabischen Gottes Jaġûth (s. u). Auf assyrischen Inschriften[1] kömmt ein edomitischer König Malikrâm vor; Malik ist mit dem Gottesdeterminativ versehn, der Königsname bedeutet also „(Gott) Malik ist erhaben", und zeigt, dass die Edomiter diesen Gott, der wohl mit dem phönicischen Moloch verwandt oder identisch war, kannten. — Einen edomitischen Gott Qaus oder Qos lernen wir aus den von Schrader a. a. O. mitgetheilten Königsnamen Qaušmalaka und Qaušgabri kennen. Schrader bemerkt[2], dass gemäss assyrischem Lautwandelgesetze assyrisches Qa-uš nur einem kananitisch-edomitischen קוס, nicht קיש entsprochen haben kann. „Die entsprechende edomitische Gottheit hiess also קוס, nicht קיש". Diese von Schrader postulirte Form hat eine inschriftliche Bestätigung gefunden durch eine nabatäische Inschrift aus Hegr[3], auf welcher ein קסנתן „Qos hat gegeben" **vorkömmt**. Mehrere mit Qos zusammengesetzte Personennamen finden sich auf einer von Miller[4] veröffentlichten griechischen Inschrift aus Memphis, welche der Herausgeber **der** zweiten Hälfte des zweiten Jahrhunderts vor Chr. zuschreibt. Vermuthlich waren die Träger dieser Namen Edomiter. Es sind Κοσαδαρος = קוסאדר Qos ist herrlich, **Κοσβανος** = קוסבנה Qos hat erbaut, Κοσγηρος = קוסגר Qos ist Patron, Κοσνατανος = קוסנתן. Ferner citirt Miller Κωσανελου (?) und Κοσβαρακος[5] = קוסברק Qos blitzt, aus Cyrene. Schrader zieht auch den Namen des Edomiters Κοστόβαρος, des Zeitgenossen des Herodes hierher.[6] Ueber das Wesen des Gottes ist Nichts bekannt. Aus Schrader sehe ich, dass Halévy den Namen קוס mit dem arabischen Qais in Imru'lqâis zusammenstellt.

Von diesem Qos ist zu unterscheiden ein anderer edomitischer Gott, den Josephus a. a. O. Κοζέ nennt und aus dessen Priesterschaft jener Kostobar entsprossen war. Tuch[7] hat diesen

---

[1] Schrader, Keilinschr. u. **a. T.**[2] S. 150. ‖ [2] a. a. O. S. 613. ‖ [3] Euting, Nabatäische Inschriften 12, 1. ‖ [4] Revue archéol. 1870 I p. 109 ff. 170 ff. ‖ [5] CIG 5149 (aus römischer Zeit). ‖ [6] Joseph. Ant. 15, 7. 9. ‖ [7] ZDMG 3, 200 f.

Gott in den Sinaiinschriften unter der Form קזה wiedergefunden. Freilich protestirt Levy[1] gegen diese Lesung aus paläographischen Gründen; aber wenn auch an der fraglichen Stelle anders zu lesen sein sollte, so hat doch Tuch das Vorhandensein eines Gottes קזה aus arabischen Quellen unwiderleglich dargethan und zugleich seinen Charakter als den eines Gewittergottes sicher gestellt. Bei arabischen Lexikographen ist Qozaḥ gemäss der gewöhnlichen Degradation heidnischer Götter zu Engeln oder zu Teufeln entweder der Satan oder der Engel, welcher den Wolken vorgesetzt ist. Tuch führt weiter an den Ausdruck „Bogen des Qozaḥ" für Regenbogen; ferner das Dichterwort aus der Hamasa: „Qozaḥ hängt seinen Bogen (am Himmel) auf" und „Wenn **Qozaḥ** von seinem Bogen Pfeile schiesst." Tuch schliesst: „Hieraus ist klar, dass Qozaḥ die Naturkraft personificirt, welche den Elementen des Himmels gebietet, die Wolken bald befruchtend, bald in Sturm und Wettern zerstörend sich über die Erde entladen lässt, dargestellt als bewaffneter Kämpfer, der seine Pfeile gegen die Erde entsendet und nach beendetem Kampfe seinen Bogen am Himmelszelt als Friedenszeichen aufhängt. Es ist mit einem Worte Qozaḥ der Indra der arabischen Mythologie."[2]

So dürftig alle diese Nachrichten und Notizen[3] sind, so genügen sie doch völlig als Beweis, dass von einem Monotheismus der Edomiter oder von einer näheren Verwandtschaft ihres Gottesglaubens mit dem der Israeliten nicht die Rede sein kann. Etwas günstiger stellt sich das Verhältniss bei den Moabitern und den Ammonitern, **den** beiden Völkern, **welche nächst** den Edomitern **die** nächsten Verwandten Israels waren und von

---

[1] ZDMG 14, 425. ∥ [2] Vgl. noch de Lagarde, Gesammelte Abhandlungen S. 56. 178. ∥ [3] Epiphanius (haer. 55) erzählt, die Bewohner des peträischen **Arabiens,** welches Rokom (Ρωκωμ) und Edom genannt werde, hielten den Moses wegen der von ihm vollbrachten Gotteszeichen für einen Gott und beteten sein Bild an. Wodurch diese Fabel entstanden ist, lässt sich nicht nachweisen.

denen jedenfalls das erste eine Sprache redete, die von der hebräischen nur in wenigen Einzelheiten verschieden war.

Im Gottesglauben der Moabiter nimmt der Gott Kamos eine hervorragende Stellung ein. Im alten Testament heisst Moab das Volk des Kamos,[1] wie Israel das Volk Jahve's, und umgekehrt Kamos der Gott oder Gräuel der Moabiter.[2] Er ist es, auf den Moab seine Zuversicht setzt, der aber samt seinen Priestern und Fürsten in die Verbannung ziehen soll.[3] Die in diesen Wendungen zu Tage tretende Bedeutsamkeit des Kamos für die Moabiter wird bestätigt durch den Gesamttenor der Inschrift des Königs Mesa. Der König hat dem Kamos eine Opferstätte hergerichtet, weil er ihm half gegen alle seine Feinde und seine Augen sich weiden liess an all seinen Hassern. Kamos hatte auf sein Land gezürnt, so dass der König von Israel Moab viele Tage bedrücken konnte; aber ebenderselbe Kamos hat Mesa das von Omri eroberte Land Medeba zurückgegeben. Zum Dank tödtet Mesa die besiegten Israeliten zur Augenweide für Kamos und Moab. Einen erbeuteten Altar des Dodo (?) sowie die in Nebo erbeuteten Gefässe Jahves bringt Mesa dem Kamos dar. Kamos hat zu Mesa gesprochen: „Geh und nimm Nebo Israel ab", „streite wider Horonaim". Kamos vertrieb den König von Israel vor Mesas Angesicht u. s. w.

Auch mehrere theophore Personennamen bezeugen die Bedeutsamkeit des Kamos für die Moabiter. Mesas Vater hiess Kamosgad d. i. Kamos ist oder bringt Glück; ein König von Moab zur Zeit Sanheribs hiess Kamosnadab[4] d. i. Kamos ist freigebig; ein von Renan[5] bei Beirut aufgefundener geschnittener Stein gehörte einem כמשיחי d. i. Kamos giebt Leben (?).

Die Griechen identificiren Kamos mit ihrem Ares. Die Hauptstadt des Landes wurde von ihnen nach dem Gott und zugleich mit Anklang an **ihren** semitischen Namen *Ar* (ער) Areo-

---

[1] Num. 21, 29. Jer. 48, 46. [2] 1 Reg. 11, 7. 33. 2 Reg. 23, 13. [3] Jer. 48, 7. 13. [4] Schrader KAT² 288, 22. [5] de Vogüé, Mélanges d'arch. orient. p. 89.

polis genannt.[1] Der kriegerische Charakter des Gottes tritt in Mesas Inschrift deutlich genug zu Tage. Vielleicht hängt sein Name, den man *subactor* deutet, hiermit zusammen. Zugleich war er der Gott der Sonnengluth, eine Erscheinungsform des Moloch (s. u.). Eine geflügelte Sonnenscheibe auf der Gemme des כמשירד scheint sein Symbol zu sein. Als Gott der verzehrenden Sonnengluth wurde er durch Menschenopfer verehrt. Mesa opferte ihm in der höchsten Kriegsnoth seinen erstgeborenen Sohn auf der Mauer, weswegen ein grosser Zorn über Israel kam.[2]

Dass Kamos für das Gottesbewusstsein der Moabiter von der allergrössten Bedeutung war, ist nach diesen Ausführungen einleuchtend. Es lässt sich auch nicht verkennen, dass die Wendungen, in denen Mesa von Kamos spricht, ihre genauen Parallelen im alttestamentlichen Sprachgebrauch in der Anwendung auf Jahve haben. Trotzdem wäre es verkehrt, den Moabitern auch nur eine Art von Monotheismus zuschreiben zu wollen, denn Kamos war nicht der einzige Gott, den sie verehrten. Mesa berichtet in seiner Inschrift, dass er gefangene israelitische Frauen und Mädchen einer Gottheit geweiht habe, welche er Aschtar-Kamos (עשתר כמש) nennt. Was unter dieser Gottheit zu verstehn ist, wird weiter unten zu untersuchen sein. Sicher hängt Aschtar in irgend einer Weise mit der Astarte zusammen. Wir haben also unter allen Umständen eine zweite Gottheit, die von Mesa und Moab neben Kamos verehrt wurde. Eine dritte ist der Num. 25, 3 ff. erwähnte Baal Peor. Mag nun dieser Gott nach dem Berge Peor[3] als seinem Cultussitz benannt sein, oder mag umgekehrt der Berg seinen Namen von einem gleichnamigen Gott haben, so ergiebt sich doch aus dem Umstande, dass der fragliche Berg im Moabiterlande lag, mit

---

[1] Wenn Eusebius, Onomast. s. v. Ἀρνά behauptet καλοῦσιν εἰς ἔτι καὶ νῦν Ἀρνήλ τὸ εἴδωλον αὐτῶν οἱ τὴν Ἀρεόπολιν οἰκοῦντες ἀπὸ τοῦ σέβειν τὸν Ἄρεα, ἐξ οὗ καὶ τὴν πόλιν ὠνόμασαν, so hat er das Wort, welches im moabitischen den Altar des Gottes bezeichnete (אריאל), für den Namen des Gottes selbst gehalten. | [2] 2 Reg. 3, 27. | [3] Num. 23, 18.

Sicherheit, dass wir es mit einem moabitischen **Cult** zu thun haben.¹ Hieronymus² meint, Baal Peor sei nur ein anderer Name für Kamos. Hieran ist aber nur so viel richtig, dass auch Kamos eine der vielen Erscheinungsformen des Baal oder Moloch war, worüber unten zu sprechen ist; aber identisch sind Kamos und Baal Peor gewiss nicht gewesen, denn während der erstere der zerstörende Kriegsgott war, scheint der letztere vielmehr ein Gott der Fruchtbarkeit und Ueppigkeit gewesen zu sein, wenn auch auf die rabbinischen Fabeln über die Natur des Gottes und die Art seines Cultus³ Nichts zu geben ist.

Der im Moabiterlande gegenüber von Jericho gelegene Berg Nebo, auf welchem Moses starb⁴, kann seinen Namen nur von dem gleichnamigen besonders in Babel verehrten Gott haben, dem er geweiht war, und zeugt somit für die Verehrung eines vierten Gottes durch die Moabiter.

Der Hauptgott der Ammoniter ist Milkom.⁵ Die Namensform des Gottes ist von der des phönicischen Milk (Moloch) nur dialektisch verschieden; beide bezeichnen den Gott als König. Trotz der wesentlichen Identität der Namen galten jedoch Milkom und Moloch für zwei verschiedene Götter; der schlagendste Beleg hierfür ist der Umstand, dass bei Jerusalem Milkom auf dem Oelberge, Moloch im Thale Hinnom eine Opferstätte⁶ hatte. Von andern Göttern der Ammoniter lassen sich nur unsichere Spuren nachweisen. Wenn Jephta⁷ Kamos den Gott der Ammoniter nennt, so liegt hier wohl ein lapsus calami des Schriftstellers vor⁸, denn wenn auch Kamos und Milkom wesensverwandt waren, so bezeichnet doch der erstere Name immer den Gott der Moabiter wie letzterer den der Ammoniter. Offenbar ist

---

¹ Vgl. Baudissin, Studien zur sem. Religionsgeschichte II 233. ∥ ² Zu Jes. 15. ∥ ³ Zusammengestellt bei Selden, de Dis Syris p. 157 sqq. ∥ ⁴ Deut. 34, 1 ff. — Auch im Stammgebiet von Juda lag eine Stadt Nebo. Esra 2, 29. 10, 43. Neh. 7, 33. ∥ ⁵ 1 Reg. 11, 5. 33. 2 Reg. 23, 13. An den Stellen Jer. 49, 1. 3, Amos 1, 15, Zeph. 1, 5 haben die Masoreten falsch vocalisirt. ∥ ⁶ 2 Reg. 23, 13. Diestel, Jahrbb. f. deutsch. Theol. 1860, 714. ∥ ⁷ Jud. 11, 24. ∥ ⁸ s. Studer ad l.

aber an der Stelle des Richterbuches der Hauptgott der Ammoniter gemeint, nicht irgend ein in zweiter Linie verehrter, der etwa von auswärts importirt wäre. — Von den im alten Testament vorkommenden ammonitischen Königsnamen, aus denen etwa Götter erschlossen werden könnten, ist Nahas überhaupt kein theophorer; in Hanun „der Begnadete" ist der Gott nicht genannt; ein Pudu-ilu auf einer Keilinschrift Sanherib's[1] zeigt den allgemeinen Gottesnamen El (אל); auch ein Ba'sa und ein Ruhub[2] führen zu keinen Resultaten. Nur der Name des Baalis (בעליס), welcher zur Zeit Jeremias König von Ammon war, scheint durch Zusammensetzung mit der Isis gebildet zu sein und Isisgemahl[3] zu bedeuten. Ein solcher Name kann im 6ten Jahrhundert und bei einem heidnischen Könige nicht auffallen.[4] — Nach Stephanus v. Byz. s. v. Φιλαδελφια hiess Rabbath Ammon, die Hauptstadt der Ammoniter, später Ἀστάρτη[5]; ist diese Nachricht zuverlässig, so bezeugt sie den Astartecult bei den Ammonitern.[6]

Die Beweise für die Verehrung mehrerer Götter durch die Ammoniter sind nicht so sicher wie bei den Moabitern. Dies liegt aber ohne Frage an der Dürftigkeit der Quellen. Aus der zufälligen Nichterwähnung weiterer Götter auf einen reineren Gottesglauben der Ammoniter zu schliessen wäre sicherlich verkehrt; nur so viel steht fest, dass ihr Milkom eine dominirende Stellung einnahm, wie Kamos bei den Moabitern.

Bei den Kananitern und Phöniciern wird die Zahl der Götter eine schier endlose. Freilich hat es seine Bedenken, von phönicischen Göttern schlechthin zu sprechen, denn in den ein-

---

[1] Schrader KAT 288, 22. ‖ [2] ibid. 194, 22. ‖ [3] Im CIS 308 wird ein Sidonier Abdis (עבדיס מרים) d. i. Isisknecht genannt. ‖ [4] Möglich wäre auch „Isis ist Baal." Die karthagische Göttin Tanit führt einige Male den Titel ירח CIS 401. 402. ‖ [5] πρότερον Ἄμμανα, εἶτ' Ἀστάρτη, εἶτα Φιλαδέλφεια ‖ [6] Einen ammonitischen Gottesnamen עם haben Derenbourg u. A. (s. Dillmann zu Gen. 19, 38) aus Personennamen wie עמינדב erschliessen wollen. Die bei fast allen semitischen Stämmen vorkommenden mit עמ, עם gebildeten Namen sind aber sicher anders zu erklären. Vgl. Nestle, die israel. Eigennamen S. 187 Anm. In Karthago ist kürzlich der Name נעמא gefunden CIS 324.

zelnen phönicischen Städten und Gegenden wurden nicht alle phönicischen Götter in gleicher Weise verehrt, sondern jede Stadt und jede Landschaft hatte ihren besonderen Localcult, der in anderen phönicischen Gegenden nicht vertreten war oder doch eine untergeordnete Stellung einnahm. Daneben aber gab es einzelne grosse Gottheiten, die, wenn auch verschiedentlich modificirt, sich fast überall nachweisen lassen. Hierher gehört vor Allem der Baal in seinen zahlreichen Formen und sein weibliches Gegenstück, die Astarte.

Von der dominirenden Stellung, welche der Baal im Gottesbewusstsein der Phönicier einnahm, zeugen die zahlreichen mit dem Namen des Gottes zusammengesetzten Personennamen.[1] Die Abibaal d. i. Vater ist Baal, Idnibaal Herr ist Baal, Hannibal Huld Baal's, Azdrubal Hülfe Baal's, Iddobaal Geliebter Baal's, Enibaal Auge Baal's, Baaljathon Baal hat gegeben, Baalram Baal ist erhaben, Baalschaphat Baal richtet, Baalschamar Baal behütet, und viele andere kehren überall wo phönicischer Einfluss erkennbar ist immer wieder. Wo im alten Testament von diesem Gott die Rede ist, wird sein Name, soweit die grammatische Structur es erlaubt, regelmässig[2] mit dem Artikel verbunden בַּבַּעַל, לַבַּעַל, הַבַּעַל, ein Beweis, dass das Wort noch als Appellativ empfunden wurde. Es bedeutet ursprünglich den Besitzer, den Inhaber einer Sache und ist somit ein relatives Wort, welches erst durch ein hinzutretendes Komplement seinen vollen Inhalt erhält. So ist בעל הבית der Besitzer eines Hauses, בעל הבור der, welchem die Grube gehört, בעל קרנים einer der Hörner hat, בעל כנף ein geflügelter, בעל אשה oder verkürzt einfach בעל einer der ein Weib hat, ein Ehemann. Im Phönicischen ist בעל זבח der Opfernde als der Eigenthümer des Opfers.[3] בעל ימם numina diurna.[4] Diese Beispiele zeigen deutlich, dass Baal ursprünglich nicht „Herr" in absolutem Sinne bedeutet,

---

[1] Eine Liste, die übrigens sehr erweitert werden könnte, bei Scholz, Götzendienst und Zauberwesen S. 168—170. ‖ [2] Mit Ausnahme des Eigennamens Bamoth Baal Num. 22, 41. ‖ [3] Massil. 4. 8. CIS 167. ‖ [4] CIS 86b, 4.

sondern in Bezug auf einen Gegenstand oder eine Person. Diese relative Bedeutung hat das Wort nun meistens auch beibehalten, wenn es als Bezeichnung eines oder des höchsten Gottes gebraucht wird. Der Gott heisst Baal, insofern er der Besitzer oder Inhaber irgend eines Objectes ist. Als dies Object sind ursprünglich wohl die Verehrer des Gottes gedacht, welche als seine Knechte sein Besitz, sein Eigenthum sind. Dies gegenseitige Verhältniss zwischen dem Gott und seinem Verehrer wird am deutlichsten durch den Personennamen Abdbaal „Baalsknecht" ausgedrückt. In diesem Namen spiegelt sich das Verhältniss zwischen Mensch und seinem Baal am ursprünglichsten wieder. Weil der Mensch als Knecht **Baals** so zu sagen ein sachlicher Besitz der Gottheit ist, deswegen kann der Gott mit ihm verfahren wie **er will**. Der Gott hat dem Menschen gegenüber keine Pflichten, sondern nur Rechte; beglückt er ihn, so ist dies ein Ausfluss freiwilliger Gnade; aber auch die widrigen Schickungen der Gottheit hat der Mensch mit ebenderselben Demuth und Ergebenheit entgegen zu nehmen, weil der Topf gegenüber dem Töpfer keine Rechte hat. Anderseits hat aber doch auch der Sklave für den Herrn einen gewissen Werth, und der Herr wird daher, besonders wenn er ein gütiger Herr ist, für ihn sorgen, **ihn** behüten und schützen und das abwehren, wodurch das Eigenthum der Gottheit geschädigt würde. Aus dem Verhältniss des Sklaven wird das eines Schutzbefohlenen[1], eines Freundes und Bruders[2], ja eines Sohnes.[3]

Das ursprünglich zwischen dem Baal und dem einzelnen Menschen gedachte Verhältniss, das also von Person zu Person besteht, wird nun aber insofern erweitert, als der Gott zu einer Gemeinschaft von Menschen, zu einem ganzen Volk oder zu einer Gemeinde in Beziehung tritt. Indem die Stadt Tyrus oder

---

[1] Vgl. die vielen mit גר „Client" zusammengesetzten Eigennamen wie Gereschmun, „Client des Eschmun", Geraschtart „Client der Astarte", Gisco = גרסכם u. a. ‖ [2] Hiram für אחירם „Bruder des Erhabenen", אחיה für אחיאל „Bruder Gottes", Ahimilcat für אחמלכת „Schwester der Milkat" u. a. ‖ [3] Abibaal „Vater ist Baal", Abiel „Vater ist Gott" u. s. w.

Sidon oder Tarsus als sein Eigenthum gedacht wird, heisst er der Baal d. i. der Inhaber von Tyrus, von Sidon, von Tarsus u. s. w. Es ist klar, dass dies ursprünglich immer ein und derselbe Baal ist, nur zu verschiedenen Oertlichkeiten in Beziehung gesetzt. Eben so sicher aber ist es, dass für das Bewusstsein des Volks der Baal von Tyrus ein anderer war als der von Tarsus. Ja diese Differenzirung geht so weit, dass sich auf den Monumenten — abgesehen von den Personennamen — die Existenz eines Baal ohne weiteres Epitheton überhaupt nicht nachweisen lässt. Die Zahl der Baalim ist principiell so gross wie die Zahl der Stätten, an welchen ein Heiligthum des Baal bestand und dieser als Schirmherr verehrt wurde; sie wird aber noch grösser dadurch, dass der Baal auch nach seinen verschiedenen Eigenschaften und Erscheinungsformen individualisirt und differenzirt wird, wie wir denn einen heilenden, einen tanzenden Baal, und einen Baal der Gluthhitze kennen lernen werden.

Wir lassen die einzelnen Baalim, soweit sich die Kunde von ihnen erhalten hat, nunmehr Revue passiren.

In Palästina finden wir eine Anzahl von Ortsnamen, welche durch Zusammensetzung mit Baal gebildet sind, wie Baal Hamon, Baal Chazor, Baal Hermon, Baal Schalischa, Baal Perazim, Baal Meon. Mit dem letzteren Namen wechselt Beth Meon und vollständig Beth Baal Meon. Diese letzte Form (Haus des Baal Meon) zeigt, dass der Ort genannt war nach dem in ihm verehrten Baal. Danach aber sind wohl auch in den übrigen baal-haltigen Ortsnamen Theilformen des Gottes zu erkennen. Einen auf dem Berge Peor verehrten Baal lernten wir bei den Moabitern kennen. Auf cilicischen Münzen finden wir den Namen בעל תרז und das griechische Aequivalent ΔΙΟΣ ΤΑΡΣΕΩΝ d. i. der Baal von Tarsus.[1] Im phönicischen Mutterlande treffen wir einen Baal von Sidon an. Wir kennen ihn nur aus der Grabinschrift des Eschmunazar Z. 18, wo der König sagt, er und seine Mutter hätten Tempel gebaut den Göttern der Sido-

---

[1] S. Scholz S. 149. Daselbst noch einige andere lokale Formen des Baal.

nier, nämlich einen Tempel dem Baal von Sidon (לבעל צדן) und einen Tempel der Astarte.

Unmittelbar vor den Thoren von Sidon lag ein Tempel des Ζεὺς ὄρειος = בעל חמרים [1]. Eine auf Cypern gefundene Bronceschale war das Weihgeschenk eines Hiram, Königs der Sidonier an den Baal vom Libanon (בעל לבנן). [2] Bei weitem der berühmteste unter allen Baalim aber ist der Baal von Tyrus, welcher den zum Eigennamen gewordenen Titel Melkart (מלקרת) d. i. Stadtkönig, führt, und von den Phöniciern selbst mit dem griechischen Herakles identificirt wird. Die für die Erkenntniss dieses Gottes wichtigste Stelle ist eine Doppelinschrift auf zwei in Malta gefundenen Votivsäulen [3], welche folgendermassen beginnt: לאדנן למלקרת בעל צר d. i. „unserm Herrn, dem Melkart, dem Baal von Tyrus". Der griechische Paralleltext giebt diese Worte wieder durch Ἡρακλεῖ ἀρχηγέτει. [4] Der Baal von Tyrus führte also den Eigennamen Melkart (Herakles) und wurde dadurch von anderen Baalim unterschieden, denn der Baal von Sidon z. B. hiess nicht Melkart, und in Tyrus selbst war ausser dem Tempel des Melkart auch noch der eines anderen Baal vorhanden, welchen Herodot [5] den thasischen Herakles nennt.

Durch die von Tyrus ausgegangenen Colonien und Handelsbeziehungen hat der Melkartcultus eine weite Verbreitung gefunden. Auf Cypern ist er bezeugt durch den mehrfach vorkommenden Personennamen Abdmelkart [6] und durch eine Votivinschrift aus Idalion [7], in welcher von einer dem Melkart errichteten Statue (סמל) die Rede ist. Die Errichter des Monuments begründen ihr frommes Werk mit den Worten „weil Melkart ihre Stimme gehört hat. Er möge sie segnen". [8] In der Verbindung mit dem Gotte Eschmun werden wir Melkart unten noch wieder begegnen. — Auf der Insel Thasos im ägäi-

---

[1] Renan, Mission de Phénicie 397. ▌ [2] CIS 5. ▌ [3] CIS 122. ▌ [4] Ebenso werden die beiden Gottesnamen gleichgesetzt bei Philo von Byblus (Sanch. frag. ed. Müller S. 568) Μελκάθρος ὁ καὶ Ἡρακλῆς. ▌ [5] 2. 44. Herodot braucht Herakles hier als Aequivalent von Baal. ▌ [6] CIS 14, 7. (Citium). 66 (עבדמלק־ת ibid.). 88, 6 (Idalion). ▌ [7] CIS 88, 3. 7. ▌ [8] שמע מלקרת קלם יברכם ‏‎‎.

schen Meer war ein Heraklestempel, welchen Phönicier errichtet hatten.[1] Pausanias[2] hörte selbst auf der Insel, die Thasier verehrten denselben Herakles wie die Tyrier, also den Melkart. — In Aegypten findet sich der Name des Gottes in der Form מנקרת‎ in den Personennamen עבדמנקרת‎ und מנקרתח[ב]‎[3] = Menkart schützt. — Seine Verehrung auf Malta bezeugt der Name des Hafens Ἡρακλέους λιμήν, heute Marsa Scirocco, wo die beiden dem Melkart geweihten Säulen gefunden sind; desgleichen für Sicilien der Name des Vorgebirges Rosch Melkart.[4] Auf Sardinien tritt wieder der Name Abdmelkart[5] oder der gleichbedeutende בדמלקרת‎[6] auf. In Karthago ist Melkart sehr viel zu Namenbildungen verwendet worden, vgl. Abdmelkart[7] עבדמלקרת‎[8], lateinisch *Ammicar*[9] בדמלקרת‎,[10] Bodmilkar[11], אמתמלקרת‎ und מתמלקרת‎ Magd des Melkart[12], אחתמלקרת‎ Schwester des Melkart[13], בעלמלקרת‎ (so) Herr ist Melkart[14], מלקרתבעל‎ Melkart herrscht[15], מלקרתחלץ‎ Melkart rettet[16], חנמלקרת‎ Huld Melkart's, ein Frauenname[17] u. v. a. — Auch in den tyrischen Colonien Spaniens hatte Melkart seine Tempel und Verehrer. Leider fehlen für diese Provinz einheimische Denkmäler; wir sind daher auf die Nachrichten griechischer und römischer Schriftsteller angewiesen. Arrian[18] hält den in Tartessus verehrten Herakles für den tyrischen, also Melkart, weil Tartessus eine phönicische Colonie und der Tempel und Dienst des dortigen Herakles nach phönicischer Weise eingerichtet sei. Hochberühmt war der Heraklestempel zu Gades; die Stadt war eine tyrische Colonie und der dort verehrte Herakles der tyrische.[19] Schliesslich hatte Melkart auch an der Westküste Afrika's in der alten phönicischen Colonie Lixos einen Tempel, welcher älter war als der zu Gades.[20] Wir werden unten sehen, dass der durch Ahabs Weib Isebel zu den Israeliten ge-

---

[1] Herodot 2, 44. [2] 5, 25. [3] CIS 102⁸. [4] Renan, Mission 145. cf. Gesenius Mon. 292. [5] CIS 152. [6] ibid. 138, 2. [7] ibid. 179. 234 und sonst. [8] Euting, Sammlung karthag. Inschriften 18. [9] CIL VIII 68. [10] Euting 28. 261. [11] CIL 9618. [12] Euting 153. 320. [13] Euting 213. [14] Euting 15. [15] Euting 130. [16] CIS 234. Euting 48. [17] Euting 165. [18] Alex. 2, 16. **5.** [19] S. Scholz 201 ff. [20] Plinius, hist. nat. 5, 1. 19, **22.**

kommene Baal der tyrische Melkart war, obgleich dieser Name im alten Testament nicht genannt wird.

In gewissem Sinne als eine Lokalform des Baal wird auch der in weit von einander abgelegenen Gegenden nachweisbare Gott Ṣaphon (צפן) zu betrachten sein. Ich halte diesen Namen für eine Verkürzung von בעל צפון. Im Gebiet des Stammes Gad lag eine Stadt Ṣaphon[1]; in Aegypten in der Nähe des rothen Meeres das bekannte Baal Ṣephon. Diese beiden Namen können nicht von einander getrennt werden und verhalten sich als Ortsnamen wie Meon zu Baal Meon. Dass Ṣaphon bei Semiten, welche sich in Aegypten aufhielten, als Gott verehrt wurde, zeigt der hier vorkommende Name בדצפן[2] = Knecht des Saphon. In Karthago finden wir mehrere עבדצפן.[3] Der eben hier vorkommende Name צפנבעל[4] Sophonisbe kann bedeuten „Saphon ist Herr". Die Opfertafel von Massilia hat vielleicht zu einem Tempel des Baal Ṣaphon gehört.[5] Renan[6] hält Ṣaphon für identisch mit dem von den Griechen Typhon genannten ägyptischen Gott Set. Allein Τυφῶν ist ein echt griechisches Wort[7], und die Verehrung eines ägyptischen Gottes im Ostjordanlande ist in so alter Zeit nicht wahrscheinlich. Der Baal Ṣaphon kann nur der Baal des Nordens sein, d. h. der, welchem der Norden gehört oder welcher im Norden seinen Sitz hat. Zur Erläuterung des diesem Gottesnamen zu Grunde liegenden Gedankencomplexes dient die Stelle Jesaia 14, 13 f. Hier rühmt sich der prahlerische König von Babel: „Zum Himmel will ich hinaufsteigen, oberhalb der Sterne Gottes will ich meinen Thron aufrichten und will sitzen auf dem Berge der (Götter-)Versammlung an den äussersten Enden des Nordens; will hinaufsteigen

---

[1] Jos. 13, 27. [2] CIS 108. — Das Targum Jon. übersetzt Ex. 14, 2 בעל צפן durch שיריא פצן idolum Sephon, ähnlich der Arabs Erpenii, cf. Selden 124. Sie kannten also פצן als Gott. [3] CIS 265. Euting 192. [4] CIS 207. [5] CIS p. 227. [6] CIS zu No. 108. [7] Vgl. E. Meyer, Seth-Typhon. Nach Le Page Renouf, Vorlesungen über Ursprung und Entwickelung der Religion S. 106 f, wäre das Ungeheuer Tebba, mit welchem Horus kämpft, der Typhon der Griechen.

zu den Wolkenhöhen, will gleichen dem Höchsten". Einen solchen Götterberg (Olymp) im Norden, wie er hier gemeint ist, kannten verschiedene asiatische Nationen. Bei den Indern heisst er Meru, bei den Persern Alborg[1], und dass er den Babyloniern bekannt war, zeigt die genannte Stelle bei Jesaias. Der Name Ṣaphon oder vollständiger Baal Ṣaphon beweist, dass auch die Phönicier diese Vorstellung theilten, und der Baal Ṣaphon ist derjenige Baal, welcher auf dem heiligen Götterberge im Norden thront.

Dies Ergebniss leitet hinüber zu dem Himmelsbaal (בעל שמם), welcher die höchste Stufe unter den vielen Baalim einnimmt, aber bei den Phöniciern nicht so zahlreiche Verehrer hatte, wie etwa Melkart. Dass es in Tyrus einen Tempel des Baal Schamem gab, ist keineswegs so sicher wie Movers[2] annimmt. Herodot, der selbst in Tyrus war, kennt dort nur zwei Heraklestempel, von denen der eine dem Melkart, der andere dem thasischen Herakles (Baal) geweiht war. Menander[3] spricht allerdings von einer goldenen Säule, welche Hiram in den Tempel des Zeus stiftete, und man könnte geneigt sein, unter diesem Zeus den Baal Schamem zu verstehen, zumal da Menander gleich darauf von einem Tempel des Herakles spricht; aber nach Herodot stand diese Säule im Tempel des Herakles-Melkart. Man wird daher annehmen müssen, dass Menander den Melkart einmal mit Zeus, das andere Mal mit Herakles identificirte. Eine sichere Spur des Gottes hat sich dagegen in der heute Umm el Awâmid genannten Trümmerstätte gefunden, welche die Ruinen einer alten zwischen Tyrus und Acco gelegenen Stadt (Laodicea?) birgt. Auf einer hier gefundenen Votivinschrift[4] berichtet ein gewisser Abdelim, dass er dem Herrn dem Himmelsbaal (לאדן לבעל שמם) ein Thor nebst Thürflügeln geweiht habe, „damit es mir gereiche zum Gedächtniss und gutem Namen unter den Füssen meines Herrn Baal Scha-

---

[1] S. Gesenius, Commentar zu Jes. II 316 ff. ∥ [2] Art. Phönicier bei Ersch und Gruber 385. ∥ [3] bei Joseph. c. A. 1, 18. Ant. 8, 5. ∥ [4] CIS 7.

mem. Auf ewig segne er mich". Auch Philo von Byblos[1] berichtet die Verehrung des Βεελσάμην[2] im phönicischen Mutterlande. In den Colonien treffen wir den Gott zunächst auf der im Busen von Cagliari (Sardinien) gelegenen Habichtsinsel.[3] Eine hier gefundene Inschrift[4] beginnt באינצם (so) לאדן לבעשמם d. i. „dem Herrn, dem Himmelsbaal auf der Habichtsinsel", und berichtet von zwei dem Gotte errichteten Säulen (מצבם). In Karthago finden sich mehrfache Spuren seiner Verehrung. Bei Plautus[5] schwört Hanno *gune Balsamin*, d. i. bei der Erhabenheit (גאומי) des Baalschamem. Augustin[6] erklärt punisches Balsamen richtig durch dominus coeli. Der Juppiter Optimus Maximus, dem Hamilcar bei seinem Aufbruch nach Spanien opferte[7], war wohl derselbe. Endlich ist uns in neuester Zeit ein Hanno, Priester des Baalschamem (חנא כהן בבעל שמם) in Karthago[8] bekannt geworden. Ferner werden wir denselben Gott unten bei Aramäern, Nabatäern und Himjariten antreffen. Da er auf palmyrenischen Bilinguen Ζεὺς Κεραύνιος heisst, so wird der auf griechischen Inschriften aus Cypern[9] genannte gleichnamige Gott ebenfalls Baalschamem sein. Ueber seinen Character bemerke ich, dass Baalschamem nach phönicischem Sprachgebrauch nicht etwa bedeuten kann: „der Baal, welcher der Himmel ist", wie Varuna-Οὐρανός, sondern nur „der Herr des Himmels, der dem der Himmel gehört, der seinen Sitz im Himmel hat." Baalschamem ist danach sehr nahe verwandt mit Baal Ṣaphon.

Während die bisher behandelten Baalim, auch die beiden zuletzt genannten, ihren individuellen Character von ihren verschiedenen Herrschersitzen erhielten, werden andere Theilformen des Gottes nach den jedesmaligen Eigenschaften und Attributen von einander unterschieden.

Auf Cypern wurde ein Baal Sanator (בעל מרפא)[10] verehrt.

---

[1] Müller p. 566. | [2] Aramaisirte Form. | [3] Ἱεράκων νῆσος bei Ptolemaeus. | [4] CIS 139. | [5] Poenulus V 2, 67. | [6] bei Movers, Ersch u. G. 385. | [7] Cornel. Nep. Hannibal c. 2. | [8] CIS 379. | [9] Wadd. 2739. | [10] CIS 41.

In der Nähe von Berytus hatte ein tanzender Baal seinen Tempel. Auf einer griechischen Inschrift[1] wird er angeredet Ἐλαδί μοι, Βαλμαρκώς, κοίρανε κώμων. Die beiden letzten Worte scheinen die Uebersetzung von Βαλμαρκως zu sein; dieser war also ein „Herr der Tänze", d. h. ein Baal, der durch Tänze verehrt wurde. Βαλμαρκως ist danach blosse Transscription von בעל מרקד. Auch die Baalspfaffen zur Zeit des Elia hinkten, d. i. tanzten um den Altar des Gottes.[2] Das was die Verehrer des Gottes in seinem Dienste thaten, wurde dann auf den Gott selbst übertragen. Ganz analog ist es, wenn die Mythe erzählt, Astarte habe sich zehn Jahre lang in Tyrus preisgegeben.

Der Ortsname Baalgad, das spätere Panias am Fusse des Hermon zeigt, dass Baal hier als Glücksgott verehrt wurde. Die Sichemiten verehrten den Baalberith[3], d. h. den Baal, mit welchem seine Verehrer einen Bund geschlossen haben[4], wie Jahve mit Israel. Im philistäischen Ekron hatte der Baalzebub ein be- rühmtes Orakel.[5] Es ist **der Baal, dem** die Fliegen gehören oder heilig sind. Als Kinder des Sommers sind sie ein Symbol der Sonnenwärme, **zu welcher**, wie wir gleich sehen werden, Baal in nächster Beziehung steht. Eine Divination durch Fliegen war auch den Babyloniern bekannt.[6]

Auf zahllosen Votivinschriften aus Karthago und einigen anderen Städten wird ein Baal genannt, welcher durch sein Epitheton als ein Baal der Sonnengluth bezeichnet wird: der Baal Chamman (בעל חמן). Auf den aus Karthago stammenden Inschriften erscheint der Gott fast ausnahmslos[7] in Verbindung mit einer Göttin, deren Namen man vorläufig Tanit ausspricht und von der unten die Rede sein wird. Ebenso regelmässig ist der Baal Chamman der Tanit nachgestellt, woraus sich ergiebt, dass diese den höheren Rang einnahm. Der Cult dieser

---

[1] CIG 4536. Wadd. 1855. — Derselbe Gott Wadd. 1857 Θεῷ Βαλμαρ- κώδι, **und** latein. Wadd. 1856 *Jovi Balmarcodi*. Vgl. Renan, Mission 355 f. ∥ [2] I Reg. 18, 26. ∥ [3] Jud. 9, 4. Dafür v. 46 אל ברית. ∥ [4] Diese Bedeutung des Namens ist sicher gestellt durch Gen. 14, 13. ∥ [5] 2 Reg. 1. ∥ [6] Vgl. über Baalzebub Scholz S. 170 ff. ∥ [7] Eine Ausnahme in Karthago CIS 403.

beiden Gottheiten ist es, welcher der karthagischen Religion ihr eigenthümliches Gepräge giebt. Die Zahl der Weihungen an sie ist so gross (bis jetzt über 2000), dass sich nirgends auf inschriftlichem Gebiet etwas Aehnliches findet. Offenbar waren sie nicht allein die Hauptgötter der Stadt, sondern traten auch so sehr in den Vordergrund, dass die übrigen Götter neben ihnen zu blossen Nothhelfern herabsanken.

Die Inschriften, um die es sich handelt, sind auf Denksteinen von etwa ½ Meter Höhe eingegraben, welche aufrechtstehenden Grabsteinen nicht unähnlich sind.[1] Die stehende Formel, mit welcher sie beginnen, ist diese: לרבת לתנת פן בעל ולאדן לבעל חמן אש נדר פלני d. i. „Der Herrin Tanit, dem Angesichte des Baal[2], und dem Herrn Baal Chamman, was gelobt hat der und der". Das was dem Götterpaare gelobt ist, ist eben der Stein, auf welchem die Inschrift steht, und welcher oft kunstvoll bearbeitet, oft aber auch sehr einfach gehalten ist, je nach den Mitteln des Weihenden. Diese Weihung von Denksteinen an die Gottheit ist auf semitischem Gebiet sehr verbreitet. Das bekannteste Beispiel ist der von Jakob zu Bethel aufgerichtete Stein. In der Umgegend von Mekka, wo sie *ançab* genannt wurden, standen sie in langen Reihen. Wir werden im Verlauf unserer Untersuchung noch mehrfach auf sie zurückkommen.

Die Weiheformel ist wie bemerkt so constant, dass sich auf den Steinen aus Karthago kaum nennenswerthe Abweichungen finden. Ich nenne an dieser Stelle nur die auf den Baal Chamman bezüglichen.

Ohne das Prädikat אדן finde ich den Gott nur ein Mal in einer fehlerhaft geschriebenen Inschrift[3] (לרבת לתנת פן בעל ולבעל sic חמן). In der vereinfachten Formel לחמן statt לבעל חמן tritt er drei Mal auf.[4] Auf einer Inschrift aus Cirta[5] geht er der Tanit voran (לאדן לבעל חמן ורבת (sic) לתנת פן בעל); offenbar nahm die Tanit in Cirta nicht dieselbe hohe Stellung ein wie in Kar-

---

[1] S. die Abbildungen im CIS. | [2] Hierüber unten Genaueres. | [3] CIS 378. | [4] CIS 404. 405. Euting, Punische Steine 123. | [5] CIS zu 192.

thago. Auch auf einer der karthagischen Inschriften[1] steht allerdings der Baal Chamman an erster Stelle; es ist aber die Frage, ob dieser Stein wirklich in Karthago ausgegraben ist.

In anderen von Karthago abhängigen Städten erscheint der Baal Chamman allein ohne seine Genossin. Auf einem Stein aus Lilybaeum[2] beginnt die Widmung לאדן לבעל חמן אש נדר חנא „dem Herrn, dem Baal Chamman, was gelobt hat Hanno etc." Ein anderer aus Malta[3] hat folgende Inschrift צב מלכבעל אש שם נחם לבעל חמן אדן כ שמע קל דברי „Denkstein des Milkbaal[4], welchen gesetzt hat Nahum dem Baal Chamman dem Herrn, weil er erhört hat die Stimme seiner Worte." Steine mit ganz ähnlichen Widmungen haben sich in Sulci auf Sardinien[5] und in Hadrumet[6] gefunden. Auch auf unedirten Steinen aus Cirta soll übrigens der Gott oft genug ohne die Tanit vorkommen[7]; desgleichen auf numidischen. Im phönicischen Mutterlande findet er sich in Verbindung mit einem Gott Milk-Astart: מלאך מלך עשתרת ועבדי בעל חמן, „die Boten des Milk-Astart und die Diener des Baal Chamman".[8] In der hierauf folgenden Zeile scheint אל חמן mit בעל חמן zu wechseln. Die zweite Inschrift von Umm el Awâmid trägt die Widmung למלכעשתרת אל חמן.

Baal Chamman ist der Schutzgott von Karthago — hier freilich der Tanit untergeordnet — und der von Karthago abhängigen Gebiete. Dass in den letzteren die Tanit neben ihm fehlt, zeigt, dass sie eine specifisch karthagische Göttin ist. Seinem Wesen nach ist er ein Sonnengott oder genauer der Gott der reifenden Sonnengluth. Auf der ersten numidischen Inschrift erscheint der Gott auf seinem Denkstein mit Strahlenhaupt in einer Nische; mit jeder Hand fasst er einen Baum. Ueber ihm befindet sich eine Darstellung der Sonne mit menschlichem Angesicht. Auf der vierten numidischen Inschrift geht sein rechter Arm in eine Traube, der linke in einen Granatapfel aus, wo-

---

[1] CIS 407. ‖ [2] CIS 138. ‖ [3] CIS 123a. ‖ [4] Ueber diesen Gott s. unten. ‖ [5] CIS 147. ‖ [6] Euting, Pun. St. 9. ‖ [7] CIS p. 180. ‖ [8] L'inscription phénicienne de Ma'soub Rev. arch. 1885 I, p. 380 ff. Für מלאך vgl. Wadd. 1890. Λούκιο; Ἀκκαβαίου εὐσεβ[ῶν] καὶ πεμφθεὶς ὑπὸ τῆς κυρίας Ἀταργάτης.

durch er so deutlich wie möglich als ein Gott der Reife und des Natursegens gekennzeichnet wird. Andere Embleme auf den Denksteinen sind Palmen, Blumen, Fische (das Symbol der Fruchtbarkeit) u. a.

Gesenius[1] hat Baal Chamman mit dem ägyptischen Amon identificirt. In der That haben beide Götter viel Gemeinsames. Auch Amon war ein Sonnengott. Die dem Baal Chamman errichteten Denksteine erinnern an die Obelisken, von denen die Heiligthümer des Amon umgeben waren. Bei lateinischen Schriftstellern heisst der letztere *corniger*[2]; eben dies Prädikat führt auf einer lateinischen Inschrift aus Mauretania Caesariensis[3] Juppiter Hammon, der in dieser Gegend nur das lateinische Aequivalent für Baal Chamman **sein** kann. Auf den Denksteinen ist häufig der Widder abgebildet. Auf der eben genannten Inschrift führt Juppiter Hammon das Prädikat *tonans*; **der** Gott der Sonnengluth ist zugleich Gewittergott. Obgleich sich also die beiden Götter ihrem Wesen und ihrer Erscheinungsform nach decken, so können die beiderseitigen Namen doch nicht identisch sein, denn der des ägyptischen Amon wird in semitischer Schrift durch אמון[4], nicht durch חמן wiedergegeben. Dies letztere Wort ist jedenfalls der Singular zu dem im alten Testament vorkommenden Plural חַמָּנִים.

Eine Inschrift aus Palmyra[5] meldet die Errichtung eines Chamman für den Sonnengott (שמשא). Die Chammanim waren Säulen, welche auf oder neben dem Altar des Sonnengottes standen. Der Etymologie nach bedeutet Chamman so viel wie *fervidus*. Es ist nun die Frage, ob der Gott nach der Säule oder umgekehrt die Säule nach dem Gott genannt ist. Im ersteren Falle würde Baal Chamman bedeuten: der welcher eine Sonnensäule (Chamman) hat, wie בעל כנף u. dgl.; im zweiten Falle: der glühende Baal, wie Baal Merappe der heilende Baal, und Chammanim waren Säulen des Chamman. Die zweite Auf-

---

[1] Monumenta p. 171 sq. ‖ [2] S. zu CIL VIII 9018. ‖ [3] ibid. ‖ [4] Jer 46, 25. ‖ [5] Vogüé, Palm. 123 a.

fassung hat aus dem Grunde die grössere Wahrscheinlichkeit für sich, weil wohl der Gott, nicht aber eine Säule direct als glühend bezeichnet werden kann.

Der Gluthbaal ist in Palästina verehrt worden, wie sich sowohl aus den Chammanim des alten Testaments wie aus den oben angeführten inschriftlichen Belegen ergiebt. Aus dem phönicischen Mutterlande ist sein Cult nach Karthago verpflanzt, und hier in dem heissen Klima, wo seine Wirkung in hervorragendem Maasse empfunden wurde, ist er zu besonderen Ehren erhoben. Zu gleicher Zeit aber sind hier in Folge uns unbekannter Einflüsse Prädikate und Attribute des verwandten ägyptischen Amon auf ihn übertragen, so dass Baal Chamman dem Namen nach allerdings ein phönicischer, der Sache nach aber ein ägyptischer Gott ist.

Hiermit sind die bekannten Theilformen des Baal erschöpft; wir wenden uns zu seinem weiblichen Gegenstück, der Baalat oder Baaltis.

Baalat ist zunächst das grammatische Femininum zu Baal; wie dies ist es ein Appellativ und bedeutet Besitzerin, Inhaberin, Angehörige. בעלת הבית[1] die Hausbesitzerin, בעלת כשפים[2] eine die mit Zauberei zu thun hat, הדא בעלת בוני[3] Irene Bürgerin von Byzanz. Das letzte Beispiel zeigt, wie wir es zu verstehen haben, wenn Baalat in Verbindung mit einem Stadtnamen als Bezeichnung einer Göttin vorkommt. Die so prädicirte Göttin wird dadurch als angehörige der betreffenden Stadt gekennzeichnet. Umgekehrt gehört aber auch die Stadt ihr; sie ist die Schutzgöttin der Stadt. Ebenso nun wie der Baal nach den verschiedenen Stätten seiner Verehrung oder nach seinen verschiedenen Attributen sich in zahlreiche Theilformen zerlegte, sind auch bei der Baalat solche Theilformen möglich. Mehrere Ortschaften in Kanaan führen den Namen Baalât, oder in der hebraisirten Form Baala, oder auch im Plural Bealoth[4]; es

---

[1] 1 Reg. 17, 17. ‖ [2] Nahum 3, 4. ‖ [3] CIS 120. Im griechischen Paralleltext Ἐρήνη (sic) Βυζαντία. ‖ [4] s. d. Lexica.

scheint, dass die Namen dieser Ortschaften aus dem Namen der an jeder derselben verehrten Baalat verkürzt sind. Auf einer Inschrift aus Karthago[1] ist neben einer Rabbat Amma eine בעלת חדרת genannt, welche Euting als die schützende Baalat, Renan als die Baalat des inneren Tempelgemaches erklärt.[2] Bei weitem am berühmtesten aber ist die Baalat von Gebal (Byblus), welche κατ' ἐξοχήν Baalat oder mit dem Suffix der ersten Person Baaltis Βααλτίς (בעלתי wie Notre Dame) heisst. Sie nahm in Byblus neben und vor ihrem Gemahl dem Adonis eine ähnliche herrschende Stellung ein, wie in Karthago die Tanit neben dem Baal Chamman. Nach der Mythe hat Kronos die Stadt Byblus der Baaltis gegeben, welche auch Dione heisst.[3] Lucian[4] sah in Byblus ein grosses Heiligthum der Ἀφροδίτη Βυβλίη, d. i. Baaltis, in welchem die Mysterien des Adonis gefeiert wurden. Die Göttin wurde durch Unzucht verehrt.[5] Die bedeutsame Stellung, welche die Göttin im Cultus der Byblier einnahm, wird illustrirt durch die in Byblus gefundene Stele des Königs Jeḥavmilk.[6]

Sie führt hier im Anfange der Inschrift den Titel רבת[1] בעלת גבל „die Herrin, die Baalat von Gebal"; im weiteren Verlauf nennt der König sie רבתי בעלת גבל „meine Herrin die Baalat von Gebal". Sie hat ihm die Herrschaft über Byblus verschafft. Oberhalb der Inschrift ist der König dargestellt vor der sitzenden Göttin aufrecht stehend und ihr eine Schale mit Opfertrank darbietend; sie hat ihm die Herrschaft über Gebal verliehen; er aber ruft sie an; **er hat ihr** einen ehernen Altar gestiftet, und ein vergoldetes Thor in ihrem Tempel, einen Portikus mit Säulen und Bedachung, denn so oft er seine Herrin die Baalat von Gebal angerufen hat, hat sie ihn erhört und ihm Gutes gethan. „Es möge segnen die Baalat von Gebal den Jeḥavmilk, König von Gebal, und möge ihm Leben gewähren und seine Tage und

---

[1] CIS 177. לרבת לאמא ולרבת לבעלת חדרת. ‖ [2] Den männlichen Personennamen בעלחרת liest **Renan** CIS 11. — Vgl. noch die lateinische Inschrift bei Mordtmann ZDMG. 39, 43 *Balti Diae divinae*. ‖ [3] Philo Bybl. ed. Müller p. 569. ‖ [4] de dea Syr. c. 6. ‖ [5] ibid. ‖ [6] CIS 1 (aus persischer Zeit).

Jahre über Gebal verlängern, denn er ist ein gerechter König; und es verleihe ihm die Herrin, die Baalat von Gebal Huld vor den Augen der Götter und vor den Augen des Volkes des Landes". Zum Schluss wird die Göttin als Rächerin angerufen gegen denjenigen und gegen den Samen desjenigen, welcher das Werk des Königs schädigen würde.

Bei Plutarch[1] heisst der Tempel in Byblus ein Heiligthum der Isis. Dies erklärt sich, wie Movers richtig bemerkt, daraus, dass schon in alter Zeit der ägyptische Isiscultus sich mit dem der Baaltis verschmolzen hatte. Auf der Stele des Jehavmilk hat die Darstellung der Göttin ein durchaus ägyptisches Gepräge. Sie trägt die Sonnenscheibe und die Kuhhörner der Isis auf dem Haupte; in der linken Hand hält sie das in eine Lotusblüthe auslaufende Scepter. Die ägyptische geflügelte Sonnenscheibe schwebt über der Darstellung der Göttin und des Königs. Eine ganz ähnliche Darstellung der Göttin zeigt ein bei Byblus gefundener Block.[2] Es tritt uns hier also ganz dieselbe Erscheinung entgegen, welche wir oben im Verhältniss des Baal Chamman zum ägyptischen Amon kennen lernten.

Mit der Baalat ist dem Wesen nach identisch, im Cultus aber vielfach von ihr unterschieden die grosse semitische Göttin Astarte. Während Baalat noch deutlich als Appellativum empfunden wurde, ist Astarte durchaus Eigenname, so dass Astarte auch als die Baalat irgend einer Stadt bezeichnet werden kann. Je nachdem aber in den lokalen Culten die eine oder die andere Bezeichnung der Göttin bevorzugt wurde, verband sich mit der Verschiedenheit der Namen im Volksbewusstsein auch die Vorstellung von einer Verschiedenheit des Wesens, so dass Astarte neben Baalat oder Baaltis als besondere Gottheit besteht. Und wie ferner Baal und Baaltis in verschiedenen Theilformen auftraten, so giebt es auch Astarten in der Mehrzahl, d. h. Differenzirungen der Göttin nach ihren verschiedenen Cultusstätten oder Attributen. Dies sind die Astaroth, welche im alten

---

[1] de Is. et Os. c. 16. [2] CIS p. 2.

Testament neben den Baalim genannt werden¹, und von denen unter Umständen sogar mehrere in einer einzigen Stadt verehrt werden konnten.² Wir haben uns an dieser Stelle nur mit den kananäisch-phönicischen Astarten zu beschäftigen.

Für die Verehrung der Astarte durch die Kananiter des Binnenlandes zeugen die Nachrichten des Richterbuches über den Abfall der Israeliten zu eben dieser Göttin und der Stadtname Astaroth Karnaim in Gilead. Bei den Phöniciern erfreute sich die Göttin nirgends grösserer Verehrung als in Sidon. Im alten Testament³ heisst Astarte die Gottheit der Sidonier (עשתרת אלהי צדנים), wie Kamos der Gott der Moabiter und Milkom der Gott der Ammoniter. Auf der zweiten sidonischen Inschrift⁴ nennt Bodastart, König der Sidonier, die Astarte „seine Gottheit".⁵ Eschmunazar und seine Mutter Ammastart (Magd der Astarte), welche Priesterin der Astarte war und zugleich mit ihrem Sohne die Regierung führte, nennen die Göttin „unsere Herrin" (רבתן).⁶ Sie haben der Astarte in Sidon einen Tempel gebaut und sie dort wohnen lassen.⁷ Dies war wohl der grosse Tempel in Sidon, den Lucian⁸ besuchte. Ausser diesem Tempel, welcher der Astarte als Schutzgöttin der Stadt geweiht war, bauten sie einen anderen einer zweiten Astarte, welche den Beinamen שם בעל führte.⁹ Mit diesen Tempeln verschiedener Astarten in Einer Stadt vergleicht Renan die Namen Pariser Kirchen Notre-Dame des Victoires, Notre-Dame de Bonne Nouvelle u. a. — Die Verehrung der Astarte in Sidon bezeugen endlich mehrere hier vorkommende mit עשתרת zusammengesetzte Personennamen. Zwei Könige von Sidon, von denen der eine etwa 374—362 regierte, der andere ein Zeitgenosse Alexanders war, werden im Griechischen Στράτων genannt, d. i. eine Verstümmelung von עבד עשתרת. Diese phönicische Form als Name eines

---

³ Jud. 2, 13. 10, 6. 1 Sam. 7, 3. 4. 12, 10. Dagegen muss C. 31, 10 עַשְׁתָּרֹת vocalisirt werden. ‖ ² Vgl. den Stadtnamen עֲשְׁתְּרוֹת קַרְנַיִם. ‖ ³ 1 Reg. 11, 5. 33. 2 Reg. 23, 13. ‖ ⁴ CIS 4. ‖ ⁵ Er hat ein Landgut geweiht לאלי לעשתרת deo suo Astartae. ‖ ⁶ CIS 3, 15. ‖ ⁷ ibid. Z. 16. ‖ ⁸ de dea Syr. C. 4. ‖ ⁹ Z. 18. Ueber diesen Beinamen s. unten.

jener beiden Könige ist mit grosser Wahrscheinlichkeit von Renan auf einer Inschrift aus Delos[1] wieder hergestellt. Der Name Bodastart = Abdastart als Name eines sidonischen Königs ist schon erwähnt.

Von der Verehrung der Astarte in Tyrus zeugt die Mythe[2], nach welcher die Göttin auf ihrer Wanderung durch die Welt einen vom Himmel gefallenen Stern gefunden und diesen auf Tyrus, der heiligen Insel, geweiht haben soll. Der König Hiram baute ihr hier einen neuen Tempel.[3] Mehrere seiner Nachfolger (Abdastratus, Delaeastartus, Astartus) sind nach der Göttin genannt. Der Vater der Prinzessin Isebel war ein Priester der Astarte.[4] Während aber Astarte in Sidon Stadtkönigin war, trat sie in Tyrus hinter Melkart zurück. Ihr Cult war hier wie der der Baaltis in Byblus ein unzüchtiger. Nach der Mythe hat sie sich zehn Jahre lang in Tyrus preisgegeben.[5] „Naama, die Holde (Gen. 4, 22) nennen die Rabbinen Venus. Sie machen sie auch zum Kebsweibe des Samael (Mars), welcher in Tyrus gewohnt habe, und zur Mutter des unzüchtigen Dämon Asmodi; Nachts lege sie sich zu den Männern, um sich mit ihnen zu begatten: lauter Andeutungen auf die heidnischen Vorstellungen von der Venus."[6] In der Nähe von Tyrus ist eine Höhle, welche die Araber *megâret elfurûg* caverna τῶν αἰδοίων nennen. An den Wänden dieser und vieler anderen Höhlen in Phönicien befinden sich Darstellungen der pudenda muliebria, daneben Palmenzweige, das Symbol der Astarte. In einer griechischen Inschrift der Höhle kommt der Name der Ἀφροδίτη ἐπήκοος vor. „Idcirco, si non Astartae, saltem sacrae πορνείᾳ dicatum fuisse locum satis liquet".[7]

Wir finden die Astarte ferner in der Inschrift von Ma'sub, wo von einem ihr geweihten Porticus die Rede ist, und in der zweiten Inschrift von Umm el Awâmid in Verbindung mit Milk.[8]

---

[1] CIS 114 vgl. Renan, Mission 398 not. ‖ [2] Philo Bybl. p. 569. ‖ [3] Josephus c. A. I 18. ‖ [4] ibid. ‖ [5] Epiphan. opp. II p. 107 ‖ [6] Movers, Phönicier 636. Daselbst die Belegstellen. ‖ [7] Renan CIS 6. ‖ [8] s. o. S. 27.

Ueber eine Astarte von Berytus, eine andere von Aphaka im Libanon, welche durch ihre orgiastischen Culte berüchtigt war, und eine dritte von Arke oder Caesarea am Libanon, deren Bild Macrobius beschreibt, **ist Movers**[1] **zu vergleichen.** Bei den Philistern war Astarte Kriegsgöttin[2]; inschriftlich ist ihr Cult in Askalon zu erschliessen aus dem Personennamen שם בן עבדעשתרת אשקלני, im griechischen Paralleltext Ἀντίπατρος Ἀφροδισίου Ἀσκα-λ[ωνίτης]. Es ist dies die Aphrodite Urania, deren Heiligthum in Askalon, wie Herodot[3] bei seinen Nachforschungen erfuhr, das älteste von allen Heiligthümern dieser Göttin war. Diese Astarte von Askalon war nicht identisch mit der hier verehrten Derketo.[4]

Von Askalon aus hat sich nach Herodot[5] der Cult der Göttin nach Cypern hin verbreitet. **Die** Hauptstätten ihrer Verehrung auf dieser Insel waren **Amathus**, **Paphos**, Citium, während sich in Idalion keine Spur des Astartecultus nachweisen lässt. In Amathus, der ältesten phönicischen Colonie auf Cypern, hatte sie wie in Askalon einen kriegerischen oder geradezu männlichen Character.[6] Ihren Cult in Paphos bezeugen ausser den von Movers gesammelten Stellen eine Anzahl von Inschriften mit der Widmung Ἀφροδίτῃ Παφίᾳ.[7] Auf einer dieser Inschriften **ist** ὁ ἀρχὸς τῶν Κινυραδῶν der Vorsteher der Cinyraden, d. i. der Erbpriester der paphischen Aphrodite (Astarte) genannt.[8] In Citium, dem heutigen Larnaca, war ein Hauptsitz des Astartecultus. Hier stehn uns phönicische Originalbelege zur Verfügung. In Larnaca ist eine mit phönicischer Schrift in schwarzer und rother Farbe beschriebene Tafel ausgegraben[9], welche ein Ausgabenverzeichniss für Arbeiten und Bedienstete am dortigen Tempel der Astarte enthält. Es werden auf dieser Tafel aufgeführt בנם אש בן איה בת עשתרת „die Bauleute, welche den Tempel der Astarte gebaut haben"; ferner זבחם Opferer, נערם Diener,

---

[1] Bei Ersch u. G. 388 f. ∥ [2] 1 Sam. 31, 10. ∥ [3] Herod. I 105. ∥ [4] s. Movers, Phön. 632. ∥ [5] l. l. ∥ [6] Movers, Phön. 51. 456. ∥ [7] Wadd. 2792. 2794. 2798. 2801. 2803. ∥ [8] s. Wadd. zu 2798. ∥ [9] CIS 86.

בלבם Scherer[1], גרים „hospites et inquilini, qui in vicinia templi vivebant … ex abundantia templi victum habentes et vilissimis ministeriis inservientes. Iidem videlicet qui apud Graecos παράσιτοι illi, ἐπὶ τὴν ἱεροῦ σίτου ἐκλογὴν αἱρούμενοι".[2] Ferner פרכם וארסם אש על דל „velarii et homines praepositi januae"; כלמח „puellae sacrae, quae cantando et saltando caerimoniis celebritatem addebant." Endlich כלבם, was Renan nach Deut. 23, 18. 19 als scorta virilia erklärt.

Auf einer andern Inschrift aus Citium[3] wird genannt Jaasch, die Frau des Baalatjaton, Knechtes am Tempel der Astarte. Sie hat ihrer Herrin Astarte eine Statue aus Erz als Weihgeschenk dargebracht. An astarte-haltigen Personennamen finden sich in Citium עשתרתן[4] und אמעשתרת[5]. Endlich wird der Astartecultus in Citium und zugleich seine Verbreitung von dort aus bezeugt durch ein athenienisches Dekret vom Jahre 333 v. Chr., welches Kaufleuten aus Citium die Erlaubniss ertheilt, der Astarte im Piräus einen Tempel zu errichten.[6] — Der Tempel der „fremden **Aphrodite**" im „Lager der Tyrier" zu Memphis[7] war jedenfalls der Astarte geweiht.

Auf der Wanderung nach Westen treffen wir die Astarte zunächst auf der Insel Kythera an, wo nach Herodot[8] Phönicier ihr ein Heiligthum errichteten. — In Sicilien besass sie das berühmte Heiligthum auf dem Berge Eryx. Lateinische Inschriften mit der Widmung **VENEREI ERVCINAI** sind hier in grösserer Anzahl gefunden.[9] In neuerer Zeit ist auch ihre phönicische Namensform nachgewiesen. In der leider nur in sehr mangelhafter Copie erhaltenen phönicischen Inschrift von Eryx[10] hat man nach langem Umhertappen und Phantasiren jetzt mit Sicherheit die folgenden Anfangsworte entziffert:

---

[1] „Tonsores illi, ut fiebat in vetere chirurgia, ministrabant etiam in illis incisionibus et amputationibus, quae cultus baalitici pars erant, cf. Levit. 19, 27 sq. 21, 5. Ez. 44, 20. 1 Reg. 18, 28." Renan. — In Karthago kommt der Titel בעל אבם vor. CIS 257—259. ‖ [2] Renan a. l. ‖ [3] CIS 11. ‖ [4] CIS 72. ‖ [5] ibid. 46. 83. ‖ [6] s. Euting, Berichte der Berl. Akad. 1885, 669. ‖ [7] Herod. II 112. ‖ [8] I 105. ‖ [9] s. CIS p. 173. ‖ [10] CIS 135.

לרבת לעשתרת ארך חים „Dominae Astartae vitae longae."
Der italienische Priester Lagumina, dem man die Feststellung des
vorletzten Wortes verdankt, hat weiter gesehen, dass in ארך חים
ein Epitheton der Göttin steckt[1], und dass die Stadt Eryx (auf
Münzen ארך) von diesem Prädikat der Astarte ihren Namen erhalten hat. Dieselbe עשתרת ארך Astarte Erycina finden wir auf
Sardinien. Eine bei Cagliari gefundene Inschrift beginnt: לעשתרת
ארך מזבח נ[חשת] „Astartae Erycinae altare aereum". Renan
macht endlich auf den Berg *Erucium* im nördlichen Sardinien
aufmerksam. Ich halte dies עשתרת ארך für die Grundform für
das bei Herodian[2] vorkommende Ἀστροάρχη.

Für Sicilien ist ferner noch zu nennen der in Lilybaeum
vorkommende Name גרעשתרת[3], woraus allerdings nicht mit Sicherheit ein Astartecultus in dieser Stadt erschlossen werden kann.

Ein Tempel der Astarte auf der kleinen Insel Gaulos (Gozzo)
bei Malta wird erwähnt CIS 132, 3, wenn nämlich, was Renan
für wahrscheinlich hält, diese Inschrift von Gaulos nach Malta
gebracht ist.[4]

In Karthago finden sich zahlreiche mit עשתרת zusammengesetzte Personennamen, wie עבדעשתרת, בדעשתרת[5], griechisch
Βωστωρ, lateinisch *Bostar*[6]; גרעשתרת[7], עשתרתיתן[8] und אשתיחתן[9],
אמעשתרת[10] = latein. *Amastra*[11]. Die Göttin selbst ist genannt
CIS 235 in der Verbindung עבדמלקרת עבד עשתרת האדרת „Abdmel-
qart servus Astartae potentis". Renan ist geneigt, in der so
prädicirten Göttin die Ἀστάρτη ἡ μεγίστη des Sanchuniathon zu
erkennen. — Endlich führe ich hier noch eine karthagische Inschrift[12] an, welche zeigt, dass Astarte nicht etwa, wie Movers
meinte, mit der Tanit identisch ist, sondern scharf von ihr
unterschieden wurde. לרבת לחנת פן בעל ולאדן לבעל חמן אש [נדר]
אמעשתרת אש בעמא אש עשתרת „Dominae Tanitidi, faciei Baalis, et

---

[1] Lagumina deutet es *prolongans vitam*; ich glaube aber, dass die Göttin selbst als langlebige bezeichnet wird vgl. בן עלם. ‖ [2] V 6. ‖ [3] CIS 138. ‖ [4] Vgl. Movers, Phön. II 11 359. ‖ [5] z. B. CIS 175. 179. 182 al. ‖ [6] CIL 9459. ‖ [7] CIS 175. 179. ‖ [8] ibid. 264. ‖ [9] Euting Samml. 23. ‖ [10] CIS 253. 263. ‖ [11] CIL 5195. ‖ [12] CIS 263.

domino Baali Hammoni, quod [vovit] Amastra, quae est in congregatione hominum Astartes". Diese Leute der Astarte, zu denen Amastra gehörte, waren jedenfalls Tempeldiener. Wenn nun die Dienerin der Astarte der Tanit ein Weihgeschenk darbringt, so zeigt diese Verbindung deutlich, dass es sich um zwei verschiedene Göttinnen handelt. Astarte stand in Karthago an Ansehen hinter der Tanit zurück. —

Neben den verschiedenen Formen des Baal und der Astarte haben die Phönicier eine grosse Zahl anderer Gottheiten verehrt, welche zu den genannten in mehr oder weniger enger Beziehung stehen. Hierher gehört zuerst der sogenannte Moloch, dessen Namen die Phönicier *Milk* aussprachen. Hierfür zunächst die Belege. Der König von Citium und Idalium[1], dessen Name mit phönicischen Lettern מלכיתן geschrieben wird, heisst in dem parallelen cyprischen Text Μιλκιαϑων-ος. Dieser Name findet sich auch in der verstümmelten Form מלכין[2]; dem entsprechen die lateinischen Formen *Milchato* und *Milcato*.[3] Im cyprischen Text der eben genannten Inschrift aus Idalion kommt der Name Ἀβδιμίλκων vor; im nicht erhaltenen phönicischen Paralleltext kann nur עבדמלך gestanden haben. Dem Namen אחתמלך[4] — „Schwester des Milk" entspricht die lateinische Form *Otmilc*.[5] עזמלך „mächtig ist Milk"[6] findet sich griechisch umschrieben als Ἀζεμιλκος.[7] Auch die Assyrer umschreiben so. In Arvad finden wir die Könige *Abimilki* (אבימלך) und *Ahimilki* (אחימלך)[8]; den letzteren Namen trägt auch ein König von Asdod.[9] Für Byblus nennen die Keilschriften einen *Urumilki* (אורמלך) und einen *Milkiašap* (מלכאסף, vgl. אביאסף Ex. 6, 24).[10] Die ammonitische Form Milk-om unterscheidet sich von der phönicischen nur durch den Vocalauslaut mit der Mimation.

Milk ist wie Baal zunächst Appellativ; es ist im Phönicischen

---

[1] CIS 89. ∥ [2] ibid. 144. ∥ [3] CIL VIII 68. 10525. ∥ [4] Euting, Samml. 258. CIS 429. ∥ [5] CIL 5285. ∥ [6] CIS 189. 219. 221. 233. 386 al. ∥ [7] Arrian 2, 15, 24. ∥ [8] KAT 105, 13. 14. 150 Anm. ∥ [9] ibid. 163, 8. Vgl. die im A. T. vorkommenden philistäischen Könige des Namens אבימלך. Gen. 20. 2 ff. 21, 22 ff. 26, 1 ff. ψ 34, 1. ∥ [10] ibid. 185, 13. 15. 355, 12.

wie im Hebräischen das gewöhnliche Wort für den Begriff „König". Diese appellative Bedeutung wurde ebenso wie bei Baal auch dann noch herausgefühlt, wenn das Wort als Bezeichnung des oder eines Gottes gebraucht wurde, denn man sagt im Hebräischen הַמֶּלֶךְ, הַמִּלְךְּ¹ etc. mit dem Artikel. Inwiefern Milk (der König) ursprünglich mit Baal (dem Inhaber) identisch war, wird unten zu untersuchen sein. Dass die beiden Namen in historischer Zeit zwei verschiedene Götter bezeichneten ist zweifellos, denn Baal ist ein wohlthätiger Gott, Milk ein verderblicher.

Als Orte und Landschaften, in denen der Cult des Milk oder Moloch verbreitet war, sind ausser Kanaan² und dem phönicischen Mutterlande besonders Cypern und Karthago zu nennen. Die Belege für Arvad, Byblus und Asdod bilden die schon genannten Königsnamen. Für Byblus ist ausserdem noch zu nennen der König יחומלך Milk schenkt Leben, und sein Grossvater א[ר]מלך.³ — Auf Cypern ist der Name Milkjaton sehr häufig; mehrere Könige von Citium und Idalion führten diesen Namen.⁴ Ferner sind in Citium heimisch die Namen עבדמלך⁵, אהלמלך contubernium Milci, und גרמלך.⁶ Auf Malta finden wir einen בדמלך⁷, auf Sardinien einen מלכיתן.⁸ In Karthago war der Name עזמלך sehr beliebt⁹; er deutet auf die Natur des Gottes hin. Daneben findet sich aber auch hier מלכיתן.¹⁰ Der Name יחומלך ist bisher nur in Karthago gefunden. מלך allein als Personenname tritt ebenfalls auf¹¹; es ist eine Verkürzung aus עבדמלך oder dgl.

Alle diese Belege zeigen uns den Namen des Gottes als ein Element in Personennamen. Als Name des Gottes ist nacktes Milk in den Inschriften bis jetzt nicht nachgewiesen. Dagegen kennt Silius¹² als mythischen Ahnherrn des Imilce den von

---

¹ Die Aussprache Molech **scheint** auf einer Substitution der Vokale von בֹּשֶׁת „Schande" unter מלך zu beruhen. Die alten Uebersetzungen fanden sie schon vor. ‖ ² worüber Movers, Phön. 324. 327. ‖ ³ CIS 1. ‖ ⁴ CIS 10, 2. 11, 2. 14, 4. 16, 1. 17. 18. 39. 88, 1; 7. 90. 91. 92. Andere Personen desselben Namens 50. 64. 77. ‖ ⁵ 46. 89. ‖ ⁶ 50. ‖ ⁷ 124, 4. ‖ ⁸ 144. ‖ ⁹ S. o. S. 37 **Anm. 6.** ‖ ¹⁰ 176. 242 al. ‖ ¹¹ Euting, Samml. 139. ‖ ¹² Pun. III 183 sq.

einem lasciven Satyr und der Nymphe Myrice (Tamariske) geborenen *Milichus*, welcher wie sein Vater eine gehörnte Stirn hatte. Dieser gehörnte Satyr ist Baal Chamman; sein gleichgestalteter Sohn Milichus ist der phönicische Milk, welcher durch diese Mythe als eine Erscheinungsform des Baal charakterisirt wird. Milk wird dann auch wieder mit Baal zu einer neuen Gottheit *Milk-Baal* (מלכבעל) zusammengeschweisst, die in Karthago, Hadrumet und Sardinien nachweisbar ist[1], und deren Bedeutung sich unten ergeben wird. Ebenso entsteht durch Combination mit Osiris ein *Milk-Osir* (מלכאסר)[2], und mit Astarte ein *Milk-Astart* (מלכעשתרת). Auf der zweiten Inschrift von Umm el Awâmid[3] liest man: למלכעשתרת אל חמן אש נדר עבדאשמן על בני. Die Richtigkeit des entscheidenden Wortes עשתרת ist mehrfach angezweifelt worden; E. Meyer vermuthete statt dessen מלקרת, Dillmann einen Stadtnamen. Durch neue Funde ist die Lesung jedoch vollkommen sicher gestellt. Auf einer Votivinschrift aus Karthago[4] nennt sich ein בדעשתרת ... עבד בת מלכעשתרת „Bodastart, Knecht am Tempel des Milk-Astart". Diese Gottheit hatte also in Karthago einen Tempel mit Dienerschaft. Auf der Weihinschrift von Ma'sub[5] in Phönicien sind als Erbauer eines Porticus genannt מלאך מלכעשתרת ועבדי בעל חמן „die Boten des Milk-Astart und die Diener des Baal-Chamman". Das thatsächliche Vorhandensein einer Gottheit Milk-Astart ist hiernach nicht zu bezweifeln. Der Name ist nun aber natürlich nicht zu übersetzen „König Astarte", sondern מלך ist Gottesname, und Milk-Astart ist derjenige Milk (Moloch), welcher die Attribute oder Eigenschaften der Astarte an sich trägt, im Unterschiede von demjenigen Milk, welcher mit Baal oder Osiris identificirt wurde. —

Der allgemeine Charakter des Milk oder Moloch ist zu bekannt, als dass ich darüber zu verhandeln brauchte. Ich ver-

---

[1] CIS 123a. 147. 194. 380. Euting, Pun. St. Hadr. 9. In allen diesen Fällen handelt es sich um ein den Gott repräsentirendes Steindenkmal. [2] CIS 123b. ∥ [3] CIS 8. ∥ [4] ibid. 250. ∥ [5] Rev. arch. 1885 I 380ff.

Wie neben Baal eine Baalat steht, so neben Milk eine Milkat (מלכת). Diese Göttin ist nachweisbar in Karthago, Hadrumet und auf Sardinien in den Personennamen עבדמלכת[2] Knecht der Milkat, אמתמלכת[3] Magd der Milkat, אחמלכת[4] Bruder der Milkat, in einem lateinischen Paralleltext[5] *Himilco, Himilconis*, auch *Imilco*[6], אחתמלכת Schwester der Milkat.[7] Eine Spur der Milkat findet sich auch auf Cypern in Citium in dem Personennamen חנמלכת[8] „Huld der Milkat". Endlich lesen wir auf einer karthagischen Inschrift[9] die Worte נצב מלכת במצרים, welche vielleicht bedeuten „Stele der Milkat in Aegypten".[10]

Man könnte geneigt sein, dies מלכת für einen blossen Titel (regina) einer Göttin zu halten, etwa der Astarte oder der karthagischen Tanit, zumal da in lateinischen Inschriften aus Karthago mehrfach eine *Juno regina*[11] erscheint. Dem gegenüber ist aber darauf hinzuweisen, dass weder der Astarte noch der Tanit auf irgend einer phönicischen Inschrift der Titel מלכת beigelegt wird. Es ist daher wahrscheinlicher, dass Milkat eine selbständige Göttin war. —

Zu den berühmtesten Göttern der Phönicier gehört Adonis. Doch stehen uns Nachrichten über ihn fast nur bei griechischen und lateinischen Schriftstellern zu Gebote, bei denen es unsicher bleibt, wie weit **sie** echt phönicische Anschauungen wiedergeben und in wie weit sie in ihren Relationen die griechische Auffassung des Gottes wiederspiegeln. Sicher ist nur so viel, dass die Hauptsitze des phönicischen Adoniscultus Byblus und Cypern waren, und dass der Gott an beiden Stellen in der innigsten Verbindung mit **der** Baalat-Astarte verehrt wurde. Indem ich für die occidentalischen Quellen auf die einschlägigen Stellen bei Movers

---

[1] Jahve et Moloch 1874. ❙ [2] CIS 264. Euting, Pun. St. Hadrum. 3. ❙ [3] Euting, Samml. 14. ❙ [4] CIS 143. 149. 184. Euting, Samml. 1. 29. 121. ❙ [5] CIS 149. ❙ [6] CIL 1562. ❙ [7] CIS 231. Euting, Samml. S. 59. ❙ [8] CIS 41. ❙ [9] ibid. 198. ❙ [10] S. Stade, ZATW. 1886, 331. ❙ [11] s. CIL VIII Index.

und Scholz verweise[1], begnüge ich mich damit, hier dasjenige zusammenzustellen, was sich aus alttestamentlichen und phönicischen Belegen für das Wesen des Gottes ergiebt.

אדון ist wie בעל und מלך ein Appellativ; es ist ferner ein Synonym zu beiden Worten, besonders mit בעל ist es der Bedeutung nach nahe verwandt. Man kann beispielsweise eben so gut אדון הבית wie בעל הבית sagen; beides bezeichnet den Hausherrn. Aber בעל הבית ist der, dem das Haus gehört, אדון הבית derjenige, welcher im Hause zu sagen hat.[2] Durch Verbindung von בעל mit einem Stadtnamen wird ein so prädicirter Mann als Angehöriger der betreffenden Stadt bezeichnet, als der, welcher das Bürgerrecht in ihr hat; dagegen ist אדון לכל מצרים derjenige, welcher über ganz Aegypten zu gebieten hat. Der Herr heisst im Verhältniss zum Sclaven בעל, insofern er der Besitzer des Sclaven ist; er heisst אדון, insofern er mit diesem Besitz verfügen kann, wie er will.

Wie im Hebräischen so ist auch im Phönicischen אדן als Appellativ gebräuchlich. Auf der Inschrift von Ma'sub heisst Ptolemaeus Euergetes אדן מלכם *dominus regum*, d. i. Grosskönig; ebenso derjenige Grosskönig, dessen Vasall der sidonische König Eschmunazar war[3]; ferner Ptolemaeus Philadelphus auf einer Inschrift aus Idalion[4], Ptolemaeus Soter auf einer Inschrift aus Lapethus[5], und ein nicht genannter aus dem Mutterlande.[6] Endlich führt der cyprische Prinz Baalrâm den Titel אדן *dominus noster*, im cyprischen Paralleltext ὁ ἄναξ.[7] — Auch als ehrendes Prädikat eines Gottes kommt אדן mehrfach auf den Inschriften vor, wie רבת „Herrin" bei Göttinnen gebraucht wird. Beide Titel kommen nicht einer Gottheit ausschliesslich zu, sondern jeder einzelne Gott kann אדן genannt werden, jede Göttin רבת.

Als Belege für diesen Gebrauch des Wortes אדן führe ich folgende Stellen an: לאדן לבעל שמם[8] *domino Baal-Samem*. תחת[9]

---

[1] Vgl. auch Renan, Mission 293 f. 296. 338. ‖ [2] Vgl. Gen. 45, 8. ‖ [3] CIS 3, 18. ‖ [4] ibid. 93, 1. ‖ [5] ibid. 95 (in der contrahirten Form אדמלכם). ‖ [6] ibid. 7, 5. ‖ [7] Ueber die in karthagischen Texten häufige Formel בד אדני *servus domini sui*(?) vgl. Renan zu CIS 269. ‖ [8] ibid. 7, 1. 139, 1. ‖ [9] ibid. 7, 7.

פחת אדני **בעל שמם** *sub pedibus domini mei Baal-Samem*.[1] לבעל לבנן אדני *Baali-Libano domino suo*.[2] לאדנן למלקרת *domino nostro Melqart*.[3] לבאדני לרשף חץ *domino suo Resef-Ches*.[4] ... לאדני לאשמן *domino suo Esmun*...[5] לארן לאשמן מארה *domino Aescolapio Merre*. Endlich die zahllosen לארן לבעל חמן *domino Baal-Chamman*, wofür zwei Mal[6] לבעל חמן ארן. Ferner gehören hierher die aus ארן und einem Gottesnamen gebildeten Personennamen, in denen ארן Prädikat, der Gottesname Subject ist, wie ארנבעל[7] Herr ist Baal, ארנשמש[8], ארנאשמן[9] und daneben אשמנארן[10], vgl. im Hebräischen אדניהם „Herr ist der Erhabene".

Wie nun aber die sinnverwandten Baal, Milk und der syrische Marnas (מרנא = unser Herr), wie Baalat, Baalti und Milkat, so ist auch ארן, obwohl es ein Titel aller Götter ist, doch zugleich auch zum Eigennamen eines einzelnen und bestimmten Gottes geworden. Dass die Phönicier einen so benannten Gott gekannt haben, lässt sich aus dem griechischen Ἄδωνις mit Sicherheit erschliessen. Genauer setzt dieser griechische Name eine Form אדני mit dem Suffix der ersten Person voraus, wie Βααλτις = בעלתי, Βηλτις = בלתי. Das Suffix hat in diesen Formen seine Bedeutung verloren, und die Phönicier fühlten es wohl **eben** so wenig heraus wie die Griechen in Ἄδωνις, die Hebräer in Adonai, die Franzosen in Monsieur oder Notre Dame.[11] Der mit Sicherheit vorauszusetzende phönicische Gott *Adoni* ist nun aber bis jetzt in den Inschriften nicht zweifellos nachgewiesen. Am ersten könnte man ihn finden auf einer Inschrift aus Cirta, auf welcher man liest[12] לארן לבעל ארן ולבעל חמן *domino Baali Adonidi et Baali Hammoni*; ארן kann in dieser Verbindung nur der Eigenname eines bestimmten Gottes sein.[13] Aber

---

[1] CIS 4. [2] ibid. 122, 1. cf. 88, 3. [3] ibid. 10. [4] ibid. 16. [5] ibid. 143. Im lateinischen und griechischen Paralleltext ist ארן nicht ausgedrückt. [6] ibid. 123 bis. [7] ibid. 139. (Im lateinischen Paralleltext *Idnibal*) u. ö. [8] ibid. 88, 6. [9] ibid. 96, 2. [10] ibid. 10. 93, 4. 94, 3. 4. [11] Dies letzte Beispiel zeigt auch deutlich, wie ein allgemeiner Ausdruck zum Eigennamen eines bestimmten einzelnen göttlich verehrten Wesens werden kann. [12] CIS p. 155. [13] CIS 332 glaubt Renan den Namen ע[בד]אדני *servus Adonidis* zu lesen.

nach einer anderen Stelle des Corpus[1] steht auf der Inschrift לאדן לבעל אדר, wonach wir es mit einem Gotte Baal-Adar zu thun hätten. — Auf einigen Stelen aus Cypern[2] findet sich die Widmung לאשמנאדני, was Renan, freilich zaudernd, *Esmun-Adonidi* übersetzt. Er möchte dies für einen zusammengesetzten Gottesnamen halten und erblickt im zweiten Theile die Urform des berühmten Ἄδωνις. In der That lassen sich zusammengesetzte Göttergestalten auch anderweitig auf Cypern nachweisen, z. B. Eschmun-Melkart, worüber unten. Auch wissen wir aus griechischen Nachrichten, dass Adonis mit Eschmun auf Cypern verschmolzen war[3]; Renan's Deutung hat also viel Wahrscheinlichkeit **für sich,** aber zweifellos sicher ist sie nicht, da jenes לאשמנאדני sich auch übersetzen lässt *Esmuno domino suo*. Trotz dieser Mangelhaftigkeit der Belege ist aber, wie schon bemerkt, ein phönicischer Gott Adoni mit Sicherheit vorauszusetzen. Einen Beweis hierfür liefert noch der Umstand, dass Adonis in Byblus, auf Cypern und in Alexandrien mit Osiris verschmolzen war.[4] Die Adonienfeiern im Tempel der byblischen Baaltis galten nach Einigen dem ägyptischen Osiris, der in Byblus begraben sein sollte.[5] Der Sinn dieses Mythus kann nur der sein, dass man in Byblus den einheimischen Adonis auch unter der Form des ägyptischen Osiris verehrte. Einen Adonis-Osiris (wie Eschmun-Melkart) lernen wir sodann in Amathus auf **Cypern** kennen. Stephanus von Byzanz[6] sagt hierüber: Ἀμαθοῦς πόλις Κύπρου ἀρχαιοτάτη, ἐν ᾗ Ἄδωνις Ὄσιρις ἐτιμᾶτο, ὃν Αἰγύπτιον ὄντα Κύπριοι καὶ Φοίνικες ἰδιοποιοῦντο. Ebenso hatten die Alexandriner in mystischer Theokrasie ihren Osiris mit dem phönicischen Adonis verschmolzen, vgl. Damascius[7]: ὃν Ἀλεξανδρεῖς ἐτίμησαν Ὄσιριν ὄντα καὶ Ἄδωνιν κατὰ τὴν μυστικὴν θεοκρασίαν, und Suidas[8]: Ὄσιριν ὄντα καὶ Ἄδωνιν ὁμοῦ κατὰ μυστικὴν θεοκρασίαν. Besonders die letzte Stelle zeigt in wünschenswerthester

---

[1] p. 145. [2] ibid. No. 42. 43. 44. [3] S. Movers, **Phön.** 226. [4] S. Movers, Phön. 235. [5] Lucian, de Dea Syr. c. 7. vgl. Plutarch, de Is. et Os. [6] bei Movers l. l. [7] ibid. [8] ibid.

Deutlichkeit, dass Ἄδωνις in diesen Combinationen nicht etwa ein Titel des Osiris ist, sondern der Eigenname des phönicischen Gottes, mit welchem der ägyptische verschmolz. — Von anderer Seite her ist der babylonische Tammuz, den die abgöttischen Weiber zu Jerusalem am nördlichen Tempelthor beweinten[1], mit Adonis zusammengewachsen. Bereits Origenes und Hieronymus identificiren Tammuz mit Adonis. Diese Verschmelzung lag um so näher, als beide Götter ihrem Wesen nach identisch sind. Aber Tammuz war für die Bewohner Palästina's ein Fremdwort so gut wie Osiris, und es muss eine Zeit gegeben haben, in welcher der phönicische Adoni noch nicht mit dem fremden Gott verschmolzen war.

Mit Adonis ist verwandt der Gott der Lebenskraft und der Heilung Eschmun (אשמן), der schöne Geliebte der Göttermutter Astronoe (עשתרת נעמה), von dem derselbe Mythos wie vom phrygischen Attes erzählt wurde.[2] Die Griechen und Römer identificiren ihn mit Aesculap. Die griechische Form des Namens bei Damascius ist Ἐσμουνός. Auf einer griechischen Inschrift aus Sidon findet sich der Name Ἀβδουζμουνου[3] (genet.) = עבדאשמן, vgl. Γηρυζμων.[4] Ganz verstümmelt ist der Name des Gottes auf einer atheniensischen Bilingue[5], wo der Name der Sidonierin אסמ בת אסטמסלם wiedergegeben wird Ασεπτε Συμσελημου oder Ασεπτ Εσυμσελημου. Die lateinische Transscription zeigt der Name eines numidischen Bischofs *Asmunius*[6] = עבדאשמן. Ebenso auf einer lateinischen Inschrift aus Afrika[7] *Asmunis* (genet.); dagegen ein anderes Mal *Abd-ismunis*[8] (genet.). Einen assyrischen Gott *Asmun* kennt Leormant.[9]

Im phönicischen Mutterlande wurde Eschmun besonders in Berytus verehrt, wohin die Mythe seinen Tod und seine Wiedererweckung verlegt und wo Strabo in der Nähe der Stadt seinen

---

[1] Ez. **8**, 14. ‖ [2] Damascius bei Phot. cod. 242. ‖ [3] Wadd. 1866c. ‖ [4] CIS p. 69. ‖ [5] ibid. No. 119. ‖ [6] Movers bei Ersch u. G. 396. Movers fand in lateinischen und griechischen Personennamen nur diesen einen Beleg. ‖ [7] CIL 5306. ‖ [8] ibid. 1562. ‖ [9] Bei Baudissin Studien I 275.

heiligen Hain erwähnt.¹ Während nun aber Movers² bei den ihm zu Gebote stehenden Quellen noch schreiben konnte, dass anderswo in Phönicien ein bevorzugter Cult desselben nicht bekannt sei, wissen wir jetzt, dass er sich auch in Sidon hohen Ansehens erfreute. Wir haben bereits zwei Sidonier kennen gelernt, welche nach dem Gotte genannt waren, Abdeschmun und Eschmunschillem (Eschmun vergilt). Weiter ist zu nennen der durch seine Grabinschrift berühmt gewordene König von Sidon אשמנעזר (Eschmun hilft). Ebenso hiess sein Grossvater. Der König rühmt sich, wie anderen Göttern so auch dem Eschmun in Sidon einen Tempel gebaut zu haben. Wie es scheint lag dieser an einer heiligen und heilbringenden Quelle.³ Ein kleiner Fluss bei Sidon, heute Barghut genannt, führte im Alterthum den Namen *Asclepius*.⁴ Auch in Umm el Awâmid finden wir einen Abdeschmun.⁵

In Aegypten finden sich an den Wänden des Osiristempels zu Abydos die Namen עבראשמן⁶, mit leichter Variante der Orthographie עבדשמן⁷, und אשמנאדן⁸ (Eschmun ist Herr). Ferner die Namen der Fremdlinge, welche sich an den Colossen zu Ipsambul verewigt haben יגראשמן⁹ (der den Eschmun fürchtet) und אשמנירן¹⁰ (Eschmun hat gegeben). Da diese Inschriften von Fremden herstammen (wahrscheinlich von Söldnern Psammetichs), können sie aber natürlich den Cult des Eschmun für Aegypten nicht beweisen. Dasselbe gilt von der bei Praeneste gefundenen ägyptischen Schale, welche in phönicischen Buchstaben den Namen אשמניעד בן עשתא¹¹ trägt.

Die eigentlichen Stätten des Eschmuncultus scheinen Citium und Idalion auf Cypern, Karthago und Sardinien gewesen zu sein. Auf Cypern finden sich äusserst zahlreiche mit Eschmun zusammengesetzte Personennamen vgl. z. B. בראשמן, עבראשמן¹²

---

¹ Movers, Phön. 532. ∥ ² bei Ersch u. G. 396. ∥ ³ S. Renan zu CIS 3, 17. ∥ ⁴ ibid. ∥ ⁵ CIS 8. ∥ ⁶ CIS 103 c. 109. ∥ ⁷ ibid. 100 a. ∥ ⁸ ibid. 100 b. ∥ ⁹ ibid. 111. ∥ ¹⁰ ibid. 113. ∥ ¹¹ ibid. 164. ∥ ¹² ibid. 47. 59. 68. 86 a, 14.

(mit derselben Bedeutung)[1], אשמנאר (Eschmun ist Herr)[2], ארנאשמן (Herr ist Eschmun)[3], אשמנעזר[4], אשמנירתן[5], אשמשלך[6] (quem Esmunus liberum misit), אשמצלח[7] (Eschmun beglückt), אשמ:חלץ[8] (Eschmun rettet). Wir haben ferner auf Cypern bereits oben den Gott selbst in Verbindung mit Adonis (oder als den Herrn prädicirt) gefunden. Auch mit Melkart ist Eschmun in Citium zu einer neuen Gottheit Eschmun-Melkart verschmolzen. An anderen Orten findet sich diese Gottheit nirgends, während sie sich in Citium in 6 bis 7 Fällen nachweisen lässt. Der Name ist allerdings nirgends ganz vollständig erhalten; die Vergleichung der einzelnen Fragmente stellt aber sein Vorhandensein sicher.[9] Die Verschmelzung der beiden Götter zu einem einzigen drückt den Gedanken aus, dass Eschmun in Citium als Melkart d. i. als Stadtkönig verehrt wurde.

Die hohe Bedeutung des Eschmun für Karthago **hat bereits** Movers nachgewiesen.[10] Sein Heiligthum stand auf dem höchsten Punkte der Stadt; in demselben wurden die Staatsverhandlungen gepflogen und die publica sacra aufbewahrt. In dem Tractat Philipps von Macedonien mit den Karthagern[11] werden als die höchsten Götter der letzteren genannt: δαίμων Καρχηδονίων d. i. die Tanit, Ἡρακλῆς d. i. der Baal Chamman, und Ἰόλαος. Movers[12] meint, dies sei ein anderer Name des Eschmun, identisch mit Jubal oder Juba. Allein ebenso wie das vorhergehende Herakles, so ist offenbar auch Jolaos nur das griechische Substitut für einen punischen Gott. Dieser aber wird in der That in Eschmun zu suchen sein. Die Sage erzählt, dass Jolaos den getödteten Herkules durch den Geruch einer Wachtel wieder belebt habe. Eschmun aber war ein lebenspendender Gott. So konnte in dem griechischen Texte des Vertrages Jolaos für ihn substituirt werden. Die Wahl dieses

---

[1] ibid. 57. ▮ [2] ibid. 10. 93 bis (Idal.). 94 bis (Idal.) ▮ [3] ibid. 96 (Golgi). ▮ [4] ibid. 47. 70. ▮ [5] ibid. 52. ▮ [6] ibid. 50. ▮ [7] ibid. 60. ▮ [8] ibid. 71. ▮ [9] Vgl. CIS 16 [לאר]בעלמלכרת לאדני (domino suo Esmuno Melkart). 24—28. ▮ [10] bei Ersch u. G. 391 f. ▮ [11] Polybius VII 9, 2—3. ▮ [12] Phönicier 537.

Namens statt des sonst gebräuchlichen Asklepios war nahe gelegt durch den unmittelbar vorhergenannten Herakles.

Der Tempel des Eschmun in Karthago wird auch in den Inschriften genannt.[1] Mit Eschmun zusammengesetzte Personennamen sind auch hier wieder sehr häufig, besonders die Abdeschmun, Bodeschmun, Eschmunjaton, Eschmunchilles, Eschmunschillekh, Eschmun'amas.[2] Auch die Verschmelzung des Eschmun mit einer anderen Gottheit findet sich wieder in Karthago, und zwar ist es diesmal eine weibliche Gottheit, die Astarte, mit welcher er in Conjunction tritt. Auf einem der Tanit und dem Baal Chamman geweihten Votivsteine[3] nennt sich als weihender עבדמלקרת כהן אשמנעשתרת „Abdmelkart, Priester des Eschmun-Astarte." Aus dem Umstande, dass Abdmelkart Priester der hier genannten Gottheit ist, folgt zunächst, dass wir es nicht mit einer theologischen Speculation, sondern **mit einer leibhaftigen vom Volke verehrten Gottheit** zu thun haben. Ferner ist klar, dass Abdmelkart nicht Priester zweier Gottheiten, sondern nur einer **einzigen Eschmun-Astarte** genannten war; im entgegengesetzten Falle könnte die Copula vor עשתרת nicht fehlen. Es bleibt **nur** die Frage zu entscheiden, ob die beiden Gottesnamen in Apposition zu einander stehn (Eschmun, welcher Astarte ist), oder ob der eine dem andern untergeordnet ist (Eschmun [der Gemahl] der Astarte). Nun haben wir bereits oben gesehen, dass Eschmun auf Cypern sowohl mit Melkart als auch mit Adonis zu einer neuen Gottheit verschmolzen wurde. Sicherlich liegt es da am nächsten, den karthagischen Eschmun-Astarte ebenso zu erklären, also als den Eschmun, welcher κατὰ τὴν μυστικὴν θεοκρασίαν Eschmun und Astarte zu gleicher Zeit ist oder die Eigenschaften der Astarte an sich trägt. Der karthagische Eschmun-Astarte hatte hiernach einen ganz anderen Charakter als der cyprische Eschmun-Melkart; denn während dieser als Beschützer der Stadt verehrt wurde, scheint der

---

[1] CIS **252**. [2] z. B. ibid. **183**. 187. 188. — 165, 2 u. 19. — 269. 272. — 168. 243. — 197. — **Euting**, Samml. S. 142 und sonst. [3] CIS 245.

erstere als Gott der Liebe oder auch der Fruchtbarkeit aufgefasst zu sein, Attribute, welche sich mit dem Charakter des Gottes, welcher ἐπὶ τῇ θέρμῃ τῆς ζωῆς benannt sein soll, wohl vereinigen lassen. Will man diese Auffassung nicht gelten lassen, so bleibt nur übrig, in dem Doppelnamen den Eschmun der Astarte untergeordnet sein zu lassen, also zu übersetzen: „Eschmun, welcher der Astarte angehört, ihr Gemahl ist." Aber diese Auffassung verstösst nicht nur gegen die Analogie, sondern man sieht auch nicht ein, zu welchem Zwecke Abdmelkart die Gemahlin des Gottes, in dessen Diensten er steht, überhaupt genannt haben sollte, davon zu schweigen, dass Astarte gar nicht einmal deutlich als Gemahlin des Eschmun bezeichnet wäre. Ich betrachte daher die beiden Gottesnamen als coordinirt und erblicke in Eschmun-Astarte einen Gott mit weiblichem, vielleicht auch weibischem Character. Zugleich mache ich schon jetzt darauf aufmerksam, dass wir weiter unten umgekehrt die Göttin Tanit mit dem Titel אדן „Herr" antreffen werden.

Von Karthago aus verbreitete sich der Cult des Eschmun über das abhängige Afrika und die überseeischen Colonien. In Cirta finden wir einen Abdeschmun[1]; sobald die zahlreichen hier gefundenen Inschriften veröffentlicht sind, werden die Belege wahrscheinlich in viel grösserem Umfange zu Gebote stehen. Einige Nachrichten über Heiligthümer des Eschmun in Afrika, Spanien, Sicilien verzeichnet Movers.[2] Aus den Inschriften lässt sich seine eifrige Verehrung auf Sardinien nachweisen. Wir finden hier die Personennamen Abdeschmun[3], Bodeschmun[4] und Eschmun'amas (אשמנעמס).[5] Von grosser Wichtigkeit ist eine in der Nähe von Cagliari gefundene Trilingue (lateinisch-griechisch-phönicisch).[6] An der Fundstätte entspringt eine mineralhaltige Quelle. Spuren eines Gebäudes von antiker Structur sind zu Tage getreten. Darunter zahl-

---

[1] CIS p. 364. [2] bei Ersch u. G. 397. [3] CIS 143. 156. [4] ibid. 154. [5] ibid. 139, 2. [6] ibid. 143.

Die Götterwelt der heidnischen Semiten.

reiche Broncefragmente, welche einer runden Säule auf viereckiger Basis angehören. Auf der Basis befindet sich folgende dreisprachige Inschrift:

Cleon. salari. soc. s. Aescolapio. Merre. donum. dedit. lubens. merito. merente.

Ἀσκληπίῳ Μερρη ἀνάθεμα βωμὸν ἔστησε Κλέων ὁ ἐπὶ τῶν ἁλῶν κατὰ πρόσταγμα.

לארן לאשמן מארח מזבח נחשת משקל לטרם מאת [A| אש נדר אבלן שחסגם
אש בנמלחת שמ[ע ק]לא רפיא בשת שפטם חמלכת ועבדאשמן בן חמלך.

Den phönicischen Theil der Inschrift übersetzt Renan: Domino Esmuno Merre; altare aereum ponderis librarum centum C, quod vovit Cleon, [servus sociorum], qui in re salaria; audiit vocem ejus, sanavit eum. Anno suffetum Himilcati et Abdesmuni, filii Himilci.

Diese Inschrift bestätigt die Angabe des Damascius, dass Eschmun mit Aesculap identisch ist. Das im lateinischen und griechischen Text unübersetzt gebliebene מארח ist mit Sicherheit bisher nicht erklärt. Ewald und Renan halten es für eine ungenaue Orthographie statt מאיך und erklären dies durch *vitam proferenti*, ein Attribut, das gewiss für einen Gott der Heilkraft sehr passend ist. Aber eben die blosse Transscription der phönicischen Zeichen im lateinischen und griechischen Text zeigt, dass dies Attribut zu einem neuen Eigennamen des Gottes geworden war und dass der Eschmun Merre vermuthlich von anderen Göttern dieses Namens unterschieden wurde wie der בעל מרפא von anderen Baalim. Renan verweist übrigens noch auf andere Spuren, welche den Cult des Aesculap-Eschmun in dieser Gegend beweisen. Eine lateinische Inschrift[1] trägt die Widmung Aesculapio. Aug(usto). sacrum. Dieser Aesculap wird mit dem Eschmun-Merre identisch sein.

Die Namensform des Eschmun fällt aus der Analogie der übrigen phönicischen Gottesnamen wie Baal, Milk, Adon, heraus.

---

[1] CIL **X** 7552, cf. 7553. 7604.

Dass er, wie die Alten wollen, „der Achte" bedeute, ist mir sehr unwahrscheinlich; nach Nummern haben wohl die Römer ihre Töchter benannt, **aber** nicht die Phönicier ihre Götter. Auch die zweite im Alterthum vertretene Etymologie, nach welcher Eschmun benannt wäre ἐπὶ τῇ θέρμῃ τῆς ζωῆς, ist **sprachlich** unhaltbar, sobald man den Namen aus dem Phönicischen erklären will. Gesenius[1] wollte daher nach Jablonski unsern Gott mit einem angeblich ägyptischen ϣⲙⲟⲩⲛ „i. e. Pane, generationis numine" identificiren. Aber A. Erman schreibt mir auf eine bezügliche Anfrage: „Einen Gott ϣⲙⲟⲩⲛ giebt es überhaupt nicht, sondern nur die Stadt ϣⲙⲟⲩⲛ, alt XMNV (also mit ḫ anlautend); diese führt ihren Namen von den XMNV d. h. ‚den acht' in ihr verehrten Göttern. Das Unheil mit ϣⲙⲟⲩⲛ hat der alte Jablonski ersonnen, 1750!" — Die Etymologie und Herkunft des Namens Eschmun **bleibt danach** vorläufig unbekannt. —

Ich zähle nun noch eine Anzahl phönicischer Götter auf, die zum Theil wenig bekannt sind, z. Th. einen lokal begrenzten Cult hatten. Besonders auf Cypern und in Karthago finden wir solche Götter, und man gewinnt den Eindruck, dass an beiden Stellen eine ausserordentlich vielgestaltige Götterwelt vorhanden war. Doch soll damit nicht gesagt sein, dass die Verhältnisse auf anderen phönicischen Gebieten einfachere waren. Wenn uns in Cypern und Karthago mehr Götter begegnen als etwa im phönicischen Mutterlande und in Sicilien oder Spanien, so liegt **dies einfach** daran, dass für die beiden zuerst genannten Stätten die Quellen reichlicher fliessen als für die anderen. Wo auf phönicischem Gebiet zahlreiche Inschriften zu Tage treten, da erscheinen auch sofort zahlreiche Götter.

Auf Cypern kommen mehrere Personennamen vor, welche durch Zusammensetzung mit רשף gebildet sind. In Idalion finden wir einen עבדרשף[2]; denselben Namen stellt Renan auf einer Inschrift aus Citium her (עבד[רש]ף)[3]; in Karthago mit dem

---

[1] Monumenta p. 136. | [2] CIS 93, 4. | [3] ibid. 14, 7 f.

Vorschlagsaleph עבראש.[1] Ferner kommen mehrere רשפיתן vor.[2] Schon die Bildung dieser Namen zeigt, dass רשף ein Gott sein muss. In der That finden wir in Karthago[3] einen עבד כח ארשף „Knecht am Tempel des Arschaf."[4] Auf Cypern findet sich der Gott mehrmals, aber (abgesehen von den Personennamen) nie ohne specificirendes Epitheton, wodurch wieder verschiedene Theilformen entstehen. Auf einer Inschrift aus Citium[5] ist genannt בדא בכן רשף חץ „Bodo, Priester des Reschef Hes" d. i. des Reschef mit dem Pfeil. Eine andere Erscheinungsform des Gottes ist רשף מכל. Er hatte einen Tempel in Idalion. Könige und Privatpersonen berichten von Weihgeschenken, die sie ihm dargebracht haben, und nennen ihn „ihren Gott". So hat z. B. Milkjaton, König von Citium und Idalion „seinem Gotte Reschef MKL in Idalion" (לאלי לרשף מכל באדיל) eine goldene Schale gegeben.[6] Derselbe Gott kömmt in Idalion ausserdem noch fünf Mal vor.[7]

Auf einer phönicisch-cyprischen Bilingue[8] wird לרשף מכל im cyprischen Text wiedergegeben τω Απολωνι τω Αμυκλωι. Man scheute sich bisher, die Buchstaben מ כ ל für eine blosse Transscription von Αμυκλοι anzusehn; neuere Funde haben gezeigt, dass es sich unzweifelhaft so verhält. Auf der ersten bilinguen Inschrift von Tamassos[9] berichtet ein Menachem, dass er ein Bild geweiht hat לאדני ל[רש]ף אליית, im cyprischen Text τωι θεωι τωι Απειλωνι τωι Ελειται, d. i. dem Apollo der lakonischen Stadt Ἕλος. Die zweite Bilinguis von Tamassos[10] enthält eine Widmung לרשף אלהיתס τωι Απολωνι τωι Αλασιωται, d. i. vielleicht der nach dem Berge Ἀλήσιον bei Mantinea benannte Apollo. Nach Analogie dieser beiden Näherbestimmungen

---

[1] CIS 393. Durch diese Schreibung wird Eutings Vocalisation רֶשֶׁף als unrichtig erwiesen. ¶ [2] ibid. 44. 88, 2—6. Von einem anderen Personennamen (79) sind nur die Buchstaben רשף erhalten. ¶ [3] ibid. 251. ¶ [4] oder Reschef. ¶ [5] ibid. 10. ¶ [6] ibid. 90. ¶ [7] ibid. 89. 90. 91. 93. 94. Einmal (14, 7 f.) glaubt Renan ihn in Citium zu finden; doch ist der Text sehr unsicher. ¶ [8] ibid. 89 (vom Jahre 375 a. Chr.). ibid. 86b, 5 kömmt מכל ohne רשף als Name des Gottes vor. ¶ [9] Euting, Ber. der Berl. Akad. 1887, 115 ff. ¶ [10] ibid.

ist jedenfalls auch מפל Nichts weiter als die Wiedergabe von Ἀμυκλαιος.

Aus der Identificirung mit Apollo ergibt sich, dass Reschef ein Sonnengott war.

Da רֶשֶׁף im Hebräischen Flamme, Gluth, Blitz bedeutet, semitische Götter aber nicht direct nach Naturerscheinungen benannt werden, so halte ich רשף für eine Abkürzung von בעל רשף „der mit dem Blitz"; רשף חץ ist dann der, welcher den Blitz als seinen Pfeil sendet vgl. רשפי קשת.[1] E. Meyer[2] weist nach, dass der Gott Reshpu auch auf ägyptischen Monumenten vorkömmt und zwar durch seine Darstellung als ausländischer (semitischer) Kriegsgott gekennzeichnet. Er hält auf einer Abbildung bei Renan[3] in der Rechten eine Lanze, in der Linken das Henkelkreuz; er ist bärtig („Apollini barbato haud absimilis") und trägt einen Helm, welcher über der Stirn mit einem Ziegenkopf geschmückt ist. Der Stil der Darstellung ist natürlich ägyptisch. Nach Meyer entlehnten die Aegypter diesen Gott ihren Hauptgegnern zur Zeit der 18. und 19. Dynastie, den Chetitern.

Zugleich mit dem Blitzgott Reschef haben die Aegypter eine Kriegsgöttin 'Anat[4] (ענת) von den Chetitern übernommen. „Sie trägt auf einer Stele des British Museum Helm, Schild und Lanze, und in der Linken die geschwungene Streitaxt. Dieselbe Figur zu Pferde, aber verstümmelt, findet sich auf einer Felsenstele beim Wüstentempel von Redesieh."[5] Ramses II. heisst gelegentlich „Held der Anat". Von Ramses III. wird gesagt „Anat und Astarte sind an seinem Schilde". Ein Ross Seti I. heisst „Anat ist erfreut", und ein Schwert Ramses II. „Anat ist Schutz"; endlich seine Tochter בנת ענת „Tochter der Anat"[6]. Dass diese Göttin in alter Zeit in Palästina verehrt wurde, zeigen mehrere im alten Testament vorkommende Orts- und Personennamen. Der Vater des Richters Samgar hiess

---

[1] ψ 76, 4. [2] ZDMG 1877, 719. [3] CIS p. 38. [4] Ueber sie handelt ausführlich de Vogüé, JA 1867 X 125 ff. [5] Meyer a. a. O. 718. [6] Alles nach Meyer a. a. O.

ענת¹, wohl eine Abkürzung von עבד ענת „Knecht der Anat". Dass die Stadt בית ענת im Stamme Naphtali² nach der Göttin genannt ist, zeigt die ägyptische Schreibung.³ בית ענית im Stamme Juda⁴ zeigt den Namen der Göttin in dunklerer Aussprache, und ענתות, der Geburtsort des Propheten Jeremia⁵ wird seinen Namen erhalten haben nach mehreren an diesem Orte verehrten Theilformen der Göttin. Eben diese Göttin ist auch in Cypern verehrt worden. An der Stelle des alten Lapethus findet sich auf einem Felsen eine griechisch-phönicische Bilingue aus dem Ausgange des 4. Jahrh. v. Chr., welche folgendermaassen anfängt:

'Ἀθηνᾷ Σωτείρᾳ Νίκῃ
לענת עז חים

d. i. „der lebenskräftigen Anat" vgl. die עשתרת אדך חים. In allerjüngster Zeit ist in der Kirche zu Dali, dem alten Idalion, eine Inschrift entdeckt, auf welcher die Widmung לענת mit Sicherheit gelesen wird.⁶ Die Gleichsetzung mit der Athene erklärt Meyer daraus, **dass Anat** Kriegsgöttin war; Renan denkt an lautlichen **Gleichklang.** Doch wurde Anat, wie es scheint, auch als jungfräuliche Göttin aufgefasst; wenigstens heisst es in einem ägyptischen Text⁷ von ihr, dass sie nicht gebiert. — Euting⁸ glaubt die Göttin in Hadrumet in dem Personennamen אנתחן (so) „'Anat ist gnädig" wiedergefunden zu haben. Auch den Assyrern ist eine Anat bekannt.⁹

Zwei cyprisch-karthagische Götter, Pumi und Pa'am lassen sich bis jetzt nur aus Personennamen erschliessen. Ein König von Citium und Idalion, Zeitgenosse Alexanders des Grossen, hiess פמיתן¹⁰ „Pumi hat gegeben". Griechisch kommt er **vor** als Πυματος ὁ Κιτιεύς.¹¹ **Ferner** findet sich **ein** עבדפמי¹² „Knecht

---

¹ Jud. 3, 31. 5, 6. ∥ ² Jos. 19, 38. Jud. 1, 33. ∥ ³ Meyer a. a. O. ∥ ⁴ Jos. 15, 59. ∥ ⁵ Jer. 1, 1. Anathoth kömmt dann auch als Personenname vor. 1 Chr. 7, 8. Neh. 10, 20. ∥ ⁶ S. Euting, Ber. der Berl. Akad. 1887, 420 f. ∥ ⁷ bei Meyer a. a. O. ∥ ⁸ Pun. St. Hadrum. 7. ∥ ⁹ Meyer a. a. O. 717. ∥ ¹⁰ CIS 11. ∥ ¹¹ Schröder, **die** phön. Sprache 196. ∥ ¹² CIS 88, 6 cf. **35.**

des Pumi", eine [אמת]פמי[¹] „Magd des Pumi", und in Karthago ein [שמ]רפמי[²] „Pumi bewahrt". Auf einer noch nicht veröffentlichten Inschrift aus Karthago findet sich auch ein פמיתן.³ — In Karthago ist der Name נעמפעם⁴ nicht selten. In lateinischen Inschriften kömmt er sehr oft vor in den Formen *Namphamo*, *Nampamo*, *Namephamo*, *Namefamo*, *Namphame*, *Nampame*, u. a.⁵ Schröder⁶ deutet den Namen nach Augustin (*boni hominis pedem*) als „Schönfuss"; aber der Name עבדפעם⁷ zeigt, dass Paʿam ein Gott ist; נעמפעם ist daher seiner Bildung nach mit שמאל, שמרמון, נעמלכת (CIS 41), טוביה zu vergleichen. Ob zwischen Pumi und Paʿam ein näherer Zusammenhang besteht und ob diese Götter mit Pygmaios und Pygmalion (פעם עליון?) zusammenhängen, lässt sich zur Zeit **nicht** entscheiden. —

Nöldeke hat in dem Namen Σαγχουνιάθων⁸ den Gott סכן entdeckt. Die phönicische Form des Personennamens סכניתן (= Sakkun hat gegeben) hat Euting⁹ mit grosser Wahrscheinlichkeit nachgewiesen. Häufiger ist der Name גרסכן „Client des Sakkun",¹⁰ lateinisch *Gisco;* auch ein עבדסכן¹¹ „Knecht des Sakkun" findet sich; ferner ein כנ[ס]שלם¹² „Sakkun vergilt", und lateinisch ein *Secchun Sattari filius*.¹³ Auf einer Inschrift aus dem Piraeus¹⁴ findet sich der Name des Gottes in der Schreibung אסכן; er ist hier mit אדר zu einer Gottheit Sakkun-Adar (oder -Addir) verwachsen. אדר wird als Gottesname erwiesen durch den Personennamen יתנאדר¹⁵ „Adar hat gegeben", vgl. auch den Namen des Vorgebirges *Rusaddir* = ראש אדר in der Nähe von Siga. Sakkun ist der Hermes der Griechen.¹⁶ — Einen Gott דמץ lernen wir aus den Personennamen דמצלח בן דמחנא צדני = Δομταλως Δομανω Σιδωνιος¹⁷ kennen. D. H. Müller¹⁸ weist

---

¹ **CIS** 55. ∥ ² ibid. 197. ∥ ³ ibid. p. 300. ∥ ⁴ Euting, Samml. 263. ∥ ⁵ CIL 826. 6788. 9146. 9111. 1618. 1529. ∥ ⁶ a. a. O. 17. ∥ ⁷ CIS 112c. ∥ ⁸ Ueber die verschiedenen Deutungsversuche dieses Namens vgl. Schröder a. a. O. 196 f. ∥ ⁹ Pun. St. Hadr. 8. ∥ ¹⁰ CIS 112a. 175. 192. 210. Euting, Samml. 67. 74. 79. 153. ∥ ¹¹ CIS 112a. ∥ ¹² Euting, Samml. 63. ∥ ¹³ CIL 5099. ∥ ¹⁴ CIS 118. ∥ ¹⁵ Euting, Samml. **138**. ∥ ¹⁶ vgl. Schröder a. a. O. Renan, CIS p. 145. ∥ ¹⁷ CIS 115. ∥ ¹⁸ ZDMG 30, 691.

nach, dass דעמש (mit Mimation) bei den Himjaren als Personenname vorkömmt, und dass von derselben Wurzel abgeleitete Namen sich auch im Arabischen finden. Er gewinnt für den Gottesnamen die Bedeutung „der Stützende, Erhaltende". Auf phönicischem Gebiete hat sich keine weitere Spur dieses Gottes gefunden. —

Tanit, die grosse Schutzgöttin von Karthago, ist uns trotz der mehr als 2000 Weihinschriften, in denen ihr Name an erster Stelle erscheint, ihrem Wesen und ihrer Bedeutung nach doch nur in sehr ungenügendem Maasse bekannt. Selbst die Aussprache ihres Namens תנת ist unsicher. Nur so viel steht zunächst fest, dass sie eine specifisch karthagische Göttin war und dass sie in Karthago alle andern Götter und Göttinnen an Bedeutung weit überragte. Sie heisst bei Polybius δαίμων Καρχηδονίων schlechthin und steht in dieser Eigenschaft ebenso wie auf den Votivstelen vor allen andern Göttern. Ausserhalb Karthagos und der abhängigen Gebiete in Afrika finden sich fast keine Spuren ihrer Verehrung.[1] Der auf der Inschrift von Massilia genannte Bodtanit (בדתנת) war wohl sicher Karthager. Ein Sidonier Abdtanit hat sich bei Lebzeiten in Athen eine Denksäule gesetzt[2]; doch wird durch diesen einzigen Beleg die Verehrung der Tanit in Sidon nicht bewiesen; der Mann kann in irgendwelchen Beziehungen zu Karthago gestanden haben.

In Personennamen findet sich die Göttin auch in Karthago nur selten. Zweimal[3] kömmt אחתנת (für אחתנת[א]) „Schwester der Tanit" vor; der Frauenname אמתנת[4] scheint identisch zu sein mit dem Mannesnamen אשתנת.[5] Die Göttin selbst findet sich einige Male[6] auf den Votivstelen ohne ihren πάρεδρος, den Baal Chamman, sonst immer in Verbindung mit ihm und zwar, wie

---

[1] Eine lateinische Inschrift aus Dacien (CIL 993) lautet: *Caelesti Augustae et Aesculapio Augusto et genio Carthaginis et genio Daciarum*. Aesculap ist Eschmun, die Coelestis Tanit; wenn der *genius* Karthagos hier von ihr unterschieden wird, so kann das nur eine spätere Auffassung sein. ‖ [2] CIS 116. ‖ [3] ibid. zu 221. ‖ [4] ibid. 232. ‖ [5] Euting, Pun. St. 227. ‖ [6] CIS 190. 402. 408. 419.

schon bemerkt, ihm vorangehend. Sie führt ebenso ständig den Titel רבת „Herrin", statt dessen zwei Mal[1] merkwürdiger Weise לאדן להנת) אדן *domino* Tanit). Die Göttin erhält ferner regelmässig eine nähere Bestimmung durch die auf ihren Namen folgenden Worte פן בעל, gelegentlich auch פנא בעל geschrieben. Halévy[2] erblickte hierin eine lokale Näherbestimmung der Göttin und erklärte die תנת פן בעל als die auf einer in der Nähe Karthagos gelegenen Insel Penê Baal verehrte Tanit. Renan macht dem gegenüber darauf aufmerksam, dass eine solche Insel nicht bekannt ist, und dass der Tempel der Tanit inmitten der Stadt lag. de Saulcy hat die Worte פן בעל zuerst richtig erklärt, indem er sie *facies Baalis* deutete. Was hierunter zu verstehn ist, ergiebt sich aus einer bisjetzt nicht genügend beachteten Stelle des Afrikaners Apulejus, welche bereits Gesenius[3] angeführt hat, aber, da er das פן בעל in den Inschriften verkannt hatte, nicht zu verwerthen verstand. Die Regina coeli d. i. die Tanit nennt sich hier selbst[4]: rerum Natura parens, elementorum omnium domina, seculorum progenies initialis, summa numinum, regina manium, prima Coelitum, **deorum** *dearumque facies uniformis*. Diese letzten Worte sind geradezu **die** Uebersetzung von פן בעל. Baal ist in dieser Formel nicht irgend ein Einzelgott, denn **wenn Baal** einen Einzelgott bezeichnen soll, muss es immer irgend ein Complement haben; vielmehr ist בעל die Gottheit schlechthin, eine Idee, die durch das lateinische *dii deaeque* wiedergegeben wird. Wenn nun Tanit das Angesicht des Baal genannt wird, so kann damit nur der Gedanke ausgedrückt sein, dass in ihr das Wesen der Gottheit selbst zur Erscheinung kömmt. Es wird also in der That durch diesen Beisatz das Wesen der Göttin im Allge-

---

[1] CIS 401. 402 vgl. auch 419. [2] S. Renan in CIS p. 288. [3] **Mon. 169.** [4] Apulejus, Metamorph. XI. Apulejus stammte aus der numidischen Stadt Madaura, aus der wir weiter unten einen anderen interessanten Vertreter heidnischer Ansichten kennen lernen werden. Die Regina Coeli, welche von ihm mit der Minerva, Venus, Diana und anderen Göttern identificirt wird, kann bei dem Afrikaner ursprünglich **nur** die Tanit sein.

meinen definirt, nicht aber, wie Dillmann[1] meint, die hier gemeinte Tanit von andern Tanit unterschieden, denn andere Göttinnen dieses Namens sind nicht bekannt. Der Beisatz פן בעל ist somit ein ehrendes Prädikat der höchsten Göttin, welches besagt, dass sie ihrem Wesen nach die Macht und die Befugnisse aller anderen Götter in sich schliesst. Dass der Baal Chamman trotzdem als ihr πάρεδρος neben ihr genannt wird, darf nicht überraschen; er steht neben ihr als der Prinz-Gemahl, der freilich immerhin einen grossen Einfluss hat, dennoch aber hinsichtlich seiner Würde specifisch von ihr unterschieden ist. Wenn der Name der Gottheit צלמבעל, welcher die Gaulitaner einen Tempel errichteten[2], aus צלמבעל abgelautet ist[3], so liegt diesem Namen eine ähnliche Gedankencombination zu Grunde, wie dem Prädikat פן בעל. Blau[4] hat צלמבעל mit der Σαλαμβω oder Σαλαμβας zusammengestellt; diese ist ἡ δαίμων [ἡ] ... περιέρχεται θρηνοῦσα τὸν Ἄδωνιν, also eine Form der Aphrodite. Das Wort צלם bedeutet Bild, Abbild, und kömmt auf der Inschrift von Teima als Gottesname vor. צלמבעל ist demnach das Abbild der Gottheit, und die so prädicirte Aphrodite, die von anderen Aphroditen unterschieden wurde, muss bei den Gaulitanern dieselbe hohe Stellung eingenommen haben wie die Tanit bei den Karthagern. Damit stimmt überein der Umstand, dass unter den verschiedenen Göttern, welchen die Gaulitaner Tempel errichtet haben, צלמבעל an erster Stelle genannt wird.

Die Etymologie und Bedeutung des Namens תנת ist unerklärt. Gesenius erklärte ihn für den der ägyptischen *Neith* mit dem Artikel *ta* (*ta-Neith*). Allein abgesehn davon, dass sich schwer erklären liesse, wie eine ägyptische Göttin Schutzgottheit der Karthager werden konnte, schreibt mir A. Erman: „Den Gottesnamen NT kann man, da er nur Eigenname ist (ohne andere Bedeutung), niemals mit dem Artikel gebrauchen." Damit ist die Sache erledigt.

[1] Ber. der Berl. Akademie 16. Juni 1881. ‖ [2] CIS 132. ‖ [3] Schröder p. 105. ‖ [4] ibid.

תנת wird auf der bekannten Bilingue aus Athen[1] durch Ἄρτεμις wiedergegeben. Eine lateinische Inschrift aus Afrika[2] bietet **DIANÆ CÆL. AVG.** Bei den Lateinern heisst sie Virgo Coelestis, Juno Coelestis oder kurzweg Coelestis.[3] Dass der Mond ihr heilig war, zeigen die häufig vorkommenden Darstellungen des Halbmondes auf ihren Stelen. Dass sie als numen virginale aufgefasst wurde, beweist der lateinische Name Virgo Coelestis; aber neben dieser Auffassung ging eine andere her, wonach Tanit auch Mutter und Gattin war. Schon ihr zweiter Name bei den Lateinern, Juno Coelestis, deutet hierauf hin. Auf einer karthagischen Inschrift[4] lautet eine Widmung א[ב] לרבת לתנת פן בעל ולאדן לבעל חמן *matri magnae Tanitidi, faciei Baalis, et domino Baali Hammoni*; ebenso eine zweite[5], nur dass hier das Wort לתנת ausgelassen ist, woraus sich ergibt, dass Penê Baal geradezu zum Eigennamen der Tanit wurde, ebenso wie auf der Inschrift von Teima צלם, auf Gaulos צדמבעל.

Von der mütterlichen Tanit ist zu unterscheiden eine in Karthago verehrte רבת אמא[6] *Domina Mater*, wozu Euting folgende Stelle aus dem Etym. mag. heranzieht: Ἀμμά· ἡ τροφὸς καὶ ἡ μήτηρ, κατὰ ὑποκόρισμα. Καὶ ἡ Ῥέα λέγεται καὶ Ἀμμάς καὶ Ἀμμά. Als Kosewort für die Amme kömmt *amma* bei Plautus[7] vor. Auf Citium[8] findet sich eine רבת אם האורת, deren Beiname ungewisser Bedeutung ist; vergleichen kann man den geographischen Namen *Ammaedara* in Nordafrika.[9]

Ich füge hier an die Göttin Allat, die wir bei den Syrern und Arabern wiederfinden werden. In Karthago kömmt der Frauenname חתלת contrahirt aus אחת אלת = Schwester der Allat, wie Otmilcat, zwei Mal vor.[10] Aber auch die Göttin selbst ist hier vertreten. Wir kennen einen [אשמ]נחלץ כהן אלת[11] Eschmunchilles, Priester der Allat; ferner einen יחנמלך רב כהן אלת[12] Ja-

---

[1] CIS 116. | [2] CIL 999. | [3] s. die Belege bei Gesen. Mon. | [4] CIS 195. | [5] ibid. 380. | [6] ibid. 177. | [7] Poen. III Sc. V 22. | [8] CIS 13. | [9] CIL VIII p. 50 ff. | [10] CIS 221. 430. — Vielleicht steckt der Name der Göttin auch in dem מצבאלת der Athen. S. Die vier ersten Buchstaben bleiben freilich dunkel. | [11] ibid. 243. | [12] ibid. 244.

tonmilk, Oberpriester der Allat. Auch in Sardinien wurde sie verehrt. Eine bilingue Inschrift aus Sulci[1] berichtet von einem Heiligthum (מקדש), welches errichtet ist לחרבת לאלת. In dem begleitenden lateinischen Text ist die Göttin leider nicht genannt; dass aber eine Einzelgöttin mit Namen אלת gemeint ist, und dass אלת nicht Appellativ ist[2], zeigen die beiden genannten Inschriften aus Karthago. Die אלת genannte Göttin hatte also einen Tempel auf Sardinien und ein für ihren Dienst bestimmtes Priestercollegium in Karthago. Die Aussprache *Allât* gründet sich auf die gleichlautende der arabisch-syrischen Göttin gleichen Namens; genauer scheinen die Phönicier mit Verdünnung des ersten Vocals und mit Trübung des zweiten[3] *Ellot* gesprochen zu haben, mit dem Suffix der ersten Person (אלתי wie בעלתי) *Ellotí*. Eine phönicische Athene, welche in Korinth verehrt wurde, numen virginale war und mit der Europa identisch sein soll, hiess Ἑλλωτίς.[4] Auch die arabisch-syrische Allât wird Athene genannt (s. u.). Bei den Assyrern ist Allât in der Höllenfahrt der Istar die Göttin der Unterwelt. Auch die griechische Europa steht mit der Unterwelt in Verbindung; sie galt als Mutter des Minos und Rhadamantys. Dass aber Europa eine ursprünglich phönicische Göttin war, weiss schon die Ilias[5], nach welcher sie eine Tochter des Phönix ist. Der Tempel der sidonischen Astarte war nach Einigen der Europa (= Allât) heilig.[6] Ob die phönicische Allât Göttin der Unterwelt war oder, wie die arabische, Schlachtengöttin, lässt sich nicht entscheiden. Uebrigens besteht zwischen beiden Auffassungen eine nahe Verwandtschaft. —

In Karthago muss **eine** Gottheit (ob männliche oder weibliche ist unbekannt) mit Namen צד ziemlich viel Verehrer gehabt haben, wie sich aus einer Anzahl von Personennamen ergiebt, welche diesen Gottesnamen enthalten. Man

---

[1] ibid. 149. ‖ [2] Dillmann: „Der Herrin der Göttin". ‖ [3] cf. Schröder 127 f. ‖ [4] S. die ausführlichen Belege bei A. Müller, Berichte der Wiener Akad. 37, 41 f. ‖ [5] 14, 321. ‖ [6] Lucian, de dea Syr. 4.

kennt mehrere יתנצד¹ „Ṣad (Vocal unsicher) hat gegeben"; desgleichen צדיתן in Aegypten²; ferner גרצד³ „Client des Ṣad", עבדצד⁴ „Knecht des Ṣad", חנצד⁵ = *Chinisdo* „Huld des Ṣad" und צדשמר⁶ „Ṣad behütet". Der Name der Gottheit צד für sich allein ist noch nicht gefunden⁷; wohl aber tritt sie auf in der Verschmelzung mit zwei anderen Gottheiten. Ein gewisser Baalazar ben Elischa war Knecht einer צדמלקרת genannten Gottheit⁸, welche aus Ṣad und Melkart zusammengewachsen war; ferner kennen wir drei Knechte am Tempel der צדתנת⁹, also einer Conglomeration aus Ṣad und der Schutzgöttin Tanit. Ueber das Wesen der Gottheit צד fehlt uns jede Kenntniss.¹⁰

Eine grössere Anzahl von Männern und Frauen führen auf den Inschriften aus Karthago die Benennung אש צרן. Renan ist geneigt, auch in צרן den Namen eines Gottes zu erblicken, nämlich den Ἁλιεύς des Philo; doch lässt sich Sicheres hierüber bis jetzt nicht sagen.¹¹

Eine Anzahl phönicischer Personennamen enthält das Element גד „Glück". Bei den Aramäern werden wir Gad als Gottheit wieder antreffen; bei den Phöniciern fehlt bis jetzt ein sicherer Beleg, vielmehr scheint גד hier immer seine appellativische Bedeutung behalten zu haben. Solche Personennamen sind גדנבא¹² = *Bonifatius*; גדנעמת¹³ = *Giddeneme* bei Plautus = „Glück der guten (Göttin)"; גדעת¹⁴ „Glück des Athe"; *Namgedde, Namgidde*, und *Mangedde*¹⁵ = „gut ist ihr Glück". Auch das Element נעם und נעמת scheint in keiner dieser Zusammensetzungen direct Gottesname zu sein. Zu בתנעם¹⁶ ist zu vergleichen hebräisches אחינעם; in סטנבא¹⁷ ist die Bedeutung des ersten Elementes unbekannt.

---

¹ CIS 184. 235. 239. 253. 302. 310. Euting, Hadr. 4. ‖ ² CIS 102 a. ‖ ³ ibid. 102. ‖ ⁴ ibid. 236. ‖ ⁵ ibid. 292. ‖ ⁶ ibid. ‖ ⁷ Als Personenname Euting, Samml. 142 צד בן מען בן צד בן מען. ‖ ⁸ CIS 256. ‖ ⁹ ibid. 247. 248. 249. ‖ ¹⁰ Vogüé, Bulletin de l'acad. d. inscr. 1868. — Mel. arch. 38 hält צד für die Grundform von Ἁλιεύς bei Phil. Bybl. ‖ ¹¹ Vgl. hierüber Renan zu CIS 269. ‖ ¹² Euting, Samml. 60. ‖ ¹³ CIS 378. 383. ‖ ¹⁴ ibid. 93, 3. ‖ ¹⁵ CIL. 4906 al. — 6529. — 10785 al. ‖ ¹⁶ CIS 69 (Cypern). ‖ ¹⁷ ibid. 226 (Karthago).

Wie die Griechen neben Apollo den Helios, neben der Artemis die Selene als Götter anerkannten, so haben auch die Phönicier Sonne und Mond neben dem Sonnengott Baal und den verschiedenen Mondgöttinnen verehrt. Die Spuren dieses reinen Gestirndienstes sind jedoch nicht sehr zahlreich. Auf Sonnendienst in Canaan deuten mehrere Städte mit dem Namen בית שמש oder עיר שמש.[1] Auf den Inschriften finden wir die Personennamen עבדשמש = Ἡλιόδωρος[2] und אר[נ]שמש.[3] Auch der Monatsname זבחשמש[4] „Sonnenopfer" deutet auf Sonnendienst hin. Nach dem Monde ist die Stadt Jericho genannt. Ein Νουμήνιος Κιτιεύς heisst im phönicischen Paralleltext בנחדש.[5] Derselbe phönicische Name findet sich noch einige Male.[6] Aus einer griechischen Inschrift aus Cypern kennt man einen Νουμήνιος Νουμηνίου.[7]

Neben den einheimischen Göttern haben die Phönicier auch fremde, assyrische, aramäische und besonders ägyptische verehrt. Ich zähle sie hier kurz auf unter dem Vorbehalt, auf die aramäischen unten wieder zurückzukommen.

Auf einer in der Nachbarschaft des Piraeus gefundenen Inschrift wird genannt יתנבל בן אשמנצלח רבכהנם אלם נרגל[8] „Jatonbel, Sohn des Eschmunṣilleach, Oberpriester der Nergalsleute.[9] Jatonbel ist nach dem babylonischen Bel genannt (sein Vater nach einem phönicischen Gott) und ist Priester des babylonischen Nergal. Die Nergalsleute bildeten wohl im Piraeus eine kleine Diasporagemeinde.

---

[1] S. die Lexica. [2] CIS 116. 117. [3] ibid. 88, 6. [4] ibid. 13. [5] ibid. 117. [6] ibid. 47. 118. Auch Tamassos I. [7] Wadd. 2779. [8] CIS 119. [9] אלם hält Renan für den Plural von אל und meint, der Plural habe dieselbe Bedeutung wie der Singular; vgl. hebr. אלהים. Ich glaube, dass אלם so viel wie hebr. לאם ist. Nach dem hexaplarischen Syrer hat Symmachus ψ 56, 1 und ψ 58, 2 אלם durch שרבא übersetzt, d. i. griechisch φῦλον. Ebenso übersetzen er und Aquila ψ 2, 1. 7, 8 לאמים durch φῦλα. Also hat Symmachus אלם als Aequivalent von לְאֹם gekannt. Für die Ausdrucksweise אלם נרגל vgl. die ähnlichen CIS 264 עבדמלכת בן עשתרתיתן אש בעם בת מלקרת Abdmilkat b. Astartjaton, welcher zu den Leuten des Melkarttempels gehört, und 263 אמעשתרת אש בעם אש עשתרת Ammastart welche zu der Gemeinde der Astarteleute gehört.

Von aramäischen Göttern finden wir bei den Phöniciern **je** ein Mal den syrischen Mars *Aziz* in dem Personennamen עבד[עזיז][1], und den palmyrenischen *Athe* in גדעתה[2] = „Glück des Athe". Auf Cypern findet sich zwei Mal der Name מריחי.[3] Syrisches מרי ist dem Sinne nach so viel wie hebräisch-phönicisches אדני; mit dem Pluralsuffix (מרנא) ist es der Name des Hauptgottes von Gaza. Die Singularform מרי ist anderweitig als Gottesname nicht nachgewiesen[4], scheint aber durch den genannten Personennamen gesichert zu sein, der gebildet ist wie בשמחי. Dagegen kann ein Gott מרני, der in dem Personennamen עבדמרני[5] vorkömmt, Nichts mit Marnas zu thun haben. Das schliessende י könnte nur Suffix der ersten Person Singularis sein, das doch unmöglich noch an das mit Pluralsuffix versehene Wort מרנא angehängt werden konnte. — Renan citirt nach Brugsch aus einem Papyrus den Namen Πετεμαρνις.

Wie tiefgreifend der ägyptische Einfluss auf phönicische Cultur und Religion gewesen ist, lässt sich noch deutlich erkennen aus den dürftigen Trümmern, welche zumeist von Renan auf dem Boden des alten Phöniciens zu Tage gefördert sind, und aus einer Anzahl von Inschriften aus den phönicischen Colonien. Man würde, sagt Renan[6], in Phönicien vergeblich nach einer originalen Periode suchen. Die Kunst, die Religion, die Civilisation scheinen hier ein Product gewesen zu sein, welches zum grossen Theil von den Ufern des Nils gekommen war. Er nennt[7], was freilich wohl **zu viel** gesagt ist, Phönicien in religiöser Hinsicht geradezu eine Provinz Aegyptens. In Aradus lässt sich dieser Einfluss auf Grund des hier gefundenen Namens Psammetich mit Sicherheit schon im 7. Jahrh. v. Chr. nachweisen, ist aber wahrscheinlich viel älter. In Byblus hatte, wie wir oben sahen, die Baalat Gebal ein völlig ägyptisches Gepräge und war

---

[1] CIS 252 (Karthago). [2] ibid. 93, 3. [3] ibid. 60. 93, 3. [4] Vgl. jedoch unten bei Gaza. — Auf einer in Tyrus gefundenen Lampe steht ΘΕΩΙ ΒΕΕΛΜΑΡΙ (CIS p. 111); hierin kann aber nicht wohl jenes מרי stecken, da es Synonym von בעל ist. Clermont-Ganneau hält den Beelmari für den Baal der **cyprischen Stadt Μάρων.** [5] CIS 16b. [6] Mission p. 100 f. [7] p. 70.

hier mit der Isis verschmolzen, wie ebenfalls ihr Gemahl Adonis mit Osiris. Die grosse Mehrzahl der in Byblus gefundenen kleineren Gegenstände wie Scarabäen, Agathodämonen, Statuetten u. s. w. ist ägyptisch. Renan[1] giebt als Beispiel die Abbildung eines kleinen weissen Steines, welcher einen Agathodämon mit der Legende Ανουβις zeigt. In Sidon fand Renan[2] mehrfach den Anubis und andere ägyptische heilige Gegenstände in den Händen der Todten. Als besonders bemerkenswerth nennt er ein Halsband mit zwölf kleinen Götterstatuetten aus blauer ägyptischer Faience.[3] Ferner Statuetten der Götter Anher, Chnufis mit dem Widderkopf, Ammon. Köpfe von Sphinxen, die in Umm el Awâmid aufgefunden wurden[4], zeigen grosse Aehnlichkeit mit denen des Serapeums in Memphis, welche der Zeit des Psammetich angehören. Vielfach findet sich auf den Resten phönicischer Tempelpforten die geflügelte Sonnenscheibe mit den beiden Uraeen oder Schlangen, dem bekannten ägyptischen Tempelpforten-Symbol. Auch die Inschriften zeigen diesen ägyptischen Einfluss auf die Religion der Phönicier, insofern die Weihungen zum Theil geradezu ägyptischen Göttern gelten, zum Theil die Weihenden oder ihre Angehörigen Namen tragen, welche mit einem ägyptischen Gottesnamen zusammengesetzt sind.

Den Osiris kennen wir bereits in der Verschmelzung mit Milk als Milk-Osir[5] neben Milk-Baal, sowie als Adonis-Osiris in Amathus. Von Osiris-haltigen Personennamen kennt man mehrere עבדאסר[6], griechisch geschrieben Αβδουσιρος[7], und eine אמתאסר[8] „Magd des Osiris." Auf der ersten maltesischen Inschrift[9] erscheinen zwei אסרשמר „Osiris behütet", im griechischen Paralleltext Σεραπίων, während auf derselben Inschrift עבדאסר durch Διονύσιος wiedergegeben wird. Sämmtliche auf dieser Inschrift genannten Personen, Grossvater, Vater und zwei Söhne, führen osiris-haltige Namen. — Auf einer cyprischen Inschrift[10]

---

[1] Mission 214. | [2] ibid. 487 f. | [3] Die Namen dieser zwölf ägyptischen Götter bei Renan. | [4] ibid. 701. | [5] CIS 123 b. | [6] ibid. 9. 46. 58. 122. | [7] Renan, Mission 241. | [8] CIS 93, 2. | [9] ibid. 122. | [10] ibid. 65.

kömmt der Name אשרשלח vor, nach Renan für אסר"; doch ist das unsicher.

Ein Bild der Isis mit phönicischer Legende ist in Sulci auf Sardinien gefunden[1], ein ähnliches Denkmal in Karthago.[2] Im nördlichen Cypern finden wir in phönicischer Umgebung einen dem Serapis, der Isis und dem Anubis geweihten Tempel.[3] Der Name Isisknecht tritt in Cypern und Karthago auf in den Formen עבדאס[4], עבדס[5] und עבדאש.[6]

Der Name des Gottes Horus (חר) findet sich als Mannesname auf Cypern[7]; es ist dies eine Abkürzung aus עבדחר[8], wie בני im Richterbuche aus עבדנא. Wir kennen ferner einen עבדפתח[9], „Knecht des Gottes Ptah", einen Karthager עבדאבסת[10], griechisch Αβδουβαστιος[11], „Knecht der Göttin Bast", einen צלאבסת[12], gebildet wie hebr. עֲשָׂיָה u. ä.

In Karthago gab es einen Tempel und Knechte einer חצרמסכר genannten Gottheit.[13] Renan erblickt hierin gewiss mit Recht einen zusammengesetzten Gottesnamen wie Adon-Osir. Den Namen חצר hält er, wenn auch zweifelnd, für den der ägyptischen Hathor; dass מסכר ein Gottesname ist folgt aus dem mehrfach vorkommenden Personennamen גרמסכר[14] „Client des Miskar". Renan erinnert an den ägyptischen Gott Sokari, welcher in Memphis der Genosse der Göttin Hathor war.

Auf mehreren Inschriften aus Cypern kömmt der Personenname עבדססם[15] vor. Bei zweien der so genannten Männer tragen die Väter einen ägyptischen Namen, Hor und Abdhor, und auch anderweitig treten in den betreffenden Genealogien ägyptische Namen auf. Gesenius und Levy sprachen den fraglichen Namen עבדססם aus und erklärten ihn als „Knecht der heiligen Sonnenrosse". Renan erkannte in ססם zuerst einen Gott. Auf der Bilingue von Lapethus[16] scheint griechischem Σεσμαος im phö-

---

[1] ibid. 148. | [2] ibid. | [3] Wadd. 2837. 2838. | [4] CIS 50. | [5] ibid. 308. | [6] ibid. 329 cf. 337. | [7] ibid. 46. | [8] ibid. 53. | [9] ibid. 111a. | [10] ibid. 86b, 6. | [11] Wadd. 1866c. | [12] CIS 102a. | [13] ibid. 253. 254. | [14] ibid. 267. 372. Euting, Samml. 152. | [15] CIS 46. 49. 53. 93. 3. 103a. | [16] ibid. 95.

nicischen Text סס̇[מי] zu entsprechen. Im alten Testament[1] heisst ein Mann ägyptischer Abkunft סַסְמַי, LXX Σοσομαί. Welcher Art dieser Gott Sasam war, lässt sich nicht sagen; Clermont-Ganneau hält ihn für den Poseidon von Larnaka.

Die Philister, welche in mancher Hinsicht so viele Eigenthümlichkeiten aufweisen, scheinen in religiöser Beziehung wenig Originalität besessen zu haben. Ihre Götter sind theils phönicische, theils syrische und assyrische. Wir erfahren von Götzenbildern, die sie mit in den Krieg nahmen[2]; auch von Dagon wissen wir, dass er wenigstens zum Theil menschliche Gestalt hatte.

Von phönicischen Göttern, welche die Philister verehrten, kennen wir bereits den Orakelgott Baal Zebub von Ekron und die Astarte von Askalon, in deren Tempel sie die erbeuteten Waffen Sauls niederlegten. Neben der Astarte wurde in Askalon die syrische Derketo verehrt, deren befremdliches Bild Lucian[3] in dieser Stadt sah; halb war sie ein Weib, die untere Hälfte aber von den Hüften bis zu den Fussspitzen lief in einen Fischschwanz aus. Wir kommen auf diese Göttin unten zurück. Fischartig scheint auch die Gestalt des bekannten Dagon gewesen zu sein. Ich verweise für diesen Gott auf die Realwörterbücher und auf Scholz.[4] Wie es scheint ist dieser Gott assyrischer Herkunft.

Ein im alten Testament nicht genannter, anderweitig[5] aber mehrfach bezeugter philistäischer Gott ist der *Marna* von Gaza. Die Form des Namens zeigt, dass er syrischer Herkunft ist. Das aramäische Wort מרא hat dieselbe Bedeutung wie hebr.-phönic. בעל und אדן. Mit dem Singularsuffix in der Form מרי

---

[1] 1 Chr. 2, 40. ‖ [2] 2 Sam. 5, 21. 1 Chr. 14, 12. Der Chroniker lässt David die erbeuteten Bilder dem Gesetze gemäss (Deut. 7, 5. 25) verbrennen, wovon der Verfasser des Samuelisbuches nichts weiss. ‖ [3] de Dea Syr. 14, vgl. Diod. Sic. 2, 4. ‖ [4] p. 238 ff. ‖ [5] s. die Stellen bei Movers, Phön. 662.

— Monseigneur wird das Wort im Syrischen als ehrender Titel für die orthodoxen Kirchenväter gebraucht; der heidnisch-edessenische Name מריהב = מרי יהב „der Herr hat gegeben" zeigt, dass es früher auch auf die Götter angewandt wurde. Mit dem Pluralsuffix in der **Form** מרן = Notre Seigneur ist **es im** Syrischen stehender **Titel für** Christus. Mit der chaldäischen Pluralform des Suffixes als מרנא ist nun dies Wort zum Eigennamen des Hauptgottes von Gaza geworden. Auf Münzen[2] findet er sich als MAPNA; auf anderen Münzen erscheint ein phönicisches מ als Abkürzung von מרנא. Aus den von Eckhel beigebrachten Stellen ergiebt sich, dass er ein Regengott war, einen Μαρνιον genannten Tempel in Gaza hatte, der viele andere an **Pracht** übertraf, **und als der** in Kreta **geborene** Zeus (Ζεὺς Κρηταγενής) galt, wodurch der auch anderweitig **bezeugte** Zusammenhang zwischen Philistaea und Kreta eine **weitere** Stütze erhält. Marnas war übrigens nicht der einzige in Gaza verehrte Gott; Marcus Diaconus in der vita des heil. Porphyrius, Bischofs von Gaza, berichtet, es seien acht öffentliche Tempel in der Stadt gewesen, der der Sonne, der Venus (Astarte), des Apollo, der Proserpina, der Hecate, der welcher genannt wurde „Hieron seu sacerdotum", einer der Fortuna der Stadt (גד), welcher Tycheon **hiess,** und das Marnion.

Ausserhalb Philistaeas hat sich Marnas auf einer griechischen Inschrift des Hauran[3] wiedergefunden, auf welcher man liest Διὶ Μάρνᾳ τῷ κυρίῳ. Aus dem Zusatz τῷ κυρίῳ ist ersichtlich, **dass Marna** seine appellativische Bedeutung völlig eingebüsst hatte und **ganz zu** einem Eigennamen geworden war. — Tiele[4] hat den Stadtnamen *Bur-marna* Brunnen des Marna gedeutet.

Den Polytheismus der Aramäer bezeugt das alte Testament, indem es **von „den** Göttern Arams"[5] **und** „den Göttern von Damaskus"[6] redet. **Die** dürftigen Quellen, welche uns zu

---

[1] Assemani B. O. I 393. | [2] s. Eckhel III 450. | [3] Wadd. 2412 g. |
[4] Babyl. Geschichte S. 197. | [5] Jud. 10, 6. | [6] 2 Chr. 28, 23.

Gebote stehen, lehren uns jedoch nur verhältnissmässig wenige aramäische Götter kennen. Macrobius **nennt als** höchsten Gott der Syrer den Hadad (Adad). Er sagt[1]: Accipe quid Assyrii [= Syri] de potentia solis opinentur. Deo enim quem summum maximumque venerantur Adad nomen dederunt. Ejus nominis interpretatio significat unus unus.[2] Hunc ergo ut potentissimum adorant deum. Dieser Adad, den Josephus[3] als Ἄδαδος kennt, ist identisch mit dem in alttestamentlichen Personennamen vorkommenden הדד. Baudissin, welcher die Personen aufzählt, die diesen oder einen mit Hadad zusammengesetzten Namen tragen[4], suchte aus den Varianten und den LXX wahrscheinlich zu machen, dass statt הדד allenthalben הדר zu lesen sei, und dass es einen syrischen Gott הדד vermuthlich nicht gegeben habe. Schon E. Meyer[5] hat sich hiergegen ausgesprochen; neuere Funde haben es unzweifelhaft gemacht, dass Macrobius gut unterrichtet war.[6]

Einfaches Hadad haben wir als Personennamen bereits bei den Edomitern kennen gelernt. Bei den Syrern erscheint der Gottesname in der Zusammensetzung הדדעזר (wie אשמנעזר) als Name eines Königs von Aram-Ṣoba.[7] Einige Codices lesen הדרעזר und LXX Ἀδρααζαρ. Dass diese Lesart falsch ist, beweist ein kürzlich gefundener altaramäischer Siegelstein mit der Aufschrift לחדדעזר, worin ד und ר deutlich unterschieden sind.[8] Auch in den assyrischen Keilschriften hat man jetzt als Aequivalent von הדדעזר *Dad'idri* d. i. הדדעדרי (mit aramäischer Aussprache) erkannt.[9] Den Namen בנהדד „Sohn des Hadad",

---

[1] Saturn. I 23, 18. ¶ [2] Mocrobius erblickte in *Adad* syrisches אֲחָד, s. E. Meyer, ZDMG 31, 734. ¶ [3] Ant. IX, 4, 6. — Bei Philo Byblius erscheint er als Ἄδαδος βασιλεὺς θεῶν. — Nach Nicolaus von Damascus (Joseph. ll. VII 5, 2) hätten die Könige von Damascus durch zehn Generationen den Namen Ἄδαδος geführt. ¶ [4] Studien I 309 ff. ¶ [5] a. a. O. ¶ [6] Ein syrischer Gott אדד oder gar הדר lässt sich nicht nachweisen. הדדעזר 1 Chr. 18, 10 ist = הדורם „der Geliebte des Erhabenen"; s. LXX zu 2 Sam. 8, 10 und Samar. zu Gen. 10, 27. ¶ [7] 2 Sam. 8, 3 ff. ¶ [8] Euting, Berichte der Berl. Akad. 1885, 679. ¶ [9] Schrader KAT[2] 200 f. — Zeitschr. für Keilschr. 1885 II 365—384 war mir nicht zugänglich.

welchen drei Könige von Damascus führen, liest man jetzt in den Keilschriften richtig[1] *Bir Dadda* (mit Gottesdeterminativ vor *Dadda*) d. i. ברחדד. Diese ursprüngliche aramäische Form findet sich als Name eines Bischofs von Tela in Mesopotamien[2] und eines syrischen Mönchs.[3] Auch die Peschita giebt בנהדד durch בירחדד wieder, und die im alten Testament gebrauchte Form mit בן ist einfache Uebersetzung des aramäischen בר, ebenso wie LXX wieder das hebräische בנהדד durch υἱὸς Ἀδερ übersetzen. — Ferner findet sich der Name עבדחדד „Knecht des Hadad" auf zwei syrischen Münzen[4], und der Gott selbst auf einem aramäischen Cylinder des British Museum.[5] Er ist hier dargestellt mit der Zackenkrone, mit langem Bart und wallendem Haar. Dass er Hadad ist, ist durch die Beischrift לחדר gesichert. Jeder Zweifel an der Richtigkeit der Lesung הדד ist endlich beseitigt durch mehrere aramäisch-griechische Ziegelstempel mit der Legende הדדנדאח Ἀδαδναδιναχης d. i. „Hadad hat einen Bruder gegeben."[6] Was der Name des Gottes etymologisch bedeutet, lässt sich nicht ausmachen. Die Etymologie des Macrobius ist natürlich werthlos; eine Wurzel הדד ist im Syrischen anderweitig nicht nachweisbar. Für arabisch-hebräisches הדד wird als Grundbedeutung „krachen" (des Donners), „brüllen" (des Kameels oder des Meeres) angegeben. Wahrscheinlich war Hadad ein Gewittergott; hierfür spricht seine Identification mit dem assyrischen Gewittergott Ramman oder Rimmon (s. u.). Einen von de Vogüé als unbestimmt bezeichneten Gegenstand, den Hadad auf der Darstellung des Cylinders **in der rechten** Hand hält, kann man für einen Donnerkeil halten.

Macrobius[7] nennt als weibliches Complement zu Hadad die Göttin *Atargatis*. Sed subjungunt eidem [dem Hadad] deam nomine Adargatin omnemque potestatem cunctarum rerum his

---

[1] ibid. [2] Assemani B. O. I 277. [3] ibid. I 19. 255 sq. [4] s. Scholz 245. Vgl. auch den a. t. Namen חידד Esra 3, 9. Neh. 3, 18 für חן הדד, gebildet wie חנצר CIS 292. [5] s. de Vogüé, Revue archéol. Nouv. Sér. 1868. XVII 440. [6] Euting, Ber. der Berl. Akad. 1887, 410. [7] a. a. O.

duobus attribuunt. — Tertullian[1] kennt sogar die Atargatis als die Gottheit Syriens schlechthin. Die aramäische Namensform der Göttin עתרעתה kömmt auf einer palmyrenischen Bilingue[2] vor, im griechischen Text [Ατar]γάτει (Dativ), wo sie nach dem palmyrenischen Text zu den „guten Göttern", nach dem griechischen zu den πατρῴοις θεοῖς gezählt wird. Ἀταργάτη heisst sie auf einer Inschrift aus Kefr Hauar (auf halbem Wege zwischen Panias und Damascus), wo sich wahrscheinlich ein Tempel der Göttin befand.[3] Andere Namensformen sind עתרעתה = Δερκετώ bei Ktesias, תרעתא im Syrischen und im Talmud = Ταράτη oder *Tarata* (bei den Armeniern) und Ἀταργατεῖς (Dativ Ἀταργατεῖτι).[4] Bei Hesychius kommt die Form Ἀτταγάθη vor, welche aus Ἀτταργάθη corrumpirt sein wird. Endlich Ἀταράτη.[5] — Der Name dieser Göttin ist anerkanntermassen ein Compositum, und zwar ist der erste Theil עתר das aramäische Aequivalent für phönicisch-hebräisches עשת[ר] ohne Femininendung, vgl. assyr. *Istar*, moabitisches עשתר und himjaritisches עתתר. Das dem ש und ה entsprechende aramäische ת ist dem zweiten ת assimilirt worden, so dass also עתר ein dagessirtes ת hat und für עתתר steht. Diese Form wird genau wiedergegeben in der Transscription Ἀτταργάθη mit doppeltem τ; die Formen mit einfachem τ entsprechen der aufgegebenen Verdoppelung im Dialekt der Westsyrer. — Die Gottheit עתר erscheint auf einer von Levy[6] veröffentlichten Gemme mit der Legende עתרעז „Attar ist mächtig". Auf assyrischen Inschriften[7] findet sich eine von einer nordarabischen Völkerschaft verehrte Gottheit *Atar-samain* „Atar des Himmels"; die Form *samain* weist darauf hin, dass wir es mit einer aramäischen Gottheit zu thun haben,

---

[1] adv. nat. II 8. Quanti sunt qui norint visu vel auditu Atargatim Syrorum, Coelestem Afrorum.... Obodam et Dusarem Arabum. ¶ [2] de Vogüé, Palm. 3. ¶ [3] Wadd. 1890. ¶ [4] ZDMG 39, 43. ¶ [5] de Lagarde, Mittheilungen S. 77. Daselbst noch einige armenische Formen. ¶ [6] Phön. Stud. II 38. — Auf der Melit. 5 (CIS 132, 4) ist die Abtheilung und der Sinn der Buchstaben עתרב unsicher. ¶ [7] Smith, Assurbanipal 271, 104, vgl. 270, 96. 283, 92. 295 b.

man wird daher diese Gottheit *Atar* mit עתר combiniren dürfen. Da himjaritisches עתתר eine männliche Gottheit ist, moabitisches עשתר unsicheren Geschlechtes ist und **nur** assyrisches *Istar* und phönicisch-hebräisches עשתרת einen ausgesprochen weiblichen Charakter hat, so steht nicht ohne weiteres **fest,** ob aramäisches עתר einen Gott **oder** eine Göttin bezeichnet. Der Personenname עתרשו scheint für männliches Geschlecht zu sprechen. Dagegen war nach Justin[1] *Athare* die Gemahlin des Damaskus, des mythischen Gründers der gleichnamigen Stadt. Ihr Grab wurde als Tempel verehrt, sie selbst galt als hochheilige Göttin. Justin sagt: Nomen urbi a Damasco rege inditum, in cujus honorem Syri sepulcrum Athares[2] uxoris eius, pro templo coluere deamque exinde sanctissimae religionis habent. Nach dem Etymolog. mag. s. v. Δαμασκος stellte Damas in Damascus das Bild der syrischen Göttin auf. Strabo[3] **hält den** Namen Ἀταργάτις für eine Gräcisirung der ursprünglichen Form Ἀθάρα. Als Beispiel der Veränderungen, welche auswärtige Namen so oft zu erleiden pflegen, führt er an: Ἀταργάτιν δὲ τὴν Ἀθάραν· Δερκετὼ δ' αὐτὴν Κτησίας καλεῖ. Hier ist Strabo allerdings im Irrthum, wenn er die Form Ἀταργάτις für eine Gräcisirung von Ἀθάρα hält; seine Worte beweisen aber, dass beide Namen im Grunde eine und dieselbe Gottheit bezeichnen, und dass er עתר ohne Complement als Gottesnamen kannte. Dasselbe ergiebt sich für Hesychius, nach welchem die Ἀθάρη (עתר) bei dem Lyder Xanthus die Namensform Ἀττα[ρ]γάθη führte.[4]

Das zweite Element des Namens עתרעתה macht sowohl hinsichtlich der Form wie auch der Bedeutung grosse Schwierigkeiten.[5] Es findet sich mehrfach als Bestandtheil palmyrenischer Personennamen[6] **in den** Schreibungen עתה, עתא, עת, griechisch αθης, und endlich עתה als weiblicher Personenname. Auf Cypern haben wir den Mannesnamen עתנה gefunden. In der Apologie

---

[1] XXXVI 2. ‖ [2] so v. Gutschmid für *Arathis*. ‖ [3] 16, 4. ‖ [4] Ἀτταγάθη Ἀθάρη παρὰ τῷ Ξάνθῳ. — Die Aussprache Ἀθάρη, Ἀθάρα mit θ erklärt Nöldeke (ZDMG 24, 109) nach der Analogie von arab. 'aṯūr für עתור = עשור. ‖ [5] de **Lagarde,** Mittheilungen 77. ‖ [6] s. das Genauere unten bei Palmyra.

des Melito von Sardes[1] ist שתי „die Adiabenerin" eine Göttin, welche von den Syrern verehrt wurde und mit dem „Könige" Hadad in Verbindung gebracht wird. Auf einer griechischen Inschrift aus Batanaea[2] ist ein Gott Εθαος genannt, der mit שתיא identisch zu sein scheint. In Εθαος wie in den palmyrenischen Eigennamen und in 'Ατταγαθη des Hesychius ist der T-laut durch θ wiedergegeben, in Αταργατις, Αταρατη, Ταρατη, Δερκετω durch τ. Ob das ת von שתי u. s. w. ursprünglich verdoppelt war, ist ungewiss.[3] In Folge dessen sind aber auch die Etymologien dieses Gottesnamens (Vogüé: *tempus opportunum*) mehr als zweifelhaft. Auch über das Wesen der Gottheit שתי lässt sich nichts Sicheres sagen; nicht einmal ob es ein männlicher oder ein weiblicher Gott war steht zweifellos fest, denn während die Adiabenerin Athi auf eine Göttin weist, wird Εθαος als Θεός bezeichnet. Dies Θεός kann allerdings auch im allgemeinen Sinne als „Gottheit" gemeint sein, wie man im Phönicischen לאלי לעשתרת[4] *deo suo Astartae* sagt. Dass שתי in Personennamen wie נתנשת mit der Masculinform des Verbs verbunden wird, beweist nichts für das Geschlecht des Gottes, da man auch עשתרתיתן sagt und überhaupt in solchen Zusammensetzungen das Femininzeichen nicht angewandt wurde.[5] Andererseits liegt es doch sehr nahe, den syrischen שתי mit dem lydischen Gotte Attes zu combiniren, den de Lagarde in Sadyattes, Myáttes, Alyattes nachgewiesen hat.[6] Ich will wenigstens den Versuch machen, von hier aus den שתי der Atargatis zu deuten.

Nach einer heiligen Sage, welche Lucian[7] von einem weisen Manne hörte, der er aber freilich selbst nicht beitrat, weil er den mit den griechischen Mythen übereinstimmenden Bericht vorzog, war die Göttin des grossen Tempels in Hierapolis, dem Hauptsitz des Atargatiscultes, die Rhea; der Tempel selbst

---

[1] Cureton, Spicilegium 25, 9. ‖ [2] Wadd. 2209 Οἱ ἀπὸ κώμης Ἔγλων θεῷ αὐτῶν Εθαῳ ἀνέστησαν δημοσίᾳ τὴν οἰκοδομήν. ‖ [3] de Lagarde, a. a. O. ‖ [4] CIS 4, 5. ‖ [5] Dillmann, Berichte der Berl. Akad. 16. Juni 1881 S. 12. ‖ [6] Wenn שתי = αδης = *attes* ist, so muss das θ ebenso erklärt werden wie in Ἀθάρη. ‖
[7] de Dea Syr. **15.**

aber war ein Werk des Attes. Attes war der Herkunft nach ein Lyder und der erste, der die Orgien der Rhea lehrte. Denn nachdem ihn Rhea verschnitten hatte, hörte er auf, nach Mannesweise zu leben, nahm weibliche Gestalt an (μορφὴν θηλέην ἠμείψατο), trug Frauenkleider, feierte durch alle Lande wandernd die Orgien, erzählte was ihm widerfahren und sang den Preis der Rhea. Ebenso thun ihre Priester, die Gallen, in Nachahmung des Attes. Jedes Jahr verschneiden sich viele im Tempel und werden zu Weibern (θηλύνονται).[1] Sie leugnen, Männer zu sein und wollen für Weiber gehalten werden.[2] Hier haben wir also einen Gott, dessen Natur in der der Göttin aufgegangen ist; mit anderen Worten: der Gott ist seinem Wesen nach mit **der** Göttin eins geworden. So erklärt sich die Adiabenerin Athi; sie ist der zum Weibe gewordene Gott. Wie es scheint hat uns Lucian[3], freilich ohne es selbst zu wissen, eine Beschreibung seines Bildes gegeben. In der zweiten heiligeren Abtheilung des Tempels standen die Bilder zweier Gottheiten, welche Lucian Zeus und Hera nennt. Mit dem Namen Hera bezeichnet er die grosse Göttin, welcher der Tempel geweiht war. Im Ganzen hatte ihr Bild unstreitig das Aussehen der Hera; sie hatte aber auch etwas von der Athene, der Aphrodite, der Selene, der Rhea, der Nemesis und den Parzen. In der einen Hand hielt sie ein Scepter, in der andern eine Spindel. Auf dem Haupt hatte sie Strahlen und einen Thurm, und um den Leib einen Gürtel, mit dem man sonst nur die Urania schmückte. Es ist klar, dass wir in dieser allumfassenden Gestalt die grosse Göttin der Syrer vor uns haben, welche wir anderweitig als *Atargatis* kennen. Von dem zweiten Bilde sagt Lucian, dass es nach Haupt, Bekleidung und Stellung völlig auf Zeus deute, wenn die Einheimischen auch einen anderen Namen dafür gebrauchten. Dieser einheimische Name kann nur *Hadad* sein, den wir als höchsten Gott der Syrer kennen, und dessen Darstellung auf dem Cylinder allerdings an die Darstellungen des Zeus erinnert.

---

[1] Luc. l. l. **27**. [2] **Scholz 323**. [3] C. 31 ff.

Zwischen diesen beiden Bildern des Zeus und der Hera stand ein drittes den andern Götterbildern durchaus unähnliches. Es hatte keine selbständige Gestalt, sondern trug an sich die Erscheinungsweisen der anderen Götter. Es wurde von den Syrern selbst „Zeichen" genannt und sie haben ihm keinen eigenen Namen gegeben. (Καλέεται δὲ σημήιον καὶ ὑπ' αὐτῶν Ἀσσυρίων, οὐδέ τι ὄνομα ἴδιον αὐτῷ ἔθεντο). Dies Bild bezogen die Einen auf den Dionysos, Andere auf Deukalion, noch Andere deuteten es auf die Semiramis, weil eine goldene Taube (das Symbol der Astarte) auf seinem Scheitel stand. Bei der grössten aller Feierlichkeiten in Hierapolis, der Wallfahrt an das Meer, war es dies Bild, das man mitwandern liess.

Ich vermuthe, dass dies räthselhafte Bild ein Bild des עתה (Attes) war. Darauf deutet der Umstand, dass man es auch für eine Göttin (Semiramis) halten konnte, dass es im inneren Heiligthum des Tempels zwischen Hadad und Atargatis stand, und dass es bei dem zu Ehren der Göttin vollzogenen Ritus des Wasserholens vom Meer her eine bedeutsame Rolle spielte. Der Gründer des Tempels selbst soll diesen Ritus angeordnet haben (c. 13). Dass das Bild σημήιον genannt sei, ist ein Missverständniss Lucian's. Das entsprechende syrische Wort ist אתא; aber nicht dies wird der Name des Bildes gewesen sein, sondern עתא (so in Palmyra geschrieben), der zweite Theil von עתרעתה oder עתעתא. Lucian verwechselte עתא mit אתא, ebenso wie Simplicius bei de Lagarde עתר mit אתר „Ort" verwechselte, wenn er Ἀταρ-ατη durch τόπον θεῶν erklärt.

Durch das Zusammenschweissen der Namen עתר und עתה zu der Einheit עתרעתה soll jedenfalls der Gedanke zum Ausdruck gebracht werden, dass die beiden Gottheiten die engste Verbindung eingegangen haben. Es ist nicht die eheliche Verbindung, denn Ate ist nicht der Gemahl der Atar; vielmehr ist Ate durch das Aufgeben seines Geschlechts der Atar gleich geworden und mit ihr zu einer völligen Einheit verschmolzen. Die Atargatis ist demnach diejenige Atar, welche den Ate in sich aufgenommen, ihn sich völlig assimilirt hat. Sie ist nicht androgyn, denn Ate hat sein Geschlecht aufgegeben; aber insofern sie den ursprünglich neben ihr stehenden Gott absorbirt, ist sie eine universale Göttin, und die Idee, welche diese universale Göttergestalt in's Leben gerufen hat, bezeichnet eine Reaction gegen die Vielheit der Götter und ihre sexuelle Differenzirung. Ueber dies Einheitsstreben innerhalb der semitischen Vielgötterei wird unten noch im Zusammenhang mit ähnlichen Göttergestalten zu verhandeln sein.

Atargatis war die grosse Göttin der Syrer[1], welche dem Range nach noch über Hadad gestanden zu haben scheint, wie die Tanit in Karthago dem Baal Chamman voranging. Die Centren ihres Cultus in Syrien waren Hierapolis und Damaskus; ausserdem ist sie in Harran und Palmyra nachweisbar und ausserhalb Syriens in Askalon.[2] Ihre bildliche Darstellung am letzteren Orte war eine andere als in Hierapolis, denn während sie hier menschliche Gestalt hatte, wurde sie in Askalon mit dem Fischschwanz abgebildet.[3] Doch tritt ihre enge Beziehung zum Wasser auch in Hierapolis hervor. Zweimal im Jahre wurde Meerwasser in ihren Tempel gebracht und in einen dort befindlichen Schlund gegossen.[4]

Im zweiten Makkabäerbuch[5] wird in der Stadt Karnion, die man für identisch mit dem alten Astaroth Karnaim hält, ein ’Αταργατεῖον d. i. ein Tempel der Atargatis erwähnt; an der Parallelstelle des ersten Buches[6] heisst es statt dessen τὸ τέμενος ἐν Καρναίν. Da der Name Astaroth Karnaim auf alten Astartecultus in dieser Stadt deutet, so hat man die Atargatis für identisch mit der Astarte erklärt. Hieran ist nur so viel richtig, dass der einfache Name עתר sich sprachlich mit עשתר[ת] deckt, und dass daher ursprünglich diese beiden nur dialektisch verschiedenen Namensformen wohl eine und dieselbe Gottheit bezeichnet haben. Aber der zusammengesetzte Name

---

[1] Strabo, 16 p. 748 .. ἡ Βαμβύκη ἣν καὶ Ἔδεσσαν καὶ Ἱερὰν πόλιν καλοῦσιν, ἐν ᾗ τιμῶσι τὴν Συρίαν θεὸν τὴν Ἀταργάτιν. Vgl. Plinius H. N. V, 19, 1.
[2] Weitere Belege bei Baudissin, Art. Atargatis in Herzog's Real-Encyclop.
[3] de Dea Syr. 14. [4] ibid. 13. [5] 12, 26. [6] 5, 43.

שתרעתה eignet einer ganz bestimmten Modification der grossen weiblichen Göttin der Semiten, und die Atargatis genannte Göttin wird von der Astarte scharf unterschieden. In Askalon hatte jede von beiden ihren eigenen Tempel; in Karnion mag in späterer Zeit die Atargatis mit der Astarte combinirt worden sein, oder auch der Cult der ersteren hat den der zweiten verdrängt. Die Verwandtschaft und der dabei doch bestehende Unterschied der beiden Göttinnen wird mythologisch so ausgedrückt, dass Atargatis oder Derketo die Mutter der Astarte genannt wird.[1] —

Neben den zwei grossen Gottheiten der Syrer, Atargatis und Hadad, steht eine Anzahl von Göttern zweiter Ordnung, welche freilich für ihre Verehrer unter Umständen eine grössere Bedeutung erlangen können als jene. Zuerst nenne ich einen mit Hadad nahe verwandten Gott, den *Rimmon* (רִמּוֹן) des alten Testaments. Er hatte einen Tempel in Damaskus[2], und der Vater des Königs Benhadad führte nach ihm den Namen טַבְרִמּוֹן[3] „gut ist Rimmon", gebildet wie טָבְיָהוּ. Die Aussprache *Rimmon* beruht auf einem Irrthum der Massoreten, welche den Namen des Gottes mit dem hebräischen Wort für Granatapfel für identisch hielten. Schrader[4] zeigt, dass ein assyrischer Gott *Ramman*, entstanden aus רַמָּן „der Donnerer", mit dem biblischen Rimmon identisch ist. Er erscheint auf Cylindern mit dem Donnerkeil ausgerüstet, also ebenso wie Hadad. Diese Verwandtschaft gab den Anlass, beide Götter zu identificiren, was in der bekannten Weise geschah, dass ihre Namen zu einer Einheit *Hadad-Rimmon* zusammengeschweisst wurden. Nach diesem componirten Gott ist der Ort im Thal Megiddo genannt.[5]

Vermuthlich war Rimmon oder Ramman ursprünglich ein assyrischer Gott wie Hadad ein syrischer; das Compositum Hadad-Rimmon würde dann genau dem Adonis-Osiris auf Cypern entsprechen. Bei den Assyrern scheint Ramman als

---

[1] Vgl. Movers, Phön. 632. [2] 2 Reg. 5, 18. [3] 1 Reg. 15, 18. [4] KAT zu 2 Reg. 5, 18. Jahrb. f. prot. Theol. 1875, 334 ff. [5] Zach. 12, 11.

Donner- und Schlachtengott ziemlich häufig vorzukommen; er wird hier auch mit anderen Göttern componirt. Ich finde einen *Schamasch-Ramman*[1] und einen *Aschur-Ramman*.[2] Auch lokale Differenzirung ist nachweisbar: *Ilu-Ramman* von der Stadt *Sun*.[3] —

An einer bekannten Stelle nennt Julian[4] als πάρεδροι des Sonnengottes in Edessa den *Monimos* und den *Aziz*. Nach Jamblichus erklärt er den Monimos als den Hermes, den Aziz als Ares. Während von Monimos keine weitere Spur vorzukommen scheint[5], auch die Etymologie des Namens unsicher bleibt (denn מנים ist im Syrischen nicht nachweisbar), lässt sich Aziz noch einige Male nachweisen. Eine griechische Inschrift aus Batanaea[6] lautet Θαῖμος Ἀζείζῳ ἐποίησα. Auf der Stele, welche die Inschrift enthält, ist ein Brustbild ausgehauen, die Hand auf der Brust; über dem Ganzen ein Adler mit ausgebreiteten Flügeln, dessen Klauen auf dem Kopf der dargestellten Person ruhen. Es ist der Sonnenadler. Julian erklärt den Aziz als Ares, und darauf führt der Name (עזיז = der Gewaltige). Waddington[7] weist jedoch nach, dass Aziz richtiger mit Apollo zusammengestellt wird, da in Dacien mehrere Votivinschriften gefunden sind *Deo Azizo bono puero*, *Bono deo puero phosphoro*, *Deo bono phosphoro Apollini Pythio*. Auf die Verehrung des Aziz in Batanaea und im Hauran deuten ferner die mehrmals vorkommenden Personennamen Ἄζιζος = עבד עזיז[8] und Ἀζιζίων.[9] In Palmyra kömmt עזיזו vor.[10] Eine Spur des Aziz haben wir oben auch in Karthago gefunden. —

Eine in Syrien eifrig verehrte Gottheit ist Gad. גד ist in erster Linie Appellativ und erst in zweiter Linie Gottesname; es entspricht in beiden Beziehungen griechischem τύχη. Als Appel-

---

[1] Sayce, Lectures 203 note. ‖ [2] Schrader KGF 183. ‖ [3] ibid. ‖ [4] Orat. IV p. 150 ed. Spanheim. Οἱ τὴν Ἔδεσσαν οἰκοῦντες, ἱερὸν ἐξ αἰῶνος ἡλίου χωρίον, Μόνιμον αὐτῷ καὶ Ἄζιζον συγκαθιδρύουσιν. Αἰνίττεσθαι φησὶν Ἰάμβλιχος ὡς ὁ Μόνιμος μὲν Ἑρμῆς εἴη, Ἄζιζος δὲ Ἄρης, ἡλίου πάρεδροι. ‖ [5] Nur als Personenname lässt sich Μόνιμος ein Paar Mal nachweisen. Wadd. 2117. 2118 (Batanaea). Orelli 5051 (ein Soldat aus Ituraea). מנים kommt als Personenname **auf der** zweiten Inschrift von Teima vor (s. u.) ‖ [6] Wadd. 2314. ‖ [7] l. l. ‖ [8] Wadd. 2044. 2046. 2050. 2084. 2298 bis. ‖ [9] ibid. 2413 o. ‖ [10] de Vogüé, Palm. 17. 18.

lativ findet sich גד im Syrischen z. B. Kalilag 24, 15; 47, 19 (Schicksal). ביש גדא heisst „unglücklich". **Buxtorf** 387. Appellativische Bedeutung hat גד auch in Personennamen wie גדעתא[1] „Glück des Athe", גדיה auf Cypern, גדנעמת, נמגד u. dgl. in Karthago. Es finden sich aber auch Stellen, an denen גד unzweifelhaft eine Gottheit bezeichnet. Der allgemeine Begriff „Glück" hat sich zu einer concreten Persönlichkeit (Gottheit) verdichtet. Derselbe Vorgang lässt sich — auch abgesehen von der griechischen Τύχη — auf indogermanischem Gebiet nachweisen. Im Sanskrit bezeichnet *bhaga* Glück und ist der Name eines vedischen Gottes, später Çiva's. Im Altpersischen bedeutet *baga* Gott, und im Zend kommt *bagha* mit der Bedeutung von Gottheit vor. Βαγαῖος ist der phrygische Name des Zeus.[2] Den Uebergang zu der Hypostasirung des Wortes גד zeigen Ausdrucksweisen wie „ich schwöre beim Glück (גדא) des Königs."[3] Man schwor ebenso bei der τύχη des Seleukus und des Kaisers.[4] Das Glück (גדא) wird nun zum Genius oder Schutzgeist, dem Tempel erbaut und Statuen errichtet werden. So liest man im Syrischen von Tempeln des Gad (בית גדא)[5], und Buxtorf s. v. גד citirt eine Stelle, an welcher von einem gemalten Gad(bilde) die Rede ist. Ferner berichtet Isaak Antiochenus, dass man in seinen Tagen dem Gad auf den Dächern einen Tisch füllte, und solche Lectisternien des Gad kennt auch der Talmud.[6]

In griechischen Inschriften des Hauran finden sich zahlreiche Spuren des Cultus der Tyche, der griechischen Form für den semitischen Gad. In der Ortschaft es-Sanamein hat ein gewisser Philonaios seine Enkelin Domna zur Priesterin der Tyche geweiht und zugleich vier Candelaber gestiftet.[7] Ebenda hat ein anderer zugleich mit der Weihung seines Sohnes an die hehre Tyche ein Weihgeschenk aufgestellt.[8] Mehrfach ist von einem Tempel der Tyche, Τύχης ἱερόν[9] = בית גדא die Rede. Ein

---

[1] de Vogüé, Palm. 143. ∥ [2] S. ZDMG 10, 369. ∥ [3] S. P. Smith s. v. ∥ [4] Hoffmann, ZDMG 32, 742. ∥ [5] Gesenius, Thes. s. v. גד. ZDMG 31, 99 f. ∥ [6] Scholz 410. ∥ [7] Wadd. 2413g. ∥ [8] ibid. 2413i. ∥ [9] ibid. 2176 (Batanaea). Dieser Tychetempel war auf Kosten der Gemeinde **erbaut**.

solcher Tempel der Tyche wurde auch Τυχαῖον, (Τυχεῖον, Τυχίον) genannt. Das Tycheion zu es-Sanamein war von einem Centurio Germanus zu Ehren des Commodus geweiht.[1] Zu Zebire in Trachonitis gab es mehrere Tychetempel[2]; in einem anderen Ort derselben Landschaft hat ein Senator auf eigene Kosten ein Tycheion erbaut.[3] Eine Bildsäule der Tyche, ἡ Τυχέα genannt, finden wir wieder in es-Sanamein.[4]

Tyche-Gad wird wie die meisten Götter lokal differenzirt. Beispiele hierfür hat Mordtmann[5] gesammelt. Auf Münzen syrischer Städte wird die Tyche der Laodicaeer, der Adraëner (der Stadt Edrëi), die Tyche von Askalon und von anderen Städten genannt. Auch die Tyche eines Stammes lernen wir in Palmyra kennen (s. u.).

Dass diese griechisch-syrische Tyche im Allgemeinen mit dem aramäischen Gad identisch ist lässt sich nicht bezweifeln. Der Bedeutung nach decken sich beide Namen, die zahlreichen Tyche-Tempel und Statuen in Hauran waren offenbar einer einheimischen Gottheit geweiht, welche nur Gad sein kann. Endlich entspricht auf einer palmyrenischen Bilingue griechischem Τύχῃ Θαιμεῖος im palmyrenischen Text nach Mordtmanns[6] Reconstruction גד תימי ב[ני‎ d. i. „der Tyche des Stammes der בני תימא.‎" Eine nicht unwesentliche Verschiedenheit ist allerdings die, dass Tyche eine weibliche Gottheit ist, Gad eine männliche. Diese Differenz verliert aber dadurch an Gewicht, dass גד auch als Benennung der Gottheit nie seine allgemeine und so zu sagen neutrale Bedeutung ganz verloren hat, und daher im Griechischen die weibliche Gottheit, die nun einmal die Idee des Glücks repräsentirte, für den Glücksgenius[7] substituirt werden konnte. Es kommt hinzu, dass der Genius oder Schutzgeist (Gad) in jeder Gestalt sichtbar werden konnte[8], also auch in

---

[1] Wadd. 2413f. [2] ibid. **2512**. [3] ibid. 2514. [4] ibid. 2413h. Θεόδοτος . . . τὴν Τυχέαν σὺν τῇ κόγχῃ (= Nische) τῇ πατρίδι χρυσῷ ἐκόσμησεν. [5] ZDMG 31, 100. [6] a. a. O. [7] Der griechische Uebersetzer des Jesaias (65, 11) giebt גד durch τὸ δαιμόνιον wieder. [8] Hoffmann, ZDMG 32, 742.

der weiblichen. Zum Glücksstern (Planet Juppiter, כוכב צדק) ist Gad erst in später Zeit geworden.[1]

Gad kömmt einige Male im alten Testament vor. Der Ortsname Baal-Gad ist gebildet wie כמשגד d. h. „Kamos ist Schutzgeist (des Trägers dieses Namens)." Da aber der Ortsname Migdal-Gad im Stamme Juda[2] sich nicht anders erklären lässt als „Thurm des Gad", so wird man auch das Gad von Baal-Gad als Gottesnamen aufzufassen haben (s. o.). Der Gott Gad wurde demnach auch von den Kananitern verehrt.[3] Der Gott selbst wird im alten Testament nur ein Mal bei Jesaias[4] genannt. Der Prophet macht hier den in Babel lebenden Israeliten den Vorwurf, dass sie Jahve verlassen und seinen heiligen Berg vergessen hätten und statt dessen dem Gad einen Tisch zurichteten und dem Meni den Becher füllten, also diesen Göttern Lectisternien bereiteten. Die unmittelbar hierauf folgenden Worte „und ich verhänge (ומניתי) über euch das Schwert", sollen offenbar ein Wortspiel mit Meni bilden, woraus sich ergiebt, dass Meni ein Gott des Verhängnisses, eine Schicksalsgottheit ist.[5] Hiernach aber wird gewiss auch der parallele Gad einen ähnlichen Charakter haben und somit mit dem syrischen Gad-Tyche identisch sein. Es ist freilich auffallend, dass Gad im babylonischen Pantheon, das doch recht genau bekannt ist, soviel ich weiss bis jetzt nicht gefunden ist. Man könnte daher mit Kleinert[6] auf die Vermuthung kommen, dass, „da Gad (Glück) und das parallele Meni (Verhängniss) gut hebräisch gebildete Worte sind, an eine prophetische Umschreibung für den Begriff fatalistischer Gesinnung zu denken sei, wie Jes. 22, 13"; aber da Gad als syrischer Gott nicht zu bezweifeln ist, so

---

[1] Vgl. über Gad als „das grosse Glück" Selden p. 75 ff. ‖ [2] Jos. 15, 37. ‖ [3] Ueber den Namen des israelitischen Stammes Gad vgl. unten. ‖ [4] 65, 11. ‖ [5] Gesenius zu Jes. 65, 11 vergleicht arabisches מני „Schicksal". Nach Lenormant, einem allerdings nicht zuverlässigen Gewährsmann, wäre Meni mit dem babylonischen *Manu* identisch, der unter die dii minores gehörte und auf babylonischen mythologischen Tafeln als ein dem Schicksal vorstehender Gott genannt wird. Vgl. Scholz 412. ‖ [6] Riehms Handwörterbuch s. v. Gad.

liegt es doch näher, eben diesen Gott bei Jesaias a. a. O. **zu** suchen und anzunehmen, dass sein Cult von Syrien nach Babel importirt wurde. Eine der mit Serubabel zurückkehrenden Exulantenfamilien, die בְּנֵי עֻזָּא[1], war möglicher Weise nach diesem Gott benannt. Wenn עֻזָּא bedeutet „mächtig ist Gad" vgl. עֻזִּיאֵל, so muss man annehmen, dass die Familie in Babel zeitweilig dem Götzendienst ergeben war. עֻזָּא kann aber freilich auch das aramäische עָזַר, אוּזָר, עָזֵר „Bote" sein. —

Durch den Kaiser Heliogabal ist der Sonnengott von Emesa, *Elagabal* oder *Alagabal* (אלה גבל) berühmt und berüchtigt geworden.[2] Bei lateinischen und griechischen Schriftstellern wird sich gewiss noch dieser oder jener syrische Gott nachweisen lassen; vorläufig aber ist die Anzahl der syrischen Götter nicht so gross wie die der phönicischen. Der Grund hierfür liegt jedoch einfach in der geringen Zahl aramäischer Inschriften. Würden diese in grösserer Anzahl zu Tage treten, so würde auch das Pantheon der Aramäer schnell bevölkert werden. Den Beweis für diese Behauptung liefert einerseits Palmyra, dessen Götter ich aus verschiedenen Gründen gesondert behandelt habe, anderseits die vor kurzem aufgefundene Inschrift aus Teima[3], welche uns sofort mehrere sonst unbekannte Götter kennen lehrt.

Die Bewohner der uralten im Norden des wüsten Arabiens belegenen Karavanenstadt[4] Teima waren jedenfalls ihrer grossen Mehrzahl nach Araber[5] und werden in erster Linie arabische Götter verehrt haben. Diese arabischen Götter Teimas (אלהי תימא) **waren** wohl in dem ersten jetzt zerstörten Theil der Inschrift aufgezählt; in Z. 3 glaubt man noch einen Gott נצר zu erkennen. Z. 16 u. 17 werden nun als Götter Teimas neben anderen nicht mehr lesbaren Namen genannt צלם. צלם די מחר. ושנגלא. Der שנגלא genannte Gott ist gänzlich unbekannt; dagegen kommt צלם noch mehrmals in derselben Inschrift vor, nämlich zwei Mal als צלם די הגם

---

[1] Esra 2, 12. 8, 12. Neh. 7, 17. 10, 6. ‖ [2] Vgl. über ihn Mordtmann, ZDMG 31, 91—99. ‖ [3] S. Nöldeke, Berichte der Berliner Akad. 1884, 813 ff. Berger, l'Arabie avant Mahomet p. 21 ff. ‖ [4] Hiob 6, 19. ‖ [5] Gen. 25, 14.

und in dem Eigennamen des auf der Stele abgebildeten Priesters צלמשזב כמרא. Dass צלם ein Gott ist, sieht man aus einer zweiten ebenfalls in Teima gefundenen Inschrift[1] [ז]ן יתבא זי קרב מענן בר משח עמרן לצלם אלהא לחיי נפשה „Dies ist der Sitz(?), welchen dargebracht hat Mu'annin, Sohn des Imrân, dem Gotte ṢLM für das Leben seiner Seele". Der Name des obengenannten Priesters bedeutet: „ṢLM rettet"; צלם זי מחר und צלם זי הגם sind lokale Differenzirungen des Gottes: der ṢLM von MḤR und der ṢLM von HGM.

צלם ist ein aramäisches Wort und bedeutet als Appellativ „Bild". Berger hält den Namen für eine Verkürzung von צלם בעל „Bild oder Erscheinungsform des Baal", und vergleicht die Tanit Pnê Baal in Karthago. Mit Sicherheit folgt aus der Form des Namens nur so viel, dass צלם ein aramäischer in das arabische Teima importirter Gott war, der sich nach den verschiedenen Stätten seines Cultus in verschiedene Theilformen zerlegte. Die Stele von Teima zeigt uns auch das Bild des Gottes. Er ist dargestellt in langem assyrischen Gewande; auf dem Haupte trägt er die Tiara, in der rechten Hand hält er eine Lanze, in der linken einen auf Euting's Zeichnung nicht erkennbaren Gegenstand. Ueber ihm schwebt das assyrische Gottessymbol. Unterhalb des Gottes ist sein Priester Ṣelemscheseb dargestellt, welcher auf einem mit Hörnern versehenen Altar ein Opfer darbringt. Der Abstand zwischen dem Gott und seinem Priester ist dadurch angedeutet, dass die Grössenverhältnisse des ersteren die des letzteren um mehr als das Doppelte übertreffen.

Palmyra gehört in sprachlicher Beziehung zum aramäischen Gebiet, aber seine Aristokratie war zum grossen Theil arabischer Abstammung.[2] Damit ist es gegeben, dass die in Palmyra verehrten Götter theils syrischer theils arabischer Herkunft waren; doch haben die letzteren nie das Ansehen der ein-

---

[1] Nöldeke ibid. | [2] Nöldeke, Die semit. Sprachen S. 31.

heimischen erlangt, geschweige denn dieselben verdrängt. Ausserdem ist deutlich einerseits babylonischer, anderseits griechischer Einfluss bemerkbar. Die Inschriften[1], aus denen wir unsere Kenntniss der palmyrenischen Religion schöpfen, gehören den ersten Jahrhunderten nach Christus an.

Hauptsächlich wurden in Palmyra planetarische Gottheiten verehrt, besonders Sonne und Mond, beide in verschiedenen Formen. Ueber ihnen aber steht der höchste Gott *Baalschamen*, der Herr des Himmels, welcher allgemeinerer Natur war. Sein voller Name ist בעל שמן מרא עלמא[2] „der Inhaber des Himmels, Herr der Welt". Auf einer anderen bilinguen Inschrift[3] wird לבעל שמן מרא עלמא im griechischen Text übersetzt Διί μεγίστῳ Κεραυνίῳ. Philo von Byblus[4] berichtet, Genos und Genea die Urbewohner Phöniciens, hätten bei starker Dürre ihre Hände gen Himmel zur Sonne erhoben; τοῦτον γὰρ θεὸν ἐνόμιζον μόνον οὐρανοῦ κύριον Βεελσάμην καλοῦντες, ὅ ἐστι παρὰ Φοίνιξι κύριος οὐρανοῦ, Ζεὺς δὲ παρ' Ἕλλησι. Hiermit scheint Philo sagen zu wollen, dass בעל שמן die Sonne sei, und Vogüé ergänzt in einer Bilingue[5] das dem griechischen ['Η]λίου entsprechende Wort ב[על] ש[מן]. Allein diese Ergänzung ist nicht allein sehr unsicher (man könnte auch ש[מש] ergänzen), sondern nach dem Facsimile geradezu unwahrscheinlich; Philo aber ist bekanntlich ein sehr unzuverlässiger Gewährsmann. Jedenfalls hatte Baalschamen in Palmyra einen durchaus geistigen und sittlichen Charakter und galt gewissermassen als die Gottheit schlechthin. Dies ergiebt sich aus dem Tenor einer grossen Anzahl von Inschriften, welche sich auf den diesem Gott geweihten Altären befinden.[6] Die Weiheformeln auf diesen Altären sind im Wesentlichen alle gleich und lauten בריך שמה לעלמא טבא ורחמנא „dem dessen Name in Ewigkeit gepriesen ist, dem Guten und Barmherzigen". Der Name eines Gottes wird in diesen Inschriften nicht genannt; dass aber

---

[1] de Vogüé, Inscriptions sémitiques. [2] Vogüé, Palm. 73. [3] ibid. p. 50. [4] Müller, 565 f. [5] Palm. 16. [6] Vogüé, Palm. 74—105 al. Eine grössere Anzahl auch bei Mordtmann, Sitzungsberichte der Akad. zu München 1875 Vol. II.

Baalschamen gemeint ist, zeigt der mehrmals vorkommende griechische Paralleltext Διὶ ὑψίστῳ καὶ ἐπηκόῳ.[1] Dieser Ζεὺς ὕψιστος kann kein anderer sein als Ζεὺς μέγιστος, der oben für בעלשמן stand. Aber allerdings verwischt der concrete griechische Ausdruck die unbestimmt gehaltene palmyrenische Formel, in welcher das Wort שמה an das jüdische הֻשֵּׁם (für יהוה) erinnert, das בריך שמה an die häufige jüdische Umschreibung הקדוש ברוך הוא. Auch die Prädikate „der Gute, Barmherzige" verdienen alle Aufmerksamkeit. Hin und wieder dienen sie allein dazu, die Gottheit zu bezeichnen. So lautet z. B. eine Altarinschrift[2]: „Errichtet als Dank von Ba'ki und seinen Söhnen und allen seinen Hausgenossen für den Barmherzigen, Guten und Edlen (לרחמנא טבא וחירא), welchen er angerufen und der ihn erhört hat."

Dass nun aber dieser einzigartige und geistig-sittliche Charakter des Himmelsherrn keineswegs die Existenz anderer Götter ausschloss, zeigt die Inschrift Nr. 93, welche folgendermassen lautet: „Es danken jeden Tag Nedarbol und Moqeimu, die Söhne des Doda, Sohnes des Moqeimu Chanel, dem Barmherzigen, Guten und Edlen für ihr Leben. Diese Altäre und alle ihre Bedachungen[3] (sind geweiht) den Göttern Aglibol und Malakbel ...". Wir haben hier also den Fall, dass die Weihenden sich freilich dem höchsten Gott, dem Himmelsherrn, verpflichtet fühlen, nichtsdestoweniger aber den sichtbaren Ausdruck ihres Dankes, d. h. die von ihnen errichteten Altäre, anderen Göttern darbringen.

Dies Götterpaar, über das bereits Vogüé erschöpfend gehandelt hat, sind die eigentlichen vaterländischen Götter (θεοὶ πατρῷοι) Palmyra's, und bilden mit Baalschamen eine Art von Göttertrias, welche wir auf einer sorgfältig ausgeführten Tessera[4] abgebildet finden. Ich gebe nachstehend im Wesentlichen nur eine Recapitulation von de Vogüé's Ausführungen.

---

[1] Ζεὺς ὕψιστος καὶ ἐπήκοος findet sich ohne palmyrenischen Text auch Wadd. 2571c. 2572. 2573. 2574. ∥ [2] Vogüé, Palm. 92. cf. 93. 111. ∥ [3] lies חמ[ש]ללהון. ∥ [4] bei Vogüé, Palm. 126a.

Aglibol und *Malachbel* finden sich — in der Regel in dieser Verbindung — auf zahlreichen Denkmälern aus Palmyra. Das bekannteste ist ein jetzt auf dem Capitol in Rom befindlicher Weihaltar mit bilinguer Inschrift[1] למגלבול ולמלכבל ’Αγλιβώλῳ καὶ Μαλαχβήλῳ πατρῴοις θεοῖς κτλ. Auf Thonlampen und Tesseren findet sich die blosse Inschrift מגלבול ומלכבל.[2] *Malachbel* wird griechisch Μαλαχβηλος geschrieben[3]; auf einer lateinischen Inschrift aus Africa, wohin römische Soldaten aus Palmyra seinen Cult getragen haben werden, heisst er *Malagbelus Augustus*.[4] Der Name des Gottes ist zusammengesetzt aus מלך und בל; aber מלך ist schwerlich, wie Vogüé meint, Verbum, so dass er zu übersetzen wäre „Bel herrscht", denn einen solchen Namen tragen Götter nicht. Vielmehr ist מלך Gottesname, entsprechend dem phönicischen *Milk*, ammonitischen *Milkom*, assyrischen *Malik*. Dieser מלך ist in Palmyra, wo er *Malak* ausgesprochen wurde, mit Bel verschmolzen, ebenso wie bei den Phöniciern *Milk* und *Baal* מלכבעל, wie in Babylonien *Anu* mit *Malik* zu ענמלך, wie bei den Syrern *Hadad* mit *Rimmon* zu חדדרמון. Seinem Wesen nach war Malachbel ein Sonnengott. Auf der lateinisch-palmyrenischen Weihinschrift auf dem Capitol[5] wird מלכבל wiedergegeben durch *Sol sanctissimus*. Desgleichen zeigen die auf dem Altar befindlichen Basreliefs den Gott zwei Mal mit den Attributen des Sonnengottes.[6] Das erste Mal erscheint er in der Gestalt eines jungen Mannes auf einem von Greifen gezogenen Wagen, das zweite Mal mit Strahlenhaupt und getragen von einem Adler. Mit dem Strahlenhaupt erscheint er auch auf der oben erwähnten Tessera neben Baalschamen und Aglibol.

Vogüé hält Malachbel für eine secundäre Personification der Sonne, „nämlich für die Sonne in ihrem Aufsteigen, die Besiegerin der Finsterniss und der Nacht, welche Besitz nimmt

---

[1] ZDMG 18, 99 f. CIG 6015. ‖ [2] Vogüé, Palm. 140. 153. ‖ [3] ibid. 3, wo er neben Gad Taimi und Atargatis genannt ist. ‖ [4] CIL VIII, 2497. ‖ [5] ZDMG 18, 101 f. ‖ [6] S. die Abbildungen in Mémoires de l'acad. des inscr. et belles-lettres tom. XX. 2ᵉ part. Pl. 1 et 2.

מלך von ihrem himmlischen Reich im Beginn ihres Laufes". Allein diese Deutung fusst auf der oben abgewiesenen Erklärung von מלך als Verbum: dass Malachbel von der Sonne schlechthin unterschieden wurde, steht allerdings fest (s. u.); aber worin der Unterschied bestand, wird sich schwer nachweisen lassen. Bel scheint in Palmyra nicht ursprünglich heimisch zu sein. Der fremde Gott wurde mit dem einheimischen Malach verschmolzen, ähnlich wie in Cypern Osiris mit Adonis.

Aglibol, der Paredros des Malachbel, ist eine Mondgottheit, und zwar eine männliche. „Er ist auf der Stele des Capitol dargestellt in der Gestalt eines jungen römischen Kriegers; ein grosser an seinen Schultern befestigter Halbmond charakterisirt seine Natur." Dieselben Attribute hat er auf der mehrfach erwähnten Tessera und auf einer zweiten[1], welche die Legende trägt בגלבול חזק גריבא „'Aglibol, stärke den Geriba". Als Analogon für den männlichen Mondgott verweist de Vogüé auf den assyrischen Sin, dessen Cult auch in Harran blühte, und auf den griechisch-römischen *Men* oder *Lunus*. Der Cult eines männlichen Mondgottes Μήν war besonders in Kleinasien sehr verbreitet.[2] „Er ist dargestellt, bald stehend mit seinen Attributen, bald zu Pferde, auf den kaiserlichen Münzen fast aller Städte Phrygiens, Lydiens und Pisidiens; man kann behaupten, dass in diesen drei Provinzen seine Verehrung fast allgemein war." Waddington führt a. a. O. nicht weniger als acht verschiedene Theilformen des Μήν an, welche durch ein hinzutretendes Attribut wie z. B. Μήν Τύραννος (auf lateinischen Inschriften *Menotyrannus* als Beiname des Attes) von einander unterschieden werden. Auch in Palmyra werden wir noch einen zweiten Mondgott kennen lernen.

Den Namen בגלבול lässt de Vogüé zusammengesetzt sein aus עֵגֶל „junger Stier" und dem Gottesnamen *Bol* = *Baal* (s. u.); er meint, dass dieser Gott den Neumond in seiner erneuernden und befruchtenden Thätigkeit personificirt, eine Thätigkeit, welche

---

[1] Vogüé, **Palm.** 141. [2] Wadd. zu 668.

gewöhnlich durch den Stier symbolisirt werde. — Freilich ist der Stier sonst Symbol des Sonnengottes, auch in Palmyra.[1] Ich vermuthe, dass in עגל ein freilich noch nicht nachweisbarer Gottesname steckt und dass ʿAglibol ebenso wie Malachbel ein aus zwei Namen zusammengeschmolzener Gottesname ist.

Neben Aglibol und Malachbel bilden die Götter *Bel* und *Jarchibol* ein zweites Paar von Sonnen- und Mondgottheiten. Sie heissen ebenfalls Θεοὶ πατρῷοι und finden sich mit einander verbunden auf einer Bilingue in Rom.[2] Häufiger kommen sie einzeln vor. *Bel* (בל), welcher aus Babylonien importirt sein wird[3], hat sich in Palmyra einer eifrigen Verehrung zu erfreuen gehabt. Auf vielen palmyrenischen Siegeln wird er angerufen, z. B. אגן בל בני ידיעבל[4] „Beschütze, o Bel, die Söhne Jediabel"; בל ברך לבני תימי[5] „Bel segne die Sonne Taimi"; בל יברך לבני חלא[6] „Bel möge segnen die Söhne Challa". Auf einer griechischen Inschrift[7], deren palmyrenischer Paralleltext leider verloren gegangen ist, werden Priester des Ζεὺς Βῆλος genannt. Ausserdem bezeugen seinen Cult in Palmyra zahlreiche mit בל zusammengesetzte Personennamen wie אלהבל Ελαβηλος (öfter) „Gott ist Bel"; בלעקב Βηλακαβος (oft) „Bel belohnt"; בלברך[8] „Bel segnet"; בלשורי[9] = Βηλσουρου[10] (genet.) „Bel ist meine Mauer"; נירבל[11] Νουρβηλου (gen.) „Licht des Bel"; עבדבל[12] ידיעבל[13] u. a.

Bel wurde in Palmyra mit der Sonne identificirt. Ein palmyrenisches Siegel[14] zeigt auf dem Avers „eine grosse Kugel von einem Kranz von kleinen Kugeln umgeben. R. בל von kleinen Kugeln umgeben. Dieses Siegel identificirt augenscheinlich Bel mit der Sonne in der Mitte der Planeten". Ein anderes Siegel[15] zeigt folgende Darstellung. A. Büste des Sonnengottes in einem grossen Halbmond. R. Ein ruhender Ochse, nach rechts. Legende

---

[1] vgl. Mordtmann 80. 81. | [2] S. Vogüé p. 64. | [3] Hierfür spricht seine Verbindung mit Beltis (s. u.) und der Umstand, dass die echt palmyrenische Form *Bol* zu sein scheint. | [4] Mordtmann 51. | [5] ibid. 50. | [6] Vogüé 133. vgl. 132. 134. | [7] Wadd. 2606a. | [8] Vogüé 117. | [9] Euting, Sitzungsber. 1885, 673. | [10] Wadd. 2612. | [11] Vogüé 124. | [12] ibid 123a. | [13] ibid. | [14] Mordtmann 77, desgl. 78. | [15] ibid. 80, vgl. Vogüé 133. 156.

בל
שמש.

Neben Bel steht sein weibliches Complement, die Beltis. Ein viereckiges Siegel[1] trägt die Inschrift אגן בל ובלתי בני שמין „Beschütze, o Bel und Beltis, die Söhne Schammun". Ein Frauenname ist בלתיתן[2] „Beltis ist gnädig".

Die zu Bel gehörige Mondgottheit ist *Jarchibol* ירחבול אלהא Ἰαριβωλου τοῦ θεοῦ[4] (genet.). Dass er eine männliche Gottheit war, zeigen die Prädikate אלהא und Θεός. Sein Name ist wieder, wie bei Aglibol und Malachbel, aus zweien zusammengewachsen, nämlich aus ירח „Mond" und בול, der palmyrenischen Form für Baal. Vogüé vergleicht treffend den kleinasiatischen *Menotyrannus* (Μὴν Τύραννος), wovon ירח בול die wörtliche Uebersetzung ist. ירח allein lässt sich allerdings als Gottesname nicht nachweisen, doch vgl. den Personennamen ירחי Ἰαραιος[5]; בול tritt in zahlreichen Personennamen auf.

Dem Gotte Jarchibol war eine heilkräftige Schwefelquelle Namens Εφκα bei Palmyra geweiht.[6] Auch dies deutet auf lunaren Charakter. Um so auffallender ist es, dass man auf einer von Waddington[7] citirten lateinischen Inschrift aus Dacien liest *Deo Soli Hierobolo*, worin in der That ירחבול zu stecken scheint.

Der zweite Theil der Namen Agli-bol und Jarchi-bol ist für sich allein in den Texten nicht nachweisbar; er findet sich aber, abgesehen von den beiden Gottesnamen, in zahlreichen Personennamen wie עבדבול Ἀβοιβωλος[8]; „Knecht des Bol"; זבדבול (häufig) „Gabe des B."; רפבול רפאבול Ῥεφαβωλος[9]; בולרפא = בירפא „Bol heilt"; בוללחא = בולחא „Bol wischt (die Sünden) ab"; בולברך Βωλβαραχος „Bol segnet"; Δαν[ιβ]ωλος[10] vgl. דניאל; בולאזור[11], בולקא; φυλὴ Μαθαβωλίων[12] = בני מתבול u. a.

Was die Bedeutung dieses Gottesnamens anbelangt, so

---

[1] Vogüé 155. [2] ibid. 52. [3] ibid. 93. [4] Wadd. 2571 c. — Der Personenname ירחבולא Ἰαριβωλεος (genet.) Vogüé 2, 124 ist von diesem Gottesnamen abgeleitet. [5] Vogüé 16. [6] Vogüé 95. Wadd. 2571 c. [7] zu 2598. [8] Vogüé 6. [9] ibid. 66. [10] CIG 4665. [11] Vogüé 103. [12] Wadd. 2579.

meint **D.** H. Müller[1], er hänge mit dem hebräischen Monatsnamen בול zusammen; dieser Monat sei **dem** Gotte Bol geweiht gewesen. Wahrscheinlicher ist בול eine besondere Form neben בעל, also mit בל die dritte.[2] Aus der dialektischen Nebenform entwickelte sich die besondere Gottheit Bol, welche nun neben Bel und **von** diesem unterschieden verehrt wurde. Bol war wohl die echt palmyrenische Form, während Bel fremden Ursprunges war. Damascius[3] scheint Bol in Verbindung mit dem Gott Athe als Βωλαϑην (accus.) zu kennen.

Ueber den Charakter des Bol sind wir nicht genauer unterrichtet; eine Sonnengottheit wie Bel war er jedenfalls nicht, da sein Name zwei Mal in Compositis auftritt, welche Namen von Mondgöttern sind. Damit ist jedoch keineswegs gesagt, dass Bol selbst Mondgottheit war, vielmehr scheint er einen mehr allgemeinen Charakter gehabt zu haben, und vielleicht wurde er ähnlich wie Baal zu einer concreten Gottheit erst dadurch, dass er mit einem ergänzenden Complement in Verbindung trat.

Eine weitere in Palmyra verehrte Sonnengottheit ist שמש, die Sonne schlechthin, wie auch die Griechen den Helios von Apollo unterscheiden. Eine Bilingue[4] auf einem Altar lautet לשמש אלהא מב[א] Ἡλίῳ πατρῴῳ καὶ ἐπηκόῳ ϑεῷ. Auf der bekannten Oxoniensis I heisst es חמא דנח ועלתא ד]נה ע[בדי וקרבו לשמש וזבידא בני מלכו .... [א]לה בית אבוהן „diese Sonnensäule und diesen Altar haben gemacht und dargebracht Lischmasch und Zebeida, Söhne des Malku . . . für die Sonne, den Gott ihres Vaterhauses". Auf einer Tessera[5] liest man שמש שרן (שרן?) רבא „Sonne, unser grosser Herr". Der Avers trägt das Sonnensymbol: einen Adler mit entfalteten Flügeln. Nr. 138 zeigt die Büste des Sonnengottes mit dem Strahlenhaupt zwischen drei **kleinen** Scheiben, umrahmt von einem Perlenkreis und begleitet von dem Worte שמש. Nr. 137 zeigt die Sonne zwischen

---

[1] Berichte der Wiener Akad. Bd. 108, 977. | [2] Die Form בול findet sich im Palmyrenischen, aber nur in der Bedeutung „Ehemann". Vogüé 62. 84. | [3] bei Photius cod. 242 Φοίνικες καὶ Σύροι τὸν Κρόνον Ἠλ καὶ Βὴλ καὶ Βωλαϑην ἐπονομάζουσιν. | [4] Vogüé 108. Vgl. auch Nr. 8. | [5] Vogüé 135.

zwei Halbmonden in einer Einrahmung von Perlen (Sternen?); darüber שמש. Ferner finden wir in Palmyra mehrere mit שמש gebildete Eigennamen, wie אמרשא Αμρισαμσου (gen.)[1] „Sonnenmann". Ebenso תימשא[2] für תימשמשא „Knecht der Sonne"; אלהשא Ελασσα[3] für אלהשמשא „Gott ist Schemesch". Ferner Αβδασαμσος[4] = עבדשמשא; שמשגרם[5] = Σαμσιγεραμος (häufig in Emesa)[6] u. a.

Worin der Unterschied zwischen den verschiedenen Sonnengöttern bestand, lässt sich schwer sagen. Zwischen Schemesch und Bel scheint ein sachlicher Unterschied in Palmyra überhaupt nicht gemacht zu sein. Dies ergiebt sich daraus, dass die oben erwähnte Tessera Nr. 137, welche auf dem Avers die Sonne mit dem Worte שמש zeigt, auf dem Revers die Legende בל חזק גנבא „Bel, stärke den Genuba" trägt. Bel und Schemesch waren also ihrem Wesen nach identisch; sie unterschieden sich nur so, dass Schemesch eine echt palmyrenische, Bel dagegen eine aus Babylonien importirte Gottheit war, welche in Palmyra mit der Sonne identificirt wurde, anderseits aber doch auch wieder eine selbständige Existenz behielt.

Aus Babylonien eingeführt ist wahrscheinlich auch *Nebo*; es fanden sich freilich oben Spuren davon, dass er schon in alter Zeit auch von den Moabitern und südlichen Kananitern verehrt wurde. Seinen Cult in Palmyra bezeugen einige Personennamen wie זבדנבו[7] „Geschenk des Nebo"; נבוזבד[8] „Nebo hat geschenkt". נבוזבד[9] = Νεβοβαδος, und umgestellt בדנבו[10]; endlich נבוקא.[11] Auch in Palmyra wird Nebo als Planetengott (Merkur) verehrt sein. Darauf dass auch die übrigen Planeten in Palmyra als Götter galten, lassen die Darstellungen auf einigen Tesserae schliessen[12]; die Namen der übrigen sind aber nicht nachweisbar.

Die weiblichen Gottheiten traten, wie es scheint, in Palmyra

---

[1] Vogüé 8. אמרשא ist (gegen Vogüé) richtig; es ist eine Verkürzung aus אמרשמשא. [2] Vogüé 34. [3] ibid. 34. 70 al. [4] Wadd. 2569. [5] Vogüé 75. [6] Vgl. Joseph. Ant. XVIII 5. 4. [7] Euting, Berichte d. Berl. Akad. 1885, 671. [8] Vogüé 73. [9] ibid. 24. [10] so zu lesen ibid. 73. [11] ibid. 67. [12] S. Vogüé 128. 133. **134**.

nicht sehr hervor. Einmal[1] treffen wir die *Atargatis* an in der Verbindung mit Malachbel und dem Gad Taimi; sie wird hier zu den guten oder vaterländischen Göttern gezählt. Das zweite Element ihres Namens, עתה, findet sich häufig in Personennamen wie עתנתן[2]; עתעקב Ἀθηακαβος (häufig); ובדעתה, ובדעתא, Ζαβδααθης, Ζαβδεαθης[3]; גדעתא[4]; עבדעתה[5]; עתה als Mannesname[6] und endlich עתי als Frauenname.[7] Die Gottheit Athe selbst ist in Palmyra nicht nachweisbar.

Ein paar Mal[8] finden wir in Palmyra den Männesnamen ששתור Ἀσθωρου (gen.), der sich mit dem moabitischen עשתר deckt. Wenn eine (männliche oder weibliche?) Gottheit עשתור in Palmyra verehrt wurde, so kann sie der unaramäischen Namensform wegen nur von auswärts eingeführt sein.

Die erste Stelle unter den in Palmyra verehrten Göttinnen scheint die arabische *Allât* eingenommen zu haben, auf die wir unten zurückkommen. Sie erscheint in Verbindung mit Schemesch auf einer Inschrift[9], welche von einem Bauwerk berichtet, das zu Ehren dieser Götter (ליקר שמש [ואלת]) aufgeführt ist. Ausserdem kommt sie in zahlreichen Personennamen vor. Besonders häufig ist der Name ותבאלת für ותבאלת Οὐαβαλλαθος *Vabalathus* in der Familie der Odeinath.[10] In griechischer Uebersetzung lautet dieser Name Ἀθηνόδωρος, woraus zu folgern ist, dass Allât einen jungfräulichen und zugleich einen kriegerischen Charakter hatte. Andere Personennamen, in denen die Göttin erscheint, sind עבדלת[11] „Knecht der Allât"; אמתלת[12] „Magd der Allât"; נצרלת[13] „Allât schützt"; גדילת[14] „Glück der Allât"; שלמת [Σαλμαλ]λαθος[15] „Friede der Allât".

Der mehrfach vorkommende Personenname עבדרצי[16] „Knecht des רצי" und גדרצי[17] „Glück des רצי" führt auf einen Gott dieses

---

[1] Vogüé Palm. 3. | [2] ibid. 30. | [3] ibid. 5. 19. 63. 74. 107 al. | [4] ibid. 143. | [5] Mordtmann 4. | [6] ibid. 47, vgl. Ἀθου (genet.). Wadd. 2039. | [7] Vogüé 54 | [8] ibid. 4. Euting, Berichte d. B. A. 1885, 676. | [9] Vogüé 8. | [10] S. Vogüé p. 31 ff. | [11] Vogüé 94. | [12] ZDMG 39, 357. | [13] Vogüé 150. | [14] ibid. 111. | [15] ibid. 7. | [16] ibid. 82. Berichte d. Berl. Ak. 1885, 677 f. | [17] Vogüé 84.

Namens. Bei den Arabern ist ein Gott רצא bekannt[1], der vielleicht mit dem palmyrenischen רצו identisch ist. Abkürzungen dieses Gottesnamens scheinen vorzuliegen in עברצו[2], הימצא[3] und אמצרא.[4]

Ein Gott רחם wird einmal in Palmyra neben Schemesch und Allât genannt.[5] Sein Namensvetter רחם סמה findet sich bei den Himjaren.[6]

Der Personenname הימעמר Θαιμοαμεδος[7] „Knecht des עמר" zeigt endlich einen Gottesnamen, der dem Sinne nach mit dem phönicischen דעם übereinzustimmen scheint. Im Himjarischen kömmt der Personenname אלעמר vor, doch scheint עמר hier Verbum zu sein.

Die zuletzt genannten Götter der Palmyrener haben uns bereits nach Arabien hingeführt. Eine Art von Mittelstellung zwischen Aramäern und Arabern im engeren Sinne nehmen die *Nabatäer* ein, welche um die Zeit Christi die Gegenden von Damaskus bis an den Sinai und in das mittlere Arabien hinein, alles Land östlich und südlich von den Ländern des Volkes Israel bewohnten.[8] Ihr nördlicher Mittelpunct war Bosra im Hauran, der südliche Petra im steinigen Arabien; aber auch ziemlich tief nach Arabien hinein, im nördlichen Higaz (Teima und dem benachbarten Hegr) haben Nabatäer gewohnt und grade hier sehr bedeutende Denkmäler hinterlassen.[9]

Die Nabatäer waren Araber und sprachen das Arabische als ihre Muttersprache; nur ihre Inschriften haben sie in aramäischer Sprache abgefasst, welche damals eine hochangesehene Cultursprache war.[10] „Nach dem Untergange des nabatäischen Reichs

---

[1] ZDMG 7, 499. [2] Vogüé 117. [3] ibid. 33. 49. [4] ibid. 51. [5] ibid. 8. [6] ZDMG 37, 350. [7] Vogüé 124. [8] S. Nöldeke, ZDMG 19 (1865), 637 ff. Die semitischen Sprachen, S. 31. [9] Euting, Nabatäische Inschriften. — Für die nördlichen Gegenden kommen besonders die von Waddington und de Vogüé gesammelten Inschriften in Betracht. [10] Nöldeke, Semitische Sprachen, 31.

durch Trajan (105 p. Chr.) . . . haben die arabischen Hirten in diesen Ländern, namentlich auf der Sinaihalbinsel, auch noch später ihre Namen mit irgend einer Segensformel in aramäischer Sprache in die Felswände flüchtig eingeritzt."[1]

Die Götter der Nabatäer sind der Hauptsache nach echt arabische; vereinzelt haben sich syrische, dann auch griechische und ägyptische eingedrängt.

Auf den nabatäischen Inschriften und den griechischen, welche aus nabatäischem Gebiet stammen, ist vor allem der Gott *Dusares* und die Göttin *Allât* vertreten; ausserdem aber finden sich für die einzelnen Gegenden wieder besondere Lokalgottheiten. Von der Verehrung des Dusares (דו שרא), den Tertullian[2] gradezu den Gott Arabiens nennt, finden sich im Norden wie im Süden des nabatäischen Gebietes zahlreiche Spuren, welche die hervorragende Bedeutung dieses Gottes bezeugen. Auf einer griechischen Inschrift aus dem Hauran[3] vom Jahre 164 p. Chr. nennt sich ein Priester des Dusares (ἱερεὺς θεοῦ Δουσάρεος) als Erbauer eines Altars. Im hauranitischen Bosra trägt noch 539 p. Chr. ein Christ den Namen Δουσάριος[4] = עבד דושרא. Münzen aus Bosra aus dem dritten Jahrhundert zeigen die Aufschrift Ἄκτια Δουσάρια oder nur Δουσάρια, als Bild eine Kelter innerhalb einer Mauerkrone.[5] Aehnliche Münzen aus Adraa, dem Edreʻi des alten Testaments, zeigen einen Tisch, auf welchem ein Krug zwischen zwei kleinen Bildern steht, unter dem Tisch eine Kelter, mit der Legende Ἀδραηνῶν Δουσάρια.[6] Diese Actia Dusaria waren dem Dusares zu Ehren veranstaltete Spiele. In dem südlich von Bosra gelegenen Umm el Djemal hat Vogüé[7] auf einer zwei Meter hohen Säule folgende Inschrift gefunden: משגרא די עבד משכר בר עיירא לדושרא „Anbetungsort, welchen gemacht hat Maskar Sohn des ʻAweida[8] für Dusares".[9]

---

[1] Nöldeke, Semit. Sprachen 31. [2] ad nat. 2, 8. apolog. 24. vgl. Steph. Byz. s. v. Δουσάρη. Euseb. de laude Const. 13, 3. [3] Wadd. 2023. [4] ibid. 1916. [5] Eckhel, doct. numm. III 501 sq. [6] ibid. 500. [7] Nabat. 9. [8] Ἀουείδος Wadd. 2413b. 2152. [9] Eine Widmung an דושרא enthält auch eine in Saida gefundene nabatäisch-griechische Bilingue. Vogüé Nab. 7a.

Auch die Ornamente der hauranischen Tempel deuten auf den Cult dieses Gottes. Er war, wie sich unten zeigen wird, eine Art Dionysos. Seine Embleme, Trauben und Weinlaubgewinde, bilden den ständigen architektonischen Schmuck der hauranischen Tempel. „Die Menge, ja Ausschliesslichkeit dieser Ornamente ist sehr auffallend."[1] — Für Batanaea bezeugt den Cult des Gottes eine leider sehr verstümmelte Inschrift[2] [ἱερεὺς Δο]υσάρεος θε[οῦ . . . . .] ἀνικήτου. Die Stadt Sueida, aus welcher diese Inschrift stammt, hiess im Alterthum Dionysias; sie war nach dem Gott benannt.

Ein weiterer Hauptsitz des Dusares-Cultus war Petra im steinigen Arabien. Nach Suidas[3] wurde der Gott hier unter der Form eines schwarzen, viereckigen, unbehauenen Steines von vier Fuss Höhe und zwei Fuss Breite verehrt, welcher auf einer goldenen Basis ruhte; es war eine peträische Kaaba. Epiphanius[4] erzählt, dass noch zu seiner Zeit um die Zeit der Wintersonnenwende in Petra das Fest des Dusares und seiner jungfräulichen Mutter durch Pannychis, Gesänge und Fackeltragen gefeiert wurde.[5] Den Namen eines arabischen Philosophen Δουσάριος aus Petra hat Mordtmann[6] nachgewiesen.

In den Sinaiinschriften, deren Verfasser Nabatäer waren, hat Levy[7] den Namen עבד דושרא gefunden. In jüngster Zeit ist ferner durch Eutings Nabatäische Inschriften[8] der Dusarescultus auch für das eigentliche (mittlere) Arabien durch zahlreiche Stellen belegt. In den grösstentheils aus der Stadt el Hegr im Higaz stammenden Inschriften Eutings wird keine Gottheit so oft erwähnt, wie Dusares. In den Nummern 4. 11. 38 tritt er ohne Begleitung irgend eines anderen Gottes auf. Wo er mit anderen Göttern zusammen genannt wird, steht er immer an erster Stelle.[9] Einmal ist die Rede von einem „Heiligthum, welches als unverletzlich geweiht ist dem Dusares unter den

---

[1] Wetzstein, Reisebericht in dem Hauran S. 113. ‖ [2] Wadd. 2312. ‖ [3] s. v. Θεὸς ἄρης. ‖ [4] ed. Dindorf III 483. ‖ [5] Vgl. Rösch, ZDMG 38, 643 ff. ‖ [6] ZDMG 29, 105. ‖ [7] ibid. 14, 465. ‖ [8] Aus den Jahren 9 vor. Chr. bis 75 nach Chr. ‖ [9] 3, 3 f. 9, 8. 20, 8. 27, 12.

Nabatäern und Salamiern".[1] Ein anderes Mal[2] heisst Dusares „der Gott unseres Herrn" d. i. des Königs. Die Geldstrafen für Grabschändung sind an Dusares zu zahlen[3], oder an Dusares und an die Göttin Manot.[4]

Aus allen diesen Stellen ersieht man, welche hervorragende Stellung Dusares im Pantheon der Nabatäer einnahm.[5] Es wurden wohl ausser ihm noch andere Götter und Göttinnen verehrt, aber Dusares war, wie schon Tertullian sah, der Nationalgott der Nabatäer, dem gegenüber die anderen eine untergeordnete Stellung einnahmen.

Die Etymologie des Namens Dusares ist sehr strittig; nur so viel steht fest, dass er ein Compositum ist aus דו, arab. *dû* „der von", „der mit", „Inhaber von" (wie hebräisch-phönicisch בעל), und שרא (אלשרי). Pococke und Levy[6] halten *Schara* für den Namen einer Oertlichkeit, also Dusares = Herr oder Inhaber von Schara. Weiter hält Levy *Schara* für den Namen der grossen Gebirgskette, welche sich von Jemen bis nach Syrien hinaufzieht; nach diesem Gebirge wäre der Gott genannt, ähnlich wie der kananitische Baal Hermon, vgl. den בעל לבנן.[7] Aber Krehl[8] macht hiergegen geltend, dass es mindestens zweifelhaft ist, ob jene Bergkette wirklich Schara genannt wurde; die arabischen Geographen sprechen nur von einzelnen Bergen oder Bergspitzen dieses Namens. Auch weiss kein arabischer Geograph von einem auf dem Berge Schara befindlichen Tempel oder Heilig-

---

[1] 9, 3. Die Salamier waren ein mit den Nabatäern verbündeter arabischer Stamm. S. Euting zu 2, 9. [2] 12, 8. [3] 20, 11. [4] 27, 12. [5] Ueber Dusares (די אלשרי) bei arabischen Schriftstellern vgl. Krehl, Religion der Araber S. 49 f. Er soll ein Idol des Stammes Daus gewesen sein, welcher jemenischer Herkunft war. Vgl. ZDMG 7, 477. — Durch nabatäische Kaufleute und Soldaten ist der Cult des Dusares auch nach Italien gekommen. Sein Name findet sich auf einer nabatäischen Inschrift von Puteoli (ZDMG 23, 150. 38, 144), in welcher von zwei ihm geweihten (goldenen) Kamelen die Rede ist. Eine lateinische Weihinschrift in Puteoli lautet *Dusari sacrum* (ZDMG 29, 105). Eine rheinländische Inschrift aus der Zeit des Alexander Severus *Deo Apollini Dys.* ergänzt Mordtmann a. a. O. zweifelnd *Dus(ari)*. [6] ZDMG 14, 465. [7] Nach Steph. Byz. s. v. Δουσάρη wäre umgekehrt der Berg nach dem Gott genannt. [8] a. a. O. 52.

thum des in Rede stehenden Gottes, was man sicher erwarten sollte, wenn der Gott von jenem Berge seinen Namen erhalten hätte. Krehl will שרא in der Bedeutung „glänzen, leuchten" fassen, wonach Dusares der „Inhaber des Glanzes, des Leuchtens" wäre, oder einfacher „der Glänzende, Leuchtende", und hält dies Prädikat für eine Bezeichnung der Sonne. Ob diese Etymologie die richtige ist, kann ich nicht entscheiden; der Sache nach wird Krehl im Grossen und Ganzen Recht haben, wenn er Dusares für einen Sonnengott erklärt. Freilich identificirt Hesychius[1] den Dusares mit dem griechischen Dionysos, und dass diese Identification ihre Berechtigung hat, zeigen die oben erwähnten Ornamente der hauranischen Tempel, sowie die Weinkelter auf den Münzen von Bosra neben der Legende Dusaria. Auch Origenes meint sicher den Dusares, wenn er sagt[2] οἱ Ἄραβες τὴν Οὐρανίαν καὶ τὸν Διόνυσον μόνους ἡγοῦνται θεούς, und ebenso Arrian[3] Ἄραβας δύο μόνον τιμᾶν θεούς, τὸν Οὐρανόν τε καὶ τὸν Διόνυσον. Wenn endlich Herodot in der berühmten Stelle III, 8 von den Arabern sagt, dass sie bei der Schliessung von Verträgen den Dionysos und die Aphrodite anrufen, und dann fortfährt: Διόνυσον δὲ θεὸν μοῦνον καὶ τὴν Οὐρανίην ἡγεῦνται εἶναι . . . . Οὐνομάζουσι δὲ τὸν μὲν Διόνυσον Ὀροτάλ[4], τὴν δὲ Οὐρανίην Ἀλιλάτ, so kann nach allem vorhergehenden mit Ὀροτάλ nur der Dusares gemeint sein, mag nun die herodoteische Namensform völlig corrumpirt sein oder einen Beinamen des Dusares enthalten.

Die Identification des Dusares mit Dionysos durch die Alten hindert nun aber nicht, ihn zugleich für einen Sonnengott zu halten. Wie Krehl[5] nachweist, war der vielgestaltige Dionysos auch, und zwar besonders in Asien, eine Form der Sonnengottheit, nämlich in ihrer belebenden und befruchtenden Thätigkeit. Auch der Sonnengott Baal Chamman[6] in Karthago hatte

---

[1] Δουσάρην τὸν Διόνυσον Ναβαταῖοι. ‖ [2] Contra Cels. V 37. ‖ [3] Exp. Alex. VII 20. Vgl. Strabo S. 741 δύο θεοὺς ἐπυνθάνετο τιμᾶσθαι μόνους ὑπ' αὐτῶν (den Arabern) τόν τε Δία καὶ τὸν Διόνυσον. Unter den Arabern sind Nabatäer zu verstehen. ‖ [4] Varianten Οροταλατ, Ουροταλτ, Οροταλτ, Οροτυλατ. ‖ [5] S. 42. ‖ [6] Der

neben dem Granatapfel die Traube als Symbol und hätte daher von den Griechen Dionysos genannt werden können. Dass nun Dusares wirklich ein Sonnengott war, hat nach Krehl noch Mordtmann[1] sehr wahrscheinlich gemacht. Er verweist auf sein Fest am 25. December zur Zeit der Wintersonnenwende. Zu derselben Zeit wurde das Fest des tyrischen Melkart und in Rom das festum invicti Solis begangen. Ferner macht Mordtmann darauf aufmerksam, dass das Epitheton ἀνίκητος, welches Dusares führt[2], sonst stets dem Helios zukömmt. In der oben erwähnten rheinländischen Inschrift scheint der Gott den Doppelnamen Apollo-Dusares zu führen. Endlich sagt Strabo[3] von den Nabatäern Ἥλιον τιμῶσιν ἐπὶ τοῦ δώματος ἱδρυσάμενοι βωμόν, σπένδοντες ἐν αὐτῷ καθ' ἡμέραν καὶ λιβανωτίζοντες. Da wir nun Dusares als den Hauptgott der Nabatäer kennen und eine andere hervorragende Sonnengottheit bei ihnen nicht nachweisbar ist, so kann der Helios des Strabo nur der Dionysos des Hesychius und Anderer und der די שרא der Inschriften sein.[4]

Da Dusares also die Personification der belebenden und befruchtenden Sonnenkraft ist, so vermuthe ich, dass dieser selbe Gott in einer aus Bosra stammenden Inschrift[5] gemeint ist, in welcher es heisst: ἡ πόλις Ἐπικαρπίῳ Διὶ τὸν βωμὸν ἱδρύσατο. Der griechische Ζεὺς Ἐπικάρπιος ist der Gott der Früchte und der Erde, welchen man anrief, um eine reiche Ernte zu erlangen.[6] Da es nun die Stadt selbst ist, welche den fraglichen Altar gesetzt hat, der officielle Cult in Bosra aber der Dusarescultus war, so ist der Ζεὺς Ἐπικάρπιος der Inschrift gewiss kein anderer als די שרא. Derselbe ist vielleicht der auf einer Inschrift aus Trachonitis[7] genannte Τέλειος. Der griechische Ζεὺς Τέλειος ist der Gott der Güte und Liebe, der Alles

---

Name בעל יפן ist, wenn שיי wirklich Glanz bedeutet, dem די שרא sehr nahe verwandt. ‖ [1] ZDMG 29, 102. ‖ [2] Wadd. 2312. ‖ [3] S. 784. ‖ [4] Suidas s. v. Θεός; ἄρης etymologisirt aus der Namensform Θουσάρης = Δουσάρης heraus, der Gott in Petra sei Ares gewesen. Natürlich hat diese Spielerei keinen Werth. ‖ [5] Wadd. 1907. ‖ [6] s. Wadd. ibid. ‖ [7] Wadd. 2484.

auf's Beste hinausführt[1], was auch auf die Ernte seine Anwendung finden konnte. —

Nach mehreren der oben angeführten Nachrichten griechischer Schriftsteller verehrten die Nabatäer (Araber) neben der männlichen Hauptgottheit Dionysos-Dusares eine weibliche, welche sie mit der Urania vergleichen und die nach Herodot Ἀλιλάτ hiess. Dies ist die ausserordentlich weit verbreitete *Allât*, welche sich ausser bei den Nabatäern auch bei den Bewohnern des mittleren und südlichen Arabiens, den Palmyrenern, Phöniciern und Karthagern und endlich bei den Assyrern nachweisen lässt.

Für ihre Verehrung bei den Nabatäern haben wir folgende Belege. In Euting's Nabatäischen Inschriften kömmt Allât nur einmal[2] vor mit der lokalen Differenzirung Allât von ʿAmnâd (אלה מן עמנד), während die Göttin Manôt, welche an dieser Stelle hinter Allât genannt wird, sich sechs Mal findet. Auch mit Allât gebildete Personennamen kommen bei Euting nicht vor. Man wird daraus den Schluss ziehen dürfen, dass in Hegr der Cult der Allât hinter dem der Manôt zurückstand. Zahlreiche Spuren ihrer Verehrung finden wir dagegen im nördlichen Nabatäergebiet im Hauran. Im Jahre 7 des Claudius Caesar hat Maliku, Priester der Allât (כמר אלה) ein Thor gestiftet.[3] Ein anderes Mal lesen wir von einer der Allât errichteten Stele[4]; sie heisst hier „die Allât von Salchat" (לאלת אלהתהם די בצלחו „der Allât ihrer Göttin, die in Salchat wohnt"), also wieder eine lokale Differenzirung. Auf einer anderen Stele (כמסרא) aus Salchat[5] heisst sie . . . אלת אם אלהי „Allât, Mutter der Götter". Endlich findet sich in Hebran[6] der Personenname הב[י]אלת = Οὐαβαλαθος.[7] Diesen Namen trafen wir sehr häufig in Palmyra an, wo er Ἀθηνόδωρος übersetzt wurde. Nun wird auf vielen griechischen Inschriften des Hauran und Umgegend eine Ἀθήνη oder Ἀθήνη ἡ κυρία genannt.[8] Diese hauranische Athene ist

---

[1] S. Preller, Griech. Mythol. ‖ [2] 3, 4. ‖ [3] Vogüé, Nab. 1 (Hebran). ‖ [4] ibid. 6. ‖ [5] ibid. 8. ‖ [6] ibid 2. ‖ [7] Wadd. 2086 (Batan.). ‖ [8] Wadd. 2081. 2203a und b. 2216. 2308. 2346. 2410. 2453. 2461.

mit Rücksicht auf die palmyrenische Uebersetzung sicher die Allât. Einmal[1] findet sich auf einem Altar die Widmung τῇ κυρίᾳ 'Αθηνᾷ Γοζμαίῃ. Dieser Beiname kömmt sonst nicht vor; es wird wieder eine Lokal-Allat gemeint sein. Auch für das östlich vom Hauran gelegene vulkanische Gebirge des Safa hat Halévy[2] die Allat in den Personennamen יתאלת und צבדאלת nachgewiesen.

Die Göttin Allât wurde ausser von den Nabatäern und den benachbarten Palmyrenern auch von den Bewohnern des mittleren und südlichen Arabiens verehrt. Die Nachrichten arabischer Schriftsteller über sie hat Osiander[3] zusammengestellt. Danach war Allât die Stammgottheit des Stammes Taqîf, welcher in der sechzig Meilen südöstlich von Mekka gelegenen Stadt Tâif seinen Sitz hatte. Hier war das Heiligthum der Göttin, ein viereckiger weisser Stein mit darüber erbautem Tempel, der durch Umzüge verehrt wurde. Nach Osiander[4] wäre sie auch unter der Gestalt eines Baumes verehrt, an welchen Kleidungsstücke und Waffen gehängt wurden, deren man sich beim Betreten des heiligen Gebietes von Mekka entledigen musste. Dieser Baum wurde *dât anwât* „der mit den Behängen" genannt; nach Anderen wäre Dât anwât eine selbstständige Göttin gewesen.[5]

Welche Bedeutung Allât **noch** zu Muhammed's Zeit hatte, erhellt daraus, dass er sie im Koran[6] erwähnt und ihren Tempel zerstören liess. Auch der Stamm Kureisch soll der Allât gedient haben; bei den Himjaren werden wir sie ebenfalls wiederfinden.

Den Namen der Göttin Allât (im Koran اللات) hält man jetzt gewöhnlich für eine Contraction aus *al-ilâhat*, wie *allâh* aus *al-ilâh* wurde, und meint, Herodot[7] habe noch die im mittleren Theile uncontrahirte Form ('Αλιλατ) gehört. Dagegen scheint mir der Umstand zu sprechen, dass weder Phönicier

---

[1] Wadd. 2345. ǀ [2] Journ. As. 1882 I 479. ǀ [3] ZDMG 7, 479 ff. ǀ [4] S. 481. ǀ [5] Krehl S. 73 f. ǀ [6] Sur. 53. Vgl. Nöldeke, Sitzungsber. d. Berl. Akad. 1882, 1189 ff. ǀ [7] III 8.

noch Assyrer, deren Allât doch nicht von **der** gleichnamigen arabischen getrennt werden darf, den Gottesnamen אלה kennen[1], und daher auch ihre אל nicht aus אלהה zusammengezogen sein kann. Auch wäre ja der Artikel *al* hier völlig unerklärlich. **Auf** Herodots Αλιλατ ist nicht allzuviel zu geben, da er sie an anderer Stelle[2] Αλιττα nennt, was freilich durch das daneben stehende ebenfalls noch unerklärte Μυλιττα veranlasst sein mag.[3] Ich vermuthe, dass אלת auf eine Wurzel אלל zurückgeht und erinnere daran, dass Nöldeke[4] auch für das Maskulinum אל eine solche Wurzel ב״ע für nicht ganz unwahrscheinlich erklärt hat. Danach ist *Allât* ursprünglich Appellativ („die Göttin"), und dann zum Eigennamen geworden, wofür es auf semitischem Gebiet ja so viele Analoga giebt. Demnach kömmt diese Etymologie sachlich auf dasselbe hinaus wie die Ableitung von *al-ilâhat*.

Den Charakter der Allât sucht Herodot[5] dadurch zu kennzeichnen, dass er sie mit der (Ἀφροδίτη) Οὐρανίη identificirt. Auch Origenes, der Arabien aus eigner Anschauung kannte, meinte Allât, wenn er die Urania die einzige Göttin der Araber neben Dionysos-Dusares nannte.[6] Wenn nach Arrian die Araber nur zwei Götter, Οὐρανός und Διόνυσος, verehrten, so ist dieser männliche Uranos erst durch Missverständniss aus der Urania entstanden; und wenn Strabo statt dessen τόν τε Δία καὶ τὸν Διόνυσον nennt, so ist dies Missverständniss noch etwas weiter gegangen, insofern der aus der Urania entstandene Uranos bei ihm zum Zeus wurde.

Der von Herodot und Origenes vertretenen Identification der Allât mit der Urania steht nun aber die Thatsache gegenüber, dass in Palmyra Allât durch Athene übersetzt wurde, **und** dass mit der auf zahlreichen Weihinschriften des Hauran sich findenden Athene ebenfalls höchst wahrscheinlich Allât gemeint

---

[1] Ἐλωϊμ bei Philo von Byblus ist Entlehnung aus dem Hebräischen.
[2] I 131. [3] Natürlich leugne ich nicht, dass Herodot's Αλιλατ — Αλιττα sich sachlich mit der arabisch-nabatäischen Allât deckt. [4] a. a. O. 1191. — Für das lange â vgl. אֵלָה, אֱלָהָא. [5] I 131. III 8. [6] S. o. S. 95.

war. Endlich galt auch die phönicische אלת, welche wir in **Kar-thago**, auf Sardinien und in Corinth antrafen, für eine Athene, und zwar, wie nach der Gleichsetzung mit Athene von vorn herein zu vermuthen **war,** für ein numen virginale, womit wieder garnicht zu stimmen scheint, dass sie auf der Stele bei de Vogüé Nab. 8 „Mutter der Götter" genannt wurde. Trotzdem dürfen alle diese sich scheinbar widersprechenden Wesensbestimmungen der Allât wegen der nicht zu bezweifelnden Glaubwürdigkeit ihrer Urheber vollen Anspruch auf Beachtung erheben; die verschiedenen Gleichsetzungen bringen die verschiedenen Charakterzüge der Göttin zum Ausdruck. Aus Herodot's Zusammen**stellung mit der** Aphrodite Urania ergiebt sich, dass Allat eine Gestirngottheit war, genauer die Mondgöttin. Auf einer Münze von Askalon, wo nach Herodot[1] der älteste Tempel der Aphrodite Urania war, ist die **Göttin** abgebildet[2] **mit** dem Halbmond auf dem Kopf, eine Lanze in der linken, eine Taube auf der rechten Hand. Aus dem Attribut der Lanze folgt, dass die Urania von Askalon einen kriegerischen Charakter hatte.[3] Diesen kriegerischen Charakter hat auch Allât gehabt, was bei den Neigungen ihrer Verehrer unter den Nabatäern und Arabern nicht befremden kann, und diese Seite ihres Wesens wird deutlicher dadurch zum Ausdruck gebracht, dass sie mit der Kriegsgöttin Athene identificirt wird. Diese Identification hebt zugleich ihren jungfräulichen Charakter hervor. Wenn sie trotzdem ein Mal das Epitheton „Mutter" führt, so ist das nach antiken Anschauungen kein Widerspruch. Nicht allein die karthagische Tanit, welche als virgo coelestis aufgefasst wurde, heisst gelegentlich „Mutter"[4]; auch bei den Griechen kömmt die jungfräuliche Athene als Mutter vor.[5] Schliesslich ist zu bemerken, dass Allât in der genannten Inschrift „Mutter der Götter" genannt wird, wodurch vermuthlich nur die hervorragende Bedeutung ausgedrückt werden soll, welche sie im

---

[1] I 105. [2] Eckhel III 444 f. [3] vgl. oben S. 34. Pausanias III 23 kennt in Cythera eine bewaffnete Aphrodite. [4] S. oben S. 58. [5] Preller, Griech. Myth. 179.

Pantheon der Nabatäer behauptete. Hiernach ist Allât die jungfräuliche Mondgöttin, welche zugleich als Kriegsgöttin verehrt wurde und die erste Stelle unter den weiblichen Gottheiten der Nabatäer einnahm. —

Neben den beiden Hauptgottheiten, dem Sonnengott Dusares und der Mondgöttin Allât[1], haben die Nabatäer auch noch andere Götter gehabt, und die oben angeführten Aussagen griechischer Schriftsteller, die Nabatäer oder Araber hätten nur zwei Gottheiten verehrt, müssen dahin modificirt werden, dass die beiden genannten eine die übrigen verdunkelnde Stellung einnahmen. Diese Götter zweiten Ranges sind zum Theil Modificationen des Sonnen- und des Mondgottes, zum Theil auch von auswärts eingeführte Gottheiten.

Eine Form des Sonnengottes ist der auf griechischen Inschriften des Hauran und der Trachonitis mehrfach genannte, anderweitig aber nicht nachweisbare Gott Αυμος. Sein Hauptheiligthum befand sich in der hauranischen Ortschaft Deir el-Leben. Hier finden sich mehrere Inschriften mit der Widmung Διὸς ἀνικήτου Ἡλίου θεοῦ Αυμου[2], auch εἰς τὸν δεσπότην [καὶ] ἀνίκητον Ἥλιον θεὸν Αυμον.[3] Zu el-Djrein in Trachonitis heisst er Αυμου (θεῷ Αυμου[4]), was jedenfalls die ursprüngliche nabatäische Form des Namens mit auslautendem u ist. Häufig findet sich Αυμος als Personenname.[5] Der zwei Mal im Hauran vorkommende Helios[6] ist vielleicht *Aumu*. Ob der einige Male genannte Herakles[7] ebenso zu deuten ist, lässt sich nicht ausmachen. — Was der Name Αυμου bedeutet, weiss ich nicht. Der Kamus kennt ein Idol באם.

In christlicher Zeit ist Aumos durch den heiligen Elias

---

[1] Wadd. 2430 (Trachon.) schreibt: Au-dessus de la porte de la mosquée il y a deux bustes martelés, un grand et un petit; et au-dessus l'inscription suivante, peinte en rouge, et paraissant ancienne. Ἀγαθῇ τύχῃ. Ἥλιος, Σελήνη. Vielleicht haben wir hier eine Darstellung des Dusares und der Allât. ‖
[2] Wadd. 2392. 2394. 2395. ‖ 3 ibid. 2393. ‖ 4 ibid. 2455. 2456. Vgl. noch 2441.‖
[5] ibid. 2097. 2101. 2104. 2170. 2393. 2463. 2465 (christlich). ‖ 6 ibid. 2398 Εἰσελθὲ χαίρων Ἥλιε τοῦ κόσμου. 2407 Ἡλίῳ θεῷ μεγίστῳ . . ‖ 7 ibid. 2413c θεῷ Ἡρακλεῖ. 2428 πατρικῷ θεῷ Ἡρακλεῖ.

verdrängt worden, der wegen seiner Namensähnlichkeit mit Ἥλιος auch anderweitig in Syrien und in Griechenland die Tempel des Sonnengottes in Besitz genommen hat.[1] Der heil. Georg hat einen anderen nabatäischen Gott mit Namen Θεανδρίτης ersetzt. In der trachonitischen Ortschaft Zorʿa befindet sich in der grossen Kirche des heil. Georg noch jetzt ein Stein mit der Widmung Θεανδρ[ίτῃ] . . .[2] Im hauranischen Awwas finden wir seinen Tempel, τὸ Θεανδρίτιον (sic) genannt.[3] Auch in Bosra war der Gott bekannt. Damascius in der Vita Isidori[4] erzählt: Ἔγνω δὲ Ἰσίδωρος ἐνταῦθα [ἐν Βόστροις] τὸν Θεανδρίτην, ἀρρενωπὸν ὄντα θεὸν καὶ τὸν ἄδηλον βίον ἐμπνέοντα ταῖς ψυχαῖς, und Marinus in der Vita Procli[5] kennt Θυανδρίτην ἄλλον Ἀραβίοις πολυτίμητον θεόν. Aus dem mannhaften Charakter des Gottes erklärt sich seine Substitution durch den heiligen Georg. Dass Θεανδρίτης nur eine andere griechische Form für Dusares sein sollte, wie Rösch meint[6], ist im höchsten Grade unwahrscheinlich, denn Theandrites war ein kriegerischer Gott, Dusares ein Gott der Fruchtbarkeit. Dagegen scheint mit Theandrites identisch zu sein der einige Male vorkommende Θεάνδριος. Er findet sich einmal in folgender Verbindung: θεῷ Οὐασσάδου πατρῴῳ Θεανδρίῳ.[7] Mordtmann[8] hat ihn auf einer lateinischen Inschrift aus Presburg nachgewiesen: *Dis patriis Manalpho (?) et Theandrio votum solvit*. Auch als Personenname kömmt Θεάνδριος vor.[9] Endlich kömmt auch Οὐασσαδου für sich allein

---

[1] S. Wadd. zu 2497. ‖ [2] Wadd. 2481. — Für die Verehrung des heil. Georg im Hauran finden sich bei Wadd. mehrfache Belege, s. 1981. 2038. 2092. 2126. 2158. In Zorʿa steht über der Thür der im Jahre 515 gebauten St. Georgs-Kirche, welche die Reliquien des Heiligen enthält, folgende Inschrift (Wadd. 2498) Θεοῦ γέγονεν οἶκος τὸ τῶν δαιμόνων καταγώγιον· φῶς σωτήριον ἔλαμψεν ὅπου σκότος ἐκάλυπτεν· ὅπου θυσίαι εἰδώλων, νῦν χοροὶ ἀγγέλων, καὶ ὅπου θεὸς παρωργίζετο, νῦν θεὸς ἐξευμενίζεται κτλ. Die Inschrift sagt weiter, dass ein gewisser Johannes die Reliquien des heil. Georg in Folge einer ihm gewordenen realen Vision des Heiligen in diese Kirche gestiftet habe. Waddington vermuthet gewiss mit Recht, dass die Kirche an der Stelle eines Theandrites-Tempels erbaut wurde. ‖ [3] ibid. 2046. ‖ [4] angeführt bei Wadd. zu 2046. ‖ [5] ibid. ‖ [6] ZDMG 38, 653 f. ‖ [7] Wadd. 2374a (Batanaea). ‖ [8] ZDMG 29, 106. CIL III **3668**. ‖ [9] Wadd. **1965**.

vor¹: ὁ δεῖνα] καὶ Βίβρος ... οἰκοδόμησαν τὴν πύλην καὶ τὰ στέγη αὐτοῦ θεῷ Οὐασεαιάθου ἐκ τῶν ἰδίων τειμῆς χάριν. Ueber den Gott Vaseathu und die Bedeutung seiner Verbindung mit Theandrios ist nichts Näheres bekannt; die Namensbildung Οὐασσαθου ist echt nabatäisch. Das arabische אלאשע heisst „der Allumfassende" und wird von Gott gebraucht. Bei den südlichen Nabatäern (Euting, Sinaiinschriften) hat sich von den beiden letzten Göttern bis jetzt keine Spur gefunden. — Eine Mondgöttin חלצא werden wir bei den Nabatäern der Sinaihalbinsel antreffen; dass sie auch in den nördlichen Gegenden nicht unbekannt war, zeigt der zwei Mal vorkommende Personenname Ἀλασαθος.²

In das Pantheon der hauranischen Nabatäer, welches uns die Inschriften vorführen, sind nun noch eine Anzahl nicht **ara**bischer Götter einzufügen. Die Götter Syriens, Griechenlands und Egyptens haben bei den Nachkommen Ismaels gastliche Aufnahme gefunden. Im hauranischen Siah haben Nabatäer dem aus Palmyra bekannten Baalschamen einen Tempel gebaut.³ Nach Analogie der palmyrenischen Bilinguen ist derselbe Gott gemeint mit dem Κεραύνιος.⁴ Der syrische Aziz und Εδαος (עזיז) sowie der Marnas von Askalon sind schon oben für diese Gegenden nachgewiesen. Griechische Götter sind in grosser Anzahl vorhanden. Gewiss sind unter ihren Namen zum Theil einheimische Götter verborgen, es ist aber nicht möglich, diese nabatäischen oder syrischen Aequivalente mit Sicherheit nachzuweisen. Einen Gott קצי‎ findet de Vogüé in einer nabatäischen Inschrift aus dem Hauran, welche sich auf einer kleinen Statuenbasis befindet⁵ [מרחם קדש לאל קצי‎] „Geheiligt dem Gott Qaṣiu", und in einer anderen aus Bosra⁶ auf einem Altar aus schwarzem Basalt דה קרב נטראל בר נטראל לאלה קצי‎ „dies hat dargebracht Natarel Sohn des Natarel dem Gott Qaṣiu". de Vogüé erkennt hierin unter Verweisung auf den Κάσσιος bei Philo Bybl. den Ζεὺς

---

¹ Wadd. 2374 (Batanaea). ❙ ² ibid. 2042. 2047. ❙ 3 de Vogüé, Haur. 2. Zu der Contraction בעשמין‎ für בעלשמין‎ vgl. CIS 139. ❙ 4 Wadd. 2195. ❙ 5 de Vogüé, Haur. 5. ❙ 6 Nab. 4.

Κάσιος der Griechen, welcher zu Seleucia in Pierien unter der Gestalt eines konischen Steines verehrt wurde, und den Juppiter Casius der Römer. Nöldeke[1] will dagegen Qaṣîu lieber als Personennamen fassen, wie er allerdings vorkömmt[2], und übersetzt: „dem Geschlecht (ál) des Qaṣîu", und „dem Gott des Qaṣîu". Aber einem Geschlecht wird doch keine Bildsäule geweiht; und warum Natarel den Gott, dem er einen Altar darbrachte, nach einem seiner Verehrer „den Gott des Qaṣîu" genannt haben sollte und nicht vielmehr einfach „den Gott x", oder wenigstens seinen eignen Gott (den Gott des Natarel), ist nicht einzusehen. Dass auch Personen den Namen קציו führen, hindert nicht anzunehmen, dass es ursprünglich ein Gottesname war; bei Aumu und Theandrios fanden wir dieselbe Erscheinung. —

Zeus mit und ohne Attribut tritt sehr häufig in den griechischen Inschriften des Hauran und **Batanaea's** auf: Ἄμερος Μαδείου καὶ Ὄναινος ἀδελφὸς ἐποίησαν τὸν βωμὸν θεοῦ Διὸς ἐκ τῶν ἰδίων.[3] Die arabischen Namen der Weihenden machen es wahrscheinlich, dass sich unter dem θεὸς Ζεὺς ein nabatäischer Gott verbirgt. Mehrfach finden wir den Ζεὺς κύριος[4]; die Weihenden haben wieder meistentheils arabische Namen. Ferner Ζεὺς μέγιστος[5] und Ζεὺς ἀνίκητος.[6] Dem Ζεὺς Φράτριος und der Ἥρα hat ein Soldat aus der dritten cyrenaischen Legion in Bosra einen Altar gesetzt.[7] Der Liebling des Zeus ist den Nabatäern nicht unbekannt geblieben. Πρόκλος Αὔμου τῷ θεῷ τὸν Γανυμήδην ἐξ ἰδίων ὑπὲρ Αὔμου υἱοῦ ἀνέθηκεν.[8] Ein anderer stiftet eine Ἀφροδείτη für seine Tochter Ἀσμάθη.[9] — Ἄβιβος (חביב) und seine Frau Θομσάχη haben eine Νίκη gestiftet[10], ein anderer eine Εἰρήνη.[11] — Ἡ Κυρία Πατρίς in Bosra[12] ist so unsemitisch wie möglich; doch trägt der Weihende einen lateinischen Namen. Sonderbar genug nimmt sich in der felsigen Gegend der Trachonitis der archaistische griechische Gott Ὠγένης aus[13], den die

---

[1] zu Euting, Nab. 21. ∥ [2] de Vogüé, Nab. 6. 7. ∥ [3] Wadd. 2413k. ∥ [4] ibid. 1969. 2288. 2290. 2413b. 2413j. ∥ [5] ibid. 2116. 2140. 2289. 2339. 2340. 2412d. ∥ [6] ibid. 2390. ∥ [7] ibid. 1922. ∥ [8] ibid. 2097. vgl. 2118. ∥ [9] ibid. 2098. ∥ [10] ibid. 2099. ∥ [11] ibid. **2526.** ∥ [12] ibid. 1924. ∥ [13] ibid. 2440.

alten Mythologen mit 'Ωκεανός identificiren. Der Weihende ist ein Palmyrener 'Αδριανός. In derselben Gegend finden wir den θεὸς Κρόνος.[1]

Damit endlich in diesem bunten Göttergewirr der nördlichen Nabatäer auch ägyptische Götter nicht fehlen, nenne ich die Isis[2] und den Ammon.[3] Der letztere ist dargestellt auf einer Stele unter der Form eines Strahlenhauptes, aber ohne Hörner; darunter "Αμμων νικᾷ. —

Auf eine in mancher Beziehung andersartige, aber nicht minder buntscheckige Götterversammlung stossen wir bei den Nabatäern der Sinaihalbinsel. Noch am Ende des sechsten Jahrhunderts p. Chr. waren sie dem Monddienst ergeben. Tuch[4] führt eine Stelle des Antonius Martyr an, welcher einem heidnischen Neumondsfeste am Sinai beiwohnte und darüber (c. 38) folgendes erzählt: Mons vero Sina petrosus est, raro habet terram, et in circuitu eius cellulae multae servorum Dei. Similiter et in Horeb. Et in parte illius montis habent Saraceni idolum suum marmoreum positum candidum tanquam nivem; ibi et permanet sacerdos eorum **indutus** dalmatica et pallio lineo. Quando venit tempus festivitatis eorum, percurrente luna, antequam egrediatur a festo ipsorum, incipit marmor illud mutare colorem: et quando coeperunt adorare idolum, fit marmor illud nigrum tanquam pix: completo tempore festivitatis eorum revertitur iterum in pristinum colorem, unde valde miratus sum. — Tuch bemerkt hierzu: „Worauf auch die Farbenveränderung des Götzenbildes beruht haben möge, gewiss versinnlichte dieses die Phasen des Mondes in seinem synodischen Umlauf, und das Fest, welchem Antonius Martyr beiwohnte, war ein Neumondsfest hier am Sinai." — Die Verehrung des Mondes auf der Sinaihalbinsel wird bestätigt durch Personennamen der Inschriften wie עבדירח „Mondesknecht" — auch in der echt arabischen Form ורהי — und גרמאלשהרי „Mann (?) des Neumondes", wozu Tuch

---

[1] Wadd. 2544. vgl. 2375. ‖ [2] ibid. 2527. ‖ [3] ibid. 2313. 2382. ‖ [4] ZDMG 3, 203.

die arabischen Familiennamen *banu hilâl* „Söhne der Mondsichel", und *banu badr* „Söhne des Vollmondes" vergleicht. Nur darin möchte ich Tuch[1] nicht beistimmen, dass es eine weibliche Gottheit gewesen wäre, die am Sinai verehrt wurde; gewiss war es irgend eine Modification des uralten männlichen Mondgottes *Sin*, von dem der Sinai selbst seinen Namen erhalten hat.

Dagegen kennen wir in diesen Gegenden eine Göttin des Venussternes. Mehrfach kömmt in den Sinaiinschriften der Personenname חלצת, auch דו חלצת vor.[2] Auch bei den Nabatäern von Hegr hat sich חלצת als Personenname gefunden[3], und als Αλασαδος in hauranischen Gegenden (s. o.). Hierin hat Tuch[4] den Namen einer Göttin אלחלצת erkannt, welche nach arabischen Schriftstellern von den jemenischen Stämmen verehrt wurde.[5] Ihr Tempel in der Stadt Tabâlah an der Grenze von Higaz und Jemen hiess die jemenische Kaaba und wurde von Garir b. Abdallah, einem der Helden Muhammeds, zerstört. Tuch hat nachgewiesen, dass auch in dem 5½ Stunden südlich von Bersaba am Saum der grossen Wüste gelegenen Ἔλουσα diese Göttin verehrt wurde. Die Stadt Elusa wird noch heute von den Arabern אלחלצת genannt, dessen Gräcisirung Ἔλουσα ist. In dieser Stadt befand sich nach Hieronymus[6] ein Tempel der Venus (חלצת), in welchem jährliche Feste gefeiert wurden. Die nabatäischen Hirten der Sinaihalbinsel, welche den Namen חלצת führen, waren daher gewiss nach der Göttin genannt, die nach Hieronymus die Venus als Morgenstern war. Den Namen אלחלצת will Tuch nach dem arabischen חֲלִי, welches „den Begriff des Lauteren, Reinen, daher zugleich den des Weissen

---

[1] a. a. O. 162. | [2] Levy, ZDMG 14, 403. Namenbildungen mit די sind sonst südarabisch (s. Fleischer, ZDMG 7, 465), z. B. Du-Marḥab. *Marḥab* war nach dem Kamus in der Heidenzeit der Name eines Götzen in Hadramaut. | [3] Euting, Nab. 70ter. | [4] a. a. O. 194 f. | [5] vgl. Osiander, ZDMG 7, 476. | [6] Vit. Hilar. c. 25 bei Tuch 196: Vadens (Hilarion) in desertum Cades ... pervenit Elusam, eo forte die, quo anniversaria solemnitas omnem oppidi populum in templum Veneris congregaverat. Colunt autem illam ob Luciferum, cujus cultui Saracenorum natio dedita est.

bezeichnet", auf eine der Phasen im Venuscultus beziehen. Einfacher wäre „die Reine".

Epiphanius[1] erzählt, am Tage der Wintersonnenwende werde zu Petra im dortigen Götzentempel durch Lieder im arabischen Dialect die Jungfrau besungen, die man auf arabisch Χααμοῦ nenne, und ihr Sohn Dusares. Dasselbe geschehe in derselben Nacht zu Elusa. Es liegt nahe, bei dieser Χααμοῦ an die חלצה zu denken. Dass der jungfräuliche Morgenstern den eingeborenen Sonnengott gebiert, ist wohl verständlich. Sprachlich können sich freilich die beiden Namen natürlich nicht decken; aber Epiphanius sagt auch nicht, dass die Göttin in Elusa Χααμοῦ geheissen habe. Es ist sehr wohl möglich, dass in Elusa eine Göttin חלצה ebenso aufgefasst und gefeiert wurde, wie in Petra die Χααμοῦ. Wie der letzte Name zu **der Bedeutung** κόρη oder παρθένος kommen soll, weiss ich nicht. **Da die** Lesart mit μ durch die Inschriften gesichert ist, **so sind alle** Deutungen, welche auf ein arab. כעב, ללאמה u. dgl. **zurückgehn,** abzuweisen. —

Auf Sternendienst bei den Sinainabatäern deutet auch der Gottesname דריא in כהן דריא[2] „Priester d. DRIA"; Tuch erklärt dies als den strahlenden Stern; sonst ist freilich von einer solchen Gottheit nichts bekannt. Dasselbe gilt aber von einigen weiteren Göttern, deren Namen sich in sinaitischen Personennamen oder auch für sich finden. Den Namen ודי[3] werden wir als Gottesnamen bei den eigentlichen Arabern und Himjaren wiederantreffen; מנו in עבד מנו stellt Levy[4] mit der Göttin Manot zusammen (s. u.); הראי in עבד הראי[5] ist später als ein Dämon bekannt, der schmutzige Träume erregt. Ganz unbekannt dagegen sind die Götter עדו in עבד עדו und שום עדו[6]; ferner כן in

---

[1] Dindorf II 483 angeführt bei Mordtmann, ZDMG 29, 99 ff. ... Ἀραβικῇ διαλέκτῳ ἐξυμνοῦσι τὴν παρθένον, καλοῦντες αὐτὴν Ἀραβιστὶ Χααμοῦ, τουτέστιν κόρην ἤγουν παρθένον, καὶ τὸν ἐξ αὐτῆς γεγεννημένον Δουσάρην, τουτέστι μονογενῆ τοῦ δεσπότου. Τοῦτο δὲ καὶ Ἐλούσῃ γίνεται τῇ πόλει κατ' ἐκείνην τὴν νύκτα ὡς ἐκεῖ ἐν τῇ Πέτρᾳ. Mordtmann will Χααβοῦ lesen; aber Χααμοῦ ist gesichert durch die Personennamen Χααμμίους CIG 4612 und Χα[α]μμ[ῳ?] Wetzstein 20. §
[2] Tuch 206. ‖ [3] Levy 448. ‖ [4] 411. ‖ [5] Levy 416. ‖ [6] ibid. 464.

בן עבד[1]; ein קום[2], und endlich ein Gott, welcher nach Levy[3] תא, תח, תה und תא geschrieben wird. Dass es einen Gott Tâ gab, folgt mit Sicherheit aus der Verbindung כהן תא[4] „Priester des Tâ", und כהן אלה תא[5] „Priester des Gottes Tâ".

Ebenso unbekannte Götter finden wir übrigens in Hegr auf Eutings Inschriften. Ausser dem uns bereits bekannten Dusares und der Allât findet sich hier von etwas bekannteren Gottheiten nur die *Manot* (מנות), die, wie oben bemerkt, in Hegr einen höheren Rang eingenommen zu haben scheint, als die Allât. Bei Euting wird sie an folgenden Stellen erwähnt: 2, 3 „Und es mögen verfluchen Dusara und Manot und Qaisâh". 3, 5 „Und es möge verfluchen Dusara und sein ... und Allât von 'Amnad und Manot und Qaisâh". 3, 8 wird sie in Verbinduug mit Dusara und Hobal genannt. 9, **8**. **20**, **8** „Und es möge verfluchen Dusara und Manot". Ebenso werden 27, 12 nur diese beiden Götter genannt. Ich komme auf Manot unten bei den eigentlichen Arabern zurück, bemerke aber schon jetzt, dass wir über ihr Wesen nichts Genaueres wissen. Dasselbe gilt von dem zwei Mal in Verbindung mit ihr genannten Gott Qaisâh (קישה). 12, 9 wird er קישא geschrieben. Aus dieser Stelle ist zu ersehen, dass er in Hegr einen Tempel hatte, in dem die Abschriften von Verträgen niedergelegt wurden. Derselbe Gott steckt wohl in den von Euting citirten Personennamen *Imru 'l Qais, Abdu 'l Qais, Abd Qais* „Mann, Knecht des Qais". Auch *Qais* allein kömmt als Personenname vor.[6]

Von dem einmal bei Euting[7] genannten Gott Hobal wird bei den mekkanischen Göttern die Rede sein. In dem Namen קסמלך (12, 1) finden wir in Hegr den edomitischen Qos (s. o.). Das alte Edom gehörte zum Reich der Nabatäer. — Vollständig unbekannt ist der 21, 2 genannte Gott אצרא (אפרא?); aus der Inschrift ergiebt sich nur, dass der Weihende ihm eine מצגרא

---

[1] Levy 441 f. ‖ [2] ibid. 458. ‖ [3] 439. ‖ [4] Tuch 210. ‖ [5] ibid. 212. — Auch Levy 480 wird מין תא אלהי statt מין (א)להיא zu lesen sein. ‖ [6] Osiander, ZDMG 7, 540. ‖ [7] 3, 8. — Nach Nöldeke nicht ganz sicher. — Der Name בעלמן **findet** sich IA 1873 II 366 (Inschrift von Puteoli).

errichtet hat, dass er in Bosra verehrt wurde und dass er „der Gott Rabel's" (des Königs) genannt wird. — Eine Göttin חרה (40) bezeichnet Euting selbst als unsicher. — Schliesslich ist zur Vervollständigung der nabatäischen Theologie noch zu bemerken, dass die Vergötterung von Königen nach ihrem Tode den Nabatäern nicht fremd war. Stephanus Byz.: Ὄβοδα, χωρίον Ναβαταίων ... ὅπου Ὀβόδης ὁ βασιλεὺς ὃν θεοποιοῦσι τέθαπται,[1] Hieraus erklären sich Namen wie עבדעבדת, עבדמלכו, עברחרתת.[2] Bei den Nabatäern des Hauran findet sich der θεὸς Μαρῖνος[3], d. i. der vergötterte Vater des Philippus Arabs.

Die Götter der Araber in engerem Sinne, d. h. der Bewohner des mittleren Arabiens (Higaz und Nagd), sind uns bekannt durch zwei Stellen des Koran, an welchen ihrer acht genannt werden, und die sich daran schliessenden Ausführungen der Commentatoren und der Lexikographen. Eine zusammenfassende, freilich sehr dürftige Uebersicht hat der arabische Philosoph und Religionshistoriker Schahrastânî in seinem „Buch der Religionen und Philosophien" gegeben. Die einzige Quelle aus vorislamischer Zeit sind die theophoren Personennamen, welche sich bei den alten Dichtern finden. Was sich aus diesen Quellen für die Kenntniss des altarabischen Heidenthums gewinnen lässt, ist zusammengestellt worden von Pococke[4], Osiander[5] und Krehl[6], auf denen ich im Folgenden fusse. Osianders Darstellung ist besonders dadurch werthvoll, dass er geographisch und ethnologisch den Sitz und die Verbreitung der einzelnen Culte nachzuweisen sucht. Von den verschiedenen Stämmen der Araber hatte ursprünglich jeder ein von ihm wenn

---

[1] Vgl. Tertull. ad nat. II 8. ∥ [2] Nöldeke zu Euting, Nab. 3. ∥ [3] Wadd. 2075. 2076. ∥ [4] Specimen historiae Arabum. Mir leider nicht zugänglich. ∥ [5] ZDMG 7, 463 ff. ∥ [6] Über die Religion der vorislamischen Araber. 1863. — Dazu jetzt Wellhausen, Skizzen und Vorarbeiten III. Wellhausen's Buch ging mir zu, nachdem dieser ganze Abschnitt längst ausgearbeitet war. Ich habe es vorgezogen keinerlei Aenderungen vorzunehmen.

nicht ausschliesslich, so **doch in erster Linie** verehrtes Idol, **und** erst von hier aus hat sich dessen Cult auf andere Stämme ausgedehnt. Durch den Nachweis dieses Thatbestandes wird nicht allein Ordnung in die altarabische Götterwelt gebracht, sondern es ergiebt sich auch, dass der äusserst vielgestaltige Polytheismus der Araber **eine spätere** Entwicklung ist, und dass die ursprünglichen Verhältnisse weit einfacher waren.

In dem grossen Heiligthume zu Mekka waren nicht weniger als 360 Idole, die Götter aller arabischen Stämme, aufgestellt. Es ist nicht meine Absicht, die Namen auch nur eines grösseren Bruchtheiles **dieser** Götter vorzuführen; solch ein Unternehmen **wäre ebenso langweilig wie nutzlos**, denn von den meisten Göttern kennt man Nichts als ihren Namen, während ihr Wesen bei der grossen Dürftigkeit unserer Quellen völlig dunkel bleibt. „Auf keine Seite der früheren Geschichte des „„**besten** Volkes, das den Menschen aufgestellt worden""[1], sagt Osiander, „mochte ein glaubenseifriger muslimischer Berichterstatter so ungern eingehn, wie auf den alten Götzendienst; nirgends musste er so geneigt sein, dem Flusse der Rede Einhalt zu thun, sich auf das unumgänglich Nothwendige zu beschränken, und das Wenige, was **sich noch in der** Erinnerung erhalten hatte, vollends zu verwischen". Ich beschränke mich daher darauf, im Anschluss an Schahrastâni einerseits **und** Osiander und Krehl anderseits nur einige der bekannteren altarabischen Göttergestalten vorzuführen und verweise für **alles** Weitere auf die Arbeiten der genannten Gelehrten. **Schahrastâni**[2] beginnt seine Darstellung des Glaubens der Araber zur **Zeit** der „Unwissenheit" mit einigen Bemerkungen über den Ursprung der Kaaba in Mekka. Sie ist nach dem Koran das erste Gotteshaus auf der Erde und sollte eine Segnung und Leitung für die Menschen sein. Sie war ursprünglich ein Abbild des himmlischen Tempels, welchen die Engel umwallen und zu dem die geistigen Wesen pilgern. Ein Abbild dieses himmlischen Tempels sandte Gott dem Adam in

---

[1] Sur. 3, 106.   [2] Uebersetzt von Haarbrücker S. 333 ff.

der Form eines Lichtzeltes vom Himmel auf die **Erde herab,** und Adam wandte sich von nun ab bei seinem Gebet zu diesem Zelte hin und umwallte es. Genau diesem Vorbilde entsprechend baute dann nach Adams Tode Seth das Haus aus Stein und Lehm auf, das aber durch die Fluth zur Zeit Noahs zerstört wurde. Erst Abraham, der Freund Gottes, und sein Sohn Ismael bauten den Tempel wieder **auf.** Sie hatten sich hierbei göttlicher Offenbarungen zu erfreuen, durch welche sie in Stand gesetzt wurden, volle Harmonie in der Structur des himmlischen und des irdischen Tempels zu erreichen. Dies nach göttlicher Anweisung gebaute Heiligthum wurde später verunreinigt durch Götzenbilder, die aus Syrien eingeführt und im Tempel aufgestellt wurden; das berühmteste unter ihnen war das des Götzen Hobal. Erst als Gott den Islam erscheinen liess, wurden sie hinausgeworfen und zerstört.

Schahrastânî wendet sich dann noch energisch gegen die Lüge derjenigen, welche behaupten, **der** heilige Tempel Gottes sei ursprünglich ein Tempel des **Saturn** gewesen.

In seiner Darstellung des **Glaubens** der heidnischen Araber unterscheidet Schahrastânî sodann **die** ungebildeten Araber von denen, welche eine gewisse Bildung besassen. Von den ersteren leugneten einige den Schöpfer, die Auferstehung und die Rückkehr zu **Gott;** es waren also offene Atheisten oder nach Schahrastânî's Darstellung genauer Materialisten. Andere glaubten freilich an den Schöpfer und die Schöpfung, leugneten aber die Auferstehung. Noch andere wollten auch diese zugeben, leugneten aber die göttlichen Gesandten, verehrten die Götzenbilder und glaubten, dass sie im andern Leben ihre Fürsprecher **bei** Gott seien; „und sie wallfahrten zu ihnen und bereiteten Geschenke für sie und brachten Opfer[1] und nahten sich ihnen mit Ceremonien und Gebräuchen und hatten Erlaubtes und Verbotenes, und das war die grosse Masse der Araber". Schahrastânî

---

[1] Nach S. 352 bestrich man die Götzenbilder **mit** dem Blut der Opferthiere.

nennt dann noch einige Götzen, welche diese Araber als Vermittler verehrten und wendet sich sodann zu der geringen Zahl derer, denen er eine gewisse Bildung zuschreibt, nämlich die Kenntniss der Genealogien, Traumdeutung und Astrologie, und die auch in religiöser Beziehung höher standen, als die grosse Mehrzahl ihrer Volksgenossen. Einzelne von ihnen sollen geradezu das Bekenntniss der Einheit Gottes abgelegt haben.

Schahrastânî's Darstellung der altarabischen Religion enthält trotz ihres legendarischen Charakters und trotz ihrer scholastischen Einteilung in ungebildete und gebildete Araber mehrere werthvolle Fingerzeige. Dem verklärenden Lichte, in welchem **die** Sage den Ursprung der Kaaba erscheinen lässt, entspricht **in der** Wirklichkeit die Thatsache, **dass sie,** wenigstens in späterer Zeit, das gemeinsame Heiligthum aller arabischen Stämme war.[1] Gegen die Lüge, dass sie ursprünglich ein Tempel des Saturn gewesen sei, protestirt, wie oben bemerkt, Schahrastânî eifrig; aber Osiander[2] hat gerade aus diesem Protest gewiss mit Recht gefolgert, dass etwas Wahres an jener Behauptung sei. Sicher ist, dass der Dienst der Gestirne in der Religion der vorislamischen Araber eine hervorragende Stelle behauptete. Schahrastânî sagt hierüber[3]: „Es gab unter den Arabern auch solche, welche zum Sabäismus hinneigten und über den Untergang der Sterne das glaubten, was die Sternkundigen über die Planeten glauben, so dass sie sich nicht bewegten und nicht **ruhten,** nicht reisten und nicht rasteten, ohne den Untergang eines Sternes zu beobachten, und sagten: uns wird Regen zu Theil durch den und den Untergang eines Gestirnes."

Hiermit stimmen überein die Angaben anderer arabischer und syrischer Schriftsteller[4], wonach die einzelnen arabischen Stämme Sonne und Mond, den Jupiter, den Merkur, die Hyaden, den Sirius, den Canopus, die Plejaden und andere Gestirne verehrten, also sowohl Fixsterne wie Planeten. Endlich bezeugt

---

[1] Ueber die Geschichte **der** Kaaba s. Caussin und Ley, de templi Meccani origine. [2] S. 494 f. [3] Haarb. S. 341. Krehl S. 8. [4] Bei Krehl **S. 8 ff.**

Muhammed selbst durch seine Polemik gegen den Gestirndienst dessen Vorhandensein unter seinen Landsleuten. So sagt er[1]: „Zu den Zeichen seiner (Gottes) Allmacht gehört auch die Nacht und der Tag, die Sonne und der Mond. Betet aber nicht die Sonne und nicht den Mond an, sondern Allah, der sie geschaffen hat"; und wenn er[2] Allah den Herrn des Sirius nennt, so geschieht dies offenbar in der Absicht, dem Sirius die göttlichen Ehren zu entziehen.[3]

Auch die zahlreichen Idole, von denen wir nunmehr einige genauer betrachten wollen, repräsentiren wenigstens zum Theil Gestirngottheiten.

Als das vornehmste Idol der Kaaba zu Mekka bezeichnen die Araber selbst den mehrfach erwähnten *Hobal*. Er war einer der Stammesgötter von Kureisch, wurde aber gerade deswegen auch von andern Stämmen aufgenommen. Oben haben wir ihn schon bei den Nabatäern angetroffen. „Deutlich genug bezeichnet ihn als obersten Gott der Kaaba schon der Umstand, dass gerade vor ihm das Losen mit Pfeilen vorgenommen wurde."[4]

Aus dem oben erwähnten Protest Schahrastânî's gegen die lügnerische Meinung über den Ursprung der Kaaba schliesst Osiander, dass Hobal der Saturn gewesen sei. Dazu würde stimmen die schwarze Farbe des heiligen Steines, welche nach den Alten die Farbe des Saturn war.[5] Aber Sicherheit lässt sich hierüber nicht erlangen. Von Wichtigkeit ist noch, dass nach den Angaben muslimischer Schriftsteller (Schahrastânîs und Anderer) Hobal kein ursprünglich arabischer Gott war, sondern von Syrien her eingeführt wurde. Freilich lässt sich hier ein solcher Gott nicht nachweisen, und der Name Hobal lässt sich ebensowenig aus dem Syrischen wie aus dem Arabischen befriedigend erklären.

---

[1] Sur. 41, 37. [2] Sur. 53, 50. [3] Uebrigens schwört Muhammed selbst gelegentlich noch bei „dem Stern", d. i. den Plejaden. Sur. 53, 1. [4] Osiander 439. **Für das** Idol selbst verweist Osiander auf Pococke Spec. S. 97 f. [5] Krehl 72.

Neben Hobal standen in Mekka in besonderem Ansehen die drei Göttinnen Allât, al-Uzza und Manôt. Muhammed selbst nennt sie in dieser Reihenfolge[1], indem er Manôt als „die andere dritte Göttin" bezeichnet.

Die Göttin *Allât* fanden wir auch bei den Palmyrenern und Nabatäern und werden sie unten bei den Himjaren wieder antreffen. Auch über ihr Wesen haben wir schon gesprochen.

In demselben südlich von Mekka gelegenen Thale Naḥla, in welchem ein Haupttempel der Allât stand, befand sich auch der der zweiten grossen Göttin, der *Uzza*, mit Artikel *al-Uzza*. Weder bei den Nabatäern im Norden noch bei den Himjaren im Süden ist diese Göttin bisher nachgewiesen, wozu die Bemerkung Jaqut's[2] stimmt, al-Uzza sei jünger als Allât und Manôt. Dagegen gehört ihr Cult bei den mittelarabischen Stämmen zu den am weitesten verbreiteten[3], und der Prophet selbst hatte ihr in seiner Jugend ein staubfarbiges Schaf dargebracht.[4] Als ihre hauptsächlichen Verehrer werden der an der Grenze von Nagd und Ḥigâz ansässige Stamm Ġaṭafân, ferner Kureisch, Kinana, von dem Kureisch eine Unterabtheilung war, und andere echt arabische Stämme genannt. Ihr eigentlicher Stammsitz aber war, wie Osiander nachweist Ġaṭafân, von dem aus ihr Cult sich zu zahlreichen andern Stämmen hin verbreitete, wie Allât von Takîf aus. Das Idol der Göttin war eine Samura, d. i. ein Akazienbaum, über dem ein Heiligthum errichtet war; nach Anderen drei solcher Bäume. Daneben ist von einem Steindenkmal die Rede, welches sich neben dem heiligen Baume befunden habe.

Ueber das Wesen der Göttin lassen sich nur Vermuthungen anstellen. Ihr Name al-Uzza = al-aziza bedeutet „die Starke" und ist das Femininum zu al-azz oder al-aziz. Aziz haben wir als Kriegsgott in Edessa kennen gelernt. Dass die weibliche Gottheit ebenfalls einen kriegerischen Charakter hatte, ist nach den natürlichen Anlagen ihrer Verehrer von vornherein sehr

---

[1] Sur. 53, 19. 20. | [2] Krehl 75. | [3] Osiander 484 ff. Krehl 74 ff. | [4] Krehl 76.

wahrscheinlich. Eine Bestätigung liegt vielleicht in dem von Osiander[1] nachgewiesenen Brauch, den Knaben den aus **der** Samura fliessenden blutartigen Saft in getrockneter Gestalt als Amulet umzuhängen; ferner in einem von Osiander citirten Verse, in welchem von Blutströmen die Rede ist, die auf die Spitze der Uzza gegossen wurden. Dafür dass al-Uzza zugleich auch einen siderischen Charakter gehabt habe, liegen keine directen Beweise vor; freilich ist es nach Analogie der übrigen grossen arabischen Göttinnen wahrscheinlich. Osiander und Krehl halten sie für den Mond, weil dem Stamm Kinâna, dem einen Hauptsitze der Verehrung dieser Göttin, von Abulfarag ausdrücklich der Mondcultus zugeschrieben wird. Dass auch Allât Mondgöttin war und die Culte beider Göttinnen häufig, namentlich bei dem Stamme Kureisch, vereinigt vorkommen, ist, wie Osiander richtig bemerkt, kein Gegenbeweis, „da ihre Vereinigung in einem Stamme gewiss einer späteren Periode angehört, in der das ursprüngliche Wesen der Gottheiten vielleicht ganz vergessen war; **vielmehr ist** es sehr denkbar, dass ein und dasselbe Wesen, nachdem **sich sein** Cult bei verschiedenen Stämmen unter **verschiedenen Namen** festgesetzt hatte, später unter diesen verschiedenen Namen von einem und demselben Stamme verehrt wurde."

Noch weniger als von Uzza weiss man von der dritten grossen Göttin der alten Araber, der *Manôt* (מנות). Nach arabischen Quellen bei Osiander[2] befand sich ihr Hauptheiligthum in der zwischen Mekka und Medina gelegenen Stadt Qudaid. Als ihre Hauptverehrer werden die umliegenden Stämme Huzà'ah und Hudheil genannt. Nach Osiander hätte ihr Cult ursprünglich jemenischen Stämmen angehört, denen sich der higazische Hudheil angeschlossen hätte. Doch ist Manôt in den himjaritischen Inschriften bis jetzt nicht gefunden. Dagegen haben wir sie oben mehrfach bei den Nabatäern in Hegr gefunden, wo sie sogar häufiger **als** Allât genannt wurde, und Levy glaubte die mas-

---

[1] S. 486. [2] ZDMS. 7, **496 ff.** vgl. Krehl 73.

culine Form מנו in den Sinaiinschriften nachgewiesen zu haben. Ihr Idol soll wieder ein schwarzer Stein gewesen sein. Den Namen Manôt stellt Osiander[1] **mit Minâ**, dem Namen eines altheiligen, nördlich von Mekka gelegenen Thales zusammen, in welchem vor der Erbauung der Kaaba beinahe alle Ceremonien der späteren Festfeier verrichtet wurden. Andere denken an *nau'un* „Stern" oder an die chaldäische Gottheit מני Jes. 65, 11. Doch ist dies alles sehr unsicher. Auch das bleibt ungewiss, ob und welchen siderischen Charakter Manôt hatte. Osiander denkt, gewiss mit Unrecht, an den Sirius.

Ausser den bisher behandelten Gottheiten des mittleren Arabiens ist etwa noch die Glücksgottheit *Sa'd* (סעד) zu nennen, welche zu Gidda, der Hafenstadt von Mekka, in der Gestalt eines Felsblockes verehrt wurde.[2] Einige andere, besonders noch fünf weitere im Koran erwähnte Götter werden bei den Himjaren besprochen werden. Im übrigen verweise ich auf Pococke, Osiander und Krehl, aus deren Arbeiten sich noch eine ziemlich umfangreiche Nomenclatur arabischer Götter zusammenstellen lässt.

Im südwestlichen Arabien, dem Lande der alten Sabäer, bestand lange vor Muhammed eine glänzende Cultur, deren Abglanz in den Erzählungen über die Königin von Saba in die entferntesten Zonen und Zeiten gedrungen ist. Zahlreiche in den letzten Jahrzehnten zu Tage geförderte Inschriften lassen uns einen Blick in das religiöse Leben der Bewohner des glücklichen Arabiens thun. Diese Inschriften, **welche** man nach dem später herrschenden Volke[3] himjaritische, jetzt aber gewöhnlich sabäische nennt, beginnen Jahrhunderte vor Christus und ziehen sich bis etwa in das vierte Jahrhundert nach Christus hinab. Nach dialektischen Verschiedenheiten, denen Verschiedenheiten in der

---

[1] S. 495. [2] Osiander 498. **Krehl** 11. [3] Um das Ende des ersten Jahrh. **v.** Chr. **verloren die** Sabäer **die** Herrschaft an die Himjaren. Müller, Burgen II 986.

Götterlehre entsprechen, unterscheidet man eigentlich sabäische und minäische Inschriften und dementsprechend sabäische und minäische Götter, worauf im Folgenden wenigstens zum Theil Rücksicht genommen werden muss.¹ Um Zweideutigkeiten zu vermeiden ziehe ich es vor, wo die Verfasser der Inschriften in ihrer Gesammtheit in Betracht kommen nach dem Vorgange der Araber den Namen Himjaren und himjaritisch zu gebrauchen, während Sabäer und sabäisch den einen Dialect im Unterschiede vom minäischen bezeichnet.

Für die Religion dieser südarabischen Stämme ist vor Allem charakteristisch die Verehrung der Gottheit *Athtar* (עתתר), welche uns immer und immer wieder auf den Denkmälern entgegentritt. Es wird sich kaum eine Stelle anführen lassen, wo mehrere Götterwesen zusammen genannt sind, sagt Osiander, ohne dass Athtar dabei wäre. Dieser Name entspricht den Gesetzen der Lautverschiebung gemäss genau dem עשתר in dem Compositum עשתר כמש der Mesainschrift, dem עתר in dem Namen der syrischen Göttin עתרעתה (Atargatis), der assyrischen *Istar* und der phönicisch-kananäischen *Astarte* (עשתרת), nur dass diese letzte Form um das *t* des Femininum bereichert ist. Während nun aber diese Gottheit bei allen übrigen Völkern weiblichen Geschlechts ist, ist sie bei den Himjaren ein männlicher Gott. Dies ergiebt sich mit Sicherheit aus der grammatischen Verbindung, in welcher der Name vorkommt. In's besondere werden die näheren Bestimmungen zu Athtar immer durch maskuline Verbindungsformen ד = *dû* und בעל, nicht דת (*dât*) und בעלת eingeführt, wie עתתר דרחבה „der Athtar von Ruchaba," עתתר בעל גמדן „Athtar, Herr von Gumdan". Die auffallende Erscheinung, dass Athtar ein männlicher Gott ist, macht die Annahme DHMüller's², die Himjaren hätten den Athtarcultus von **den** Assyrern entlehnt, dann unmöglich, wenn damit gesagt sein soll, die assyrische Göttin Istar sei bei den Himjaren zu dem

---

¹ Für das Verhältniss, in welchem die Reiche der Sabäer und Minäer zu einander standen, vgl. Müller, Burgen II 1030 ff. ❙ ² Berichte der Wiener Akad. 1880, 1033.

Gott Athtar geworden. Eine weibliche Gottheit kann bei ihrer Entlehnung von ihren neuen Verehrern unmöglich in eine männliche verwandelt werden. Es ist allerdings wahrscheinlich, dass Athtar ursprünglich aus Assyrien-Babylonien stammt; aber die Entlehnung muss in einer Zeit stattgefunden haben, als diese Gottheit noch geschlechtslos war. Die geschlechtliche Fixirung, welche ein Herabziehn der Gottheit in die Sphäre des Menschlichen bedeutet, ist erst später eingetreten, und zwar so, dass עשתר bei Assyrern, Aramäern und Phöniciern eine weibliche, bei den Himjaren eine männliche Gottheit wurde.[1] Die Phönicier haben diese geschlechtliche Fixirung sodann äusserlich noch dadurch gekennzeichnet, dass sie den Namen der bei ihnen als weibliches Wesen verehrten Gottheit nun auch mit der grammatischen Femininendung versahen.

Wie wenig das Geschlecht ursprünglich zum Wesen der Gottheit gehörte, zeigt sich übrigens noch darin, dass auch bei den Himjaren sich Spuren von einer Auffassung finden, nach welcher Athtar als Weib verehrt wurde. Die Himjaren haben eine Göttin gekannt, welche אמעתהי hiess. Dies kann kaum etwas anderes bedeuten als „Mutter Athtar." Dass אמעתהי eine weibliche Gottheit war, ergiebt sich mit Sicherheit aus folgender Inschrift, die ich ihrer Wichtigkeit halber und zugleich als Specimen in Text und Uebersetzung ganz mittheile.[2]

1 יצבח | אדים | בן | מוקצם | ובוסם | ואהחוי | כלבת | דה | מ
2 .. סם | אצרחן | אדם | מלכן | הקניו | מראתחמו | אמעתהר | בא
3 רבע[ת] | בנן | ארבעת | אצלמם | אלי | דהבם | חמדם | בלת | חטרת
4 ח[ ]מי | אמעתהי | צלמם | והלה | בנחם | וחיי | כל | המת | או
5 לדן | ורבח | אסמחי | בחמת | אולדן | ול | והא | אמעא
6 ת[ ]ר | חמר | עבדיהו | יצבח | וכרבת | אולדם | חנאם | לופידהו
7 י | ופי | אולדחמו | ול | ופמחוי | אמעתהר | ומת
8 ש | ומנעת | צדקם | ופי | בניחו | חרף | ומגרעל | ורב
9 בת | וטמעחק | בני | מקצם | ואפקל | והמר | צדקם | שדי
10 ארצחמו | נחל | חרף | וצובת | בערחמו | באמעתהר

---

[1] Auch bei den Aethiopen glaubt Halévy (JA 1883 II 464 ff.) den männlichen 'Astar nachgewiesen zu haben. [2] S. JA. 1883 II 258.

„Jaṣbaḥ Arjam, Sohn des Mauqiṣᵐ und der Bausᵐ, und sein Weib Karibat aus M... Sᵐ, die Ṣirwaḥiter, Leute des Königs, haben geweiht ihrer Herrin der Umm'attar für vier Söhne vier Statuen von gutem Golde, weil Umm'attar sie beide beschenkt hat mit Knaben und drei Töchtern. Und haben gelebt alle diese Kinder, und sind erfreut ihrer beiden Seelen durch diese Kinder. Und möge Umm'attar fortfahren, ihre Diener Jaṣbaḥ und Karibat zu beschenken mit tüchtigen Kindern, sie zu beglücken, und möge beglücken ihre Kinder. Und möge Umm'attar ihnen Gnade gewähren und rechtes Heil und segnen seine (Jaṣbaḥ's) Söhne Ḥârif und Magda'al und Rababat und 'Am'atiq, die Söhne [= Nachkommen] des Mauqiṣᵐ, und die Ernten und die guten Früchte(?) in ihrem Lande Naḥal Ḥoref ...... Im Namen der Umm'attar."

In Verbindung mit einer Göttin tritt Athtar auch auf bei Hal. 152, 3[1]: לישלמן | לאלה | עחתר. „Er zahle der Allât-Athtar." Welcher Art aber die Verbindung ist, welche hier zwischen der Göttin Allât und Athtar besteht, lässt sich nicht nachweisen; am nächsten liegt die Vergleichung mit der עשתרת.

Den himjaritischen Athtar hat bereits Osiander[2] für den göttlich verehrten Planeten Venus erklärt. Dass dies Gestirn als männliche Gottheit aufgefasst wurde, hat unter Hinweis auf Ἑωσφόρος und *Lucifer* nichts Auffallendes. Auch der Mond wurde ja gelegentlich als männliches Wesen gedacht (Sin, Men, Aglibol, Jarchibel), und umgekehrt galt Schemesch den Himjaren als Göttin. — Bei den Minäern wird Athtar gemäss seiner verschiedenen Erscheinungsform als Morgenstern oder als Abendstern in doppelter Gestalt verehrt: als der aufgehende (עחתר שרק) und als der untergehende Athtar (עחתר הקבץ).[3] Der auf-

---

[1] = Sabäische Denkmäler 76. ‖ [2] ZDMG 10, 62. 7, 472. — Nach Schahrastani S. 432 (= Haarbr. 336) stand in Ṣan'a, der Residenz vieler himjaritischer Könige, ein *Beit Gumdân* genannter Tempel, welcher der Venus (*zuhara*) geweiht war. Auf Inschriften (Osman. Mus. 18, 3 = Sab. Denkmäler 68) heisst Athtar der „Herr von Gumdân" (בעל גמדן). Die Gleichung *Gumdân* = גמדן will freilich Mordtmann nicht gelten lassen. ‖ [3] Müller, Burgen 1033. — Auch bei den Assyrern findet sich eine ähnliche Spaltung

gehende Athtar ist speciell der Schutzgott der Gebäude und Grabdenkmäler, der rächende Gott, welcher Sakrileg und Leichenschändung straft.[1] Diese Eigenschaften werden darauf zurückzuführen sein, dass das leuchtende Gestirn den nächtlichen Dieb und Leichenschänder überrascht.

Ausser diesen beiden Hauptformen des Athtar findet sich nun aber eine Menge anderer Differenzirungen, welche hauptsächlich lokaler Art sind. Ebenso wie neben dem Baal von Tyrus ein Baal von Sidon, ein Baal von Tars u. s. w. stand, finden wir einen Athtar von Ruhaba (עתתר הרחבת), einen Athtar von Ḥagr, von Juhrîq u. s. w. DHMüller[2] stellt nicht weniger als sechszehn verschiedene Athtar zusammen.[3] Die auf solche Weise qualificirten Formen des Athtar galten als wirklich verschiedene und gegen einander selbständige Götter. Man sieht dies daraus, dass in ein und derselben Inschrift verschiedene Athtar genannt werden, vgl. Hal. 465, 10–15 [4] „Und es stellte Jakilîl und sein Sohn in den Schutz des 'Aṯtar ḏu-Qabiḍ[m] und Wadd[m] und Nakrâḥ und 'Aṯtar von Juhrîq und der Herrin von Nasq[m] und aller Gottheiten von Ma'in und Jaṯil ihre eignen Personen u. s. w." Es finden sich auch Stellen, an denen der näher individualisirte Athtar neben dem einfachen Athtar auftritt, vgl.[5] שימם | וב׳ עתתר | וב׳ חמים | וב׳ דת | וב׳ אלמקה | וב׳ בעתתר „Bei 'Aṯtar und bei Almaqah und bei ḏât-Ḥimaj[m] und bei 'Aṯtar Šaim[m]." In diesen Zusammenstellungen zweier oder mehrerer Athtar in ein und demselben Text zeigt sich ein Unterschied von den phönicischen Anschauungen. Denn bei den Phöniciern findet sich der einfache Baal ohne Complement (abgesehn von den Personennamen) überhaupt nicht, und schwerlich werden

---

der Istar, und zwar wird sie in der Form des Morgensternes als männlich (עתתר) bezeichnet. S. Schrader, KAT[2] 176. ¶ [1] Sab. Denkm. 100. ¶ [2] ZDMG 37, 376. ¶ [3] In Personennamen findet sich nicht selten der Gottesname עת z. B. לעתת „Beim Leben des 'Aṯt," עתתחה „'Aṯt hat Leben geschenkt." DHMüller (ZDMG 30, 676) und Levy (ibid. 19, 180 Anm. 3) betrachten dies עת als eine Abkürzung von עתתר; Andere denken an den syrischen עתע. [4] = Müller, ZDMG 30, 701. ¶ [5] ZDMG 10, 65.

in ein und derselben Götteranrufung mehrere Baalim genannt werden. Das heisst aber, bei den Himjaren haben die einzelnen Götter, welche auch hier Emanationen oder Abzweigungen der einen Hauptgottheit sind, eine noch grössere Selbständigkeit gewonnen als bei den Phöniciern, bei welchen das Bewusstsein, dass alle Götter verschiedene Erscheinungsformen einer und derselben Hauptgottheit sind, nie ganz verloren gegangen ist.

Für die mythologische Stellung des Athtar bei den Himjaren ist noch zu bemerken, dass er als Vater des Mondgottes Sin gilt, wie sich aus folgender Inschrift[1] ergiebt: | סין | דאלם | ועתתר | אבס „Sin von Alm und sein Vater 'Attar." Bei den Assyrern ist umgekehrt Istar die Tochter des Sin.

Nichts Anderes als eine auf bestimmtem Gebiet zu vollständiger Selbständigkeit gelangte Erscheinungsform des Athtar ist die zweite himjaritische Hauptgottheit *Almaqah* (אלמקה oder אלמקהו). Diese Gottheit findet sich ausschliesslich bei den Sabäern im engeren Sinne, während sie bei den Minäern nicht vorkommt.[2] Müller erklärt dies folgendermassen. Beide Völker, Sabäer und Minäer, huldigten ursprünglich dem Athtar-Cultus. Bei den Sabäern aber wurde Athtar in den Hintergrund gedrängt durch seine neue Erscheinungsform Almaqah. Als Grund für die ganz besondere Pflege des Almaqah von Seiten der sabäischen Könige betrachtet Müller die politische Hegemonie der Sabäer. Immerhin wurde doch auch Athtar bei den Sabäern nicht ganz durch Almaqah verdrängt, vielmehr wird auf vielen sabäischen Denkmälern neben Almaqah auch Athtar angerufen.[3] Dass aber beide Gottheiten ursprünglich identisch sind, ergiebt sich daraus, dass auch Almaqah der Venusstern ist. Der arabische Archäolog Hamdânî, welcher himjaritischer Abstammung war, erklärt Almaqah durch Venus (*zuhara*); dasselbe Gestirn war aber Athtar. Almaqah (oder Almaqhu) war nach Müller ursprünglich nur

---

[1] Osiand. 29, 5 = JA **1874** II 524 f. ¶ [2] DHMüller, Berichte der Wiener Akad. 1880, 973 ff. — Ueber die einzelnen Sitze des Almaqah-Cultus vgl. Osiander, ZDMG 20, 275 ff. ¶ [3] Z. B. Osm. Mus. 20 = Sab. Denkm. 71.

ein Prädikat des Athtar. Die Etymologie, welche die meiste Wahrscheinlichkeit für sich hat, deutet Almaqhu als „den Glänzenden" √ לבם.[1] Aus diesem Prädikat der Gottheit ist dann der neue selbständige Gott geworden, welcher auf sabäischem Gebiet eine ähnliche dominirende Stellung einnimmt, **wie der tyrische Melkart in bestimmten phönicischen Gegenden.**

Auch Almaqah spaltet sich wieder in zahlreiche Theilformen nach seinen verschiedenen Cultusstätten und Tempeln, und alle diese Theilformen werden zu selbständigen Göttern. Besonders berühmt ist der *Almaqah von Hirrân*, genannt nach einem gleichnamigen Schloss in der Nähe von Ṣanʿa, der Residenz der himjaritischen Tubba's. Ferner kennen wir einen „Almaqah vom (Tempel) Aum in der Stadt Alw"[2] (אלמקה | בעל | אום | דהרן | אלו|); einen „Almaqah Herrn von Barʾân im Heiligthum Barʾân" (בראן | מחרמן | בן | בראן | בעל | **אלמקה**)[3] u. a. Wie selbständig auch diese Theilformen des Almaqah waren, sieht man daraus, dass auch hier wieder in einer und derselben Inschrift[4] Almaqah von **Naʿ**mân und Almaqah von Hirrân nebeneinanderstehn.

An die verschiedenen Formen des Athtar und Almaqah schliesst sich eine grosse Zahl anderer himjaritischer Götter. Griechisch-römische und arabische Schriftsteller berichten, dass die Himjaren dem Dienst der Sonne und des Mondes ergeben gewesen wären. Θύουσιν Ἡλίῳ καὶ Σελήνῃ καὶ δαίμοσιν ἐπιχωρίοις. Philostorgius III 4. Auf den bisher bekannt gewordenen Denkmälern finden sich jedoch nicht viele Spuren von Sonnen- und Monddienst. Den Cult des syrisch-mesopotamischen Mondgottes *Sin* kann ich nur auf einer einzigen Inschrift aus Hadramaut nachweisen.[5] Er heisst hier סין דאלם „der Sin von ALM." Dies war nach derselben Inschrift Z. 5 f. ein Heiligthum (מחרם) in der Stadt שבת. *Sabota* war nach Plinius eine Stadt der *Atramitae*, die nicht weniger als sechzig Tempel hatte. **Es** ist die Haupt-

---

[1] Das *hu* ist nach Halévy der Artikel. ‖ [2] Osiand. 4, 4. — 13, 3. 34, 5—6. ‖ [3] Fresnel LIII = JA 1874 II 577. ‖ [4] Osiand. 4, 18. ‖ [5] Osiand. 29.

stadt von Hadramaut. — Sin ist der minäische Mondgott; sein Aequivalent bei den Sabäern ist *Haubas* (הובס), ein Name, dessen Etymologie noch unerklärt ist. Vgl. über ihn Müller, Burgen II 972 f.

Vom Sonnendienst der Himjaren wissen die Alten viel zu erzählen.[1] Saba, der mythische Erbauer von Ma'rib und Gründer des sabäischen Reichs hiess eigentlich 'Abd-Schams „Knecht der Sonne." Im Koran findet der Wiedehopf Salomo's die Königin Bilqis und ihr Volk die Sonne anbetend. In den Inschriften dagegen wird Schams nur selten genannt, wenn auch etwas häufiger als Sin. Sie findet sich ausschliesslich in sabäischen Inschriften im engeren Sinne. Nach Mordtmann wurde sie besonders von den Hamdânstämmen verehrt. Hier lässt sie sich mehrfach nachweisen[2], auch in Personennamen wie עבדשמס, אמתשמס, סעדשמס (Glück d. Schams) u. a. Auf der Inschrift Osiand. 31 nennt ihr Verehrer sie שמסהו | הית | בעלת | עצרן „seine Sonne, die erhabene, Herrin von Ġaḍrân." Ein anderes Mal[3] heisst sie שמס אלהת „die Göttin Schams." Die Sonne wurde also von den Himjaren im Gegensatz zu den Phöniciern als weibliche Gottheit verehrt, womit zu vergleichen ist, dass Athtar, das Aequivalent von Istar, männliches Geschlecht hatte.

Schams führte bei Osiander 31 das Prädikat בעלת | עצרן. Mordtmann vermuthet wohl mit Recht, dass hiervon nicht verschieden ist eine ה׳ עצרן genannte Göttin und dass demnach auch wohl die mehrfach vorkommenden Namen ה׳ | בצרן, ה׳ | חמים[4], ה׳ | בדן, ה׳ | נשק nur andere Bezeichnungen oder vielmehr lokale Differenzirungen der Sonnengöttin sind. Verhält sich dies so, dann ist im südarabischen Pantheon bis jetzt nur Eine Göttin, die Schams constatirt, die freilich wieder in zahlreichen Theilformen auftritt.

An die siderischen Gottheiten reihe ich den *Du-Samâwî* (לסמוי „der Himmelsherr") genannten Gott. Sprachlich entspricht

---

[1] S. Osiander ZDMG 7, 468 f. 19, 262. 20, 285 ff. Krehl S. 44 ff. Mordtmann, Sab. Denkm. S. 56. Müller, Burgen II 1032. ‖ [2] Osm. Mus. 13. 17. 18. ‖ [3] Osm. Mus. 13. ‖ [4] Ueber sie vgl. Sab. Denkm. 59.

dieser Name genau phönicischem בעל שמם, aramäischem בעל שמין und dem äthiopischen *egzia-samâj* „Herr des Himmels" in den Inschriften von Axum. Auch der im christlichen Aethiopisch gebräuchliche Gottesname *egziabcher* „Dominus universi" ist zu vergleichen. Du Samâwî findet sich wieder nur bei den Sabäern, in minäischen Texten kommt er nicht **vor**.[1] Er heisst Osiand. 36 אלה | אמרם | דסמוי „Du Samâwî, Gott des Stammes Amir;" Osm. Mus. I.[2] דסמוי | בעל | בקרם „Du Samâwî, Herr von Bâqir^m". Sa'adaum und seine Söhne weihen ihm hier eine Statue und zwei goldene Kamele zum Gedeihen ihrer Felder und zum Gedeihen ihrer Kinder und Kamele.

Der „Herr des Himmels" hat eine allgemeinere Bedeutung als die vorher genannten Gottheiten Athtar, Almaqah, Sin, Schams. Er kann nämlich nicht der Himmel selbst sein, weil Du Samâwî ebenso wie Baal Schamem den Inhaber des Himmels bedeutet. Er kann auch nicht die **Sonne** sein, weil diese bei den Himjaren weiblichen Geschlechts war. Ferner fehlt jede Andeutung dafür, dass der Mond (Sin) oder der Venusstern (Athtar) als Himmelsherr angesehen wäre. Du Samâwî wird daher überhaupt keinen astralen Charakter gehabt haben; **sein** Name ist ursprünglich ein Prädikat der Gottheit schlechthin gewesen und scheint eine Abkürzung von אל דסמוי zu sein, ebenso wie man ד׳ חמים für שמם ד׳ חמים sagte. Anderseits aber hat Du Samâwî doch auch wieder einen durchaus concreten Charakter erhalten und wird in Verbindung mit und neben anderen Göttern angerufen, wie z. B. Osiander 33 zusammen mit Athtar und Haubas und Almaqah und Dât . . . und Dât Himaj^m und Dât Ba'dân^m.

Ein Hauptgott der Minäer, den die Sabäer nicht zu kennen scheinen[3], ist *Wadd* (ודם). Im Koran[4] wird Wadd neben Suwâ', Jaġût, Ja'ûq und Nasr als einer der Götter genannt, welche schon von den Zeitgenossen des Noah angebetet wurden. Nach der

---

[1] Sab. Denkm. 12. [2] = Sab. Denkm. 12. vgl. ZDMG 30, 681. Andere Belege für Du-Samâwî Osiand. 32, 4. 33, 2. Fresn. XX. [3] Sab. Denkm. 69. [4] 71, 23. 24.

euhemeristischen Auslegung des Beidhawi sollen diese fünf ursprünglich Namen berühmter Männer gewesen sein, die zwischen Adam und Noah lebten und nach ihrem Tode göttlich verehrt wurden. Man darf aus dieser Angabe jedenfalls soviel schliessen, dass Wadd als ein uralter Gott angesehn wurde. Dem entspricht seine weite Verbreitung. Nach arabischen Berichten[1] war er das Idol des im nördlichen Arabien ansässigen Stammes Kalb, welcher jemenischer Herkunft war; er findet sich aber auch bei anderen Stämmen, namentlich bei Hudheil und Kureisch. Ursprünglich war Wadd ein himjaritischer, genauer minäischer Gott, dessen Cult sich vom Süden aus nach Norden verbreitete. Er bildete mit Athtar und Nakrâḥ (נכרח) im Pantheon der Minäer eine Art Göttertrias; alle drei werden in minäischen Inschriften sehr häufig erwähnt.[2] Auch in minäischen Eigennamen wie בדוד, עבדוד tritt Wadd auf. Ueber das Wesen des Gottes sind nur Vermuthungen möglich.[3] Müller **erblickt in Wadd** den Gott der Liebe, „wie die Bedeutung des Wortes Wadd unzweifelhaft macht." Den mit Wadd verbundenen Nakrâḥ deutet er nach arab. *kariha* „hassen" als den Gott des Hasses oder des Krieges. Hiernach wären diese beiden Götter gewissermassen nur Doppelgänger des untergehenden und des aufgehenden Athtar, von denen der erstere nach Analogie der doppelgestaltigen assyrischen Istar zu schliessen einen freundlichen, der zweite einen feindlichen Charakter hatte. Unterschieden würden Wadd und Nakrâḥ von den beiden Athtar dadurch sein, dass die beiden ersteren, wie es scheinen will, ursprünglich reine Abstractbildungen waren, wie Amor und Inimicitia. Freilich stimmt hiermit durchaus nicht die Beschreibung überein, welche ein moslemischer Berichterstatter[4] von dem Idol des Wadd giebt, das er selbst noch gesehn haben will. Er sagt: „Es ist mir, als ob ich es noch sähe; es war das Bild eines Mannes und zwar eines sehr grossen, mit zwei Gewändern bedeckt, welche aus Stein ausgehauen waren, das eine in Form eines Unterkleides, das andere

---

[1] Osiander 501. Krehl 61 ff. | [2] ZDMG 37, 376. | [3] Krehl 61. **Müller Burgen II 1033. Sab. Denkm. 69.** | [4] bei Krehl 65.

in Form eines Mantels, mit einem Schwert umgürtet. Einen Bogen trug er auf der Schulter; vor ihm stand ein Behälter, in welchem Fahne und Köcher; in diesem letzteren arabische Pfeile." — Diese Beschreibung passt allerdings durchaus nicht zu einem Gott der Liebe und Freundschaft. Folgendes kommt hinzu um die Unklarheit zu steigern. Wie auf den Inschriften Wadd mit Nakrah verbunden wird, so erwähnen arabische Schriftsteller[1] ausserordentlich häufig mit Wadd zusammen eine Suvâ' (סואע) genannte Gottheit, die auch im Koran neben Wadd steht. Sie soll von den Hudheiliten, aber auch von dem himjaritischen Stamme Hamdân verehrt worden sein, und zwar in Gestalt eines Weibes. Diese mit Wadd verbundene Gottheit Suvâ' entspricht der Stellung nach dem himjaritischen Nakrâh, der Bedeutung nach scheint sie vielmehr dem angeblichen Kriegsgott Nakrâh entgegengesetzt zu sein, da sie ihrem Idol nach zu schliessen einen weiblichen Charakter hatte. Dass sie aber nicht eine Kriegsgöttin war, zeigt die Etymologie ihres Namens. Suvâ' bedeutet wohl nicht, wie Krehl meint, *semen effluens*, denn so wird man doch nicht eine Göttin genannt haben; vielmehr scheint nach der bei Freitag an erster Stelle angegebenen Bedeutung *prima noctis vigilia* an eine Göttin des Abends oder vielleicht des Abendsternes gedacht werden zu müssen. Abend und Abendstern aber sind, wie bekannt, nicht Repräsentanten des Hasses und des Krieges sondern der Liebe und der Wollust. Nach alle diesem müssten Wadd und Suvâ' der arabischen Schriftsteller genau die entgegengesetzte Bedeutung angenommen haben als die war, welche Wadd und Nakrâh nach Müllers Deutung auf den Inschriften haben sollten. Dass solche Annahme aber sehr wenig Wahrscheinlichkeit für sich hat, wird jeder zugeben.

Ich bemerke noch, dass auch Wadd lokal differenzirt wird. Osm. Mus. 18 wird ein Wadd von Hatbân genannt, doch sind bei diesem Gott die Lokalisirungen nicht häufig. —

---

[1] bei Krehl 66 f.

Die Himjaren haben neben ihren Hauptgottheiten eine grosse Anzahl von dii minorum gentium verehrt, deren **Wesen** grösstentheils völlig unbekannt ist, die ich hier aber doch **auf**zähle, um ein Bild von dem reich ausgebildeten Polytheismus dieses Volkes zu geben. Ein Gott Jaṭṭaʿ (יתע) „der Helfer", vgl. hebr. מושיע, erscheint selbständig und in dem Personennamen עבדיתע[1] und dem häufigen יתעאמר „Jaṭṭaʿ befiehlt." — Den Gott *Sâmiʿ* (סמע „der Erhörer") finden wir in der Verbindung[2] הקני סמע | שימחתו „hat seinem Patron Sâmiʿ geweiht", und ותחבי | לסמע | האמנם „und sie vergalten dem Sâmiʿ seine Treue."[3]

Der Stamm Rijâm war einer *Taʾlab* genannten Gottheit zugethan, die z. B. in dem Personennamen סעדתאלב „Glück des Taʾlab" auftritt. Im Text erscheint er Prid. II ותהרד | האלבן | מתרדן „und es wurde dies Prachtdenkmal in den Schutz des Taʾlab gestellt." Gewöhnlich heisst der Gott nach seinen **Ver**ehrern vollständiger האלב | רים „Taʾlab der Rijâm."[4] Auch er wird wieder lokal differenzirt. Wir kennen einen Taʾlab Rijâm Herrn von Turʿat (בעל תרעת)[5] und einen Taʾlab Rijâm Herrn von Qadumân (בעל קדמן).[6] DHMüller hält Taʾlab für einen göttlich verehrten Baum, was sehr unsicher ist. Ob der Name des Gottes *Ḥagr* auf Steincultus deutet, ist ebenfalls nicht ausgemacht. Der Gott findet sich in dem Frauennamen אמתחגר[7] „Magd des Ḥagr," und in folgendem Text[8] ול | סעדהמו | חגרם | אתמרם | שפקם | חנאם | אראצהמו | בן | כל „und auf dass Ḥagr sie mit reichlichen gut gerathenen Früchten auf all ihren Ländereien segne." Eine Theilform des Gottes ist חגר קמה[9]; die Bedeutung des Complements ist unbekannt. Auch bei den Arabern findet sich Ḥagr in dem Personennamen *Abdu ʾlḤagr*. —

Der Gott *Qênan* ist von Interesse im Hinblick auf den gleichnamigen alttestamentlichen Patriarchen. Er erscheint in dem

---

[1] Halévy, JA 1874 II 536. 538. 540. [2] ZDMG 29, 591. [3] Hal. 630, 8—10. Vgl. auch 628, 5—6. [4] Eine Anzahl von Weihinschriften für Taʾlab Rijâm findet sich Sab. Denk. 20 ff. [5] Prid. IV. [6] Osm. Mus. 10. 12. (Sab. Denkm. 42). [7] Sab. Denkm. 3. [8] ZDMG 30, 324. [9] Hal. 24 = ZDMG 31, 86.

Personennamen סעדקנן[1] „Glück des Qênan" und selbständig als קינן Hal. 4, 2. Prid. VI.[2]

Der Koran und arabische Schriftsteller kennen einen Gott *Nasr* (נשר).[3] Auf den Inschriften hat er sich gefunden in der doppelten Form des östlichen und des westlichen Nasr; vgl. ZDMG 29, 600 | ימחרו | אלן | אוהנן | נסר | משרקן | ונסר | מערבן | לארכן. „Es mögen diese Götterbilder, der östliche Nasr und der westliche Nasr, beschützen die Arâkpflanzung[4] u. s. w." E Meyer[5] deutet, gewiss mit Recht, Nasr als den Sonnengeier, und seine doppelte Form als den der auf- und untergehenden Sonne.

So gut wie völlig unbekannt sind folgende Götter, auf deren Aufzählung ich mich beschränke mit Verweisung auf die Stellen, an denen nähere Nachricht über ihr Vorkommen gegeben ist. *Nabʻal* (נבעל)[6] einmal in Verbindung mit Athtar, ein anderes Mal mit Wadd und Athtar genannt. Der Name ist gebildet wie נבחר. — Ferner *Madhîw* (מדהוו)[7], nach Mordtmann eine Unglücksgottheit. — Mehrere dii minorum gentium hat Mordtmann zusammengestellt.[8] Wir finden hier einen Gott *Jalîl* (יללל), dem Kamus als יאליל bekannt; einen ʻ*Amm Anas* (כמאנס)[9]; den auch dem Koran und arabischen Autoren bekannten Jaġût (יגת), die Göttin הין u. a. — Nur aus theophoren Personennamen sind folgende Götter bekannt. *Kulâl* in עבדכללם[10]; *Aum* in סאדאום und והבאום.[11] Mordtmann glaubt hierin den Αὔμου der hauranischen Inschriften wiederzufinden. Ṣidq, vgl. den phönic. Συδυκ, in צדקזכר „Ṣidq gedenkt." Die bekannte *Allât* in וזלת[12] = וזאלת, die uns übrigens in der Verbindung אלה עזיז schon begegnet ist, u. a.

Mit dieser Liste, die gewiss noch erweitert werden kann, sind die von den Himjaren als göttlich verehrten Wesen nicht erschöpft. Die Himjaren kennen nämlich eine Art von Hei-

---

[1] Osm. Mus. 10 (Sab. Denkm. 42). | [2] s. ibid. | [3] ZDMG 7, 473. | [4] Arâk ist ein Dornstrauch, der ein gesuchtes Viehfutter liefert. | [5] ZDMG 31, 741. | [6] Sab. Denkm. 77. 80. — Hal. 419, 10. | [7] ibid. | [8] ZDMG 31, 83 ff. | [9] Vgl. Wellhausen, Skizzen III 20. | [10] Hal. 3. Vgl. ZDMG 7, 479. | [11] Sab. Denkm. 10. ZDMG 30, 116. | [12] **Osiand.** 32, 1. vgl. Hal. 152, 4.

ligencult.¹ Den Uebergang zu dieser interessanten Erscheinung bildet die Unterscheidung von eigentlichen **Göttern** (אלאלה) und Patronen (שיו‎ = šujûm), wie er z. B. in folgender **Phrase** hervortritt²: סבא | ואשעב | ואמלך | ושערחי | אלאלח | וכל „und alle Götter und Patrone und Könige und Stämme von Saba." Zu diesen Patronen scheint z. B. der oben genannte Taʼlab Rijâm gehört zu haben³; aber er war doch immerhin ein Gott, wenn auch ein untergeordneter. Nun aber hat Praetorius nach Lenormant nachgewiesen, dass Personen von hohem Range, vor Allem Könige, nach ihrem Tode als Heilige verehrt wurden, und dass ihnen gewisse Tage im Jahre als Festtage geheiligt waren. Den Beleg bilden folgende Götterzusammenstellungen, welche den Schluss zweier Inschriften bilden. „Im Namen des ʻAṭṭar und im Namen des Haubas und im Namen des Almaqah und im Namen der Dât Ḥimaj und im Namen der Dât Baʻdân und **im** Namen seines Vaters Sumuhaliʻ Dirriḥ⁴, Königs von Saba, und im Namen seines Bruders Karibaʼil." „Im Namen des ʻAṭṭar und des Haubas und des Almaqah und der Dât Ḥimaj und der Dât Baʻdân und der Dât Ġadrân und des Jadaʻil Bajjin und des Jakribmelek Watar und des Jaṭṭaʻamar Bajjin und des Karibaʼil Watar und seines Vaters Ḍamarjadaʻ ben Maḍmar."⁵ Praetorius citirt hierzu folgende Ausführungen Lenormant's: Voilà donc à deux reprises toute une série de personnages humains, évidemment défunts, parents ou ancêtres de l'auteur de la dédicace, dont les noms sont accompagnés des titres qu'ils avaient de leur vivant et qui sont invoqués par leur descendant en même temps que les dieux, au même rang, dans la même intention, assimilés complètement en un mot aux habitants des

---

¹ Vgl. Praetorius, Unsterblichkeitsglaube und Heiligenverehrung bei den Himjaren, in ZDMG 27, 645 ff. ‖ ² **Hal.** 485, 13 = ZDMG 37, 9. ‖ 3 Uebrigens werden auch Almaqah und andere Hauptgötter im Verhältniss zu ihren Verehrern (Clienten) Patrone genannt, z. B. ZDMG 30, 686. ‖ 4 Ueber die mit סמה, סו zusammengesetzten Namen vgl. ZDMG 35, 439. סמהעלי heisst „sein [des Gottes] Name ist erhaben"; **vgl.** das palmyrenische בריך שמה. ‖ 5 Weitere Beispiele ZDMG 30, 291 f.

cieux. Eine ähnliche Deification haben wir bei den Nabatäern angetroffen.

Vom äthiopischen Heidenthum haben wir nur äusserst dürftige Kunde. Neuerdings hat Halévy[1] auf den Inschriften von Axum die Namen von vier Göttern der heidnischen Aethiopier nachgewiesen. *Egzia samâj* „der Herr des Himmels," seinem Namen nach identisch mit dem himjaritischen Du-Samâwî und dem phönicisch-aramäischen Baal-Schamem; *'Astar* (עסתר), der himjaritische Athtar; *Sams* (סמס = שמש), und *Mahram* (מהרם). Der letztere ist ein Kriegsgott, wie sich aus einer der äthiopischen ganz ähnlichen Formel auf der Salt'schen griechischen Inschrift ergiebt: υἱὸς θεοῦ ἀνικήτου Ἄρεως.[2] Halévy vergleicht hebr. חרמים.

---

[1] JA. 1883 II 461 ff. | [2] S. Dillmann, ZDMG 7, 356.

ISRAEL'S VERHÄLTNISS ZUM POLYTHEISMUS.

*Audi Israel, Dominus Deus noster,
Dominus unus est.*

Das im vorigen Capitel vorgeführte vielgestaltige Pantheon der semitischen Stämme und Völker ist danach angethan, für die stammverwandten Israeliten die Erwartung analoger Erscheinungen wachzurufen. Und wirklich gilt es heutzutage in weiten Kreisen als eine unbestreitbare Thatsache, **dass die** Israeliten nicht nur ursprünglich, sondern bis in sehr späte Zeiten hinab Polytheisten waren. Die Verehrung „anderer" Götter, gegen welche das alte Testament bis auf die babylonische Gefangenschaft eifert, soll nicht als Abfall von Jahve zu betrachten sein, sondern vielmehr umgekehrt als der ursprüngliche Zustand, aus dem sich die Verehrung des Einen Gottes erst entwickelt hätte. „Die Religion Israels", sagt Kuenen[1], „war anfänglich Polytheismus. Während des achten Jahrhunderts erkannte noch die grosse Mehrzahl des Volks das Bestehen vieler Götter an, und, mehr als dies, verehrte sie. Wir können hinzufügen, dass während des siebenten Jahrhunderts bis zum Beginn der babylonischen Gefangenschaft (586 v. Chr.) hierin keine Veränderung eintrat. Ohne Furcht vor Widerspruch konnte Jeremias seinen Zeitgenossen zurufen: „„So viel deiner Städte sind, sind deine Götter, o Juda.""[2] Dieser Polytheismus der Volksmasse kann nicht als später eingeschlichen betrachtet werden, vielmehr spricht Alles

---

[1] Godsdienst van Israel I 222. ‖ [2] Jer. 11, 13. 2, 28.

für seine Ursprünglichkeit." Dementsprechend sagt Pfleiderer, wenigstens in der ersten Auflage seiner Religionsphilosophie[1]: „Dass die Hebräer ursprünglich die **polytheistische** Naturreligion der übrigen Semiten getheilt hatten, gehört zu den gesichertsten Ergebnissen der heutigen geschichtlichen Wissenschaft."

Bevor wir diese Ansicht Kuenen's, Pfeiderer's und Anderer einer Kritik unterziehn, ist es nöthig, kurz klarzustellen, was unter Polytheismus zu verstehen ist. Nun muss energisch betont werden, dass das Prädikat polytheistisch nur einem solchen Volke mit Recht zukommt, welches mehrere Götter verehrt. Wie ein Volk über die bei anderen Völkern verehrten Götter denkt, ob **es sie** für Phantome hält oder ob es ihnen eine gewisse Existenz nicht abspricht, ist allerdings eine keineswegs unwichtige aber doch immerhin mehr theoretische Frage, während die Religion in erster Linie durch das praktische Verhalten bestimmt ist. Wenn sich daher, wie von vornherein zugegeben werden soll, im alten Testament bis in verhältnissmässig späte Zeit Stellen finden, welche die Existenz der heidnischen Götter nicht geradezu leugnen, so berechtigt dieser Umstand noch nicht, die Israeliten als Polytheisten zu bezeichnen, man müsste denn auch Paulus einen Polytheisten nennen wollen.[2] Vielmehr kommt es darauf an zu untersuchen, ob die Israeliten neben ihrem Einen Gott (El, Elohim, Jahve) auch andere Götter verehrt haben, und wenn, was ja allerdings für weite Kreise des Volks nicht zu bezweifeln ist, dies der Fall war, ob diese Verehrung anderer Götter ursprünglich und legitim oder von andern Völkern entlehnt war, mithin als Abfall und als Degeneration des echt israelitischen Gottesglaubens zu betrachten ist.

Unter den Gründen, welche für ursprünglichen Polytheismus der Israeliten geltend gemacht werden, steht bei Kuenen, Baudissin u. A. in erster Linie die Pluralform des Wortes Elohim. „Der Plural der Bezeichnung für den Einen Gott der späteren Zeit אלהים, sagt Baudissin[3], lässt sich kaum anders verstehn als

---

[1] S. 356. [2] 1 Cor. 8, 5 f. [3] Studien I 55.

dahin, dass eine Mehrheit von Göttern in dem Einen Gott der alttestamentlichen Religion zusammengefasst wurde, setzt also ursprünglichen Polytheismus voraus." Dass jedoch eine andere Erklärung dieses singularischen Sprachgebrauchs von אלהים möglich ist als die aus einem ursprünglichen Polytheismus wird sich unschwer nachweisen lassen; es fragt sich nur, ob die von Baudissin u. A. vertretene oder etwa eine andere die grössere Wahrscheinlichkeit für sich hat. Nun leugnet Baudissin zunächst nicht, dass der Plural אלהים als Bezeichnung eines einzelnen heidnischen Gottes gebraucht wird. Jud. 11, 24 wird der Moabitergott Kamos als Elohim bezeichnet; 1 Sam. 5, 7 ist Dagon Elohim der Männer von Asdod; 1 Reg. 11, 5 Astarte Elohim der Sidonier; 2 Reg. 1, 2. 3, 6. 16. Baal Zebub Elohim von Ekron; Jes. 37, 38 Nisrok Elohim des Sanherib. An diesen und ähnlichen Stellen bezeichnet die Pluralform Elohim deutlich ein Einzelwesen. Allein Baudissin wirft ein, dieser Sprachgebrauch könne doch nur daraus erklärt werden, dass Israel sich einmal daran gewöhnt hatte, diesen Plural zur Bezeichnung des Einen Gottes anzuwenden. Der singularische Gebrauch von Elohim an den genannten Stellen wäre also nicht der ursprüngliche sondern ein sekundärer. Freilich müsste dann im Sprachgebrauch der Israeliten die angebliche ursprünglich pluralische Bedeutung gänzlich verloren gegangen sein, und auch dies erkennt Baudissin weiter für diejenigen Fälle an, in welchen Elohim als Bezeichnung des Einen Gottes Israels gebraucht wird. „Es kann nicht in Frage kommen, dass dieser Plural im Bewusstsein der alttestamentlichen Zeit lediglich die Fülle der Macht in dem Einen Gott Israels bezeichnet." Aber auch hier macht er den Vorbehalt: „eine Bezeichnung Gottes, welche auf der Grundlage des Monotheismus inmitten einer polytheistischen Welt entstanden wäre, würde doch auch den Schein des Polytheismus vermieden haben. Wir können uns diese pluralische Bezeichnung des Einen Gottes Israels nur so entstanden vorstellen, dass in ihm Alles, was sonst an göttlichen Mächten (אלהים) in der Besonderung verehrt wurde, zusammengefasst ward; somit [?] wird durch diese Bezeichnung der Eine, אלהים genannte, Gott über alle anderen Götter erhoben, das Dasein solcher aber nicht geradezu ausgeschlossen."

Diese Erörterung Baudissin's leidet an dem logischen Fehler, dass sie den Elohim Israel's einmal als eine Zusammenfassung aller einzelnen, also auch der heidnischen Elohim erklärt, eine pantheistische Auffassung, zu der sich übrigens kein alttestamentlicher Schriftsteller bekennen würde; und zugleich dieses allgemeine ἕν καὶ πᾶν als über die andern Götter (an Würde) erhaben vorstellt. Wenn der Gott Israels ursprünglich nur eine Zusammenfassung **aller** übrigen Götter war, so thronte er nicht über **ihnen, so wenig der** Körper über den einzelnen Gliedmassen thront, sondern jeder einzelne Gott war ein integrirender Bestandtheil seines Wesens. Wurde dagegen der Gott Israels als über die heidnischen Götter erhaben gedacht, so stand er ihnen als selbständige Persönlichkeit gegenüber; dann aber war kein Anlass, ihn mit einer Pluralform zu benennen. Also entweder ist der Gott der Israeliten in der Urzeit nicht als über die anderen Götter erhaben gedacht worden, oder aber Baudissin's Deutung des Wortes Elohim als Zusammenfassung aller göttlichen Mächte ist falsch.

Nun könnte man freilich Baudissin's Auffassung dahin modificiren, dass mit Elohim ursprünglich nicht die Zusammenfassung **aller** göttlichen Mächte bezeichnet sei, sondern nur die Zusammenfassung derjenigen Mächte, welche von den **Israeliten** verehrt wurden, dass also bei der Bildung dieses Wortes auf die Götter der Heiden zunächst garnicht reflectirt wäre und erst nachträglich dasselbe Wort, mit welchem man die israelitische Gottheit bezeichnete, auch als Bezeichnung für die heidnischen Götter verwandt wurde. Diese Auffassung, nach welcher Elohim ursprünglich die Summe der von den Israeliten verehrten Götter bezeichnen würde, ist logisch und grammatisch möglich. In letzterer Beziehung, also als Beweis dafür, dass אלהים auch als numerischer Plural gebraucht wurde, genügt es, an die Stellen zu erinnern, an welchen von den Elohim (Göttern) der Aegypter,

Damascener, Ammoniter u. s. w. die Rede ist.[1] Ferner an Verbindungen wie אלהי נכר „die Götter der Fremde" Gen. 35, 2. 4 al. אלהים אחרים „andere Götter" Deut. 6, 14 al. אלהים חדשים „neue Götter" Jud. 5, 8, Deut. 32, 17. אלהי האלהים „Gott der Götter" Deut. 10, 17. ψ 136, 2. Ebenso wie אלהים an diesen Stellen ein numerischer Plural ist, also eine Summe von Einzelwesen bezeichnet, könnte man auch für den Gebrauch des Wortes in der Urzeit als Bezeichnung der von Israel verehrten Gottheit aus rein grammatischen Gründen dieselbe Deutung voraussetzen. Allein in diesem Falle stände zweierlei zu erwarten. Erstens müssten sich doch von den angeblich in der Urzeit verehrten einzelnen hebräischen Göttern Spuren erhalten haben; es wird sich aber zeigen, dass alle Versuche solche Götter nachzuweisen, missglücken. Sodann erwartet man, dass wenn אלהים ursprünglich ein numerischer Plural war, zu diesem Plural doch auch ein Singular existirte, mit anderen Worten: wenn die Hebräer der Urzeit ein Wort für die Summe ihrer Götter hatten, so erwartet man, dass sie auch, und zwar vorher, ein Wort hatten, um einen einzelnen dieser Götter zu bezeichnen, aus welchen jene Summe erst gebildet wurde. Freilich meint Baudissin: „Wenn einmal אלהים zur Bezeichnung Eines Gottes gebraucht wurde, so war garnicht das Bedürfniss der Singularform vorhanden." Bei Baudissin's Auffassung muss es aber einmal eine Zeit gegeben haben, in welcher אלהים noch nicht als Bezeichnung Eines Gottes gebraucht wurde, und in dieser Zeit musste allerdings das Bedürfniss nach einer Singularform vorhanden sein, durch welche ein einzelnes Glied aus der Summe der Elohim bezeichnet wurde. Eine solche Singularform von אלהים hat nun aber in der Urzeit nicht existirt. Das Hebräische kennt allerdings die Form אלוה, aber dieser Singular ist erst in verhältnissmässig junger Zeit von dem Plural אלהים aus gebildet worden, nicht umgekehrt אלהים von אלוה aus, und die Pluralform אלהים ist, soweit wir die Geschichte dieses Wortes zurück ver-

---

[1] Vgl. z. B. Ex. 12, 12. 2 Chr. 38, 23. Jos. 24, 15. Jud. 6, 10 al.

folgen können, von Anfang an auch als Bezeichnung eines einzelnen Gottes gebraucht worden. Hieraus aber folgt, dass Baudissin's Auffassung dieses Wortes als eines ursprünglich numerischen Plurals mindestens eine unwahrscheinliche ist.

Nun lässt es sich in keiner Weise bezweifeln, dass das Hebräische die grammatische Pluralform nicht allein zur Bezeichnung einer Summe von Einzelwesen verwendet hat, sondern auch zu dem Zweck, um an einem Einzelwesen den Begriff der Ausdehnung, Grösse und Erhabenheit zur Anschauung zu bringen. Man hat diese Art des Plural mit gutem Recht einen pluralis magnitudinis genannt. Die significantesten Beispiele hierfür sind שמים Himmel, von einem im Hebräischen nicht gebräuchlichen Singular שמי, und מים Wasser von מי*.[1] Diese beiden Beispiele sind deswegen significanter als die gewöhnlich angeführten אדנים und בעלים, weil die letzten beiden Worte doch auch im Singular vorkommen, und die abstracte Bedeutung „Herrschaft" sich erst aus der eines concreten Plural entwickelt haben kann, während שמים und מים ausschliesslich und von Anfang an als Pluralia gebraucht werden. Ebenso nun wie durch diese letzten beiden Plurale die sinnliche Ausdehnung des Himmelsgewölbes und der Wasserfläche zur Anschauung gebracht wird, soll durch die analoge Bildung אלהים derselbe Zweck auf geistigem Gebiet erreicht werden; man kann diesen Plural daher mit Delitzsch einen intensiven nennen. Gott wird mit der Pluralform Elohim benannt, weil seine Machtfülle sich nach allen Seiten hin erstreckt; weil er wie der Himmel Alles umspannt und, wie das Wasser das Meeresbett, Alles erfüllt. Weil die Pluralform Elohim somit eine wenn auch unendliche Einheit bezeichnet, wird sie mit dem Adjectiv im Singular verbunden. אלהים ח 2 Reg. 19, 4. 16. אלהים צדיק ψ 7, 10. אלהים עליון ψ 57, 3. 78, 56. Wenn daneben die Construction mit dem Plural vorkommt an Stellen, an welchen

---

[1] Zahlreiche weitere Fälle, in denen der Plural nicht sowohl die Summe von Einzelheiten bezeichnet als vielmehr die Totalität und Allgemeinheit, und daher besonders zur Abstractbildung verwendet wird, s. bei E. Meier, Die Bildung und Bedeutung des Plural 1846. S. 18 ff.

ohne Zweifel der Eine Gott Israels gemeint ist (אלהים חיים Deut. 5, 23. 1 Sam. 17, 26. 36. Jer. 10, 10. 23, 36. אלהים קדשים Jos. 24, 19), so hat die Sprache in diesen Fällen der rein grammatischen Construction gegenüber der logischen den Vorzug eingeräumt. Wenn dagegen אלהים mit einem Verb construirt wird, so ist es durchaus die Regel, die Singularformen des Verbs zu gebrauchen (wie in בראשית ברא אלהים), und die Construction mit dem Plural findet sich nur in einigen Ausnahmefällen, in denen der Plural zudem grösstentheils noch durch besondere Gründe motivirt ist. Wo אלהים heidnische Götter bezeichnet, muss es natürlich mit dem Plural des Verbs verbunden werden. So sagen Isebel und Ben-Hadad[1] כה יעשון לי אלהים וכה יוספון, wofür Israeliten sagen כה יעשה לי אלהים וכה יוסיף.[2] Auch Gen. 31, 53 setzt der Plural ישפטו neben אלהים voraus, dass Nachor Götzendiener war. In Accommodation an die heidnische Anschauung sagt auch Abraham im Gespräch mit Abimelech[3] התעו אתי אלהים. Exod. 32, 1. 4. 8. 23 dient die Verbindung von אלהים mit dem Plural des **Verbs dazu,** das goldene Kalb ausdrücklich als Heidengott zu bezeichnen.[4] Aber grade diese Stelle zeigt, wie die Construction mit dem Plural an und für sich durchaus nicht beweist, dass mit אלהים mehrere Götter gemeint sind, denn der Stier, von dem hier gesagt wird אלה אלהיך אשר העלוך מארץ מצרים ist ja nur ein einzelner Gott oder ein einziges Götzenbild. Unter Umständen kann nun endlich אלהים auch in solchen Fällen, wo das Wort den Einen wahren Gott Israels bezeichnet, mit dem Plural des Verbs verbunden werden, sei es, dass Gott sich mit den höheren Geisteswesen zusammenfasst, wie Gen. 3, 22 „der Mensch ist geworden wie einer von uns," vielleicht auch Gen. 11, 7. Jes. 6, 8. Gen. 1, 26, und Gen. 35, 7 נגלו אליו אלהים, wo nach 28, 12 die Engel mit eingeschlossen sind; sei es, dass ähnlich wie beim Adjectiv die rein grammatische Construction vor der logischen bevorzugt

---

[1] 1 Reg. 19, 2. 20, 10. ∥ [2] 1 Reg. 2, 23 al. ∥ [3] Gen. 20, 13. ∥ [4] Vgl. 1 Reg. 12, 28. — Neh. 9, 18 ersetzt den Plural durch den Singular.

wurde. Dies letztere ist wohl der Fall 2 Sam. 7, 23 הלכו אלהים, wo der singulare Sinn von אלהים durch das folgende Suffix in לפדות לו sicher gestellt ist.[1] Auch Exod. 22, **8** אלהים ירשיען אשר steht der Plural wohl nicht, „weil die Gottheit hier durch Menschen vertreten ist" (Dillmann), aber ebensowenig ist ursprünglich an mehrere Götter gedacht, denn die Entscheidung giebt auch im Polytheismus immer nur Ein Gott[2]; es liegt vielmehr wieder die rein grammatische Construction vor. Diese Stelle ist sodann für die Ausdrucksweise יש אלהים שפטים בארץ massgebend gewesen. Schliesslich kann aus der Stelle 1 Sam. 28, 13 אלהים ראיתי עלים מן הארץ unmöglich mit Baudissin gefolgert werden, dass es der göttlichen Wesen in Israel ursprünglich mehrere gegeben habe. Grade die Erläuterung dieser Worte durch die Hexe von Endor איש זקן עלה „ein alter Mann steigt herauf" zeigt deutlich, dass אלהים auch wenn es mit dem Plural des Verbs verbunden wird doch ein Einzelwesen bezeichnen kann. Die Hexe nennt diesen Geist Elohim und Saul erweist ihm seine Verehrung, aber in Wirklichkeit ist es nicht „ein anderes göttliches Wesen" ausser Jahve, welches hier erscheint, sondern der Geist des Samuel. Dass aber der Cult der Verstorbenen das ursprüngliche Wesen der israelitischen Religion gewesen wäre, wird Baudissin gewiss nicht behaupten wollen, und der Geist kann daher nur in übertragenem Sinne — NB von der Hexe — Elohim genannt sein, wobei Saul, entgegen seinem früheren Verhalten (V. 3), sich diesem gottwidrigen Thun selbst hingiebt.

Wenn Baudissin endlich meint, auch in der sprichwörtlichen Redensart „Wein, der Götter und Menschen erfreut"[3] zeige sich ein Rest ursprünglichen polytheistischen Naturdienstes der Hebräer, „denn schwerlich wurde solcher Ausdruck von einem anderen Volke entlehnt," so ist darauf zu erwidern, dass dieser Ausdruck so sicher von den Kananäern entlehnt ist, als die Hebräer vor ihrer Einwanderung in Palästina den Wein nicht kannten,

---

[1] Klostermann will, wie bereits der Chroniker, הלך emendiren. ‖ [2] Der Samar. liest וירשיעו, wie er auch Gen. 20, 13. 31, 53. 35, 7 den Singular substituirt hat. ‖ [3] Jud. 9, 13 vgl. v. 9.

und besonders eifrige Jahveverehrer sich noch in später Zeit dieser Götter und Menschen erfreuenden Labung enthielten. Jerem. 35.

Nach alle diesem kann ich es keineswegs für ausgemacht, ja muss es sogar für sehr unwahrscheinlich halten, dass die Pluralform Elohim als Bezeichnung für den Gott Israels einen ursprünglichen Polytheismus voraussetze. Dies Ergebniss wird bestätigt durch die Beobachtung, dass diese Bezeichnung Gottes specifisch hebräisch ist und sich bei anderen Semiten nicht findet.[1] Es wäre doch höchst auffallend, wenn die Israeliten, von denen unter allen Umständen der Monotheismus ausgegangen ist, in ihrer Gottesbenennung die Spur eines früheren Polytheismus bewahrt haben sollten, während diejenigen Semiten, welche zweifelsohne Polytheisten waren, die Gottheit immer nur mit einem Namen in der Singularform bezeichneten. Das umgekehrte Verhältniss wäre erklärlich; das thatsächlich vorliegende ist ein weiterer Beleg dafür, dass aus der Pluralform Elohim nicht diejenigen Folgerungen gezogen werden dürfen, welche Baudissin, Kuenen, Pfleiderer u. A. daraus gezogen haben.

Ist also die Form des hebräischen Gottesnamens nicht dazu geeignet, einen ursprünglichen Polytheismus der Israeliten zu beweisen, so ist nun weiter die bereits oben berührte Frage zu erörtern, ob sich denn nicht Spuren jener angeblich in früherer Zeit verehrten Götter im alten Testament nachweisen lassen. Allerdings wäre es denkbar und erklärlich, wenn die israelitischen Schriftsteller in dem Bestreben, den Monotheismus ihres Volks als das Ursprüngliche darzustellen, solche Erzählungen, welche einen direct polytheistischen Character trugen, eliminirt und modificirt hätten, etwa in der Weise, dass ursprüngliche Götter zu Heroen oder Erzvätern degradirt worden wären; und diese Frage wird einer genaueren Erörterung bedürfen. Bevor ich jedoch hierauf eingehe ist zunächst noch ein anderer Punct zu erwägen.

---

[1] Allerdings heisst Gott im Aethiopischen *amlâk* d. i. wörtlich „Herren;" aber dies ist im Aethiopischen keinesfalls die ursprüngliche Gottesbenennung und ist als ein Abstractum zu betrachten wie im Hebräischen אדנים, בעלים. Vgl. noch Ewald, Gramm. 471 Anm. 1.

Selbst wenn ursprünglich polytheistische Züge in den Erzählungen des alten Testaments verdeckt oder retouchirt wären, auf Einem Gebiet würden sie sich erhalten haben: in den Personennamen. Die theophoren Personennamen sind auf dem Gebiet des gesammten Semitismus und so auch bei den Israeliten weitaus die zahlreichsten. Bei Phöniciern und Syrern, Babyloniern und Arabern sowie bei den kleineren semitischen Stämmen nennt man sich von Alters her mit Vorliebe nach irgend einem Gott, und die einfachen Namen sind entweder aus theophoren verkürzt, oder sie sind — wie etwa die von Thieren entlehnten Benennungen — weitaus die weniger zahlreichen.[1] Die Eniel Abdastart, Baaljaton, Himilkat, Kosnatan, Ben-Hadad, Abd-Manôt, Be'athtar, Nebukadnezar und zahllose andere ähnlich gebildete theophore Namen treten bei den heidnischen Semiten immer und immer wieder auf. Dass auch den Israeliten, dem Religionsvolke κατ' ἐξοχήν, diese Sitte, durch welche man seiner Frömmigkeit einen sichtbaren Ausdruck gab, nicht fremd war, beweisen die seit den ältesten Zeiten vorkommenden mit אל „Gott" oder dem alterthümlichen שדי und צור gebildeten Personennamen, und von Moses an die zahllosen mit יה, יהו, יו, יהו zusammengesetzten. Waren nun aber die Israeliten wirklich ursprünglich Verehrer mehrerer Götter, so erwartet man in der israelitischen Geschichte Personennamen zu finden, welche durch Zusammensetzung mit dem Namen irgend eines jener angeblichen Götter gebildet sind. Solche Namen sucht man aber vergeblich. „Auch in den Zeiten, welche als die der schlimmsten Abgötterei bezeichnet werden, erscheint in israelitischen Personennamen nicht ein einziger ausländischer Gottesname, zum Zeichen wie das Volk, auch wenn es dem Baal und der Astarte opferte, immer sein Unrecht fühlte und sich nie durch Nennung derselben als ihre Verehrer kennzeichnen mochte. Dass kein Glied des Hauses Ahab, welches die Ueberlieferung doch als das ab-

---

[1] In Karthago trugen vorzugsweise Personen niederen Standes Thiernamen.

göttischste bezeichnet, den Namen Baals führte, dass dieses Königs Sohn vielmehr durch seinen Namen יהורם (Jahve-hoch), sowie seine Schwester oder Tochter עתליהו dem Landesgott angehörte, ist hier wohl deutlich genug."[1]

Eine einzige Ausnahme von dieser Regel bildet der Name ʿAnât (ענת), den der Vater des Richters Samgar führte. ʿAnât ist, wie oben nachgewiesen, der Name einer phönicisch-kananäischen Göttin, deren Cult durch die Chetas auch zu den Aegyptern kam. Wenn ein Mann den Namen dieser Göttin trägt, so kann der Personenname nur aus עבד ענת „Knecht der ʿAnât" oder dgl. verkürzt sein. Aus diesem völlig vereinzelten Namen aber den Schluss ziehen zu wollen, die Israeliten hätten in der Richterzeit einen legitimen Cult der ʿAnât gehabt, wäre durchaus verkehrt. Der Träger dieses Namens kann kananäischer Abkunft gewesen sein; oder sein Vater war einer der vielen Abtrünnigen; ja der Name konnte rein äusserlich von den Kananäern übernommen worden sein, ohne dass sein Träger wirklich ein Verehrer der ʿAnât war, ebensowenig wie der numidische Bischof Asmunius[2] (= עבד אשמן) ein Verehrer des Eschmun war, oder der Christ Δουσάριος[3] (= עבד דושרא) ein Verehrer des Dusares, oder der Erzbischof Isidor von Sevilla ein Verehrer der Isis. Noch weniger beweist natürlich der geographische Name Beth ʿAnât, Beth ʿAnoth[4], der sicher ursprünglich kananäisch ist. In der Zeit des babylonischen Exils kommen noch eine oder zwei Personen vor, die nach einem heidnischen Gott genannt sind (כוגר, חמרי)[5]; für den ursprünglichen Gottesglauben der Israeliten können diese jungen Namen nichts beweisen.

Einer besonderen Untersuchung bedürfen die baal-haltigen Namen. Kuenen[6] sucht nachzuweisen, dass bei einer Anzahl von israelitischen Personennamen aus der Richterzeit und dem Anfang der Königszeit, welche durch Zusammensetzung mit בעל gebildet sind, an keinen anderen als an den kananitischen Baal

---

[1] Nöldeke, ZDMG 15, 809. [2] bei Movers, Encyk. 396. [3] Wadd. 1916. [4] Jud. 19, 38. 15, 59. [5] S. o. S. 68. 80. [6] Godsdienst I 301.

gedacht werden könne, als dessen Verehrer oder Angehörige die Träger dieser Namen bezeichnet wären. Die Personen, welche solche baal-haltigen Namen tragen, sind folgende: Jerubbaal, der auch Gideon heisst, und 2 Sam. 11, 21 Jerubbeschet genannt wird. Sauls Sohn Eschbaal 1 Chr. 8, 33. 9, 39, bekannter unter dem Namen Ischboschet 2 Sam. 2, 8 al. Jonathans Sohn Meribbaal (מריבבעל oder מריבעל) 1 Chr. 8, 33. 9, 40), bekannter unter dem Namen Mephiboschet (2 Sam. 4, 4. 9, 6.) Ferner ein Sohn Sauls von der Rispa mit Namen Mephiboschet (2 Sam. 21, 8), dessen wahrer Name ebenfalls Meribbaal war. Ein Sohn Davids mit Namen Beeljada 1 Chr. 14, 7, in der Parallelstelle 2 Sam. 5, 16 Eljada genannt. Einer der Helden Davids Bealja (בעליה) 1 Chr. 12, 5. Endlich ein Beamter Davids Baalchanan 1 Chr. 27, 28. Der letzte Name ist bei der Untersuchung auszuschliessen, da nicht auszumachen ist, ob dieser Mann ein Israelit war. Nach seinem Ethnikon *Gederi* könnte er aus der kananäischen Königsstadt Geder (Jos. 12, 13) stammen.

Zieht man die übrigen Namen in Betracht, so fällt sofort auf, dass ihre Träger, wie Jerubbaal, oder die Namengeber, wie Saul, Jonathan, David, eifrige Jahveverehrer waren, und es ist von vornherein unwahrscheinlich, dass diese ihre Kinder nach dem heidnischen Gott genannt haben sollten. Kuenen freilich will diese Folgerung nicht gelten lassen; er meint, die Behauptung, dass die in den erwähnten Namen genannte Gottheit keine andere gewesen wäre als der kananäische Baal liesse sich in keiner Weise angreifen, nur müsse man sich gegenwärtig halten, dass die Verehrung des Baal und die Javeh's sich damals keineswegs ausgeschlossen hätten.

Kuenen hält sich in diesen Ausführungen nicht ganz frei von einem circulus vitiosus. Aus den baal-haltigen Namen will er den Polytheismus der Richterperiode und der früheren Königszeit beweisen; von der andern Seite her aber deutet er den Baal in diesen Namen als den kananäischen auf Grund des herrschenden Polytheismus, welcher ja erst bewiesen werden soll. Aber freilich kann Kuenen sich für seine Deutung auf die spätere

Tradition berufen, welche den Baal in jenen Namen thatsächlich für den kananäischen gehalten hat. Dass die spätere Zeit an diesen Namen Anstoss nahm, ergiebt sich aus den Umdeutungen und Umformungen, welche sie mit ihnen vornahm. Jerubbaal kann grammatisch nicht anders gedeutet werden als „Baal (der Herr) streitet", und kömmt grammatisch und sachlich genau auf dasselbe hinaus wie Jisraël „El (Gott) kämpft" nämlich für den Träger dieses Namens. Da nun aber die spätere Zeit unter dem Baal in Jerubbaal den kananäischen verstand, so deutete sie den Namen des Mannes ungrammatisch: „Es möge der Baal mit ihm (בו) streiten, weil er seinen Altar umgerissen hat."[1] In der Zeit, in welcher dies niedergeschrieben wurde, war also die Deutung des Baal auf den kananäischen Gott bereits die herrschende.

Von Jerubbaal ist Meribbaal nicht weiter unterschieden, als dass statt des Imperfect Kal das gleichbedeutende Particip Hifil für die Namenbildung gewählt ist, wie neben יָאִיר ein מֵאִיר = Meier einhergeht. Meribbaal ist gebildet genau wie das nabatäische מקימאל[2], vgl. מחיטבאל und משיזבאל. Es bedeutet also wieder: „Baal (der Herr) streitet". Indem man nun auch in diesem Namen den heidnischen Baal fand, suchten die Abschreiber ihn zunächst unkenntlich zu machen, indem sie מרי בעל statt מריבעל schrieben. Andere gingen weiter, indem sie das Wort בעל durch בשת „Schande" ersetzten. Die Berechtigung zu dieser Substitution gaben die Stellen Hosea 9, 10. Jer. 3, 24 (11, 13), an denen bereits die Propheten ihrem Abscheu vor dem Baal durch die Wahl dieses Wortes als Bezeichniss des Götzen Ausdruck gegeben hatten. Endlich wurde, um der Verachtung einen noch kräftigeren Ausdruck zu geben, das aus מריב entstandene מרי in מפי verwandelt, so dass der Mann, welcher ursprünglich „Baal streitet" hiess, nunmehr den Namen führte: „der dem Schandgötzen Etwas bläst". In gleicher Weise ist 2 Sam. 11, 21 aus Jerubbaal ein Jerubbeschet geworden, und aus Saul's Sohn

---

[1] Jud. 6, 32. | [2] Euting, Nab. 1, 2.

אישבעל (vgl. in Karthago אש תמת) einerseits beim Chroniker אֲשְׁבַּעַל, andererseits im Samuelisbuch אִישְׁבֹּשֶׁת.[1] — Nicht so weit in der Aenderung wie in diesen Namen ging man bei David's Sohn Be'eljada. Hier wurde בעל durch אל ersetzt, so dass er nun Eljada hiess, ebenso wie בעל ברית Jud. 8, 33. 9, 4 in אל ברית v. 46 verändert wurde.

Alle diese Namensänderungen, vielleicht mit Ausnahme des letzten, beweisen, dass die spätere Zeit den Baal, nach welchem die erwähnten Personen genannt waren, für den heidnischen hielt. Ist diese Annahme richtig? und hat Kuenen Recht, wenn er behauptet, Saul, Jonathan und David hätten ihre Kinder nach dem kananäischen Baal genannt und sich dadurch als seine Anhänger zu erkennen gegeben? Es ist mir unmöglich, diese Frage zu **bejahen**. Baal ist ursprünglich ein Appellativ und bedeutet Besitzer, Inhaber, Herr. Dass mit diesem Worte Jahve bezeichnet werden konnte, beweist der Name Baalja, welcher nichts Anderes bedeuten kann als „Jahve ist Herr" und dem Sinne nach von Adonia nicht verschieden ist. Jahve heisst Baal insofern er der Besitzer, Inhaber, König[2] oder auch Gatte seines Volkes ist. Noch zur Zeit des Propheten Hosea war die appellativische Bedeutung dieses Wortes keineswegs verblasst, denn die Israeliten nannten Jahve damals בעלי „mein Herr".[3] בעל war also ein Synonym von אל, und בעלי soviel wie אלי.[4] Aber freilich lag schon zur Zeit Hosea's die Gefahr nahe, bei dem an und für sich neutralen Worte בעל an den kananäischen Gott zu denken, dessen Eigenname dies Wort geworden war, und Hosea verlangt daher, dass man den Namen ganz meide,

---

[1] Die Spuren dieser Sitte, den verhassten Gottesnamen durch ein Schmähwort zu ersetzen, haben sich auch in LXX und sogar im neuen Testament im Gebrauch des Wortes Βααλ mit dem weiblichen Artikel erhalten. Wenn Röm. 11, 14 τῇ Βααλ geschrieben ist, so sollte statt dessen τῇ αἰσχύνῃ (= בֹּשֶׁת) gelesen werden. S. Dillmann, Monatsber. der Berl. Acad. Juni 1881. [2] Auch מֶלֶךְ bedeutet ursprünglich Besitzer, vgl. arab. *malaka* = *dominio tenuit rem*. [3] Hos. 2, 18. [4] Auf dem Bewusstsein der Gleichwerthigkeit dieser beiden Worte scheint die Umformung von בעלידע in אלידע zu beruhen.

um dadurch auch den Dienst und die Anrufung der Bealim zu unterdrücken. So kommt es, dass wir in der Zeit nach Hosea keine mit *baal* zusammengesetzten Personennamen mehr finden, selbst nicht bei den abgöttischen Königen, welche thatsächlich dem Dienst des Baal und der Astarte ergeben waren, während dieser Name früher ganz unbefangen von Jahve gebraucht werden konnte. In einem der in der älteren Zeit gebräuchlichen baalhaltigen Namen nun, in Baalja = „Herr ist Jah", konnte das Element Baal nicht anders verstanden werden, als von Jahve; am nächsten liegt es dann aber jedenfalls, die übrigen mit *baal* gebildeten Namen ebenso zu deuten, also Jerubbaal und Meribbaal als „der Herr streitet", Ischbaal „Mann des Herrn". Diese nahe liegende Deutung wird bestätigt durch die bereits erwähnte Thatsache, dass kein einziger israelitischer Personenname (abgesehen von ʿAnât) mit einem wirklich zweifellos heidnischen Gottesnamen gebildet ist. Solche zweifellos heidnischen Götter sind Melkart, Eschmun, Astarte, Baalat, Milkat u. a. und die Melkartchilles, Eschmunjaton, Abdastart und Himilkat finden sich bei den Phöniciern in grosser Menge. Wie kömmt es, dass von diesen Namen im alten Testament keine Spur nachzuweisen ist? Offenbar weil in Israel nie das Bewusstsein geschwunden war, dass dies „fremde" Götter waren, und weil man sich deswegen scheute, seine Kinder nach ihnen zu benennen. Dass man mit Baal eine Ausnahme gemacht haben sollte, ist durch Nichts begründet, und man wird daher das Wort Baal in den oben erwähnten israelitischen Personennamen mit vollem Recht so lange auf Jahve deuten dürfen, bis stichhaltigere Beweise für den Polytheismus eines Saul, Jonathan, David beigebracht sind, als diejenigen, auf welche Kuenen sich stützt.

Auf Grund dieses Resultates ist man berechtigt, auch das Element מלך „König", welches sich in einigen israelitischen Personennamen findet, als Appellativ zu fassen und auf die Herrscherstellung Jahve's zu deuten. Allerdings ist מלך bei Phöniciern, Ammonitern und Assyrern ein Einzelgott, und dieser Moloch, Milk oder Malik ist gemeint in den heidnischen Eigennamen Milkjaton, Jechawmilk, Malikrâm u. a., und es wäre daher an und für sich denkbar, dass man denselben Gott in den melech-haltigen israelitischen Eigennamen zu suchen hätte. Aber auch hier spricht die Wahrscheinlichkeit gegen eine solche Auffassung. Alttestamentliche Personen, welche einen melech-haltigen Namen führen, sind folgende: 1) Elimelech, der **Mann** der Noomi Rut 1, 2. 2) Malkiel, ein Enkel Assers Gen. 46, 17. Num. 26, 45. 3) Abimelech, der Sohn des Gideon. 4) Achimelech, Jahvepriester zu Nobe 1 Sam. 21. 5) Dessen gleichnamiger Enkel, ebenfalls Priester 2 Sam. 8, 17. 1 Chr. 24, 3. 6. 31. 6) Malkirâm, ein Sohn des Königs Jechonja 1 Chr. 3, 18. 7) Malkischua, ein Sohn Sauls 1 Sam. 14, 49. 31, 2. 8) Der Aethiopier und Verschnittene Ebedmelech Jer. 38, 7. 39, 16. In dem letztgenannten Namen wird mit *melech* der weltliche König gemeint sein. In Malkiel (= König ist El) muss *melech* eigentliches Appellativ sein, vgl. Malkijahu (= König ist Jahu) und Baalja. Von Malkiel ist Elimelech (El ist König) der Bedeutung nach nicht verschieden. Malkirâm heisst „König ist der Erhabene", vgl. unten Abiram „Vater ist der Erhabene". Dass Priester Jahve's zur Zeit Davids nach dem Moloch genannt sein sollten, ist nicht anzunehmen; daher kann *melech* in Achimelech, obgleich es der Form nach mit dem phönicischen המלך identisch ist, entweder nur den weltlichen König oder Jahve bezeichnen. Sicher ist *melech* Gottesbezeichnung in Malkischua, vgl. Jehoschua; aber wenn wir nicht zugeben konnten, dass Saul einen Sohn nach dem heidnischen Baal benannt habe, so werden wir dasselbe für den Moloch leugnen dürfen. Bleibt nur übrig Gideons Sohn Abimelech. Auch hier wird man es nicht eben für wahrscheinlich halten, dass der Eiferer für Jahve seinen Sohn nach dem Moloch benannt haben sollte. Der Name bedeutet „Vater (des Trägers dieses Namens) ist der König" d. i. Jahve.

Hiermit sind die Namen erschöpft, in welchen man Spuren der Verehrung anderer Götter ausser Jahve hat finden wollen.[1]

---

[1] Aus Nestle, Eigennamen 154 sehe ich, dass Goldziher den einmal

Die genaue Prüfung dieser Namen hat zu dem Resultat geführt, dass sich kein einziger als Beweismaterial für ursprünglichen Polytheismus der Israeliten verwenden lässt. Die negative **Beweisführung** muss aber noch in einer anderen Richtung weiter verfolgt werden.

Wenn die Israeliten ursprünglich Polytheisten waren, so sollte man erwarten, dass sich von den durch sie verehrten Göttern auch directe Spuren erhalten hätten. Wir haben gesehen, wie zahllos die Göttergestalten waren, welche das **Pantheon** der heidnischen Semiten bevölkerten. Wenn die Israeliten der älteren Zeit sich wirklich in Nichts von ihren Stammesgenossen unterschieden, so kann die Zahl der von ihnen verehrten Götter keine geringe gewesen sein, und diese Götter können nicht spurlos verschwunden sein. Man vergegenwärtige sich nur die religiösen Ideen der Völker, welche thatsächlich vom Polytheismus zum Monotheismus übergegangen sind. Die alte Götterwelt verschwindet nirgends spurlos, sondern überall lebt sie fort in Engeln und Teufeln, in Königen und Heroen, und es gelingt fast überall, aus den Gebilden der Volkssage (Folklore) die ursprünglichen Göttergestalten wieder herzustellen. Hätten nun die Israeliten eine ähnliche Entwickelung durchgemacht, so dürfte man erwarten, auch bei ihnen solche Gestalten zu finden, welche sich bei genauerer Betrachtung als Metamorphosen ursprünglicher Götter zu erkennen gäben.

Solche durchsichtigen Verhüllungen alter Götter hat man nun thatsächlich im alten Testament finden wollen. Freilich die sonst so charakteristischen Engel- und Teufelgestalten fehlen grade in der älteren Zeit dem Hebraismus ganz; aber in den Patriarchen und Erzvätern der Genesis, sowie in einigen Heroen glaubt man die Figuren gefunden zu haben, welche in älterer Zeit das hebräische Pantheon bevölkerten und welche in Folge monotheistischer Umdeutungen ihren ursprünglichen Charakter

---

Neh. 3, 23) vorkommenden Personennamen 'Ananja als „Wolkengott" deuten will. Dieser Einfall bedarf in keiner Beziehung einer Widerlegung.

verloren hätten. Untersuchen wir, ob und wie weit diese Behauptung sich bewährt.

Von den Namen der ersten Menschen sind einzelne völlig durchsichtig; es sind Appellative für den Begriff „Mensch" oder für einzelne Glieder der Familie. Unzweifelhaft ist dies bei den Namen Adam und Enosch, von denen der letzte nur ein Doppelgänger seines Grossvaters ist; beide sind Personificationen des Begriffes „Mensch". — Abel = assyrisch *habal* ist „der Sohn". Eva scheint den abstracten Begriff des Lebens auszudrücken und dann als Bezeichnung für die Quelle des Lebens, das Weib, die Mutter gebraucht zu sein.[1] Seth wird von der Volksetymologie als „Ersatz" für den ermordeten Abel gedeutet; Ewald erklärt es „Setzling oder Keim" als Bezeichnung des jungen Menschen. Allerdings bin ich von der Richtigkeit keiner dieser beiden Deutungen überzeugt, aber die Zusammenstellung von Seth mit dem ägyptischen Seth-Typhon ist jetzt doch wohl allgemein aufgegeben.

Diese Urmenschen können daher keinen Falls ursprüngliche Götter sein. Die Namen der übrigen vorsündfluthlichen Patriarchen sind zum grössten Theil so dunkel, dass auf etymologischem Wege Nichts aus ihnen erschlossen werden kann. Dazu haben einzelne deutlich ein unhebräisches Aussehen, wie Methuscha-el, dessen mittleres Element auf assyrischen Ursprung hindeutet, und sein Sohn Lamech, für dessen Namen sich eine Etymologie überhaupt nicht finden lässt. Anderseits sollte so viel doch einleuchten, dass Namen wie Methuscha-el, Mechuja-el[2] Mahalal-el, also Namen, deren zweites Element אל „Gott" ist, unmöglich ursprünglich Gottesnamen sein können, so wenig wie Bethu-el, Reü-el, Dani-el u. a.; denn durch alle diese Namen wird irgend ein Verhältniss ihrer Träger zu Gott ausgedrückt,

---

[1] Im holsteinischen Plattdeutsch ist „Dat Leben" euphemistischer Ausdruck für das pudendum muliebre. — Der Versuch חיה mit dem aramäischen חויא „Schlange" zu combiniren, so dass Eva im Grunde eine Doppelgängerin der Schlange wäre, scheint mir völlig unhaltbar zu sein. ¶ [2] oder Machji-el. S. Budde, Urgeschichte 127 ff.

sie können also nicht Bezeichnungen des Gottes selbst sein, ebenso wenig wie mit dem deutschen Namen „Gotthilf" ein Gott bezeichnet werden könnte.[1] Auch Methusalah, in der Sethitentafel der Vater des Lamech, kann schwerlich der Name eines Gottes sein. Wenn der Name „Mann des Geschosses" bedeutet, so wird man ihn eher für den ideellen Stammvater der Krieger halten dürfen. Dazu stimmt, dass sein Sohn der wilde Lamech ist.

Die Lamech-söhne Jabal, Jubal und Thubal[2] sind die Vertreter der drei Stände der Hirten, Musiker und Schmiede. Aber dass diese Standesvertreter ursprünglich als Götter gedacht wären, ist durch Nichts angedeutet. Bei Thubal ist es sogar vollkommen klar, dass sein Name von dem durch seine Erzarbeiten berühmten Volk Thubal[3] abstrahirt ist. Statt Jabal sprechen die LXX Ἰωβήλ aus. Dies ist im Phönicischen[4] wie im Hebräischen in der Verbindung קֶרֶן הַיּוֹבֵל das Wort für „Widder", ein nach antiken Begriffen für den ideellen Stammvater der Hirten nicht unpassender Name; ein Gott würde schwerlich so genannt sein. Mit den Hirten sind die Musiker nahe verwandt; der Stammvater der letzteren, Jubal, hat einen Namen, der durch eine leichte, bloss lautliche Abwandlung aus Jobel (oder Jabal) gebildet ist. Der Gleichklang soll die Zusammengehörigkeit andeuten[5]; die beiden sind Söhne einer Mutter, d. h. Hirtenleben und Musik haben denselben Ursprung.

In den Namen von Lamech's Weibern Ada und Zilla hat man die mythologischen Personificationen von Licht und Schatten gefunden. Ada (עדה) wäre dann so viel wie arabisches ġadât. Wäre diese Gleichsetzung richtig, so würden die LXX Γαδα umschrieben haben, sie schreiben aber Ἀδα. Dies war nach Hesychius der Name der babylonischen Hera. In den Keil-

---

[1] Ewald, Gesch. I 383 erklärt Mahalal-el als „Glanzgott, ein Sonnengott wie Apollo". Aber ein solcher „Glanzgott" müsste mindestens El-Hilâl heissen, was der Name eines Mondgottes sein könnte, aber nicht vorkömmt. ‖ [2] Der Zusatz Kain zu Thubal fehlt bei LXX. ‖ [3] Ez. 27, 13. ‖ [4] Massîl 7. ‖ [5] Zu demselben Zweck formt das Arabische die Namen der Brüder Abel und Kain in Habîl und Qabîl um.

inschriften ist aber, so viel ich weiss, eine babylonische Göttin Ada nicht gefunden und kann keinenfalls eine solche hervorragende Stellung im babylonischen Pantheon eingenommen haben, wie es die Gleichsetzung mit der Hera voraussetzt. Man wird daher fragen dürfen, ob sich der Name Ada nicht befriedigend aus dem Hebräischen erklärt. Nun heisst eine von Esau's kananäischen Weibern[1] „Ada (עדה) Tochter des Hethiter's Elon"; statt dessen heisst es Gen. 26, 34: „Esau nahm zum Weibe die . . . Basemath, Tochter des Hethiters Elon". Hieraus folgt, unter Berücksichtigung der Bedeutung dieser Namen, **dass** Ada und Basemath identisch sind. Basemath (בשמת) bedeutet „die Anmuthige"; das Verb עדה heisst „sich schmücken", also wird Ada „die Schmucke" bedeuten. Ada ist das erste Weib, welches nach Eva genannt wird; hiess diese „die Mutter des Lebens", so ist Ada nach demjenigen Merkmal der Frau benannt, welches neben ihrer Stellung als Gattin und Mutter am meisten in die Augen fällt.

Ein Synonym von Ada ist Thubal's Schwester Naama „die Holde". Dieser Name kömmt im Punischen als Beiname der Astarte vor. Im Hebräischen findet er sich in historischer Zeit als weiblicher Personenname; Rehabeams Mutter hiess Naama, und Noomi ist davon kaum verschieden. Wenn nun der Waffenschmied Thubal die holde Naama zur Schwester hat, so soll hierdurch wohl ein ähnlicher Gedanke ausgedrückt werden, wie durch die Zusammenstellung des Hephaestos mit der Aphrodite **bei den** Griechen. Aber deswegen braucht Naama noch keine ursprüngliche Göttin zu sein, sondern sie ist eine Abstraction wie Ada, und ihre Zusammenstellung mit Thubal veranschaulicht nur die Idee, dass zum Waffenhandwerk die schönen Weiber gehören. Zwischen Aphrodite und Naama besteht nämlich der wesentliche Unterschied, dass jener Name ausschliesslich der Göttin eignet, während Naama „die Holde" auch und zwar in erster Linie als Name menschlicher Frauen gebraucht wird.

---

[1] Gen. 36, 2.

Von den Frauengestalten der Urzeit bleibt nur noch Zilla (צלה) zu erörtern. Der sonst nicht vorkommende Name scheint „Schatten", vielleicht „die Schattige" oder „die Schattende" zu bedeuten. Man hält sie, wie gesagt, für die mythologische Personification der Nacht. Wäre diese Deutung richtig, so wäre sie wohl besser Lilith (Nocturna) oder dergl. genannt, denn צל „Schatten" kömmt im Hebräischen nicht als Bezeichnung der Nacht vor. Will man sich auf etymologische Deutungen einlassen, so könnte Zilla mit Berücksichtigung des hebräischen Sprachgebrauchs, nach welchem der Schatten entweder ein Bild der Flüchtigkeit oder aber des Schutzes ist, „die schnell Dahinschwindende" oder aber „die Schirmende" bedeuten. Die letztere Bedeutung könnte man dann dadurch zu stützen suchen, dass Zilla ihrem Gatten Lamech den Thubal gebiert, welcher seinen Vater mit den schützenden Waffen versieht. Doch lege ich selbst auf diese Deutung gar keinen Werth, und es kömmt mir nur darauf an, nachgewiesen zu haben, dass die Erklärung der Zilla als „Nachtgöttin" noch weniger Anspruch auf Beachtung machen kann.

Von den noch übrig bleibenden vorsündfluthlichen Patriarchen lasse ich Jared bei Seite; anerkanntermassen ist dies eine Umformung von Irad (עירד) in der Sethitentafel; aber diese letztere Form ist ihrerseits wieder aus גידד (LXX Γαιδαδ) entstanden.[1] Was Gaidad bedeutet ist völlig unbekannt.

Es erübrigen noch Kain-Kenan und Henoch.

In Kain hat die Sage sehr verschiedene Züge vereinigt. Er ist der Erstgeborene der ersten Menschen; er ist Brudermörder; er ist Ackersmann, dann aber wieder Nomade, und anderseits Städtebauer. Seinen Namen deutet die Volksetymologie „Erwerb". Sprachlich ist diese Deutung nicht haltbar. Man könnte geneigt sein, den Bruder Abels für eine Abstraction von dem völlig gleichnamigen Nomadenstamm Kain (Keniter) Num. 24, 21 f. zu halten, vgl. oben Thubal. Dabei bliebe aber unerklärlich,

---

[1] de Lagarde, Orientalia II 33 ff. Mittheilungen 196.

wie es käme, dass der den Israeliten befreundete Stamm der Keniter die Figur zu dem Brudermörder Kain geliefert hätte. Als Appellativ bedeutet Kain im Hebräischen „Lanze", im Arabischen „Schmied". Nun ist der Adamsohn Kain ursprünglich identisch mit dem Enoschsohn Kenan. Das gleichlautende aramäische Ḳenâjâ bedeutet ebenfalls „Schmied". Endlich ist daran zu erinnern, dass im Sabäischen mehrfach ein Gott קינ oder קין vorkömmt.[1] So scheint es, dass wir hier endlich unter den Patriarchen mit Sicherheit einen abgeblassten Gott — etwa einen Hephaestos-Vulkan — constatirt haben. Und doch wäre dieser Schluss viel zu voreilig, denn grade als Schmied tritt der Adamsohn nirgends in der Sage auf, vielmehr wird dieser Beruf dem dritten Lamechsohn vorbehalten. Auch wäre es völlig unverständlich, wie der Schmied dazu gekommen sein sollte, als Erstgeborener der Menschheit zu gelten. Nun hat aber Qain im Arabischen ausser der angeführten Bedeutung „Schmied" auch noch eine zweite „Knecht" oder „Diener". Eben diese Bedeutung hat im Sabäischen das Wort אדם, und man kann fragen, ob nicht diese Bedeutung von אדם im Semitischen die ursprüngliche ist. Der Mensch hiesse dann Adam als Knecht Gottes.[2] Eine solche Bezeichnung des Menschen ist dem semitischen Gottesbewusstsein durchaus entsprechend; jedenfalls hat diese Erklärung eine grössere Wahrscheinlichkeit für sich, als die gewöhnliche, wonach אדם „der Rothe" oder „der Erdgeborene" sein soll. Bedeutet nun *Adam* ursprünglich „Diener", und ist Kain ein Synonym hiervon, so liegt es nahe, in diesem letzteren Namen neben Enosch einen dritten Vertreter des Begriffes „Mensch" zu erblicken. Dafür dass Kain ursprünglich ein Gott gewesen wäre, spricht ausser dem zufälligen Gleichklange von Kenan mit sabäischem קין Nichts.

Die einzige Gestalt unter den vorsündfluthlichen Patriarchen, welche sich mit ziemlicher Deutlichkeit als einen abgeblassten

---

[1] S. oben S. 127 f. [2] Vgl. für diese Deutung bereits Hitzig, Bibl. Theol. S. 37. 76. Hitzig gewinnt jedoch die Bedeutung „Diener", indem er אדם = arab. *ḫadam* setzt.

Gott zu erkennen giebt, ist Henoch. Seine 365 Lebensjahre deuten darauf hin, dass wir es hier mit einem alten Sonnengott zu thun haben. Ewald deutet seinen Namen als den Einweiher oder Beginner, „also der gute Geist, den man bei jedem neuen oder schwierigen Geschäft anrief; daher wohl der Gott des Neujahrs, welcher nach 365 Tagen neu wird". Aber diese Etymologie hat ebenso viel oder wenig Werth, wie wenn die späteren Juden und Araber ihn als den Eingeweihten und Kundigen — daher sein arabischer Name Idrîs (Ἰδρις) — deuten und in ihm den Inhaber aller höheren Wissenschaft verehren. Den Namen Henoch aus dem Hebräischen zu erklären, hat seine grossen Bedenklichkeiten; schon der Name der nach ihm benannten Stadt im Lande Nod sollte hiervon abhalten. Allem Anschein nach sind die wenigen Worte, welche uns über Henoch mitgetheilt werden, der Rest einer älteren, aber nichtisraelitischen Ueberlieferung.

Der phrygische König Annakos[1], der in der Zeit vor der Deukalionischen Flut lebte, in Iconium am Taurus verehrt wurde, über 300 Jahre lebte und die kommende Flut voraussagte, drängt sich doch immer wieder auf. Die hebräische Sage hat kein Bedenken getragen, Stoffe aus den Mythologien fremder Völker aufzunehmen, aber sie hat diese Stoffe gemäss dem Geist der höheren Religion umgeformt und ihren Zwecken dienstbar gemacht. Auf hebräischem Gebiet ist Henoch kein Gott mehr, es findet sich keine Spur seiner Verehrung; sondern er ist ein Musterbild der Frömmigkeit geworden, der den Lohn dafür in der dauernden Gemeinschaft mit Gott erhält.

Auch Noah und seine drei Söhne Sem, Ham und Japhet hat Ewald[2] für ursprüngliche Götter erklärt. Allein die Bedeutung dieser Namen ist anerkannter Massen so dunkel, dass man nur durch die gewagtesten Combinationen solche Prädikate aus ihnen zu gewinnen gewusst hat, welche auf Götter passen. Für

---

[1] Freilich auch Ναννακος geschrieben. Welches die ursprüngliche Lesart ist, lässt **sich** leider nicht ausmachen. ‖ [2] Gesch. I 385 f. 401 ff.

Noah führt Dillmann[1] eine bunte Reihe phantastischer Deutungsversuche an. Japhet ist sicher ein unsemitischer Name, also keinenfalls ein semitischer Gott. Dass Ham den heissen Landstrich bedeutet, Sem nach einem armenischen Gebirgslande *Sim*, dem angeblich ältesten Mittelpunct der Semiten genannt ist, lässt sich freilich keineswegs mit Sicherheit behaupten; aber diese Deutungsversuche sind doch weit erträglicher, als die, welche Sem und Ham als Götter aufgefasst wissen wollen, denn von Göttern, welche diesen Namen getragen hätten, findet sich nie und nirgends eine Spur.

Die Nachkommen von Noah's Söhnen[2] bezeichnen anerkannter Massen gleichnamige Stämme, Städte, Völker. Eine Ausnahme macht nur Nimrod. Aber wenn er wirklich ein abgeblasster Gott sein sollte, so wird doch Niemand behaupten wollen, dass er jemals von den Israeliten verehrt worden wäre. Auch die Namen der auf Israel hinführenden nachsündfluthlichen Patriarchen[3] sind theilweise rein geographische Bezeichnungen für Länder und Städte, wie Arpachsad und Serug. Eber ist Heros eponymus der Hebräer im weitesten Sinne, wie Hellen der der Hellenen. Andere Namen weisen auf Wanderungen (Schelach), Theilungen (Peleg) und Rasten (Terach) der Vorfahren Israel's hin. Nach einem Gott sucht man auch in dieser Reihe vergeblich.

Alte Gottheiten haben endlich Nöldeke[4] u. A. in den drei grossen Erzvätern Abraham, Isaak und Jakob erkennen wollen. Abram, wovon Abraham nur eine dialektische Nebenform, bedeute „hoher Vater", und der Name seiner Frau Sara (Nebenform Sarai) „Fürstin". Beide Namen, meint Nöldeke, würden sehr wohl für göttliche Wesen passen. Dazu stimme, „dass wir bei den nördlichen Semiten, zu denen auch die Israeliten gehörten, sonst durchweg hohe Götterpaare haben, wie Baal und Baalti (Herr und meine Herrin), oder Astarte; Melech und

---

[1] zu Gen. 5, 29. [2] Gen. 10. [3] Gen. 11, 10 ff. [4] Im neuen Reich 1871 I 508 ff.

Milkath (König und Königin), und noch manche andere, die mit wechselnden Namen doch immer dieselben sind, ursprünglich wohl einfach der Sonnengott und die Mondgöttin. Ein solches Götterpaar könnte auch der hohe Vater und die Fürstin bei den ältesten Hebräern gewesen sein. Es würde sich hieraus die hohe Bedeutung erklären, welche dies Paar auch nach seiner Vermenschlichung und der Umbildung der Vorstellung von ihm unter dem Einfluss höherer Religionsideen noch bewahrt hat. Abraham und Sara standen, wenn unsere Auffassung richtig ist, nach dem ursprünglichen Glauben als göttliche Wesen an der Spitze der menschlichen und nationalen Entwickelung". — Aus dem Göttermythus, meint Nöldeke endlich, sei auch die Erzählung von der Opferung Isaak's noch ein Ueberbleibsel, wenn er es auch nicht wagen will, diesen Zug zu deuten.

Diese Ausführungen Nöldeke's sind meiner Ansicht nach völlig unhaltbar. Abram ist nur scheinbar ein für einen Gott passender Name; in Wirklichkeit findet er sich nicht allein im alten Testament, sondern auch bei den Assyrern als Personenname, und hat ausserdem seine Analogien in ganz ähnlich gebildeten Namen, die Nöldeke selbst nicht für Götternamen halten wird. Die Form Abram, wovon Abraham eine aramäisch gefärbte Aussprache[1] ist, ist nicht verschieden von Abiram und Aburam, ebenso wie für Abner auch Abiner[2], für Abigail auch Abugail gesagt wird. Nun findet sich Abiram mehrfach als Personenname im alten Testament.[3] Wollte man aber einwenden, diese Personen hätten ihren Namen erst von dem Erzvater erhalten, so ist zu erwidern, dass auch im Assyrischen Aburam sich mehrfach als Personenname findet.[4] Da nun aber Niemand einem Kinde — denn die Namengebung fand auch bei den Semiten im Kindesalter statt — den Namen „hoher Vater" beilegen wird, so kann dies nicht der Sinn von Abram sein.

---

[1] Freilich lässt sich אבר im Aramäischen nicht belegen. ‖ [2] *Ab* ist in diesen Namen Verkürzung aus *Abi*. S. Ewald, Gram. S. 672, Anm. 3. ‖
[3] Num. 16, 1. 12. 26, 9. 1 Reg. 16, 34. ‖ [4] Schrader, KAT zu 1 Reg. 16, 34.

Vielmehr ist *ram* in diesem Namen Bezeichnung Gottes, wie in Hi-ram[1], und Ab-ram oder Abi-ram steht auf einer Stufe mit Abi-el, Abi-ja, Abi-melech (assyr. Abu-malik), Abi-baal u. a. Durch diese Namen wird ein geistiges Verwandtschaftsverhältniss des Trägers derselben zu der Gottheit ausgedrückt, welche im zweiten Theil des Namens genannt ist. Namen dieser Art sind besonders bei den Phöniciern sehr beliebt. Der bekannteste ist Hiram für אחירם „Bruder des Erhabenen"; ferner אחימלך, אחימלכת, lateinisch *Imilco*, *Imilce* „Bruder des Milk, der Milkat"; *Otmilcat* = [א]חתמלכת „Schwester der Milkat". Im Hebräischen אחיאל[2] „Bruder Gottes". Nach Analogie dieser Namen scheinen Abi-el, Abi-ja, Abi-melech, Abi-ram bedeuten zu müssen: „Vater Gottes, Jahve's, Melech's, des Erhabenen". Diese Auffassung verbietet sich jedoch aus logischen Gründen; ein Mann kann nicht Vater eines Gottes heissen. Nun aber finden sich unter den Namen dieser Art unzweifelhaft auch solche, welche nicht, wie die vorhergehenden, ein genetivisches Verhältniss (Bruder des Erhabenen) ausdrücken, sondern welche aus einem vollständigen Satz mit Subject und Prädikat bestehen. Nur so lassen sich die Frauennamen Abi-tal, Abi-gail und Abu-gail, Chami-tal und Chamu-tal erklären. Eine Frau kann natürlich nicht „Vater" oder „Schwiegervater des Thaus, des Jubels" genannt werden, sie kann nur deren Tochter heissen. Also werden diese Namen bedeuten: „Vater[3] (der Trägerin dieses Namens) ist der Thau, der Jubel" u. s. w., und dem entsprechend bedeutet Abram, Abiram, Aburam: „Vater (des Trägers dieses Namens) ist der Erhabene". Ein Synonym ist אביאתר Αβιαθαρ = *Abijatar* „Vater ist der Grosse", vgl. sabäisch יתר.[4] Eine Parallele bietet der phönicische Frauenname אמעשתרת, welcher natürlich nicht „Mutter Astarte", und noch weniger „Mutter der Astarte" bedeuten

---

[1] Vgl. Hesychius Ραμας; ὁ ὕψιστος θεός. ‖ [2] 1 Reg. 16, 34. Es ist zu beachten, dass der Sohn dieses *Chi-el* den Namen *Abi-ram* führt. ‖ [3] Dass nicht „mein Vater" zu übersetzen ist, zeigen die auf *u* ausgehenden Formen Abu und Chamu. ‖ [4] Vgl. auch Joab = Jo ist Vater.

kann, sondern nur: „Mutter (der Trägerin dieses Namens) **ist** Astarte".[1]

Aus dieser Erörterung ergiebt sich mit Sicherheit, dass Abram kein ursprünglicher Gottesname gewesen sein kann, sondern von Anfang an und ausschliesslich als menschlicher Personenname gebraucht werden musste. Damit fällt aber auch eine Hauptstütze für die Behauptung Nöldeke's, dass Abram's Frau Sara ursprünglich eine Göttin sei. Das Wort *Sara*, als Eigenname sonst nicht gebräuchlich, bedeutet „Fürstin", und wird im alten Testament als Bezeichnung der Gemahlin des Königs gebraucht Jes. 49, 23, besonders auch im Gegensatz zu den Kebsweibern 1 Reg. 11, 3; sodann als Bezeichnung vornehmer Frauen überhaupt Jud. 5, 29. Esth. 1, 18. Als Prädikat einer Göttin, wie Baalat oder Baalti und Milkat gebraucht werden, findet sich das Wort Sara nirgends. Dieser Name der Gemahlin Abraham's ist daher durchsichtig genug. Er ist schwerlich historisch in dem Sinne, dass Abraham's Frau diesen Namen wirklich geführt hätte, sondern Sara ist ursprünglich nichts Anderes als die appellativische Bezeichnung der Gemahlin des „Fürsten Gottes" Gen. 23, 6, eine Bezeichnung, die dann allerdings von der Sage zu einem Eigennamen umgebildet worden ist. Ob die Form Sarai nur eine grammatische Nebenform zu Sara ist, oder ob, wie die LXX (Σαρα) es aufgefasst zu haben scheinen, Sarai „die Zanksüchtige" bedeutet, mag dahingestellt bleiben. Die letztere Benennung würde dem Charakter entsprechen, den Sara in der Sage trägt[2]; für eine Göttin wäre solche Bezeichnung nicht sehr passend.

Auch Isaak und Jakob hält Nöldeke für ursprüngliche Götter, wenn er auch darauf verzichtet, den Sinn dieser Namen zu deuten, und sich mit der allgemeinen Vermuthung begnügt, dass Isaak („er lacht, spielt, scherzt") ein freundliches, gütiges Wesen bezeichnet haben möge, während Jakob, von der Sage

---

[1] Vgl. den Frauennamen אבבעל „Vater ist Baal" CIS 378. ‖ [2] Gen. 16, 6. 21, 10.

als „der Fersenhalter, Hinterlistige" gedeutet, auch „der Aufspürer" oder „der Wachsame" sein könne.

Mir scheinen auch diese Namen für Götter wenig passend zu sein. Zu Jisḥâq lässt sich der etymologisch und der Bedeutung nach entsprechende arabische Personenname Ḍaḥḥâk „der Lacher" vergleichen. Mit Jakob (יעקב) stelle ich den palmyrenischen Personennamen עתעקב zusammen und erkläre עקב in beiden Namen nach dem arabischen עקב IV „belohnen", also Ate'aqab = „Ate hat belohnt" wie עתנתן „Ate hat gegeben". Endlich halte ich יעקב mit E. Meyer[1] für eine Verkürzung von יעקבאל, also „El belohnt", wie יפתח aus יפתחאל entstand. Imperfectbildungen dieser Art[2] werden im Arabischen vereinzelt allerdings auch als Namen von Göttern gebraucht, wie Jaġûṯ „er hilft", und Ja'ûq „er wehrt ab"[3], dienen aber sonst immer zur Bezeichnung von Personen, Stämmen und Ortschaften. Man wird daher mit gutem Gewissen auch Isaak und Jakob für Personennamen halten dürfen, und es bleibt bei dem Urtheil eines so scharfen Kritikers wie A. von Gutschmid[4]: „Jeder Besonnene wird in Abraham, Isaak und Jakob geschichtliche Personen erkennen".

Trotzdem sind auch die Namen von Jakobs Söhnen dem Schicksal nicht entgangen, als Götter gedeutet zu werden. Warum freilich Dan „Richter" ein Gott sein soll[5], sieht man nicht ein, und die Erklärung von Sebulon als „On des Himmels", von Benjamin als „Gebiet, wo der Mini verehrt wurde"[6] bedarf keiner Widerlegung. Dagegen müssen die Namen einiger anderer Jakobsöhne etwas genauer untersucht werden.

Zu den untergeordneten Gottheiten der Hebräer rechnet Tiele[7] Gad, das grosse Glück, in dem Planeten Jupiter sich offenbarend, von welchem der Stamm Gad den Namen entlehnte, und ferner Ascher, ebenfalls ein Glücksgott, die männ-

---

[1] ZATW 1886, 1 ff. [2] S. Nöldeke, ZDMG 15, 807. [3] Vielleicht auch sabäisch בבל s. o. S. 128. [4] Beiträge zur Geschichte des alten Orients S. 25. [5] Bernstein, Sagen von Abraham S. 38. [6] ibid. [7] Egypt. en Mesop. Godsdiensten 542.

liche Form der Aschera, nach welchem ein anderer Stamm sich nannte. „Vielleicht muss auch Ruben (Re'ubel) dazu gerechnet werden."

Betrachten wir unter diesen angeblichen Göttern zunächst den letztgenannten Namen, so ist sehr leicht nachzuweisen, dass unmöglich ein Gott unter ihm verborgen sein kann. Wäre die von Josephus und der Peschito gebotene Form Re'ubel die ursprüngliche, und steckte, wie Tiele es anzunehmen scheint, in dieser Form der Gottesname Bel oder El, so könnte dies Re'ubel oder Re'ub-el nur Personenname sein[1], etwa in der Bedeutung „von Bel (El) ersehn"; nie aber könnte der durch Re'ubel ausgedrückte Gedanke den Gott selbst bezeichnen. Aber die Annahme, dass Re'ubel gegenüber dem Re'uben des masoretischen Textes die ursprüngliche Form des Namens biete, ist vollkommen willkürlich und in keiner Weise wahrscheinlich zu machen. Re'uben nun ist sichtlich Personenname und kömmt in letzter Linie auf den arabischen Namen *Ru'ba* hinaus, der sich als רבי, lateinisch *Rubat-is* als Name eines in Afrika gestorbenen Soldaten aus Palmyra findet.[2] Die Endung *en* in Ruben ist zusammenzustellen mit der gleichlautenden in בַּחֲרַי und arab. *baḥrêjn* (Nisbe *barḥânî*).

Mit mehr Wahrscheinlichkeit kann der Name Gad auf einen Gott gedeutet werden. Schon Augustin[3] bemerkt zu diesem Namen: Videtur occasio non bene intellegentibus dari, tanquam illi homines *Fortunam* coluerint. Er will dagegen Τύχη, womit LXX גד übersetzen, als Appellativ fassen, giebt jedoch daneben anheim: Aut certe Lea propterea sic locuta est, quod adhuc gentilitatis consuetudinem retinebat. Wir haben oben[4] Gad-Tyche als eine in Syrien eifrig verehrte Gottheit kennen gelernt; vor Allem war sie in solchen Gegenden nachweisbar, welche an das Gebiet des Stammes Gad grenzen. Auch bei den Kananitern hatte sie ihre Spuren hinterlassen, und endlich waren die abtrünnigen Israeliten in Babel ihrem Cult ergeben. Nach dieser

---

[1] S. o. S. 148 f. ‖ [2] CIL **VIII** 2515. ‖ [3] Bei Selden 79. ‖ [4] S. 76 ff.

Gottheit Gad könnte der Stamm Gad benannt sein. Verhielte es sich wirklich so, so würde man aus diesem Umstande doch nicht allzu weit gehende Folgerungen für den echten alten Hebraismus ziehen dürfen. Der Stamm Gad war kein echthebräischer, sondern scheint mit aramäischen Elementen mindestens sehr stark durchsetzt gewesen zu sein. Eine Andeutung hiervon liegt in dem Umstande, dass Zilpa, der Name von Gad's Mutter, dem Kebsweibe Jakob's, ein aramäisches Wort ist, welches im Hebräischen nicht vorkömmt; und auch der Name Gad selbst ist ein mehr aramäisches als hebräisches Wort.

Trug nun aber der Stamm Gad wirklich seinen Namen nach dem gleichnamigen Gott? Bedenkt man, dass einerseits der Stamm Gad aramäische Elemente enthielt, und dass anderseits der Gott Gad besonders von Aramäern verehrt wurde, so liegt es allerdings ausserordentlich nahe, den Stammesnamen mit dem Gottesnamen einfach zu identificieren und den **Stamm** nach dem Gott genannt sein zu lassen. Die jüdischen Erklärer lassen denn auch Gen. 30, 11 in diesem Sinne Lea den Sohn ihrer Magd benennen. Während noch LXX בגד mit ἐν τύχῃ, Vg. *feliciter* übersetzen, also בְּגָד vocalisiren, will die Massora lesen בָּא גָד. Onkelos und der Syrer folgen ihr hierin, und Jonathan übersetzt גד durch מזל טב „das Glücksgestirn"[1], was Ibn Esra durch כוכב צדק „Jupiter" erklärt und ebenso wie Raschi mit dem Gott Gad Jes. 65 combinirt. Dass diese Deutung nicht dem Sinne des Erzählers von Gen. 30 entspricht, ist freilich klar. Sicher hat er nicht sagen wollen, dass Lea ihren Sohn nach dem heidnischen Glücksgott genannt habe, sondern er gebraucht גד als Appellativ, und die LXX haben seinen Sinn mit ἐν τύχῃ richtig getroffen. Aber allerdings kann dies eine Volksetymologie sein, und der Stamm Gad ka nn, wenn auch nicht nach der Meinung des Erzählers, so doch in Wirklichkeit nach dem Gotte genannt sein. Die Gründe, welche für diese

---

[1] Raschbam umschreibt בא אליני מזל טב und vergleicht dazu aus Baba bathra אתא מזלא דביתא.

Annahme sprechen, habe ich genannt; ich verschweige nun aber auch nicht die Bedenken, welche sich gegen dieselbe erheben.

Der hebräische Name Gad, welcher auch als Personenname eines Propheten zur Zeit David's vorkömmt[1], entspricht sachlich genau dem arabischen Saʿd = „Glück", welcher ebenfalls sowohl als Name einer Einzelperson, wie als der von Stämmen oder Familien vorkömmt. Dieser arabische Name Saʿd aber ist anerkannter Massen eine Verkürzung aus Saʿd Allah „Glück Gottes", Saʿd Qais „Glück der (Gottes) Qais" (vgl. Imru-'l-Qais) etc.[2] Ebenso kann der hebräische Name Gad eine Verkürzung aus Gad-el „Glück Gottes" sein, wie wir denn thatsächlich die Verkürzung Gaddi (Num. 13, 12) aus Gaddi-el (Num. 13, 11) finden. Ich halte nach Analogie des arabischen Saʿd diese Erklärung des Namens Gad für wahrscheinlicher als die, wonach es ein Gottesname wäre. Der Umstand, dass ein Jahveprophet zur Zeit David's diesen Namen trägt, verstärkt diese Wahrscheinlichkeit. Zu einer definitiven Entscheidung zu kommen, ist kaum möglich; aber grade bei dieser Unsicherheit wird man berechtigt sein, die Folgerungen, welche von Tiele u. A. aus diesem Stammesnamen für die Religion der ältesten Hebräer gezogen sind, abzuweisen.

Noch mehr gilt dies für den Namen Ascher. Von einem Gotte Ascher, dem männlichen Gegenstück zu der angeblichen Göttin Aschera, ist durchaus Nichts bekannt[3], und der Stammesname bedeutet einfach *Felix*, vgl. Deut. 33, 24. —

Ein besonderer Liebling der Mythologen ist Simson. Schon G. Syncellus[4] verglich ihn mit Herakles, und in neuerer Zeit hat Steinthal[5] mit allen Mitteln der Wissenschaft nachzuweisen versucht, dass Simson der hebräische Sonnengott oder Sonnenheros sei, identisch mit Herakles und dem tyrischen Melkart.

---

[1] 1 Sam. 22, 5. 24, 11. ‖ [2] Der Gott Saʿd ist auch hier eine secundäre Figur. ‖ [3] Der Name אשראל CIS 65 kann den Gott Aschur, vielleicht auch den Osiris (für אס) enthalten. ‖ [4] Chronogr. I p. 309. ‖ [5] Zeitschrift f. Völkerpsychologie 1862. II 129 ff.

Nun gebe ich von vornherein zu, dass die Erzählungen von Simson zum grossen Theil sagenhaft sind, ja dass vielleicht ein einzelner Zug, welcher ursprünglich dem heidnischen Sonnengott eigen war, auf den hebräischen Helden übertragen worden ist. Um aber Simson selbst zu einem Gott zu machen bedarf es der gewagtesten Kunststücke. Es würde nicht allzuschwer fallen, mit denselben Mitteln, wenn man Einhards vita Karoli unberücksichtigt liesse, in dem König Karl, der mit seinen zwölf Gesellen über's Meer fuhr, den Sonnengott nachzuweisen, der in zwölf Monaten das Wolkenmeer durchschifft. Da uns keine vita Simsons zur Verfügung steht, ist es jedoch nöthig, Steinthals Argumente einer etwas genaueren Prüfung zu unterziehen.[1]

Betrachten wir zuerst den Namen unseres Helden. Ausser den weiter **unten** zu erörternden Indicien beweist auch er nach Steinthal, dass Simson ursprünglich ein Sonnengott war. „Denn Simson oder genauer Schimschon ist klare Ableitung von dem hebräischen Worte für Sonne. Wie von dāg „Fisch" dāg-ōn, der Fischgott der Philister gebildet ist . . . . so auch Schimsch-on, der Sonnengott." Genau so gebildet ist nun aber auch das aus Schelom-on verkürzte Salomo (LXX Σαλωμων). Da Schalom der Friede heisst, **so** müsste Steinthal consequenter Weise auch diesen König für eine verkappte Gottheit erklären, nämlich für den Friedensgott oder meinetwegen auch für die Friedensgöttin.

Die Form Schimschon ist der Bedeutung nach identisch **mit** Schimschai[2] und bedeutet soviel wie Sonnenmann.[3] Benennungen von Personen nach Sonne und Mond sind durchaus nichts Unnatürliches; im Palmyrenischen findet sich der Personenname Jarchai „der Mondmann;" im Hebräischen der Name der Stadt Jericho „Mondstadt" für Jerech-on, deren Name freilich

---

[1] Vgl. zum folgenden Flöckner, Ueber die Hypothese Steinthals, dass Simson ein Sonnenheros sei. Theol. Quartalschrift 1886. 87. [2] Esra 4, 8 ff. [3] Flöckners Deutung „Verwüster" ist nach jeder Richtung unhaltbar. Schon der Umstand, dass der Held einen solchen Namen doch erst nach seinen Erfolgen hätte erhalten können, hätte Flöckner von dieser Deutung zurückhalten müssen, ganz abgesehn **von** der sprachlichen Unmöglichkeit.

auf alten Mondcultus hinweist, die aber doch auch Steinthal nicht für eine mythologische Figur halten wird.

In der äusseren Erscheinung Simsons **will Steinthal das** üppige Haar nicht wie andere Mythologen mit den Locken Apollo's, dem Bilde der Sonnenstrahlen vergleichen, denn Simson sei nicht der leuchtende, sondern der erwärmende, erzeugende Gott. Sein Haar sei, wie das Haar und der Bart des Zeus, Bild des Wachsthums und der üppigen Fülle. „Im Winter, wenn die ganze Natur kraft- und saftlos erscheint, da hat der Gott des wachsenden frischen Lebens sein Haar verloren. Im Frühling wächst dieses wieder." Aber wo lesen wir denn von irgend einem heidnischen Gott, sei es Zeus, Apollo, Baldur oder irgend ein anderer, dass sie im Winter eine Glatze gehabt hätten? — Üppiges Haar ist bei den Hebräern wie bei allen Völkern zunächst ein Schmuck[1]; da man sich nun bei Trauerfallen des Schmucks entledigt, so ist das **Scheeren des Haares** im alten Testament ein ganz gewöhnliches Zeichen der Trauer.[2] Der ungestörte Haarwuchs hat dann aber seit den ältesten Zeiten bis auf den heutigen Tag in der griechischen Kirche auch eine religiöse Bedeutung. Man soll der Gottheit im heiligen Schmuck nahen, nicht aber mit Zeichen der Trauer. Daher sollen sich die Priester, welche im dauernden Verkehr mit Gott stehen, keine Glatze scheeren wegen eines Todten[3], eine Forderung, die im Deuteronomium[4] auf das ganze Volk ausgedehnt wird. Auch den Bart soll man sich nicht durch Abscheeren verderben[5], was wieder besonders für die Priester gilt[6] und für diese noch heute in der griechischen Kirche Gültigkeit hat. „Auch bei den alten Arabern haben nicht nur manche Stämme während der heiligen Zeit stets das Haar unversehrt gelassen, sondern **es** gehört auch **zu** den Grundpflichten jedes nach Mekka wallfahrenden Pilgers (Hodscha) **das Haar weder zu** scheeren noch zu kämmen, die Nägel nicht zu schneiden und überhaupt

---

[1] Cant. 4, 1. 6, 4. 7, 5. ‖ [2] Deut. 21, 12. Jes. 3, 7. Jer. 7, 29. Amos 8, 10. Micha 1, 16 al. ‖ [3] Lev. 21, 5 nach LXX ἐπὶ νεκρῷ. ‖ [4] 14, 1. ‖ [5] Lev. 19, 27. ‖ [6] 21, 5.

während der ganzen Wallfahrt der natürlichen Integrität des
Leibes nicht durch künstliche Zucht und Pflege Abbruch zu
thun."[1]

Auch sonst waren Weihungen und Pflege des Haares für die
Gottheit zur Erreichung irgend eines Zwecks im Alterthum sehr
verbreitet[2], und beim Nasiräer war der freie Haarwuchs das älteste
und hervorragendste Zeichen seiner Weihe[3] und hiess die Krone
seines Gottes auf seinem Haupte.[4] In dieser Krone Gottes auf
dem Haupte des Nasiräers liegt seine Kraft, nicht, wie Steinthal
meint, weil Haar und kräftige Lebensfülle in alter Zeit ein Gedanke waren, sondern weil der Nasiräer ein Heiliger ist und
als solcher, als Gott Angehöriger, mehr vermag als gewöhnliche
Sterbliche. Dass es solche Nasiräer in Israel schon in alter
Zeit gegeben hat, beweist Amos[5] und Samuel, auf dessen Haupt
kein Scheermesser kam. Mag aber auch die Erzählung von
Simsons Nasiräat und speciell von seinem Haarwuchs der Sage
angehören, so würde es doch ganz verkehrt sein, eben diese
Sage aus anderen Prämissen zu deuten, als die sind, welche
uns das alte Testament und die Sitten anderer Völker an die
Hand geben. Dass Simsons Haarwuchs ein Bild des Lebens
in der Natur sei, ist eine ebenso unwissenschaftliche wie ge-
schmacklose Behauptung.

Die angeblichen zwölf Thaten Simson's, die den zwölf Arbeiten des Hercules conform sein sollen, erkennt Steinthal nicht
an[6] und weist zugleich darauf hin, dass diese Zwölfzahl selbst
für Herkules nichts Ursprüngliches ist, sondern erst aus späterer
Zeit stammt. „Noch das Theseion in Athen zeigt uns nur zehn
der Arbeiten."[7] Um so mehr aber besteht Steinthal darauf, die
einzelnen von Simson bezeugten Thaten mythologisch zu deuten,

---

[1] Flöckner S. 643. Vgl. Koran 2, 192. [2] Spencer de leg. rit. 3, 1, 6.
[3] Dillmann zu Num. 6, 5. [4] Num. 6, 7. [5] 2, 11. 12. [6] Auch Reuss, Gesch.
d. h. Schrift des a. T. S. 124 kann sich nicht mit der Entdeckung befreun-
den, dass Simson grade 12 „Riesenthaten" verrichtet hat, nämlich „viermal
drei," wobei aber „einige jetzt ausgefallen sind." [7] Flöckner 456.

und zwar hält er seine Deutung der Tödtung des Löwen, des Fuchsbrandes, der geschlechtlichen Leidenschaft Simson's und endlich der Erzählung von seinem Ende für sicher, während er die Thaten mit dem Kinnbacken und den ausgerissenen Thoren selbst als ungewiss bezeichnet. Wir können daher wohl diese beiden letzten Thaten bei Seite lassen und uns auf eine Kritik von Steinthal's Deutung der vier ersten beschränken.

Der von Simson getödtete Löwe ist nach Steinthal kein wirklicher, sondern ein Symbol der verzehrenden Sonnengluth. „Simson .... tödtet den Löwen" heisst: er ist die wohlthätige, rettende Macht, welche die Erde vor dem Brande des Sommers schützt." Allerdings ist es ja die Sonne selbst, welche die Sonnengluth erzeugt, so dass der Sonnengott, wenn er jene Gluth unschädlich macht, gegen sich selbst kämpft. Aber eben dies ist durchaus conform mit den heidnischen Anschauungen. Mehrere heidnische Völker schreiben dem Sonnengott einen Selbstmord zu, wodurch der Gedanke ausgedrückt wird, dass die Sonne ihre Hitze mindert. Nur eine etwas modificirte Form desselben Gedankens ist es, wenn die verderbliche Seite des Sonnengottes als selbständiges Symbol von dem Gott abgetrennt wird und der Gott nun nicht mehr gegen sich selbst sondern gegen dies Symbol kämpft. „So stellt der Löwe als Symbol die feindliche Seite des Sonnengottes dar, und dieser selbst muss ihn tödten, um nicht verbrannt zu werden." Soweit Steinthal.

Nun ist es bekannt, welche hervorragende Stellung der Löwe in den Sonnenmythen der verschiedenen orientalischen Völker einnimmt. Bis auf den heutigen Tag ist das persische Wappen die Sonne mit dem Löwen, und gewiss hat Steinthal auch Recht, wenn er die Wahl dieses Thieres zum Symbol der verzehrenden Sonnengluth sowohl auf die gelbe Farbe, die Farbe des Feuers, zurückführt als auch auf die Kraft und Wuth des starken Thieres. Aber diese Combination genügt doch noch nicht, um jeden Helden, der mit einem Löwen kämpft, für einen Sonnenheros zu erklären. Auch Benaja **der Sohn** Jojada ging in eine Grube, in der sich ein Löwe gefangen hatte, und erschlug ihn[1], und der Hirt David tödtete den Löwen und den Bär, die ein Stück aus seiner Heerde geraubt hatten.[2] Wollte man aber diese Erzählungen für sagenhaft erklären, so zeigt Amos[3], dass die israelitischen Hirten sich sehr wohl getrauten, nur mit ihrem Stabe bewaffnet, mit einem Löwen anzubinden. Nach einer bei Winer s. v. Löwe angeführten Reisebeschreibung fürchten sich auch die heutigen Araber nicht im Geringsten vor einem Löwen, „und wenn ein Araber einen Stock in der Hand hat, wird er dem Löwen nachgehn und ihn tödten, wo er ihn trifft." Also das Löwentödten allein genügt nicht, um einen Mann zum Sonnenheros **zu machen.** Steinthal sieht sich daher genöthigt, **bei** seiner mythologischen Deutung das Hauptgewicht nicht auf die Thatsache der Löwentödtung selbst zu legen, sondern auf das sich daran schliessende Räthsel. Das Richterbuch erzählt: Als Simson einige Tage nachdem er den Löwen erwürgt hatte, wieder desselben Weges kam, um sein Weib heimzuholen, fand er in dem Aas des Löwen einen Bienenschwarm und Honig. Davon ass er selbst unterwegs und gab auch seinen Eltern davon, ohne ihnen aber zu sagen, woher der Honig sei. Auf der Hochzeitsfeier gab er nun seinen Gesellen folgendes Räthsel auf: „Vom Fresser kam Essen und vom Starken kam Süsses." Die Gesellen können das Räthsel nicht lösen. Aber Simsons Weib entlockt ihrem Manne die Lösung, theilt sie ihren Landsleuten mit, und diese halten sie Simson triumphirend entgegen mit der Gegenfrage: „Was ist süsser als Honig und was ist stärker als ein Löwe?" Simson muss die Lösung als gelungen anerkennen, giebt ihnen aber zu verstehen, dass sie nur durch ihn selbst die harte Nuss aufgeknackt haben. „Wenn ihr nicht hättet mit meinem Kalbe gepflügt, ihr hättet mein Räthsel nicht getroffen."

In diese Erzählung kann Steinthal sich nicht finden. Er meint, das Räthsel sei von den Gesellen keineswegs gelöst, von dem Bearbeiter des Richterbuches nicht verstanden und bis

---

[1] 2 Sam. 23, 20. [2] 1 Sam. 17, 34. [3] 3, 12.

auf die von Steinthal gegebene Deutung, die wir gleich kennen lernen werden, ungelöst geblieben. Die Erzählung **vom ge**tödteten Löwen und dem darin gefundenen Honig könne **die** Lösung nicht enthalten, weil in ihr eine naturgeschichtliche Unmöglichkeit liege. „Bienen bauen sich nicht in Aas an; ihr Wachs und ihr Honig würde von der Verwesung mit ergriffen werden." Allerdings sei es möglich und wahrscheinlich, dass der Aberglaube bestanden habe, dass Bienen sich aus dem Aase des Löwen erzeugten, wie von andern Völkern geglaubt ward, dass sie im Aase des Ochsen entständen, aber eben dieser **Aber**glaube habe schwerlich einen andern Grund gehabt, als einen mythologischen. Nach Steinthal ist die Lösung des Räthsels diese: „Simson ist . . . der Beschützer der Bienenzucht und des Honigbaues, welcher, wenn die Sonne im Löwen steht, am ergiebigsten ist. So kommt süsse Speise vom starken Fresser. . . . Was symbolisch galt, dass nämlich der Löwe Honig erzeuge, wurde als wirklich genommen. Denn wir müssen **auch noch** diesen Umstand betonen, dass **es** sich nach dem hebräischen Wortlaute nicht um ein äusserliches Herausnehmen des Honigs aus dem Löwengerippe handelt, sondern um ein Erzeugtwerden durch den Löwen."

Dass es sich nach dem hebräischen Wortlaute um ein Erzeugtwerden des Honigs durch den Löwen handele, ist eine direct unrichtige Behauptung Steinthal's. Es heisst: „Siehe da war ein Bienenschwarm in dem Aas des Löwen und Honig."[1] Also die Bienen sind an erster Stelle genannt; selbstverständlich ist es, **dass** sie den Honig bereitet haben; nur die Bienen selbst sind aus dem Aase des Löwen erzeugt. Dieser Glaube ist nun allerdings naturgeschichtlich unrichtig; aber ebenso sicher ist es, dass im Alterthum allgemein die Meinung herrschte, die Bienen entständen aus dem Aase, wie im Volksglauben noch heute die Ansicht besteht, dass Flöhe aus dem Staub entstehn. Die Belege für diesen Glauben hat nach Bochart wieder Merx zu-

---

[1] Jud. **14, 8**.

sammengestellt.[1] Merx hat nun auch den Ursprung dieses Aberglaubens nachgewiesen. Es ist keineswegs, wie Steinthal meint, ein mythologischer.

„Der Aberglaube verdankt seine Entstehung einer Verwechselung der Biene mit einer Aasfliege, Eristalis tenax, die der Biene und speciell der stachellosen Drohne so ähnlich sieht, dass Nichtentomologen beide Thiere schwer unterscheiden können. Die Eristalis tenax kann nur in Abzugskanälen, verwesendem Aas, Misthaufen u. s. w. ihre Larven entwickeln und umschwärmt daher Cadaver... Da das Thier einer Biene zum Verwechseln ähnlich ist, so erklärt Herr Baron von Osten-Sacken (The Entomologist's Monthly Magazine Vol. XXIII p. 98) mit Fug und Recht, dass der alte Aberglaube, Bienen entständen aus verwesenden Cadavern, auf die sehr natürliche Verwechselung der Biene mit Eristalis tenax zurückzuführen ist, welche sich auf und in Cadavern aufhält."

Gegenüber der Behauptung Steinthals, dass ja Simson sehr thöricht gewesen wäre, ein Räthsel auf eine rein persönliche Begebenheit zu gründen, von der Niemand etwas wusste, und das deshalb absolut unlösbar gewesen wäre, kann ich mir Merx' weitere Ausführungen wörtlich aneignen. „Dieser Glaube, nämlich dass Bienen aus Cadavern entstehn, ist dann die Unterlage für die Simsongeschichte; das Räthsel setzt voraus, dass die zum Rathen Aufgeforderten die Frage überhaupt beantworten können. Wenn nun Simson sagt: „Aus dem Esser kam Speise, aus dem Starken Süsses," und jene die Lösung wieder in Frageform geben: „Was süsser als Honig, was stärker als ein Löwe?" so liegt dem zu Grunde, dass beide Theile von der Möglichkeit der Entwicklung von Honigbienen aus einem Cadaver überzeugt sind, dass die nur angedeutete Lösung einem Volksglauben entsprechen muss, der als conditio seine qua non dem Räthselspiele als Unterlage dient und ohne welchen das Räthsel unlösbar sein würde. Die Zurückführung des alten Aberglaubens auf eine

---

[1] Protest. Kirchenz. 1887 No. 17.

wirkliche Naturerscheinung macht die Spitze des Räthsels und die Möglichkeit des Aufgebens erst begreiflich."

Diese Nachweise werden, wie ich meine, auf den unbefangenen Leser der Simsonerzählung überzeugender wirken, als die verzwickten mythologischen Deutungen Steinthal's. Zugleich werden sie ein berechtigtes Misstrauen gegen Steinthal's analoge Deutungen der übrigen Erlebnisse und Thaten Simsons erwecken und der Kritik die Berechtigung gewähren, von nun an ein kürzeres Verfahren einzuschlagen.

Die Erzählungen von Simsons Liebschaften sollen nach Steinthal auf der Erinnerung beruhen, dass der Sonnengott der Gott der Fruchtbarkeit und Zeugung ist. Mit weit grösserem Rechte könnte man, den Ausdruck „Liebschaften" einmal zugegeben, den König Salomo auf Grund dieses Verhaltens zu einem Gott der Fruchtbarkeit und Zeugung stempeln. Ganz phantastisch in der Weise der Haggada wird Steinthal in der Deutung des Namens Delila. Jedenfalls soll derselbe auf Liebe deuten. Als Beleg für diese Behauptung führt Steinthal folgende Erklärungen an: infirma, desiderio confecta, die Schmachtende, die Zarte, Zweig, Rebe, Palmzweig, die Schlaffe, Hinschwindende, die Mondgöttin, die Wintergöttin, Derketo. Wem diese Auswahl nicht genügt zum Beweise, dass „die Geliebte des Gottes die Göttin der Geburt und Liebesbegier" ist, dem ist nicht zu helfen.

Mit voller Klarheit soll auch Simson's Ende auf den Sonnengott deuten. Wie nach Steinthal das Haar das Symbol des Wachsthums der Natur im Sommer war, so soll das Abschneiden des Haares das Schwinden der Zeugungskraft der Natur im Winter bezeichnen. Aber wie wir nicht zugeben konnten, dass Simson's Haarwuchs ein Bild des Lebens in der Natur sei, so werden wir uns noch weniger dazu verstehn, nunmehr das Haar als den Sitz der Zeugungskraft und den Verlust des Haares als Schwinden dieser Kraft zu betrachten. Die Blendung Simson's soll ebenfalls das Aufhören der Sonnenkraft bedeuten, d. h. doch wohl ihrer leuchtenden Kraft; aber nach Steinthal war Simson ja nicht der leuchtende, sondern der erwärmende Gott. Die gebundene Kraft der Sonne im Winter wird endlich nach Steinthal angedeutet durch das Gebundenwerden Simson's. Aber dieser an und für sich doch durchaus natürliche Zug der Erzählung dürfte nur dann symbolisch gedeutet werden, wenn bereits aus anderen Rücksichten feststände, dass wir es hier mit einer mythologischen Figur zu thun haben, was aber keineswegs der Fall ist. Denn die von Steinthal beliebte Zusammenstellung der beiden Säulen des Dagontempels, an denen Simson stirbt, mit den von Herkules im äussersten Westen aufgerichteten, an denen dieser Sonnenheros endet, kann doch nicht wohl ernstlich in Betracht kommen. Herkules hat die Himmelssäulen bei Gades, d. i. die riesigen Berge aufgerichtet; sie sind nach Philostratus[1] die Bande der Erde und des (oberen) Oceans, sie tragen den Himmel, sind also das Symbol der Dauer, der Beständigkeit, der durch die Gottheit gewährleisteten festen Ordnung in der Natur; Simson dagegen reisst die Säulen ein; nicht die Welt- oder Himmelssäulen, sondern die Tempelsäulen des bekannten philistäischen Götzen Dagon, der sein eignes Haus nicht zu schützen vermag.[2] Der Tod des Herkules endlich ist zwar deutlich ein Symbol des Absterbens der Sonnenkraft; Simson dagegen beweist grade im Augenblick des Todes eine grössere Kraft als je bei Lebzeiten. Und er sprach: „Meine Seele sterbe mit den Philistern; und er bog die Säulen um mit Kraft; da fiel das Haus auf die Fürsten und auf alles Volk, das darinnen war, dass der Todten mehr waren, die in seinem Tode starben, denn die bei seinem Leben starben."

Der einzige Zug in der Simsonsage, welcher einen mythologischen Charakter zu haben scheint, ist die Erzählung von den Füchsen. Simson verwüstet die Getreidefelder der Philister dadurch, dass er dreihundert Füchse mit Feuerbränden, die an ihrem Schwanz befestigt sind, in das reife Getreide hineinjagt. Ewald[3] vergleicht hiermit die Schilderung, wie Rinder durch

---

[1] Vita Apoll. 5, 5. ‖ [2] Vgl. 1 Sam. 5, 3. ‖ [3] Geschichte II 572.

die Schwänze das Waldfeuer verbreiten; wie Hannibal die Ochsen mit Brandern in den Hörnern entsendet, und wie brennende Fackeln als Kriegserklärung in Feindesland zu werfen auch den Griechen bekannt war. Allein mit Simson's Streich hat es deswegen eine besondere Bewandtniss, weil wir im Cult der Römer und Griechen den Fuchs in einer Verbindung mit dem Sonnengott finden, welche unmittelbar an die hebräische Erzählung erinnert. Steinthal macht darauf aufmerksam, dass der Fuchs wie der Löwe ein Thier ist, das in der Mythe **den** Sonnenbrand andeutete, durch seine Farbe und den haarigen Schwanz ganz dazu geeignet. „In Rom wurde am Feste der Ceres eine Fuchshetze durch den Cirkus veranstaltet, wobei den Füchsen brennende Fackeln an den Schwanz gebunden wurden, eine symbolische Erinnerung an den Schaden, den die Felder von dem Kornbrande, den man den Rothfuchs (robigo) nannte, zu befürchten hatten und in dieser verhängnissvollen Jahreszeit (im letzten Drittel des April) auf mehr als eine Weise beschwor. Es ist die Zeit des Hundssterns, wo man den Kornbrand am meisten zu fürchten hatte; folgt in dieser Zeit der heisse Sonnenbrand zu schnell auf den Reif oder den Thau der kühlen Nächte, so rast jenes Uebel wie ein brennender Fuchs durch die Fruchtfelder."[1] Nach Ovid[2] wäre jene Fuchshetze das Andenken an eine Verwüstung der Kornfelder, die einst ein Bauernknabe durch einen Fuchs angerichtet hatte, der ihm in dem Augenblick entwischte, als er ihn mit Werg umwunden und diesen angezündet hatte. Gewiss hat man hierin mit Steinthal eine Sage zu erkennen, welche zur Begründung der feierlichen Fuchshetze gebildet wurde, die aber unmittelbar an die Erzählung von Simson erinnert. Jener Brauch wurde am Feste der Ceres begangen, weil sie die Göttin ist, die den Kornbrand verhüten soll. Auch die Griechen kennen eine $\Delta\eta\mu\dot\eta\tau\eta\rho\ \dot\epsilon\rho\upsilon\sigma\iota\beta\dot\iota\eta$ d. i. eine Demeter, welche den Kornbrand ($\dot\epsilon\rho\upsilon\sigma\dot\iota\beta\eta$) abwendet. Ursprünglicher aber ist der Ἀπόλλων ἐρυθίβιος auf Rhodus, also eine Form des Sonnen-

---

[1] Preller, Röm. Mythol. **437** f. [2] Fast. IV 681 ff.

gottes, genau entsprechend dem lateinischen Gott Robigus, welche beide ursprünglich die Verursacher des Brandes sind, **ihn** dann aber auch abwehren können. Um den Gott hierzu geneigt zu machen wurden im Haine des Robigus am Feste der Robigalia (25. April) junge Hunde von rother Farbe, nur eine andere Gestalt der Füchse, als Sühnopfer dargebracht.

Bei diesen schlagenden Parallelen sind alle Erklärungen abzuweisen, welche darauf hinauslaufen, den Streich Simsons als möglich oder historisch glaubwürdig darzustellen, sei es dadurch, dass man aus den Füchsen Schakale macht, die sich angeblich leichter fangen lassen; sei es, dass man darauf hinweist, dass Palästina mit wirklichen Füchsen reichlich gesegnet gewesen sei, oder endlich dadurch, dass man hervorhebt, es sei ja garnicht gesagt, Simson habe diese Thiere alle selbst und auf einmal gefangen. Vielmehr ist meiner Ansicht nach die Erzählung von Simsons Füchsen in der That ein mythologischer Zug, der nicht anders erklärt werden darf, als die genau entsprechenden griechischen und römischen Parallelen. Trotzdem halte ich es für durchaus verkehrt, wegen dieses einzigen stichhaltigen mythischen Zuges in der Gestalt Simsons, den Sohn des Manoach für einen ursprünglichen Sonnengott zu halten. Dass historische Personen nicht allein von der Sage verherrlicht worden sind, sondern dass sich auch ursprüngliche Göttermythen und zwar solche fremder Völker an sie angesetzt haben, ist eine so häufige Erscheinung, dass es kaum der Belege bedarf. Man erinnere sich doch nur daran, wie viele Züge ägyptischer, syrischer und germanischer Göttinen von der Sage, Legende und Kunst auf die Mutter des Herrn übertragen worden sind, und wie bei fast jedem katholischen Heiligen sich ähnliches nachweisen lässt![1] Dass auf Schimschon den „Sonnigen" von der hebräischen Sage ein Zug aus der Mythe des phönicischen Sonnengottes Schemesch übertragen worden ist, hat seine genaue Parallele daran, dass in Griechenland und Syrien der heilige Elias ('Ηλίας) mehrfach

---

[1] Vgl. Steinthal S. 165 f.

Züge des Sonnengottes (Ἥλιος) an sich trägt.[1] Aber so wenig man Maria oder den heiligen Elias wegen dieser mythischen Züge für ursprüngliche Götter halten wird, ebensowenig ist diese Schlussfolgerung für Simson gestattet. Wie viel aus der Erzählung über Simson der Sage und wieviel der Geschichte angehört, wird sich schwerlich jemals feststellen lassen; aber dass einmal der Sohn Manoach's seinem Volke gegen die Philister Recht geschaffen hat, darf eine nüchterne Kritik nicht bezweifeln; dass er ursprünglich ein Sonnengott gewesen sei lässt sich nur durch phantastische Willkür beweisen.

Im Anschluss an seine mythologische Deutung Simsons sucht Steinthal auch in anderen alttestamentlichen Erzählungen, Figuren und Sprachweisen die Wirksamkeit des Mythos nachzuweisen. Diese israelitischen Mythen sind freilich, wie sie jetzt vorliegen, nach Steinthal durchaus nach monotheistischem Princip gestaltet, sind aber zum grössten Theil in dieser Gestalt nicht ursprünglich, sondern aus polytheistischen Mythen umgewandelt. Bleiben wir zunächst beim Buch der Richter stehn, so ist Schamgar, der 600 Philister mit einem Ochsenstecken schlug, nur **eine** andere Gestalt des Simson. Sein Name, welcher „der in der Höhe Kreisende" bedeuten soll, woran natürlich nicht zu denken ist, weise auf den Sonnengott. Dass dieser Name durch das Lied der Debora als historisch gesichert ist, ficht Steinthal nicht an, denn auch Barak, wenn auch als karthagischer Personenname bekannt, ist wegen seiner Bedeutung „Blitz" verdächtig. Ja Debora selbst findet keine Gnade. Sie steht neben Barak; ihr Name bedeutet „die Biene." „Wenn aber der Regen und Thau für Honig gilt, so ist auch die Biene die Regenwolke. Es tritt in diesem Zusammenhange noch ein dritter Name auf, Ja'el [das Weib Heber's, des Keniten], die Bergziege, die ebenfalls Symbol der Wolke ist. Die Melissai (Bienen) und die Ziege Amalthea vertreten auch bei den Griechen einander. Endlich die Weise

---

[1] Vgl. Wadd. zu 2497.

wie Sisera fällt, durch Hammer und Nagel, erinnert an den Blitzgott" [Ja'el, das Weib Heber's, des Keniten!].

Einer Kritik bedürfen diese wilden mythologischen Umdeutungen der am besten bezeugten Namen und Facta aus dem hebräischen Alterthum nicht; man wird sich nun aber auch nicht mehr darüber wundern dürfen, wenn Steinthal durch die Weise, wie David den Goliath erlegt, an Thors Kampf mit Hrungnir, dem er seinen Hammer in die Stirn warf, erinnert wird, und wenn er fast alle Schicksale und Thaten Mosis auf Sonnenmythen deutet. Aus der bunten Sammlung von Belegen, welche Steinthal für diese Deutung anführt, nenne ich als charakteristische nur zwei: „Moses tödtet keinen Drachen, aber einen Aegypter, und flieht dann wie alle Sonnengötter." „Moses lässt mit dem Thau das wie Honig süsse Manna regnen, was an den Nektar und Göttermeth erinnert." Ich hatte geglaubt, das Manna würde „Brot vom Himmel" genannt, das von der Erde aufgesammelt werden konnte; aber freilich an solchen Kleinigkeiten darf sich ein rechter Mytholog nicht stossen.

Wer weitere Beispiele mythologischer Deutung wünscht, mag sie bei Steinthal nachlesen; ich will nur noch einen von ihm hervorgehobenen Punkt berühren, der vielleicht einer ernsteren Beachtung werth ist, als jene Phantastereien.

Steinthal meint, der ursprüngliche mythische Polytheismus der Israeliten habe der hebräischen Sprache ein so entschiedenes Gepräge aufgedrückt, dass er noch in mannigfachen Anschauungen und Redewendungen der Propheten und heiligen Dichter wieder zu erkennen sei. In der That, wenn die Israeliten der alten Zeit wirklich in polytheistischen Anschauungen lebten, so konnte keine monotheistische Retouchirung die Spuren der Vergangenheit völlig verwischen. Nun hatte freilich Renan[1] grade umgekehrt darauf hingewiesen, dass die semitischen Wortwurzeln trocken, unorganisch und absolut ungeeignet seien, um eine Mythologie hervorzubringen, während für **den** ursprünglichen

---

[1] JA 1859 I 426 ff.

Arier jedes Wort sozusagen prägnant war und virtuell einen Mythos in sich schloss. Der Grundsatz nomina numina ist der Schlüssel für die vergleichende Mythologie der arischen Völker geworden, da fast alle Wurzeln der arischen Sprache einen verborgenen Gott in sich schliessen, wie *div* (Ζεὺς), *Agni* (ignis), *Varuna* (Οὐρανός), *Ge* oder *De* (Δημήτηρ). Nichts Aehnliches bei den entsprechenden semitischen Wörtern *or* Licht, *samâ* Himmel, *ars* Erde u. s. w. „Kein Name eines semitischen Gottes knüpft sich an solche Worte. Die Wurzeln in dieser Sprachfamilie sind sozusagen realistisch und ohne Durchsichtigkeit und daher ungeeignet, eine Mythologie zu erzeugen." Renan weist diese durchaus verschiedene Richtung der beiden Sprachfamilien an mehreren Beispielen nach. „Die Morgenröthe (Aurora) ist in den arischen Mythologien der Gegenstand einer wahrhaft überraschenden Zahl von Mythen, in denen sie stets die Rolle einer Persönlichkeit spielt und verschiedene Namen annimmt. Sie ist die Tochter der Nacht; sie wird umarmt von der Sonne; sie gebiert Tithonos oder den Tag; sie liebt Kephalos (die Sonne); sie hat zur Nebenbuhlerin Prokris (den Thau); sie flieht vor der Sonne und wird vernichtet durch ihre Umarmung. Im Rigveda geht sie in jedes Haus; sie denkt an die Wohnung des Menschen; sie verachtet weder den Kleinen noch den Grossen; sie führt den Reichthum herbei, sie ist stets dieselbe, unsterblich und göttlich; sie altert nicht; sie ist die stets junge Göttin, aber sie lässt den Menschen altern:

> Die Morgenröthe naht jedem Hause; sie ist es, welche jeden Tag anzeigt.
> Die Morgenröthe, das hurtige Mädchen, kömmt ewig wieder; sie geniesst immer zuerst alle Güter.[1]
> O Indra (der Sonnengott) du hast getroffen die Tochter des Dyaus, (Aurora) ein Weib, schwer zu besiegen! . . .
> Die Morgenröthe hat sich aus ihrem zerbrochenen Wagen gestürzt, fürchtend, dass Indra, der Stier, sie treffe.
> Ihr Wagen liegt da, zerbrochen in Stücke; sie ist weit weg gegangen.[2]

---

[1] Rigveda I 123, 4. [2] Rigveda IV 30.

Die Morgenröthe naht ihm (dem Sonnengott); sie verscheidet, sobald das glänzende Wesen, welches die Himmel erleuchtet, **zu** athmen beginnt.[1]

Um vollkommen unparteiisch zu sein, hätte Renan bemerken können, dass sich auch bei Dichtern des alten Testaments Spuren einer Personification der Morgenröthe finden. Der Dichter des Hiob spricht von ihren Wimpern[2]; der Psalmdichter[3] von ihren Flügeln, und ein anderer[4] vergleicht sie mit einem flüchtigen Reh; bei Jesaias[5] endlich heisst der Morgenstern ihr Sohn. Aber wie dürftig sind doch diese Anfänge einer Personification gegenüber der ausgebildeten Mythologie im Rigveda, und, worauf es vor allem ankommt, es findet sich im alten Testament nicht die geringste Spur davon, dass die Morgenröthe jemals als **göttliches** Wesen betrachtet worden wäre, wie sich denn auch bei den heidnischen Semiten nirgends eine Gottheit des Morgenroths findet. „Im Buche Hiob, sagt Renan, gebietet im Gegentheil Gott dem Morgen, lässt aufgehn oder versiegelt die Sterne[6], weist dem Licht und der Finsterniss ihre gegenseitigen Grenzen an.[7]

    Hast du, so lange du lebst, dem Morgen geboten?
    Hast du dem Frühroth seinen Platz angewiesen,
dass es die Säume der Erde ergreife,
um von ihr abzuschütteln die Frevler?
    Da wandelt sich die Erde wie Siegelthon,
die Dinge stellen sich dar wie ein (buntes) Gewand.
    Da wird den Bösen ihr Licht entzogen,
und der bereits erhobene Arm wird gebrochen."[8] —

Bekanntlich besteht die Lösung des Räthsels, an dem Hiob und seine Freunde sich vergeblich abmühen, in der echt semitischen Idee, dass Gott der absolute Herrscher der Welt ist, und dass der Mensch sich daher den Fügungen Gottes, welcher Art sie auch sind, mit Demuth und Ergebenheit zu unterwerfen habe. Jene absolute Allmacht Gottes nach allen Richtungen hin auszumalen, der Nachweis, dass Nichts in der belebten und unbelebten Natur seiner Herrschermacht entrückt ist, das ist der

---

[1] Rigveda X 89. [2] Hi. 3, 9. 41, 10. [3] ψ 139, 9. [4] ψ 22, 1. [5] 14, 12. [6] Hi. 9, 7. [7] ibid. 38, 19—20. [8] ibid. 38, 12—15.

Zweck des letzten Theiles dieser grossartigen Dichtung. Trotzdem unternimmt es nun Steinthal, grade aus denjenigen Stellen des Hiob, welche die Allmacht Jahve's schildern, den Nachweis zu führen, dass dem Dichter, obwohl er unzweifelhaft Monotheist war, doch in seiner Weltanschauung das Heidenthum noch sehr nahe gestanden habe; denn hier verfalle er zuweilen in Ausdrücke, welche die Kraft Indra's und Zeus' oder Apollo's darzustellen scheinen. Es ist charakteristisch für Steinthal's Beweisführung, dass er, während er vorhin von einem „entschieden" mythischen Gepräge der hebräischen Sprache und „mannigfachen" polytheistischen Anschauungen und Redewendungen der Propheten und Dichter sprach, jetzt, wo er die Belege anführt, vorsichtigerweise das Wort „zuweilen" gebraucht. In der That vermag Steinthal aus dem ganzen Umfange der hebräischen Sprache nicht mehr als drei bis vier Worte mythologischen Charakters beizubringen. Es sind die drei Synonyma Rahab, Livjathan, Tannin, welche ein sagenhaftes Ungeheuer bezeichnen, nach Steinthal den Gewitterdrachen, der von Jahve durchbohrt wird, und der Name des Sternbildes Orion, des Kesil, von dessen Banden der Dichter[1] spricht. Ich gebe gern zu, dass diesen Ausdrücken alte Mythen zu Grunde liegen; aber mit Recht macht Flöckner[2] darauf aufmerksam, dass sie deswegen noch nicht auf ein primitives Heidenthum bei den Hebräern hinzuweisen brauchen, sondern sich aus dem engen stetigen Contacte mit dem Culturleben und der Naturreligion der Kananiter in rationeller Weise herleiten und erklären lassen. Man denke nur an die mythologischen Elemente in modernen Dichtungen, eine Parallele, die deswegen vollkommen gerechtfertigt ist, weil das Gedicht von Hiob nicht etwa dem hebräischen Alterthum, sondern, wenn dieser Ausdruck erlaubt ist, der modernen hebräischen Zeit, d. h. frühestens den Ausgängen des hebräischen Nationallebens angehört. Flöckner macht als Gegenprobe mit Recht auch auf den ungleich bedeutenderen Einfluss

---

[1] Hi. 38, 31. ∥ [2] a. a. O. 1887, 65.

aufmerksam, den das alte Hirtenleben der Israeliten in wirklich unvertilgbarer Weise auf ihre Naturanschauung und Sprache geübt hat. „Man erwäge nur, wie viele Wörter, Phrasen, Bilder, Vergleiche jenes alte Hirtenleben reflectiren ... und man frage sich, ob nicht ein ursprünglicher Polytheismus in ganz anderer Deutlichkeit und viel weiterem Umfange in der späteren Sprache und Literatur sich geltend machen müsste, als dies in den dürftigen Residuen geschieht — selbst die Wirklichkeit derselben angenommen —, welche von Steinthal seinem subjectivistischen Beweisverfahren dienstbar gemacht sind ... Wenn je der Polytheismus als Volksreligion, als Vorstufe des Monotheismus, unter den Hebräern bestanden hätte, müssten wir von einer solchen das Volk nach allen Richtungen seines Geisteslebens beherrschenden Macht ganz andere Nachwirkungen in Sprache und Ausdrucksweise und auch in anderen Beziehungen erwarten und finden, als Steinthal solche nachzuweisen auch nur unternommen hat."[1] —

Die Erörterung der Frage, ob die Israeliten ursprünglich Polytheisten waren, musste sich bis hierher nothgedrungen in **der Form** der negativen Beweisführung bewegen, d. h. es musste nachgewiesen werden, dass diejenigen Argumente, welche für einen ursprünglichen israelitischen Polytheismus in's Feld geführt worden sind, bei genauerer Prüfung nicht stichhaltig sind. So zeigte es sich, dass die Pluralform Elohim einen ursprünglichen Polytheismus der Hebräer nicht beweist; dass sich in den israelitischen Personennamen keine heidnischen Elemente finden; dass sich in den Gestalten der Patriarchen, Erzväter und Richter keine ursprünglichen Götter nachweisen lassen und dass man

---

[1] Erst nach Ausarbeitung dieses Abschnittes habe ich das Buch von Goldziher „Über den Mythos bei den Hebräern" gelesen, in dem ausnahmslos alle Gestalten der Genesis und viele des Richterbuchs in Gottheiten der dunkeln Nacht und des lächelnden Tages aufgelöst werden. Schon diese Eintönigkeit macht die Lectüre des Buches höchst unerquicklich. Wenn man einmal der Phantasie die Zügel schiessen lassen will, so verlangen wir ein **etwas bunteres** Gemälde. **Von** der Richtigkeit der **in** diesem Buche gegebenen **Deutungen ist wohl nur der** Verfasser desselben überzeugt.

vergeblich nach den Göttern sucht, die angeblich in alter Zeit von den Hebräern verehrt worden sind; dass endlich das Gepräge der hebräischen Sprache der Annahme eines ursprünglichen Polytheismus nicht günstig ist. Diese negative Beweisführung bedarf nun aber der Ergänzung durch den positiven Nachweis, dass, soweit wir die Geschichte der Israeliten zurückverfolgen können, de jure immer nur ein Gott von ihnen verehrt worden ist, und dass die Verehrung mehrerer Götter, welche sich durch die Geschichte des Volkes hinzieht, als Abfall von einer höheren Glaubensstufe zu betrachten ist und ihren Ursprung fremden Einflüssen verdankt. Die Frage, um die es sich handelt, ist die, ob die Verehrung anderer Götter neben Jahve primär oder secundär ist; mit anderen Worten, ob Kuenen Recht hat mit seiner Behauptung, dass „der Polytheismus der Volksmasse nicht als später eingeschlichen betrachtet werden kann, dass vielmehr Alles für seine Ursprünglichkeit spricht."

Wir untersuchen billiger Weise zunächst, wie das alte Testament selbst diese Frage beantwortet.

Die alttestamentliche Tradition soll sich zum Theil noch einer Zeit bewusst sein, da die Vorfahren des Volkes Israel einer Vielheit von Göttern, „anderen Göttern" dienten. Baudissin[1] führt als Beleg hierfür an die Stellen Josua 24, 2. 14 f. vgl. Gen. 31, 19, Ez. 20, 24. Wäre an diesen Stellen wirklich der Polytheismus als der ursprüngliche religiöse Zustand Israel's vorausgesetzt, so ständen sie in directem Widerspruch mit der gesammten sonstigen Anschauung des alten Testaments, welches überall die Verehrung des Einen Gottes oder doch Eines Gottes als das Ursprüngliche ansieht. Aber diese Stellen sind auch schwerlich so zu verstehen, wie Baudissin will. Josua 24, 2 f. heisst es: „Jenseit des Stromes sassen eure Väter von Alters her, Terach, der Vater Abraham's und Nahor's, und dienten anderen Göttern. Und ich nahm euren Vater Abraham von jenseit des Stromes und führte ihn durch das ganze Land Kanaan

---

[1] Studien I 55.

und mehrte seinen Samen und gab ihm den Isaak." Dass auch Abraham an dem Götzendienste seines Vaters Theil genommen habe, ist weder hier noch sonst wo irgend wie angedeutet; vielmehr ist die Voraussetzung offenbar die, dass Abraham allein den wahren Glauben behalten hat, und dass er, um diesen zu retten, von Gott aus der götzendienerischen Umgebung entnommen wird. Zugleich erfreut sich der Stammvater des israelitischen Volkes als Lohn für seine Treue des göttlichen Schutzes auf seinen Wanderungen und erhält den Leibeserben, durch welchen die wahre Gotteserkenntniss fortgepflanzt werden soll. Terach und die Seinen werden daher sowohl hier wie v. 14 f. als Abtrünnige betrachtet. Dies ergiebt sich mit Sicherheit aus v. 14, wo neben den **von den** Vätern jenseit des Stromes verehrten Göttern auch die genannt werden, denen sie in Aegypten dienten. Die in Aegypten ansässigen Väter der Israeliten waren doch Nachkommen Abraham's, und wenn sie der Vielgötterei ergeben waren, so konnte dies nur Abfall von dem **wahren** Glauben Abraham's sein. Noch weniger beweist die Stelle Gen. 31, 19. 34. Wenn es hier heisst, dass Rahel den Teraphim ihres Vaters gestohlen habe, so ergiebt sich hieraus nur, dass der Aramäer Laban und seine Tochter diesem Cult anhingen. Dass diese „fremden Götter" nach Ansicht des Erzählers etwas Illegitimes waren, ergiebt sich deutlich aus Gen. 35, 4, wo Jakob sie den Seinen abnimmt und unter der Terebinthe von Sichem verbirgt. Bei Ez. 20, 24 endlich ergiebt sich aus v. 7, 8, dass die Götzen der Israeliten, denen die Väter dienten, ägyptische, also nicht ursprünglich israelitische Götter waren; dass nach Ezechiel der legitime Gott Israel's, von dem die Väter freilich abfielen, in Aegypten Jahve war, ist v. 5. 7 ausdrücklich hervorgehoben.

Ein besonderes Gewicht pflegen die Vertreter eines ursprünglichen Polytheismus der Hebräer auf die Stelle Amos 5, 26 zu legen, welche man von Götzen versteht, die von den Israeliten in der Wüste verehrt wären. Es ist daher angezeigt, diese **Stelle** etwas ausführlicher zu besprechen. Das Capitel wird von Amos als ein Trauerlied (קינה) über Israel bezeichnet (v. 1). Israel wird fallen und nicht wieder auferstehen (v. 2. 3). Nur wenn es Jahve selbst suchen würde, könnte es leben, während das äusserliche Aufsuchen der Wallfahrtsstätten Bethel, Gilgal und Bersaba, womit Verdrehen von Recht und Gerechtigkeit verbunden ist, keinen Nutzen bringen kann (4—7). Es folgt eine begeisterte Schilderung des allmächtigen Schöpfers der Welt, der über die Widerspenstigen und Gewaltthätigen Vernichtung aufblitzen lassen wird (8—9). Aber den, der hieran mahnt, hassen die Israeliten. Darum werden sie von ihrem ungerechten Gewinn keinen Nutzen haben (10—12). Erbarmen ist nur zu erlangen durch Recht und Gerechtigkeit (13—15). Da diese fehlen, so steht nur Klage und Trauer zu erwarten (16—17). Mögen sie nur den Tag Jahve's herbeiwünschen, sie ahnen nicht, wie schrecklich er sein wird (18—20). Mit v. 21 nimmt der Prophet den v. 4—7 ausgesprochenen Gedanken wieder auf, dass äusserliche Cultushandlungen den Zorn Jahve's nicht beschwichtigen können. Er hasst und verschmäht ihre Feste und Opfer, die nach ihrer Ansicht mit Gewaltthat und Bedrückung der Armen vereinbar sind, und fordert statt dessen Recht und Gerechtigkeit (21—24). Und zum Beweise dafür, dass es nicht der äussere Cultus ist, durch den Gottes Gnade bedingt ist, erinnert der Prophet sie an die Zeit der Wüstenwanderung, in der keine Opfer und Gaben dargebracht wurden (v. 25)[1], und in der sie sich trotzdem der Leitung durch Jahve zu erfreuen hatten (2, 10. 3, 1. 9, 7). Dem zeitgenössischen

---

[1] Diese Ansicht des Amos, dass während des Wüstenzuges keine Opfer dargebracht wurden, ist höchst auffallend; richtig ist sie in keinem Fall. Denn sie streitet nicht nur mit der sonstigen Anschauung des A. T. — Jer. 7, 22 bezieht sich auf den Dekalog, in dem von Opfern nicht die Rede ist — sondern auch mit Thatsachen, die von vornherein als feststehend gelten können. Der jahvistische Erzähler des Pentateuch, welcher das Opfer so alt sein lässt, wie die Welt selber, urtheilt historisch viel richtiger als Amos. Letzterer ist zu seiner Meinung wohl nur gekommen auf Grund der Erwägung, dass in der Wüste das Opfermaterial gefehlt habe, woran aber thatsächlich nicht zu denken ist.

Werthlegen auf Opfer und Feste, womit man Gottes Zorn glaubte beschwichtigen zu können, stellt also der Prophet die Zeit des Wüstenzuges gegenüber, in welcher nach Amos überhaupt keine Opfer dargebracht wurden und in welcher Gott sich aus anderen Gründen trotzdem des Volkes annahm. Die Zeit des Wüstenzuges wird also den Israeliten gewissermassen als ein Vorbild entgegengehalten. Was damals nicht nothwendig war, das kann auch jetzt das Heil nicht bringen. Jene Zeit des Wüstenzuges verdient also nach Amos offenbar gegenüber dem Verhalten seiner Zeitgenossen den Vorzug. Bezöge sich nun v. 26 ebenfalls auf die Vergangenheit, so müsste dieser Vers dieselbe Tendenz haben, wie v. 25, mit andern Worten: wenn v. 26 die Rede wäre von Götzen, welche die Israeliten während ihres Wüstenzuges anstatt Jahve's oder neben ihm verehrt hätten, so hätte Amos diesen Götzendienst ebenso wie das Unterlassen der Opfer als etwas mindestens Gleichgültiges behandelt, ja er hätte dem angeblichen Götzendienst in der Wüste gegenüber dem zeitgenössischen Werthlegen auf Opfer den Vorzug eingeräumt; denn dass der Prophet in seinem ergreifenden Trauerliede eine blosse archäologische Notiz hätte geben wollen, ohne sich über den Werth oder Unwerth dieses Götzendienstes zu äussern, ist nicht eben wahrscheinlich.

Kann man dem Propheten, der eben Jahve's Allwirksamkeit so prächtig geschildert hat, eine solche Nachsicht oder richtiger Vorliebe für einen angeblichen Götzendienst während des Wüstenzuges nicht zutrauen, so bleibt nur übrig, das Wort ונשאתם als Perf. cons. mit Futurbedeutung zu betrachten und zu übersetzen: „So werdet ihr denn nehmen eure Götterbilder etc. und ich führe euch von hier nach Damaskus." Diese Deutung der Stelle, welche bereits Raschi vertritt, wird auch durch die rein grammatische Auffassung am nächsten gelegt[1]; spräche der Prophet von der Vergangenheit, so würde man statt ונשאתם erwarten ותשאו; und endlich ist in sachlicher Beziehung offenbar

---

[1] S. Driver, Use of tenses, 2te Aufl., S. 167.

dieser Schluss, dass die Israeliten mit ihren Götterbildern [1] in die Verbannung gehen müssen, der Punct, auf den die ganze Elegie abzielt. Somit fallen **die** zahlreichen Hypothesen über ursprünglichen Saturndienst der Hebräer u. dgl., welche an diese Stelle geknüpft worden sind, in sich selbst zusammen. —

Der Nachweis, dass sich im alten Testament keine Aussage findet, welche einen ursprünglichen Polytheismus der Hebräer voraussetzte, ist nunmehr positiv dahin zu ergänzen, dass überall im alten Testament die Verehrung anderer Götter als Abfall von Jahve betrachtet und die Verehrung Eines Gottes als das Ursprüngliche vorausgesetzt wird.

So lange Josua lebte, heisst es im Richterbuch [2], und seine ihn überlebenden Zeitgenossen, welche alle die grossen Werke Jahve's gesehn hatten, die er an Israel gethan hatte, diente das Volk Jahve. Nach dem Tode dieser Männer aber kam ein anderes Geschlecht auf, welches Jahve nicht kannte, noch die Werke, die er an Israel gethan hatte. „Da thaten die Kinder Israel übel vor dem Herrn und dienten den Baalim, und verliessen Jahve, den Gott ihrer Väter, der sie aus Aegyptenland geführt hatte, und folgten andern Göttern nach, den Göttern der Völker, die um sie her wohnten, und beteten sie an und erzürnten Jahve." „Da die Kinder Israel unter den Kananitern... wohnten, nahmen sie deren Töchter zu Weibern und gaben ihre Töchter jener Söhnen und dienten jener Göttern, und thaten übel vor Jahve und vergassen Jahve, ihren Gott, und dienten den Baalim und Ascheroth." [3] Diese Betrachtungsweise, dass der Götzendienst ein Verlassen oder Vergessen Jahve's sei, kehrt nicht allein in den historischen Büchern, sondern auch bei den Propheten und Dichtern immer und immer wieder. Das Bild vom Ehebruch, das die Propheten von Hosea [4] an auf den Götzendienst Israel's anwenden, ist nur verständlich unter der Voraussetzung, dass der einzig rechtmässige und ursprüngliche Gott Israel's Jahve ist. Und so sagt denn auch Hosea direct:

---

[1] Vgl. **Jes.** 46, 2. ‖ [2] 2, 7 ff. ‖ [3] Jud. 3, 5—7. ‖ [4] Hos. 1. 2. Ez. 16. 23.

„Ich, Jahve bin dein Gott von Aegyptenland her" 12, 10. „Ich, Jahve bin dein Gott von Aegyptenland her und einen Gott ausser mir kennst du nicht, und einen Heiland giebt es nicht ausser mir; ich habe dich erkannt in der Wüste, im Gluthlande" 13, 4. „Ich fand Israel in der Wüste wie Trauben, und sahe eure Väter wie die ersten Feigen am Feigenbaum; **sie** aber gingen zum Baal Peor und gelobten sich dem schändlichen **Abgott und** Gräuel wurden ihre Liebhaber." 9, 10. „Da Israel jung war, hatte ich ihn lieb und rief ihn, meinen Sohn, aus Aegypten." 11, 1. „Ich habe euch aus Aegyptenland heraufgeführt und euch geleitet in der Wüste 40 Jahre, dass ihr der Amoriter Land besässet." Am. 2, 10. „Höret dies Wort, welches der Herr geredet hat . . . . über das ganze Geschlecht, welches ich aus dem Lande Aegypten geführt habe u. s. w." 3, 1. 2. Vgl. 9, 7. „Denn ich habe dich heraufgeführt aus Aegypten und dich aus dem Sklavenhause erlöst, und sandte vor dir her Mose, Aharon und Mirjam." Micha **6, 4.**

Diese zuletzt angeführten Stellen könnten den Anschein erwecken, als ob nach der Meinung der Propheten Jahve freilich seitdem er sich an Moses offenbart und sein Volk aus Aegypten geführt, der einzig rechtmässige Herr Israel's sei, dass sie aber für die vorhergehende Zeit, also für die Dauer des Aufenthalts in Aegypten und für die Patriarchenzeit die Verehrung eines einzigen Gottes in Israel wenigstens nicht behaupteten. So steht es aber in Wirklichkeit nicht. Die Ansicht, dass der von Moses verkündete Gott sich auch schon, wenn auch unter einem andern Namen, den Erzvätern geoffenbart habe, dass also der Gott Mosis kein anderer ist, als der Gott Abraham's, Isaak's und Jacob's, diese Ansicht beherrscht nicht nur die Darstellung des Pentateuch, sondern wird ebenso auch von den Propheten vertreten. Die hierhergehörigen Stellen hat grösstentheils schon Kuenen[1] zusammengestellt. Hosea (12, 4 ff.) kennt Jakob's Kampf mit Gott (Gen. 32, 24 ff.), weiss von der Offenbarung

---

[1] Godsdienst I, 103 ff.

Gottes an Jakob zu Bethel (Gen. 35, 7) und erkennt in **dem** Reden Gottes mit dem Ahnherrn ein Reden mit dessen Nachkommen, d. h. die Offenbarung Gottes an Jakob bleibt auch für die Nachkommen gültig. Micha (7, 20) weiss, dass der Gott, den er selbst anruft, auch schon dem Jakob und dem Abraham in den Tagen der Vorzeit Treue und Huld geschworen hat. Nach Jesaias (29, 22) ist es Jahve, der den Abraham erlöst hat, und von dem durch Ihn verhängten Strafgericht über Sodom und Gomorra (Gen. 19, 24 f.) wissen Jesaias (13, 19), Jeremias (50, 40), Hosea (11, 8) und Amos (4, 11) zu berichten. Es ist keinem Zweifel unterworfen, nach Annahme der Propheten waren die Hebräer auch in vormosaischer Zeit nicht Polytheisten. Wenn Ezechiel trotzdem von Götzendienst der Hebräer in Aegypten zu berichten weiss, so hat sich gezeigt, dass dies Verhalten nach Ezechiel ein Abfall Israel's von seinem rechtmässigen Herrn war. Dieser Gedanke, dass der **Götzendienst in Israel ein Abfall, ein Verlassen Jahve's, ein Eintauschen neuer und fremder Götter gegen den altangestammten Gott ist,** beherrscht die gesammte Predigt der Propheten gegen den Götzendienst. Kein Volk vertauscht seine Götter, sagt Jeremias (2, 11), obgleich dies doch Nichtgötter sind; nur Israel vertauscht seine Ehre, d. i. Jahve, gegen Nichtsnutze. Darum hat er das Unglück über Jerusalem kommen lassen, weil die Israeliten hingingen und räucherten und dienten andern Göttern, welche weder sie noch ihre Väter kannten. Jerem. 44, 3. Die Israeliten vergassen Gottes, ihres Heilandes, der so Grosses in Aegypten gethan hatte (ψ 106, 21; vgl. Deut. 6, 12. 8, 11. 14).

>   Er fand Israel im Wüstenlande,
>   In der Oede und Nacht der Steppe;
>   Umgab es, nahm es in Acht,
>   Hütete es wie seinen Augapfel.
>   Wie ein Adler sein Nest erregt,
>   Ueber seinen Jungen schwebt,
>   So breitete er seine Fittige aus,
>   **Nahm** ihn auf, **trug ihn** auf seiner **Schwinge.**
>   Jahve allein leitete **ihn**

Und kein fremder Gott war mit ihm.
Er liess ihn dahinfahren über die Höhen des Landes,
Liess ihn essen das Gespross des Feldes,
Liess ihn Honig saugen aus dem Stein,
Und Oel aus dem Kiesel des Felsen;
Butter von Kühen und Milch von Schafen
Sammt dem Fett von Lämmern und Widdern;
Stiere aus Basan und Böcke
Sammt Nierenfett des Weizens,
Und Traubenblut trankst du vom Wein.
Da wurde Jeschurun fett und schlug aus.
Wohl genährt wurdest du, dick und feist;
Und er verwarf Gott, der ihn gemacht,
Verschmähte den Fels seines Heils,
Reizte ihn durch Fremde,
Durch Gräuel erzürnte er ihn.
Sie opferten den Dämonen, Nichtgöttern,
Göttern, **die sie nicht** gekannt hatten,
Neuen, die jüngst erst gekommen,
Die eure Väter nicht scheuten.
Den Fels, der dich erzeugt, versäumtest du,
Und vergassest den Gott, der dich geboren.[1]

Diese Stelle aus dem prophetischen Liede Ha'azinu ist deswegen besonders significant, weil sie deutlich auf die Ursache von Israel's Abfall hinweist: das Wohlleben und den Reichthum sowie die daraus entstandene Ueppigkeit in der neuen Heimath. Wie dieser Dichter, so urtheilen zahlreiche andere Schriftsteller des alten Testaments über den Ursprung des Götzendienstes in Israel. Es ist nicht nöthig, diese Stellen in grösserer Ausführlichkeit vorzuführen; nur eine, welche wegen ihres hohen Alters von besonderem Gewicht ist, muss hier noch erwähnt und gegen falsche Auslegungen sicher gestellt werden. Wie der Dichter **des Liedes** Mosis sagt, die Israeliten hätten „neuen" Göttern **geopfert,** so sagt Debora in dem Liede, dessen Authenticität **von** Niemandem angezweifelt wird „Israel erwählte neue Götter".[2] Auf diese Uebersetzung der Worte יבחר אלהים חדשים, welche Luther nach dem Vorgange Aelterer unrichtig wiedergiebt

---

[1] Deut. 32, 10—17. ‖ [2] Jud. 5, 8.

„Ein neues hat Gott erwählt", führt schon die eben genannte Parallele aus dem Deuteronomium[1]; ferner der Zusammenhang und der Sprachgebrauch des Liedes. Debora blickt zurück auf die Zeit der Unterdrückung ihres Volks durch die Kananiter vor der Niederlage Sisera's. In den Tagen Samgar's waren die Wege öde, und der Wanderer suchte aus Furcht vor den Streifzügen der Feinde krumme Schleichwege auf; keinen Führer gab es mehr in Israel, bis Debora als Mutter in Israel auftrat. Nun folgen die strittigen Worte יבחר אלהים חדשים. Damals gab es Kampf um die Thore, d. h. wie Studer richtig umschreibt: Israel konnte vor seinen Feinden nicht mehr das offene Feld halten, sondern musste hinter den Mauern seiner Städte eine Zuflucht suchen, wo es eingeschlossen und belagert wurde. „Nicht wurde erblickt Schild noch Lanze unter den 40000 in Israel."

In diesem ganzen Abschnitt wird die traurige Lage Israel's vor dem Auftreten Debora's geschildert. Der mitten in diese Schilderung fallende Satz יבחר וג' muss daher ebenfalls auf die Vergangenheit gehn und kann nur die Ursache jenes elenden Zustandes angeben sollen. Israel wurde von seinem Gott verlassen, weil es selbst den alten Gott verlassen und neue erwählt hatte. Elohim chadaschim ist also Object zu jibchar, und das Subject zu diesem Verb ist Israel. Das hinweisende אז (damals) aber bezieht sich auf den Zeitraum, in welchem Israel fremde Götter erwählte. — Gegen die Uebersetzung „Gott hat neues erwählt", wonach Elohim Subject zu jibchar wäre, chadaschim Object, und dies die Bedeutung „Etwas Unerhörtes" hätte, nämlich Israel's Rettung durch ein Weib, spricht der Umstand, dass der Gott Israel's im Deboraliede nicht Elohim, sondern immer Jahve heisst; ferner dass es, wie Bertheau hervorhebt, statt חדשים vielmehr חדשית heissen müsste[2] oder חדשה[3]; endlich dass der fragliche Satz in dieselbe Zeitsphäre fallen muss, wie das unmittelbar Vorhergehende und Nachfolgende, d. i. die traurige Vergangenheit, in welcher kein Schild noch Lanze unter den

---

[1] vgl. auch Jer. 23, 23. [2] Jes. 42, 9. 48, 6. [3] Jes. 43, 19. Jer. 31, 22.

40000 in Israel **zu sehen** war. — Dieser letztere Grund spricht auch gegen die Auffassung Bertheau's, welcher Elohim als „Richter" fasst und übersetzt: „es erwählt neue Richter", d. h. die, welche zu Debora's Zeit an die Stelle der früheren unthätigen (v. 7) getreten wären. Aber zur Zeit Barak's und Debora's fehlten Schild und Lanze nicht in Israel, sonst hätten sie den Sieg über Sisera nicht davongetragen. Auch ist die Bedeutung „Richter" für אלהים durch die von Bertheau angeführten Stellen Ex. 21, 6. 22, 7. 8 keineswegs gesichert.

Wir constatiren also, dass bereits Debora im Anfange der Richterzeit den Götzendienst in Israel als ein Erwählen neuer Götter, mithin als Abfall von dem alten Einen betrachtet. Dass diese Betrachtungsweise das ganze alte Testament beherrscht, wird nun auch von den Vertretern eines ursprünglichen Polytheismus der Israeliten nicht ernstlich geleugnet; sie behaupten nur, die alttestamentliche Anschauung sei eine ideelle, thatsächlich jedoch unhistorische. Wir sind daher genöthigt, die Frage noch von einer andern Seite zu beleuchten.

Die Behauptung, dass die Propheten und Geschichtschreiber in Israel die Vorzeit ihres Volks im verklärenden Licht der Geschichte geschaut und unwillkürlich idealisirt haben, ist nicht ohne weiteres als willkürlich abzuweisen. Aehnliche Erscheinungen finden sich in den historischen Erinnerungen aller Völker. Die hervorstechenden Eigenschaften, durch welche ein Volk sich vom andern unterscheidet, werden auf die Helden der Vorzeit übertragen, so dass diese zu typischen Gestalten werden; mit andern Worten: in den Gestalten der Vorfahren gewinnt der Volkscharakter eine individuelle und concrete Erscheinung. Dieser überall nachweisbare Vorgang ist auch bei der Entstehung der Erzählungen über Israel's Vorfahren nicht unwirksam gewesen. Mir steht es fest, dass Abraham, Isaak und Jakob nicht etwa verschollene Götter, sondern geschichtliche Persönlichkeiten sind; eben so sicher aber ist es mir, dass diese Persönlichkeiten **zu idealen** Trägern **der** Charaktereigenschaften geworden sind, welche das Volk Israel als seine eignen erkannte.

Dieser Vorgang findet seinen concreten Ausdruck darin, dass Jakob auch den Namen Israel führt, d. h. der Stammvater ist in gewissem Sinne mit dem Volke identisch; Jakobs Fehler sind Israels Fehler, Jakobs Ringen ist Israels Ringen, Jakobs Sieg ist Israels Sieg.

Steht es aber so, dann dürfen wir uns nicht ohne weiteres an den Aussagen der Propheten über Israels alten Glauben und frühen Abfall genügen lassen, sondern es kommt darauf an, unabhängig von diesen Aussagen und aus inneren Gründen den Nachweis zu führen, dass die Götter, denen Israel neben Jahve gedient hat, fremde sind, und dass der echt israelitische Glaube immer nur die Verehrung eines einzigen Gottes anerkannt und geduldet hat. Zu diesem Zweck gebe ich, nachdem ich oben diejenigen angeblichen Götter beseitigt habe, welche von den Mythenmachern den alten Hebräern mit Unrecht imputirt wurden, nunmehr eine theils chronologisch, theils sachlich geordnete Uebersicht über die verschiedenen Formen des Götzendienstes, welche thatsächlich im Verlauf der Geschichte in Israel geherrscht haben. Um aber ein richtiges Bild von dem Einfluss und der Bedeutung zu gewinnen, welche der Götzendienst in Israel gehabt hat, muss hiermit verbunden werden eine Untersuchung darüber, in welchem Verhältniss zu diesem Götzendienst die Verehrung Jahve's in den verschiedenen Perioden der Geschichte Israels gestanden hat.

Eine genauere Betrachtung der verschiedenen Formen des Götzendienstes, dessen sich die Israeliten schuldig gemacht haben, zeigt nun unwiderleglich, dass die neben Jahve verehrten Götter in der That ausnahmslos fremde, d. h. nichtisraelitische waren, und zwar haben in der Regel die Götter desjenigen Volks besonders Eingang gefunden, welches in politischer oder socialer Beziehung einen bestimmenden Einfluss auf Israel ausübte. Hiernach lassen sich drei Hauptformen ausländischen Götzendienstes in Israel unterscheiden, der ägyptische, der kananäische und der assyrisch-babylonische. Hierzu kommen die Culte der kleineren Völker in der Nachbarschaft der Israeliten, und in ganz junger Zeit, als bereits Jahrhunderte lang der Götzendienst definitiv überwunden zu sein schien, die Verehrung griechischer Götter. Nicht selten haben mehrere der genannten Culte zu gleicher Zeit in Israel geherrscht; immer aber waren sie etwas Fremdes im israelitischen Blut, und bei keinem lässt es sich nachweisen oder auch nur wahrscheinlich machen, dass er einen ursprünglichen Bestandtheil des israelitischen Gottesglaubens ausmachte.

Der Ausgangspunkt für die nun folgende Uebersicht kann sowohl am Ende wie am Anfang der israelitischen Geschichte genommen werden. Der von unten nach oben hinaufsteigende Weg, welcher den Vortheil hat, von unbestrittenen Thatsachen ausgehen zu können, ist naturgemäss der Weg der Untersuchung. Für die Darstellung wählen wir den bequemeren und eine bessere Uebersicht gewährenden von oben nach unten; wir gehen also aus von Israels vormosaischem Gottesglauben. Was ist aber unter diesem nur nach einer Seite hin begrenzten Ausdruck „vormosaisch" zu verstehn? Ich stimme Kuenen darin bei, dass wir die Religionsgeschichte Israels, wenigstens auf dem Wege rein historischer Untersuchung, nicht weiter hinauf verfolgen können, als bis zum Aufenthalt der Stämme in Gosen. Der Glaube der Erzväter muss jedenfalls vorläufig ausser Betracht bleiben, weil sie, wie wir gesehen haben, in der Ueberlieferung auch zu Trägern derjenigen Ideen geworden sind, die in späterer Zeit in Israel Bürgerrecht hatten. —

Nach Ezechiel 23, 3. 19. vgl. Josua 24, 14 hat Israel während seines Aufenthaltes in Gosen seinem alten Gott die Treue gebrochen. Dass es nach Ezechiels Meinung nicht etwa altangestammte Götter waren, denen die Israeliten in Aegypten dienten, ergiebt sich aus dem von ihm gebrauchten Bilde der Lohndirne, welches der Natur der Sache nach nur die Hingabe an solche Götter bezeichnen kann, die Israel fremd waren. Zum Ueberfluss sagt Ezechiel an einer anderen Stelle[1] ausdrücklich, dass

---

[1] 20, 7 ff.

es ägyptische Götter waren, mit denen Israel sich verunreinigte. Waren es aber ägyptische, so war ihre Verehrung bei den in Aegypten eingewanderten Hebräern nicht ursprünglich, sondern von den Aegyptern übernommen. Wohl um dieser Folgerung zu entgehn bezweifelt Kuenen[1], dass den Gräueln und Dreckgöttern, denen die Hebräer dienten, mit Recht eine ägyptische Herkunft zugeschrieben werde. Allerdings waren die vormosaischen Hebräer nach Kuenen ohne Zweifel Polytheisten; dagegen hält er es für mehr als zweifelhaft, dass sie ägyptischen Göttern gedient hätten, vielmehr sei der Polytheismus der Stämme in Gosen semitisch gewesen. „Es leidet keinen Zweifel, dass unter den Hebräern bei dem völligen Mangel an Einheit und Regierung in der Religion sehr grosse Verschiedenheit herrschte; bei dem einen Stamm bestanden Vorstellungen und Gebräuche, die der andere nicht oder kaum kannte. Standen sie im allgemeinen auf einer niederen Entwickelungsstufe, die niedrigste religiöse Auffassung wird dann auch wohl die meisten Vertreter gezählt haben. Als solche nun kennen wir den Fetischismus, der auch dort fortbesteht, wo bereits weniger kindliche Vorstellungen aufgekommen sind und z. B. die Verehrung der Himmelskörper, der Sonne, des Mondes und der Planeten Eingang gefunden hat. Wir irren daher(!) sicher nicht, wenn wir annehmen, dass die Verehrung von Bäumen und besonders von Steinen, die man aus dem einen oder anderen Grunde für Wohnungen der Gottheit hielt, unter den Hebräern sehr gewöhnlich war." Mit diesen Worten schildert Kuenen[2] den Polytheismus der Hebräer in Aegypten. Daneben haben sie dann freilich, wie Kuenen zugiebt, auch schon in Gosen „mit Vorliebe" einem gemeinschaftlichen Gott, dem El Schaddai gedient, den Kuenen gelegentlich[3] direct den „Gott der Söhne Israels" nennt. Lassen wir dies Zugeständniss zunächst bei Seite, so ist Kuenens Schilderung des angeblichen israelitischen Polytheismus in Gosen Nichts als eine künstliche Geschichtsconstruction;

---

[1] Godsdienst I 265. [2] I 266. [3] I 276.

einen Beweis für die Richtigkeit derselben hat er nicht beigebracht. Auf Zeugnisse der hebräischen Literatur kann er sich nicht berufen, da diese Nichts von Verschiedenheit der Religion bei den einzelnen israelitischen Stämmen, von einer äusserst niedrigen Religionsstufe und von Baum- und Steinverehrung der Hebräer in Aegypten berichten. Dass die Israeliten in Kanaan heilige Steine gekannt haben, beweist nicht, dass dasselbe in Gosen der Fall war. Die positive Aussage Ezechiels spricht gegen einen Steincult der Israeliten in Aegypten. Endlich sind heilige Steine wohl auch von den Hebräern in Kanaan als Symbole verschiedener Art mit der Verehrung Jahve's in Verbindung gesetzt worden; dass aber die Steine selbst ursprünglich als Götter gegolten hätten, lässt sich nicht einmal bei den heidnischen Semiten nachweisen, geschweige denn bei den Israeliten. Kurz Kuenen's obige Schilderung ist nach jeder Richtung hin unhaltbar. Will man den biblischen Berichten keinen Glauben beimessen, so bleibt, da uns andere Berichte nicht zur Verfügung stehn, nur übrig, mit Stade[1] zu bekennen, „dass wir über die vormosaische Gottesverehrung Israels nicht das Mindeste wissen." Es verlohnt sich aber, bevor wir uns zu diesem Bekenntniss entschliessen, zu untersuchen, ob denn die biblischen Nachrichten über den vormosaischen Gottesglauben der Israeliten in der That so völlig werthlos und unglaubwürdig sind.

Nach mehreren von einander unabhängigen Quellen hat der Gott Israels in vormosaischer Zeit den Namen El Schaddai geführt. Bei dem Verfasser der Grundschrift des Pentateuch offenbart sich Gott an Moses mit folgenden Worten: „Ich bin Jahve, und ich erschien dem Abraham und dem Isaak und dem Jakob als El Schaddai, aber nach meinem Namen Jahve habe ich mich ihnen nicht kund gethan."[2] In Uebereinstimmung hiermit ist es, dass bei demselben Quellenschriftsteller Gott sich dem Abraham[3] und dem Jakob[4] als El Schaddai offenbart. Der Dichter des Hiob, welcher die Handlung seiner Dichtung in die

---

[1] Gesch. I 130. [2] Ex. 6, 2. [3] Gen. 17, 1. [4] Gen. 35, 11.

vormosaische Zeit verlegt, gebraucht in den Reden vielfach den Gottesnamen Schaddai, nicht aber Jahve. Im Segen Jakob's[1] heisst der Gott von Joseph's Vater (nach richtiger Lesart) El Schaddai. Endlich gebraucht Noomi im Buche Ruth[2] zweimal den Namen Schaddai als Parallelausdruck für Jahve. Hiernach kann es nicht zweifelhaft sein, dass Israel Gott in alter Zeit wirklich unter dem Namen Schaddai oder vollständiger **El** Schaddai verehrt hat. Woher sollten die genannten Schriftsteller diesen Namen auch genommen haben, wenn er nicht zuverlässiger geschichtlicher Tradition angehört hätte? Freilich ist es auffallend, dass die andern beiden Quellenschriftsteller des Pentateuch diesen Namen nicht zu kennen scheinen; demgegenüber ist aber darauf hinzuweisen, dass auch nach dem zweiten Elohisten Gott vor Moses nicht den Namen Jahve führte[3], und dass der prophetische Jahvist, von der richtigen Voraussetzung ausgehend, dass der Gott Mosis auch der Schöpfer der Welt ist, den Namen Jahve bekanntlich von Uranfang an gebraucht und auf die Wandlungen, welche der Name für Gott im Laufe der Zeit erfahren hat, überhaupt nicht reflectirt. Rein historisch betrachtet verdient die Angabe der Grundschrift gegenüber der ideellen Auffassung des Jahvisten ohne Frage den Vorzug, und es ist dies Resultat auf einem so wichtigen Puncte der Religionsgeschichte wohl geeignet, gegen die heutzutage vielfach beliebte einfache Verwerfung oder Ignorirung der historischen Angaben der Grundschrift bedenklich zu machen.

War nun aber El Schaddai, über dessen Wesen und Unterschied von Jahve unten zu verhandeln sein wird, der einzige Gott der vormosaischen Israeliten — abgesehen von den ägyptischen Göttern, von denen Ezechiel berichtet — oder war er nur, wie Kuenen behauptet, der mit Vorliebe verehrte, der primus inter pares und einer der vielen Götter, die Israel von Alters her verehrte? Wir haben bereits gesehen, dass die von Kuenen vorgeführten Baum- und Steingötter bei genauerem Zusehen in

---

[1] Gen. 49, 25. [2] 1, 20. 21. [3] Dillmann zu Ex. 3, 14.

Nichts verschwanden. Sie waren eine in Aegypten nicht seltene Kimmung. Von andern Göttern der Hebräer weiss auch Kuenen Nichts zu berichten. Endlich erklärt sich die Stiftung Mosis viel leichter und einfacher bei der Annahme, dass er in den früheren religiösen Ideen seines Volkes Anknüpfungspunkte für seine Verkündigung Jahve's vorfand als unter der Voraussetzung, **dass** der Gottesglaube seines Volkes von dem der heidnischen Semiten in Nichts verschieden war.

„Ich bin Jahve dein Gott, der ich dich aus Aegyptenlande geführt habe, aus dem Sclavenhause; du sollst keinen andern **Gott** haben neben mir."[1] Dass Moses die Verehrung Jahve's mit Ausschluss aller anderen Götter von seinem Volke gefordert hat, ist **eine Thatsache,** die so gut bezeugt ist, wie nur irgend ein sicheres Factum in der Religionsgeschichte, und bei deren Leugnung die Geschichte Israels in jeder Hinsicht unverständlich bleibt. Ich wüsste in der That nicht, was von seiner Stiftung noch übrig bliebe, wenn man ihm dies Gebot absprechen wollte. Auch giebt es wohl kaum einen ernsthaften Kritiker, der hierin nicht mit uns übereinstimmt. Selbst Kuenen, nach dessen Ansicht die Verehrung vieler Götter in Israel in den Zeiten der Propheten nicht als etwas später Eingeschlichenes, sondern als ursprünglich zu betrachten ist, sieht sich — freilich ohne den hierin liegenden Widerspruch zu merken — zu dem Bekenntniss genöthigt: „Höchst wahrscheinlich mag es heissen, dass Moses von der Macht und Herrlichkeit des Gottes seines Volkes einen tiefen Eindruck empfing, ihn zum einzigen Gegenstand seiner Verehrung erwählte und diese seine Wahl zum Gesetz für ganz Israel machte."[2] Und noch bestimmter leitet Stade, den Niemand einer Voreingenommenheit zeihen wird, den Gedanken, dass Jahve der alleinige Gott Israels ist und daher sein Cult den Cult anderer Götter völlig ausschliesst, aus der Initiative des Stifters der Religion Israels ab, „denn woher er sonst rühren sollte, ist nicht einzusehen."[3] Wir acceptiren dies Zugeständniss,

---

[1] Ex. **20. 2 f.** Deut. 5, 6 f. Ex 34, 14. ‖ [2] Godsdienst I 276. ‖ [3] Gesch. I 439.

dass die Verehrung Eines Gottes seit Moses in Israel Gesetz, also aller Götzendienst illegal ist, können aber Stade nicht zugeben, dass uns jeder Einblick in die Genesis dieses Gesetzes verschlossen sei. Es fand Anknüpfungspunkte vor an dem alten Glauben an El Schaddai. Nach allem was wir wissen hat die Thätigkeit Mosis nicht darin bestanden, dass er sein Volk von der bisherigen Verehrung vieler Stammgötter, nach denen man vergeblich sucht, zu der Verehrung eines einzigen überführte; die „anderen" Götter, denen zu dienen er seinem Volke verbietet, sind die der Aegypter, zu denen Israel abgefallen war. Er hat seinem Volke auch nicht eigentlich einen neuen Gott gebracht, sondern er hat den alten Gott der Hebräer, dem viele untreu geworden waren, aufs Neue und unter einem neuen Namen verkündigt. Gewiss entsprach dem neuen Namen auch ein neuer und tieferer Inhalt des Gottesbegriffs, als der war, welcher durch den Namen El Schaddai ausgedrückt wurde, und dieser später zu erörternde neue Inhalt seines Gottesglaubens macht Moses zum Religionsstifter; trotzdem aber war es der Gott der Väter, in dessen Auftrage er auftrat, d. h. der Gott, der auch schon vor Moses der Gott Israels gewesen war. Dass das Werk Mosis von diesem Gesichtspunkt aus betrachtet werden muss, betonen die Berichte aller Quellen. Bei dem zweiten Elohisten sagt Gott bei seiner Offenbarung an Moses[1] „Ich bin der Gott deines Vaters, der Gott Abrahams, der Gott Isaaks und der Gott Jakobs," oder (v. 15) in der Anrede an die Israeliten „der Gott eurer Väter." Bei demselben Quellenschriftsteller[2] giebt Moses seinem Sohn den Namen Eliezer mit der Erläuterung „denn der Gott meines Vaters ist meine Hülfe." In dem Siegesliede Exod. 15, dessen Anfangsverse jedenfalls uralt sind, sagt Moses von Jahve: „Das ist mein Gott und ich will ihn preisen; der Gott meines Vaters, und ich will ihn erhöhen."[3] Beim Jahvisten[4] nennt Gott das von den Aegyptern

---

[1] Ex. 3, 6. [2] Ex. 18, 4. [3] „Hier wenigstens meint man Moses selbst zu hören" Dillmann. [4] Ex. 3, 7.

unterdrückte Volk „mein Volk." In der Grundschrift endlich beginnt der berühmte Bericht über die Offenbarung an Moses mit der Erklärung Gottes: „Ich bin Jahve, und ich erschien dem Abraham, dem Isaak und dem Jakob als El Schaddai, aber unter meinem Namen Jahve habe ich mich ihnen nicht kund gethan."[1] Hiermit wird freilich in Abrede gestellt, dass die Erzväter Gott als Jahve gekannt hätten, eben so unmissverständlich aber auch hervorgehoben, dass der von ihnen angerufene El Schaddai doch kein anderer ist als der, welcher sich jetzt unter dem Namen Jahve an Moses offenbart. Diese Angaben der Quellenschriftsteller gewinnen nun dadurch an Gewicht, dass die Stiftung Mosis auch vom psychologischen Gesichtspunkt aus viel leichter erklärlich wird, wenn man ihn an den Gott der Väter anknüpfen lässt, als wenn man seine Verkündigung Jahves als etwas absolut Neues betrachtet. Ich kann mir in dieser Beziehung Kuenen's Ausführungen zum guten Theil aneignen und muss mich nur wundern, wie er bei seinen klaren Ausführungen die Vorfahren Mosis dennoch in's Gesammt zu Polytheisten stempeln mag. Er sagt[2]: „Es lag in der Natur der **Sache,** dass die Versuche der Pharaonen, die Hebräer ihrer Selbständigkeit zu berauben und in den ägyptischen Staat zu incorporiren, sich einem religiösen Geist wie dem seinen als ein Angriff der ägyptischen Götter auf den Stammgott der Söhne Israels darstellen musste. Dies führte ihn von selbst zu einer Vergleichung zwischen den Naturgöttern des Nilthals und dem Gott seiner Väter. Er hatte einen tiefen Eindruck empfangen von **der** Macht und Majestät El Schaddai's, dieses ehrfurchtgebietenden und reinen Gottes. Wenn Er sich des Schicksals seines Volkes annehmen und an der Spitze seiner Verehrer streiten wollte, dann schien ihm der Ausgang des Kampfes keinen Augenblick zweifelhaft. Die Liebe zu seinen unterdrückten Brüdern vereinigte sich mit seiner Ehrfurcht vor dem Gott der Väter, um ihm die Ueberzeugung einzuflössen, dass dieser Gott

---

[1] Ex. **6,** 2 ff. [2] Godsdienst I 277.

ihn, Moses, bestimmt habe, um Israel zu erretten. Der grosse Plan glückte; die Ketten der Tyrannen wurden zerrissen; das rothe Meer scheidet Israel von seinen Verfolgern. Aber nun steht es auch für Moses fest, dass der mächtige Schirmgott keine anderen Götter neben sich duldet: Israel diene ihm, ihm allein!"

Es ist wie gesagt schwer verständlich, wie Kuenen bei solchen Ausführungen seine Behauptung, die Israeliten vor Moses hätten vielen (semitischen) Göttern gedient, aufrecht erhalten mag. Wäre es so gewesen, so würde Moses der **Gesammtheit** jener Götter die Rettung seines Volkes zugeschrieben, auch vielleicht einzelnen einen besonderen Antheil an dem Rettungswerke zuerkannt haben, wie die assyrischen Könige ihre Siege besonders auf Assur und Istar zurückführen. Aber dass die Rettung aus grosser Gefahr, dass die Wiedererlangung der Freiheit für irgend ein Volk der Anlass hätte werden können, seine Götter bis auf einen abzuschaffen, ist ein Gedanke, der nach antiker Anschauung die grösste impietas involviren würde. Man bemerkt aber auch leicht, wie Kuenen in der obigen Darstellung auf die angeblichen echt semitischen Baum- und Steingötter der Israeliten durchaus keine Rücksicht nimmt, sondern immer nur von dem Stammgott der Kinder Israels, von dem Gott der Väter, von El Schaddai spricht. Hierin giebt sich unwillkürlich das Zugeständniss kund, dass jene israelitischen Götter, welche nach einer früheren Stelle bei Kuenen neben El Schaddai verehrt wurden, in Wirklichkeit nicht existirt haben.

So sind wir denn durch unsere Untersuchungen zu dem Ergebniss gekommen, dass in **vormosaischer** Zeit, d. h. soweit wir Israels Religionsgeschichte auf dem Wege historischer Forschung zurückverfolgen können, der legitime Cult Israels die Verehrung Eines Gottes war, und dass die Verehrung anderer Götter neben El Schaddai als Abfall galt. Eines solchen Abfalls hat **sich** das Volk in Gosen durch die Verehrung äyptischer Götter schuldig gemacht. Derselbe Götzendienst lässt sich auch im späteren Verlauf der Religionsgeschichte Israels noch einige Male nachweisen. Es empfiehlt sich, die hierauf bezüglichen Daten hier anzuschliessen.

Nach Ezechiel[1] dienten die Israeliten auch in der Wüste ägyptischen Göttern. Falls dieser Vorwurf nicht etwa eine Umschreibung für die Sehnsucht des Volkes nach den Fleischtöpfen Aegyptens[2] ist, so wird man anzunehmen haben, dass Ezechiel auf die Abgötterei mit dem gegossenen Kalbe anspielt. In diesem wahrscheinlicheren Falle haben wir bei Ezechiel ein directes Zeugniss dafür, dass jenes Stierbild in der Wüste ägyptischen Ursprunges war. Auch die Kirchenväter betrachten den ägyptischen Apis- oder Mnevisdienst als das Substrat für den Stierdienst der Israeliten.[3] Dass, wie Dillmann zu Ex. 32, 4 behauptet, Stierbilder von den Aegyptern nicht verehrt wurden, scheint doch nicht zuzutreffen, denn wir lesen[4] von einer Bronce-Statue des Apis. Einem ägyptischen Gott wurde durch die Anfertigung des Stierbildes die Ausführung aus Aegypten von den Israeliten nicht zugeschrieben, denn sie verehrten Jahve unter dem Bilde des Mnevis[5], nicht aber wie die Aegypter den Ra (die Sonne).

Mit diesem synkretistischen Jahvedienst der Israeliten in der Wüste identificirt nun das Königsbuch[6] ausdrücklich den durch Jerobeam ben Nebat eingeführten Stierdienst, welcher während der ganzen Dauer des Nordreiches geherrscht hat. Wenn Jerobeam hier die von ihm angefertigten goldenen Kälber mit der Begründung empfiehlt, es seien die Götter, welche Israel aus Aegypten geführt hätten, so kann das nur heissen, sie repräsentirten Jahve in derselben Form, welche schon in der Wüste durch Aaron sanctionirt worden sei. Die viel ventilirte Frage, ob der Stierdienst Jerobeam's wirklich ägyptischen Ursprung habe oder vielmehr kananitischen, ist für unsere Untersuchung nicht von entscheidender Bedeutung, da er sicher nicht altisraelitisch war. Denn es findet sich, abgesehen von dem goldenen

---

[1] 20, 18. 24. | [2] Ex. 16, 3. 17, 3. | [3] Scholz S. 111. | [4] bei Scholz S. 107 nach Wilkinson. | [5] Ex. 32, 5. | [6] I 12, 28.

Kalbe Aaron's, vor der Zeit Jerobeam's keine Spur von Stierdienst bei den Israeliten, da bei dem Gottesbilde des Micha[1] durch Nichts angedeutet ist, dass es ein Stierbild war. Wenn Jerobeam für seinen Reichscult auch die altheiligen Orte Bethel und Dan wählte, so ist nach der ganzen Darstellung des Königsbuches die Form des Cultus doch offenbar etwas Neues, bisher nicht Dagewesenes, eine Auffassung, welche dadurch bestätigt wird, dass im Südreiche nie der Stierdienst geherrscht hat. Ob nun Jerobeam diese Cultusform von Aegypten mitgebracht[2] oder von den Kananäern angenommen hat, ist umsoweniger von entscheidender Bedeutung, als dem ägyptischen Apis- und Mnevis-Dienst und der kananäischen Darstellung des Baal unter der Form des Stieres eine und dieselbe Idee zu Grunde liegt. In beiden Culten ist der Stier das Symbol des befruchtenden Sonnengottes. Der Mnevis wurde als der Sonne geheiligt als Seele des Ra angesehn und in einer Kapelle des Tempels der Sonne in Heliopolis unterhalten, und der Apis galt als das lebendige Bild des Osiris.[3] Dass die Stierform des Baal diesen Gott als den der befruchtenden Sonne bezeichnet, ist bekannt.

Mag also Jerobeam's Stiercult ägyptischen oder kananitischen Ursprungs sein, jedenfalls hat im Reich Samarien nach Ezechiel[4] in der assyrischen Zeit neben assyrischem auch ägyptischer Götzendienst geherrscht. Wenn hiermit nicht die Sünde Jerobeam's gemeint ist, so wird man annehmen müssen, dass die politische Anlehnung an Aegypten[5] die Entlehnung ägyptischer Götter zur Folge gehabt hat. Ebenso wird sich aus der Abhängigkeit von Aegypten[6] der ägyptische Götzendienst in Juda erklären, den Ezechiel[7] für die letzten Zeiten des Reichs neben babylonischem bezeugt. Die Bilder von allerlei scheusslichem Gewürm und Vieh, die der Prophet im Tempel auf die Wand gemalt sah[8], repräsentirten gewiss heilige Thiere der Aegypter. Wie tiefgehend der ägyptische Einfluss auf Phönicien in Cultur

---

[1] Jud. 17 f. ‖ [2] vgl. 1 Reg. 12, 2. ‖ [3] Scholz 106 f. ‖ [4] 23, 8. ‖ [5] Hos. 7, 11. 12, 2. 2 Reg. 17, 4. ‖ [6] 2 Reg. 23, 33 ff. ‖ [7] 23, 19. ‖ [8] 8, 10.

und Religion in jenen Jahrhunderten war, ist oben[1] nachgewiesen worden. Dass dieser ägyptische Einfluss auch an der Religion der in unmittelbarer Nachbarschaft der Phönicier lebenden Israeliten nicht spurlos vorübergegangen ist, dürfte man auch ohne die positiven Nachrichten des Ezechiel vermuthen. Aber es besteht ein sehr bemerkenswerther Unterschied zwischen Phöniciern und Israeliten; kein Abdosir oder Osirschamar, kein Abdas, kein Abdhor, Abdptah, Abdobast, Paalobast, keine Ammatosir findet sich unter den Eigennamen des alten Testaments. Diese Thatsache, welche wir schon oben berührten, ist der schlagende Beweis dafür, dass Israel sich immer dessen bewusst blieb, dass sein rechtmässiger Herr nicht jene ägyptischen Götter, sondern Jahve war, und dass es einen Abfall vom väterlichen Glauben beging, wenn es ihnen diente. Dies Bewusstsein war der Grund dafür, dass der Götzendienst so oft heimlich betrieben wurde, und dies Streben, den Abfall zu verdecken, verhinderte wiederum, die Kinder nach heidnischen Göttern zu benennen.

So ist also zunächst für den ägyptischen Götzendienst der Nachweis geführt, dass er allezeit etwas Israel im Grunde Fremdes blieb, dass er nie in sein Fleisch und Blut übergegangen ist, geschweige denn, dass er in Israel ursprünglich gewesen wäre.

Nicht anders aber verhält es sich mit der Verehrung kananitischer Götter, wenn auch von vornherein zuzugeben ist, dass diese Form des Götzendienstes einen viel tiefer gehenden Einfluss auf die Israeliten ausgeübt hat, als der ägyptische.

Nach der Auffassung der Geschichtschreiber, Propheten und Dichter[2] hat Israel, nachdem es in Kanaan eingewandert war, sich der Verehrung der kananäischen Götter, nämlich der verschiedenen Formen des Baal und der Astarte hingegeben. Debora nennt diese Götter ebenso wie der Dichter des Liedes **Mosis** ausdrücklich „neue" im Gegensatz zu dem altangestammten

---

[1] S. 62 [2] Jud. 2, 10 f. Jer. 2, 7. 32, 23. Jud. 5, 8. Deut. 30, 17 al.

Jahve, und Jeremias bezeichnet es als etwas nie Dagewesenes, darum aber auch um so Entsetzlicheres, dass Israel seinen Gott, die lebendige Quelle, verlassen und gegen nichtige Götzen eingetauscht hat. In der That kann weder der Cult des Baal noch der Astarte in Israel ursprünglich gewesen sein. Zum Beweise dafür, dass die Verehrung weiblicher Gottheiten in Israel immer etwas Fremdes gewesen und geblieben ist, genügt völlig der eine Umstand, dass die hebräische Sprache überhaupt kein Wort für den Begriff „Göttin" kennt. Aber auch die verschiedenen Formen des Baal bilden nicht ein ursprüngliches Element des israelitischen Gottesglaubens, sondern haben sich zu verschiedenen Zeiten neben der Verehrung Jahve's eingedrängt. Der durch die Jahrhunderte hindurchgehende Kampf der Propheten gegen die Baalim würde völlig unverständlich und unerklärlich sein, wenn wir es hier mit einer ursprünglichen und echtisraelitischen Form der Gottesverehrung zu thun hätten. Das Wesen des Baalcultus selbst spricht gegen diese Annahme, und endlich hat dieser Cult durchaus nicht ständig und ununterbrochen, sondern nur in bestimmten Perioden und in der Regel auf bestimmte Anlässe hin seine Herrschaft unter den Israeliten ausgeübt.

Bei den Kananitern gab es zahllose Baalim. „So viel Städte, so viel Götter", dieser Vorwurf, den Jeremias seinen Landsleuten ins Gesicht schleudert, trifft früher und in **erster** Linie bei den Kananitern zu. Wohl jede bedeutendere Ortschaft hatte ihren Baal, der nach ihr als dem Ort seiner Verehrung oder nach einem Characteristicum, durch welches er sich von andern Baalim unterschied, benannt wurde. Alle diese Baalim waren freilich Manifestationen oder lokale Differenzirungen des Einen Baal, des Herrn, dem der Himmel gehört; im Bewusstsein des Volks aber galten sie als verschiedene Götter, ebenso wie sich in der Anschauung des katholischen Volks die Mutter Gottes nach den verschiedenen ihr geweihten Stätten zu zahlreichen Marien vervielfältigt hat, von denen jede ihren besonderen Character trägt. Hieraus erklärt sich die wechselnde

Ausdrucksweise des alten Testaments, in welchem es bald heisst, die Israeliten seien zu dem Baal abgefallen, bald zu den Baalim. Bei der ersten Ausdrucksweise wird auf die den verschiedenen Culten zu Grunde liegende einheitliche Idee reflectirt, bei der zweiten auf die einzelnen Lokalculte. Schon hieraus aber ergiebt sich, dass der Dienst der Baalim von den Israeliten erst in Kanaan angenommen sein kann. In der Wüste als umherziehende Nomaden konnten sie den Gedanken der lokal differenzirten Baalim überhaupt nicht fassen; diese Idee war nur möglich bei einem sesshaften, in verschiedenen Orten ansässigen Volke, womit erwiesen ist, dass die Israeliten den Dienst der Baalim von den Kananäern übernommen haben.

Nun wissen wir aus dem ersten Capitel des Richterbuches, dass bei der Eroberung Palästinas Kananäer sich vielfach mitten unter den Israeliten behauptet haben. In dem genannten Capitel wird eine ganze Anzahl von Städten genannt, welche im Besitz der Kananiter blieb; ferner erfahren wir von Mischehen zwischen Kananitern und Israeliten; nehmen wir hinzu, dass die Kananiter auf einer weit höheren Stufe der Cultur standen, als die Israeliten, so wird es durchaus verständlich, dass die Einwanderer sich mehrfach den Glauben der altansässigen Bevölkerung aneignen konnten. Ja Israel würde vollständig diesem Glauben anheim gefallen sein, **wenn es nicht** von Alters her im Besitz eines so ganz anders gearteten Gottesglaubens gewesen wäre und dieser alte Gottesglaube bereits so feste Wurzeln im Volke geschlagen gehabt hätte, dass er wohl zeitweilig erschüttert, nie aber vollständig ausgerottet werden konnte. Seinem alten Gottesglauben, der von dem der Kananiter specifisch verschieden war, hat Israel die Bewahrung seiner Selbständigkeit zu verdanken gehabt. Nach der pragmatischen Geschichtsbetrachtung des Buches der Richter hat der Abfall von Jahve jedesmal die Unterjochung Israel's unter die umwohnenden Völker zur Folge gehabt, während die Rückkehr zu ihm Erstarkung und Befreiung brachte. Man betrachtet diesen Pragmatismus heutzutage in der Regel als einen künstlichen, der dem thatsächlichen Verlauf der Geschichte durchaus widerspreche. Mir ist es nicht unverständlich, dass mit der Annahme des sinnlichen kananitischen Götzendienstes eine Erschlaffung des israelitischen Volkslebens und damit Unterjochung durch die umwohnenden Völker verbunden war, dass aber die Kraft wiederkehrte und dass das Volk sich ermannte, wenn es sich dem starken und eifrigen Gott der Väter wieder zuwandte, der Pharao's Rosse und Reuter ins Meer geworfen hatte.

Unter der Leitung dieses Gottes hat Israel zunächst die Kämpfe ausgefochten, welche zur Eroberung Kanaans führten. Aber auch während der Richterperiode war er nicht „einer von den **vielen** Göttern, die Israel verehrte, nicht wesentlich von den andern verschieden", sondern er galt auch in dieser zerrissenen Zeit als der einzige rechtmässige Gott Israel's. Wir suchen zunächst für diese Behauptung den Nachweis zu führen und zeigen im Anschluss daran, inwieweit der Baalcultus im Volke Eingang gefunden hat.

Die Kämpfe der Stämme, welche zur Eroberung Palästinas führten, waren nach Israel's Glauben Kriege Jahve's, d. h. solche Kriege, in denen Er der Führer war und seinem Volke zum Sieg verhalf, die aber andererseits auch zu seiner Ehre gereichten und für ihn geführt wurden. Dass jene Kämpfe von Israel unter diesem Gesichtspunct betrachtet wurden, beweist ausser den Erzählungen des Buches Josua und des ersten Capitels des Richterbuches der Titel des uralten Liederbuches, in welchem von ihnen berichtet wurde und aus dem uns ein Paar Fragmente erhalten sind: Sepher milchamoth Jahve[1], das Buch der Kriege Jahve's. Unter diesen Kriegen Jahve's können nur solche Kämpfe verstanden werden, welche Israel im Namen und Auftrage Jahve's gegen die Heiden führte. Die Prägung der Wortverbindung „Kriege Jahve's" aber, welche sich auch in der Zeit Saul's und David's noch findet[2], erklärt sich nur unter der Voraussetzung, dass Israel und Jahve unzertrennlich

---

[1] Num. 21, 14. [2] 1 Sam. 18, 17. 25, 28.

mit einander verbunden gedacht wurden, dass Israel ohne Jahve diese Kriege nicht hätte führen können, und dass Er und kein anderer es war, der Israel zum Siege führte. Hätte Kuenen Recht mit seiner Behauptung[1], dass noch die grosse Mehrzahl der Zeitgenossen der Propheten andere Götter neben Jahve verehrt hätten, dass ihr Jahve einer von den vielen Göttern gewesen wäre, nicht wesentlich von den übrigen verschieden, und dass endlich dies Verhältniss das ursprüngliche wäre, aus welchem sich der Monotheismus der Propheten erst herausgebildet hätte, — hätte Kuenen Recht mit diesen Behauptungen, so wäre jener alte so äusserst significante Titel der Kriege Jahve's einfach unerklärlich.

Ein Zeugniss für Israel's Gottesglauben im Anfang der Richterperiode, welches weit werthvoller ist, als dieser blosse Titel einer Liedersammlung bietet uns nun aber ein dieser Zeit entstammendes Denkmal, das Lied **der Debora**. An diesem herrlichen Liede, das wie ein rocher de bronce innerhalb der Sturmfluth der kritischen Angriffe dasteht, wird die Behauptung, die Israeliten seien von Alters her bis auf die Propheten herab in ihrer grossen Mehrzahl Polytheisten gewesen, allezeit zu Schanden werden. Welches sind denn die andern Götter ausser Jahve, die von Debora und ihrer Gefolgschaft verehrt wurden? Keine Spur solcher Götter ist in dem Liede zu finden; denn dass die vom Himmel kämpfenden Sterne (v. 20) im Auftrage Jahve's handelten, ist so gewiss, als Er es war, vor dessen Auftreten die Erde erzitterte, der Himmel troff und die Wolken von Wasser troffen (v. 4). Während man also nach einem andern Gott vergeblich sucht, wird Jahve in dem verhältnissmässig kurzen Liede nicht weniger als 14 Mal genannt und angerufen und zwar so, dass es zweifellos wird, wie Er der ausschliessliche Herr und Gott Israel's ist. Ihm zu Ehren singt Debora ihr Lied (v. 3); Ihn zu preisen fordert sie die auf, welche ihr willig im Kampfe gefolgt sind (v. 9). An dem Kampf

---

[1] Godsdienst I 78.

gegen die Kananiter Theil nehmen heisst, Jahve zu Hülfe kommen (v. 23), denn Israel's Feinde sind seine Feinde (v. 31), und darum ergeht sein Fluch über die Stadt, welche Ihm nicht zu Hülfe kam (v. 23). Israel dagegen ist sein Volk (v. 11), das Ihn lieb hat (v. 31), und Jahve ist der Gott Israel's (v. 3, 5), der seinem Volke zu Hülfe kommt und in furchtbarer Gewittererscheinung die Feinde schreckt (v. 4. 5 und 4, 15). Er selbst steigt herab zum Kampfe unter den Helden (v. 13) und thut sein gerechtes Walten in Israel kund (v. 11).

Dies gewaltige Lied spricht in der That so deutlich, dass es verlorene Mühe sein würde, Debora zur Götzendienerin zu stempeln; und so sieht sich denn auch Kuenen[1] zu dem Geständniss genöthigt, dass Jahve und Israel für ihr Bewusstsein unzertrennlich mit einander verbunden sind; dass sie von andern Göttern als Jahve Nichts vermeldet, dass ihre Auffassung von Jahve's Beziehung zu Israel unvereinbar ist mit dem Götzendienst der Könige Kanaans, gegen welche, nach ihrer Ueberzeugung, auch die Sterne des Himmels durch Jahve in den Kampf geführt wurden. Das Gewicht, welches in diesen Zugeständnissen für die Beurtheilung des ältesten Gottesglaubens in Israel liegt, hat Kuenen vergeblich abzuschwächen versucht durch die Behauptung, solche Sinnesweise, wie wir sie bei Debora und ihresgleichen antreffen, habe immer nur bei Einzelnen bestanden, während die grosse Masse des Volks dem Polytheismus ergeben blieb. Auch gegen diese Geschichtsauffassung erhebt Debora's Lied Protest. Der Kampf gegen Jabin, in welchem sie als geistige Führerin auftrat, lässt sich nur erklären aus einer heiligen Begeisterung für Jahve, von der sie selbst ergriffen war, die sie aber auch ihrem Volke einzuflössen verstand. Das Lied zeigt deutlich, dass jener Kampf von Seiten Israel's als Religionskrieg, als „Krieg Jahve's" geführt wurde. Würden ihr die Stämme wohl gefolgt sein, würde Sebulon's Volk seine Seele dem Tode geweiht haben, und Naphtali auch auf den Höhen

---

[1] a. a. O. I 311.

des Feldes, wenn sie nicht von derselben Begeisterung ergriffen gewesen wären, wie ihre Führerin? Im Orient sind fast alle Kriege Religionskriege gewesen, und noch heute ruft der Muhammedaner sein Allah aus, wenn er sich, ohne nach rechts oder links zu blicken, freudigen Muthes in **den** Tod stürzt. Nicht anders haben wir uns den Kampf der israelitischen Stämme gegen **die** götzendienerischen Kananiter vorzustellen, nur dass es Jahve war, für dessen Ehre sie stritten. Dass in der That das ganze Heer Barak's in diesem Geiste kämpfte, spricht Debora zum Ueberfluss an mehreren Stellen deutlich genug aus. Die gleiche Begeisterung, von der sie ergriffen war, erfüllte wie Barak so auch die Fürsten in Isaschar (v. 15). Edle **und** Volk haben sich in gleicher Weise willig zum Kampf gestellt und werden deswegen aufgefordert, gemeinsam Jahve zu preisen (v. 2. 9). Debora's Herz gehört den Gebietern Israel's. „Ihr, die ihr reitet auf weissbunten Eselinnen, die ihr auf Schabracken sitzt, ihr auch, die ihr zu Fusse geht, singet! Laut sollen die Bogenschützen an den Schöpfrinnen (?) erzählen die gerechten Thaten Jahve's, die gerechten Thaten seiner Entscheidung in Israel" (v. 9—11). — Man sieht, Debora's Aufforderung zum Preise Jahve's ergeht an alle Abtheilungen der Krieger. Wohl haben sich einige Stämme feige vom Kampf zurückgehalten; aber deswegen trifft sie Debora's Spott oder gar der Fluch des Engels des Herrn, dass sie nicht kamen Jahve zu Hülfe, zu Hülfe Jahve unter den Helden (v. 23), und unter denen, die gekommen sind, trifft keinen in irgend einer Beziehung ein Tadel, denn sie alle haben sich als Helden bewiesen unter der Führung Debora's, unter der Führung Jahve's selbst.

Nicht anders wie Debora's und Barak's Kampf gegen die Kananiter haben wir uns den Gideon's gegen die Midianiter vorzustellen. Dass mit dem Element Baal in seinem zweiten Namen Jerubbaal nicht der kananitische Gott gemeint ist, sondern Jahve, wurde schon oben hervorgehoben; Gideon wird **diesen** Namen angenommen haben, nachdem er es erfahren hatte, dass „der Herr" für **ihn** stritt. Belege für den Jahveglauben Gideon's, die von Niemandem angezweifelt werden können, sind der von ihm in Ophra errichtete Altar des Friedensjahve[1] und das ebendaselbst von ihm aufgestellte Ephod.[2] Dass dies Ephod, was es denn auch war, eine Verherrlichung Jahve's sein sollte, wird von Niemandem angezweifelt. Das sicher auf treuer historischer Erinnerung beruhende Feldgeschrei: „Schwert des Herrn und Gideon" endlich zeigt, dass auch Gideons Mannschaft dem Gott ihres Führers anhing und dass auch dieser Kampf als Religionskrieg geführt wurde. Bei den meisten der übrigen Richter sind die Berichte zu knapp gehalten, um sie als Beweismaterial zu verwenden. Die Erzählungen über Simson eignen sich ihres sagenhaften Charakters wegen nicht hierzu. Das Verhalten Jephta's, das Gottesbild des Micha und der Raub desselben durch die sechshundert Daniten endlich verrathen freilich einen wenig geläuterten Gottesglauben; die Söhne Eli's am Tempel zu Silo haben durch ihr unsittliches Verhalten den Namen eines Jahvepriesters entweiht, und ihr Vater, der Israel vierzig Jahre lang richtete, hat sich als Vater schwach und charakterlos erwiesen; nirgends aber findet sich eine Andeutung davon, dass diese Männer andern Göttern ausser Jahve gedient hätten, und es ist nur durch die grösste Willkür möglich, sie zu Polytheisten zu stempeln in dem Sinne, in welchem dies Wort allein verstanden werden darf. Dies Resultat findet schliesslich noch eine Stütze an einem Literaturdenkmal, welches aller Wahrscheinlichkeit nach noch in vorköniglicher Zeit entstanden ist.

Der Ursprung des sogenannten Segens Jakob's[3] wird jetzt ziemlich allgemein und gewiss mit Recht in die letzte Zeit der Richterperiode verlegt. Die Gründe für diese Zeitbestimmung sind bei Dillmann aufgeführt; derselbe hat auch die abweichenden Meinungen Wellhausen's und Stade's, nach denen das Stück erst im neunten oder zehnten Jahrhundert entstanden sein soll, widerlegt. Die Segenssprüche enthalten mit Einer Ausnahme

---

[1] Jud. 6, 24. [2] 8, 27. [3] Gen. 49.

keine specifisch religiösen Gedanken; aber es ist doch wieder Jahve, auf dessen Hülfe der Stammvater (Dichter) in einem Zwischenrufe hofft (v. 18), und jener Eine religiös gefärbte Spruch, der Spruch über Joseph, nach Ewald's wahrscheinlicher Vermuthung noch dazu älter als die übrigen, zeigt uns den Einen Gott Jakob's als den, auf welchem Joseph's Heil begründet ist. Freilich sind die Namen, welche Gott hier führt (der Starke Jakob's, der Hüter des Israelsteines, El Schaddai) und die ihnen zu Grunde liegenden Anschauungen merkwürdig genug und **werden** später zu verwerthen sein; hier genügt es, zu constatiren, dass er der Gott von Joseph's Vater genannt wird, und **dass auf ihn** und keinen anderen die Segnungen zurückgeführt werden, welche dem Vater zu Theil wurden und die dieser dem Sohne anwünscht.

Sind nun aber die hervorragenden Persönlichkeiten der Richterperiode Verehrer Jahve's gewesen, sind ferner alle grossen Thaten dieser Zeit von dem Volke oder den sich zum Kampf stellenden Stämmen unter der Führung dieses Gottes vollbracht worden, und sind endlich auch in den Zeiten religiös-sittlichen Verfalles die Spuren seiner Verehrung deutlich genug erkennbar, so darf man auch schliessen, dass für Israel's Bewusstsein Jahve auch in dieser Zeit sein einzig rechtmässiger Herr war, und dass jeder Dienst eines andern Gottes ein Abfall von ihm und ein Erwählen neuer Götter war.

Wir begnügen uns vorläufig damit, dies Resultat zunächst für **die** Richterperiode gefunden zu haben, und suchen nunmehr für eben diese Periode festzustellen, in welchem Umfange der unerlaubte kananitische Baalcultus neben dem allein rechtmässigen Jahvismus Eingang gefunden hat. Dieser von uns eingeschlagene Weg der Untersuchung, wonach zuerst der echtisraelitische Gottesglaube und sodann in einer damit parallel laufenden Uebersicht der Baaldienst zur Darstellung gebracht wird, hat den Vortheil, dass der letztere nun um so deutlicher als Abfall er**kannt** wird. Freilich lassen sich bei diesem Verfahren Wiederholungen nicht ganz umgehen. Für die mit dem Ausgang der

Richterperiode beginnende Zeit, also bei der Untersuchung der Stellung, welche Jahve im Bewusstsein und Glauben Israel's während der Königszeit eingenommen hat, soll daher ein kürzeres Verfahren eingeschlagen werden.

Der Abfall während der Richterzeit muss allerdings zu Zeiten weite Kreise ergriffen haben; es wäre aber verkehrt, aus der Darstellung des Richterbuches den Schluss zu ziehen, das ganze Volk als solches hätte zu wiederholten Malen seinen Jahveglauben gegen Baaldienst eingetauscht und dann ebenso einmüthig den alten Glauben wieder angenommen. Wenn der Abfall im Richterbuch mit der stehenden Formel eingeführt wird: „Die Kinder Israel thaten übel vor dem Herrn und vergassen des Herrn, ihres Gottes, und dienten Baalim und Astaroth", so ist es doch wohl klar, dass der Concipient dieser Formel damit nicht einen so zu sagen officiellen Religionswechsel hat bezeichnen wollen, vielmehr will er sagen, dass auf die Erstarkung des nationalreligiösen Lebens, wie sie etwa durch eine Debora oder einen Gideon hervorgerufen war, immer auch wieder ein Rückschlag, eine Erschlaffung folgte, wenn jene von Jahve's Geist erfüllten Personen, die ihre Volksgenossen mit sich fortgerissen hatten, nicht mehr die Führerschaft ausübten. Dass krafterfüllte Persönlichkeiten, besonders im Kindesalter eines Volks, einen solchen Einfluss auf ihre Volksgenossen auszuüben vermögen, wird man nicht bezweifeln wollen, und es ist deswegen historisch völlig glaubhaft, dass das verführerische kananäische Wesen und der sinnliche Baalcult immer wieder Eingang im Volke gewannen, wenn es an einem solchen Führer gebrach. Aber auch in den Zeiten des Abfalls während der Richterperiode hat es nicht an den 7000 gefehlt, die das Knie dem Baal nicht beugten, denn nur hieraus erklärt es sich, dass Israel's Volksthum und Israel's Glaube in dieser wild bewegten Zeit nicht untergegangen ist, und dass Jahve trotz alledem schliesslich den Sieg über Baal davontrug.

Der erste Baal, von dessen Verehrung in Israel wir hören, und zwar schon vor der Einwanderung in Kanaan, ist der Baal

Peor, zu dessen Dienst sich die Israeliten durch die Moabiterinnen verleiten liessen.[1] In der Geschichte des israelitischen Götzendienstes hat er keine bedeutende Rolle gespielt; er kommt nur bei der einen erwähnten Gelegenheit vor.

Einen ganz andern Einfluss auf das Volk hat nach der Eroberung des Westjordanlandes der Cult der kananäischen Baalim und der Astarte oder ihrer Idole, der Ascheren, gewonnen. Nach der Erzählung des Richterbuches hat dieser Abfall schon bald nach dem Tode Josua's und der Besetzung des Landes stattgefunden. Ein Grund, diese Angabe zu bezweifeln, ist nicht vorhanden. Sie wird bestätigt durch die Aussage des Jeremias[2], dass Israel in der Wüste seinem Gott treu gewesen sei, sich aber nach dem Einzuge in Kanaan dem Götzendienst, genauer dem Baaldienst ergeben habe. Ebenso urtheilt Ezechiel[3] über die Annahme des Baaldienstes mit seinen Gräueln durch die Israeliten, und endlich folgt mit Sicherheit aus dem mehrfach citirten Wort Jud. 5, 8, dass die Israeliten schon vor Debora neue Götter erwählten. Den Kampf Debora's und Barak's gegen die Kananiter unter Sisera haben wir als ein solches Sichaufraffen und Sichermannen des israelitischen Volksgeistes zu betrachten, wie wir es oben kennzeichneten. Es folgt aber bald der Rückschlag. Die Begeisterung, welche das Bewusstsein, für Jahve zu kämpfen, eingeflösst hatte, von der aber schon unter Debora nicht alle Stämme ergriffen waren, erlischt; die Streiter Jahve's, welche die Kananiter vor wenigen Jahrzehnten besiegt hatten und damals nach Debora's Wort der aufgehenden Sonne glichen, wurden jetzt eine Beute der Midianiter. Was hatte die Kraft der aufgehenden Sonne gebrochen? woher kam es, dass die, welche vor Kurzem noch mit Kraft einherschritten und glänzende Siegesfeiern begingen, sich jetzt wieder wie vor Debora's Tagen in Klüften und Höhlen verbergen mussten?

---

[1] Hos. 9, 10. Num. 25, 4. ♥ 106, 28. ∥ [2] 2, 1 ff. v. 7. 8. ∥ [3] 16, 16 ff. 20, 28 ff. 23, 37.

Nach der Geschichtsbetrachtung des Richterbuches hat der erneute Abfall von Jahve diese Zerrüttung zur Folge gehabt, und Gideon, der Sohn Joas, hat dadurch, dass er den Altar des Baal niederriss und vom Geiste Jahve's getrieben sein Geschlecht Abiezer und die benachbarten Stämme zum Kampf gegen Midianiter und Amalekiter aufrief, seinem Volke Sieg und Freiheit gebracht. Stade[1] freilich nennt die Voraussetzung, dass die Abiezeriten von Ophra Baal statt Jahve verehrt hätten und Gideon als Eiferer für Jahve aufgetreten sei, ebenso geschmacklos wie unhistorisch, womit doch wohl gesagt sein soll, dass ein solches Eifern unnöthig war, weil Gideon's Stammesgenossen so gut wie er selbst Jahveverehrer gewesen wären. Umgekehrt hat Kuenen[2] grosse Bedenken gegen Gideon's strengen und reinen Jahvismus; er will höchstens zugeben, dass Jerubbaal Jahve gedient haben kann, ohne doch ein Eiferer für den ausschliesslichen Dienst Jahve's gewesen zu sein. Man sieht aus dieser Gegenüberstellung der Ergebnisse zweier Kritiker, von denen sicherlich jeder völlige Unbefangenheit des Urtheils für sich in Anspruch nimmt, zu welch' widersprechenden Resultaten eine Methode führt, welche die Geschichtsbetrachtung der biblischen Schriftsteller aus dem Grunde, weil sie „deuteronomistisch" sei, einfach für unhistorisch erklärt.[3] Die biblischen Schriftsteller, welche die Geschichte ihres Volkes bearbeitet und überarbeitet haben, suchen in den wechselnden Geschicken Israel's den inneren Causalnexus nachzuweisen; sie finden den Schlüssel für das Verständniss in dem Verhalten Israel's zu seinem altangestammten Gott. Diese, wenn man es so nennen will, geschichtsphilosophische, oder besser ausgedrückt, prophe-

---

[1] Geschichte I 185. [2] Godsdienst I 404. [3] Für Stade scheint das Wort „deuteronomistisch" der Inbegriff aller Borniertheit zu sein. Hier eine kleine Blumenlese von Prädikaten, mit welchen die in diesem Sinne schreibenden Schriftsteller von ihm bedacht werden. Bekannte deuteronomistische Phrase, Elaborat, wenig glaubwürdiges Histörchen, plumpe und zwecklose Interpolation, grobe Verunglimpfung, blinde Parteinahme, geringes Geschick des Berichterstatters, merkwürdiger Schnitzer, abgeschmackt, plump, ungeschickt, einseitig und parteiisch u. s. w.

tische Betrachtungsweise ist wirklich nicht so haltlos, wie **man** es uns glauben machen möchte, selbst wenn es sich dabei herausstellen sollte, dass der Verlauf von Israel's Geschichte nicht immer logisch folgerichtig vom Niederen zum Höheren fortgeschritten ist. Die Geschichte geht oft genug andere Wege, als die sind, welche die Logik vorzeichnet, und die Zickzacklinie, in welcher nach der prophetischen Auffassung die Religionsgeschichte Israel's verlaufen ist, wird nicht deswegen unmöglich, weil sie nicht die kürzeste ist. Der Wechsel von Glauben an Jahve und Abfall zu den andern Göttern findet sich so gut am Ende wie am Anfange der israelitischen Geschichte, und es ist ebenso unhistorisch, wenn Stade für die Richterperiode die Verehrung kananitischer Götter durch die Israeliten überhaupt leugnet, wie wenn Kuenen die Israeliten dieser Zeit insgesammt zu Polytheisten macht.

Leider erfahren wir aus dem Richterbuche wenig Individuelles über die von den Israeliten verehrten kananitischen Götter; es ist in der Regel nur die Rede von Baal oder den Baalim, den (lokal differenzirten) Astarten[1], den Ascheren[2], den Göttern **der** Völker, welche rings um Israel lebten.[3] Einmal[4] werden sieben Götzenculte genannt, nämlich ausser den Baalim und Astaroth die Götter Syriens, die Götter Zidons, die Götter Moabs, die Götter der Kinder Ammons und die Götter der Philister. Auch diese Aufzählung ist unbestimmt genug; es ist aber Willkür, wenn Wellhausen[5] behauptet, diese Siebenzahl sei rein künstlich von der Siebenzahl der hinterher (v. 11. 12) aufgezählten Völkerschaften abstrahirt, von deren Herrschaft Jahve Israel befreit hatte, **denn** an der letzten Stelle werden nur theilweise dieselben Völker genannt wie v. 6.

Eine besondere Form des Baal, dem die Israeliten nach Gideon's Tode dienten[6], ist der ursprünglich zu Sichem verehrte Baal berith. Nach Stade[7] ist die Nachricht über die Verehrung

---

[1] 2, 13. 10, 6. ‖ [2] 3, 7. ‖ [3] 2, 11 f. 3, 5 f. ‖ [4] 10, 6. ‖ [5] Gesch. I 244. ‖ [6] Jud. 8, **33**. ‖ [7] Gesch. **I** 192.

des Baal berith durch die Israeliten wieder ein grobes Missverständniss, und nach Wellhausen[1] ist Baal berith nur der Schutzgott Sichems und einiger anderer damals noch kananitischer Städte gewesen. Aber wenn Abimelech drei Jahre über Israel herrschte[2], und wenn ferner diese Herrschaft im Tempel des Baal berith zu Sichem ihren Ursprung hatte[3], so ist es durchaus wahrscheinlich, dass der Cult dieses Gottes nicht auf seinen ursprünglichen Sitz in Sichem beschränkt blieb, sondern auch bei den übrigen Unterthanen Abimelech's Eingang fand. Es ist daher nicht nöthig, die Angabe Jud. 8, 33 für ein grobes Missverständniss zu halten. Andererseits freilich ist es grade bei diesem Cult ebenso wie bei dem des Baal Peor ganz besonders deutlich, dass die Israeliten ihn von den in Sichem ansässigen Kananitern entlehnt haben und dass er daher als ein Abfall zu betrachten ist.

Zugleich mit den kananitischen Göttern haben sich die Israeliten die Formen ihrer Verehrung angeeignet: den Höhendienst, die Mazzeben und Ascheren; und zwar sind diese Cultusformen nicht allein im Dienste der heidnischen Götter zur Anwendung gekommen, sondern auch der Dienst Jahve's ist durch sie verunreinigt worden.

Die Einrichtung einer kananitischen Opferstätte mit ihrem Zubehör lernen wir aus einer Stelle des Deuteronomium[4] kennen, an welcher den Israeliten geboten wird: „Zerstören sollt ihr alle die Orte, an denen die Heiden, welche ihr erobert, ihren Göttern dienen, auf den hohen Bergen und auf den Hügeln und unter jedem grünen Baum. Und sollt abreissen ihre Altäre und zerbrechen ihre Mazzeben und ihre Ascheren sollt ihr im Feuer verbrennen und ihre Götterbilder sollt ihr zerschlagen und ihren Namen von jenem Ort vertilgen." — Eine solche auf Bergen oder Hügeln gelegene Opferstätte mit ihrem Zubehör, welches öfters auch ein Gebäude oder Zelt[5] in sich schloss, hiess Bama, Plural Bamoth. Es ist sehr erklärlich, dass die

---

[1] Geschichte I 244. [2] Jud. 9, 22. [3] 9, 4. [4] 12, 2 f. [5] Ez. 16, 16.

Israeliten bei der Eroberung Kanaans sich diese Bamoth aneigneten und zu Stätten des Jahvecultus umwandelten, ebenso wie die Christen heidnische Tempel zu Kirchen, die Muhammedaner Kirchen zu Moscheen machten. Auch neue Bamoth mögen von den Israeliten errichtet sein. Waren diese festen Opferstätten gegenüber dem Wanderleben in der Wüste immerhin etwas Neues, **so** widersprachen sie doch nicht an und für sich der Idee des Jahvismus. Der Gedanke, dass Jahve nur an einer Stätte verehrt werden dürfe, ist kein ursprünglicher Bestandtheil der Religion Israel's und hat, an und für sich betrachtet, keinen religiösen Werth. Und so finden wir denn auch nicht allein in der Richterzeit, sondern auch unter Samuel und Salomo zahlreiche Bamoth Jahve's, die vollkommen zu Recht bestehn und an denen auch die Berichterstatter keinen Anstoss nehmen. Aber es lag allerdings **in** der Uebernahme des Bamacultus durch die Israeliten eine doppelte Gefahr. Erstens war zu befürchten, dass auf den Bamoth den bisher hier verehrten Göttern, also den Baalim geopfert würde, in welchem Falle ein directer Abfall vorlag. Zweitens lag die Gefahr nahe, dass, wenn auch dem Jahve auf den Bamoth geopfert wurde, durch Uebernahme der Requisiten des bisher auf ihnen geübten Baalcult's der althebräische Gottesglaube selbst alterirt und corrumpirt wurde, indem die mit dem Baalcult verbundenen Ideen sich dem äusserlich beibehaltenen Jahveglauben unterschoben; mit anderen Worten: der Name Jahve blieb, aber seinem Wesen nach war er nicht mehr der Gott der Väter, sondern ein kananitischer Naturgott. Für die Propheten ist beides — directer Abfall zum Baalcult und Verfälschung der Jahvereligion durch Aufnahme von Ideen und Bräuchen aus der kananitischen Naturreligion — gleichwerthig; die Verehrung Jahve's durch heidnische Symbole ist ebensogut Abfall und Baaldienst, wie seine directe Verleugnung. Und in der That haben jene von den Kananitern übernommenen Formen der Gottesverehrung Israel's alten Glauben für lange **Zeit** und in breiten Schichten des Volkes verdunkelt und entstellt. Gegenüber dieser Corruption und diesem Verfall weisen die Propheten auf den Glauben der Väter hin und wollen diesen wieder zur Herrschaft bringen, indem sie auf Abstellung der Ursachen dringen, welche den Verfall herbeigeführt haben. Die Propheten wollen nicht die Stifter eines neuen Glaubens, sondern sie wollen Reformatoren sein, die den alten Glauben wieder zur Herrschaft bringen. Sind sie in diesem Streben von einer Selbsttäuschung befangen gewesen? mit andern Worten: war das, was sie bekämpften der alte zu Recht bestehende Glaube Israels? und war das, was sie erstrebten, ein Neues, früher nicht Dagewesenes, das sich erst aus jenem alten Volksglauben heraus entwickelte? Gewiss ist keine Reformation, auch wenn sie es ausgesprochenermassen sein will, eine blosse Repristination des Alten, sondern jede Reformation bringt zugleich auch neue früher ungekannte Ideen zur Herrschaft. Und so ist auch der Gottesglaube der Propheten nicht identisch mit dem altisraelitischen soweit er nicht durch kananitische Einflüsse entstellt war. Trotzdem haben sie vollkommen Recht, wenn sie sich als Vertreter des echtisraelitischen Gottesglaubens hinstellen und das Volk des Abfalls bezichtigen; denn das, was sie bekämpfen, die Missbräuche, auf deren Abstellung sie dringen, das sinnlich-natürliche Element im Glauben und Cultus des Volks war wirklich etwas Fremdes, etwas von den Heiden Uebernommenes und bezeichnete eine Degeneration des alten Jahvismus.

Die Symbole und Requisiten des Baalcult nämlich, welche von den Israeliten übernommen wurden, waren mehr oder weniger der Ausdruck für den natürlich sinnlichen Character des kananitischen Gottes. Wurden sie auf den Jahvecult übertragen, so wurde dadurch naturgemäss auch Jahve in die Sinnlichkeit herabgezogen. Verhältnissmässig am wenigsten war dies der Fall bei den sogenannten Mazzeben. Eine Mazzebe ist ein zu Jemandes Ehren aufgerichteter Stein, roh wie die Natur ihn bot oder auch künstlich bearbeitet.[1] Solche Steine wurden den Verstorbenen errichtet[2], natürlich um die Erinnerung an sie durch

---

[1] Hos. 10, 1. [2] Gen. 35, 20. 2 Reg. 23, 17. CIS 57. 60. al.

ein sichtbares Zeichen wach zu halten, daher μνημεῖον. Ebenso selbstverständlich ist es, dass der Stein als **das** dauerhafteste Material gewählt wurde. Es kam auch vor, dass man sich selbst schon bei Lebzeiten eine solche Säule errichtete, wie Absalom es that.[1] Wieviel besonders Kinderlosen an einem solchen Denkmal lag, sieht man aus Jesaias 56, 4, wo Jahve den bundestreuen Verschnittenen verspricht, ihnen in seinem Hause und an seinen Mauern ein Denkmal (יד) mit ihrem Namen zu errichten, durch welches sie länger im Gedächtniss der Gemeinde fortleben sollen, als ein Familienvater durch seine Nachkommen.

Dieser pietätvolle Brauch, zur Ehre und zum Gedächtniss der Verstorbenen steinerne Säulen zu errichten, ist nun der Anlass für die auf semitischem Gebiet weit verbreitete Sitte geworden, auch den Göttern ähnliche „Denkmäler" zu setzen. Die Götter, so fern sie in anderer Hinsicht den Verstorbenen stehen, haben doch dies mit ihnen gemeinsam, dass sie beide an und für sich unsichtbar sind und daher eines sichtbaren Males bedürfen, um die Gedanken an sie wachzuhalten. Es ist leicht verständlich, dass man besonders gern die Erinnerung an eine Gotteserscheinung durch Errichtung eines solchen Denksteines festzuhalten suchte[2]; aber auch die Gewährung einer Bitte, Genesung von Krankheit, Erfüllung eines Gelübdes und v. a. bieten ebensoviel Anlässe zur Errichtung von Steinen. Tausende solcher Votivsteine sind unter den Trümmern Karthagos gefunden. **Auch die** ägyptischen Obelisken, denen man die Kraft zuschrieb, **die** Unwetter des Himmels zu brechen, waren nichts Anderes, als Mazzeben.[3] Insofern die Mazzeben der Gottheit geweiht sind, sind sie heilige Steine, d. h. solche, die dem menschlichen Gebrauch entrückt sind und die man nur mit Ehrfurcht und

---

[1] 2. Sam. 18, 18. — Klostermann bezweifelt diese Sitte und ändert daher den Text. Aber mehrere auf Cypern gefundene phönicische Inschriften bieten genaue Parallelen. Vgl. CIS 46 מצבת למחיי ישאא זל משבב . . . . אנך עבדאסר . . . . בחיי *Ego Abdosirus* . . . . *cippum mihimet ipsi vivo erexi super cubiculo requietis meae* . . . **Auch die** Nummern 58 und 59 sind מצבה בחים *cippi inter vivos*. [2] Gen. **28, 18. 22.** 31, 13. 35, 14. [3] Jer. 43, 13.

Scheu betrachtet. Dies gilt in hervorragendem Masse von den vom Himmel gefallenen Steinen, welche als Zeichen der Gottheit betrachtet werden und daher sozusagen eine immanente Heiligkeit haben. Von hieraus ist es dann nur noch ein Schritt, um den Steinen selbst Verehrung entgegenzubringen und sie nach Philo's von Byblos Ausdruck als beseelt zu betrachten; aber dies ist eine Verrohung des ursprünglichen Gedankens, und es ist ein vollkommenes Verkennen des religiösen Entwickelungsganges, wenn Stade[1] behauptet, die Errichtung einer Säule könne ursprünglich nur in dem Sinne gemeint sein, dass der Gott, welchem auf dem Altar Opfer gebracht werden, in ihr als Wohnung sich niederliesse, von ihr aus diese entgegennehme. Abgesehen davon, dass die Mazzeben durchaus nicht ausschliesslich neben dem Altar stehen, ist garnicht einzusehen, was die Gottheit veranlasst haben sollte, sich solch eine unbequeme Wohnung zu suchen, während bei dem von mir nachgewiesenen Entwicklungsgange die schliessliche Identificirung von Stein und Gott durchaus verständlich wird.

Diese Materialisirung eines an und für sich nicht bloss unanstössigen sondern sogar idealen Gedankens wurde der Anlass dazu, dass das Gesetz und die Propheten die Beseitigung der Mazzeben forderten. Unterstützt wurde diese Forderung durch die Beobachtung, dass die Mazzebe im Baalcult eine hervorragende Rolle spielte[2], wodurch die Gefahr einer Identificirung Jahve's und Baal's nahe gelegt war. Zugleich aber erklärt es sich aus dem Ursprung dieser Cultussitte, dass an anderen Stellen wieder ganz unbefangen von Mazzeben Jahve's die Rede ist. So haben bekanntlich nach der Volkssage die Patriarchen mehrfach Steinmale aufgerichtet[3], und im Segen Jakob's heisst Gott der Hüter des von Israel aufgerichteten Steines (אֶבֶן). Aber auch Jesaias[4] spricht davon, dass in der Zukunft ein Altar für Jahve im Lande Aegypten errichtet werden soll, und daneben eine Mazzebe

---

[1] Gesch. I 459. ‖ [2] 2 Reg. 3, **2**. ‖ [3] Auch Gen. 33, 20 hat ursprünglich מצבה statt des jetzigen מזבח gestanden; vgl. ויצב, was nie von einem Altar gesagt wird. ‖ [4] 19, 19.

für Jahve „zum Zeichen und Zeugniss für Jahve Zebaoth im Lande Aegypten." Hosea[1] dagegen missbilligt die Errichtung zahlreicher Altäre und die Herstellung künstlicher Mazzeben; er nennt es eine Verschuldung und weissagt ihre Zerstörung. Auch an der Stelle 3, 4 zeigt die unmittelbar vorhergehende Allegorie, deren Auslegung dieser Vers ist, dass die Mazzebe nach Hosea etwas Unerlaubtes ist. Im Deuteronomium[2] und Leviticus[3] endlich wird die Errichtung einer Mazzebe „welche Jahve hasst" geradezu verboten. Wie schwankend aber das Urtheil über diese Form des Cultus immer blieb und in Folge ihres Ursprunges bleiben konnte, sieht man daraus, dass, während Jeremias[4] vom Ehebruch mit dem Stein redet und den Israeliten vorwirft[5], dass sie zum Stein sagen „du hast mich geboren," der Verfasser des Liedes Mosis[6], freilich in poetischer Diction, gegen Israel die Anklage erhebt: „den Fels (Jahve) der dich geboren hat, vergassest du."

In ganz anderer Weise als die Mazzeben, tragen ein direct heidnisches Gepräge die Ascheren, von Luther unrichtig „Haine" übersetzt. Sie sind der krasseste Ausdruck für den natürlichsinnlichen Charakter des Cultus, in welchem sie Verwendung fanden. Aus den zahlreichen Stellen des alten Testaments, an welchen sie erwähnt wird, ergibt sich zunächst, dass eine Aschere ein hölzerner Pfahl war, welcher ebenso wie die steinerne Mazzebe neben dem Altar des Baal oder Jahve's aufgestellt war. Sie war aber nicht ein Idol des Baal, sondern der Astarte als der θεὸς σύμβωμος des Baal. Als Symbol der Göttin konnte das Wort Aschera auch metonymisch für den Namen Astarte selbst gebraucht werden. Dieser Gebrauch des Wortes liegt z. B. vor 1 Reg. 15, 13, 2 Chron. 15, 16, wo es von der Königinmutter Maaka heisst, sie habe der Aschera, d. i. der Astarte ein Scheusal (מפלצת) gemacht. Unter diesem der Göttin errichteten Scheusal kann nur der hölzerne Pfahl selbst verstanden werden, denn Asa haut das Miphlezet ab und verbrennt

---

[1] 10, 1 f. [2] 16, 22. [3] 26, 1. [4] 3, 9. [5] 2, 27. [6] Deut. 32, 18.

es; eben diese Ausdrücke „abhauen" und „verbrennen" werden aber an andern Stellen für die Vernichtung der Aschera gebraucht. Weswegen der Pfahl „Scheusal" genannt wird, sehen wir aus der Uebersetzung des Hieronymus, welcher מפלצת mit *Simulacrum Priapi* wiedergiebt. Unabhängig davon berichtet Raschi[1] *erat ad speciem virgae virilis effectum*. Die Aschera war also ein aus Holz gearbeiteter Phallus. An der Tempelpforte zu Heliopolis sah Lucian[2] zwei gewaltige Phallen aufgerichtet, welche der Göttin geweiht waren. Astarte wurde durch dies Symbol als die Göttin der üppigen Fruchtbarkeit gekennzeichnet. Dadurch dass das Zeugungsglied ihr geweiht, in ihren Dienst gestellt wurde, wurde sie als Mutter des Lebens anerkannt und verehrt. Hiernach liegt dem Institut der Ascheren eine ganz anders geartete Idee zu Grunde, als dem der Mazzeben. Während die letzteren einen idealen Ursprung haben und daher unter Umständen auch in der Jahvereligion geduldet werden konnten, sind die Ascheren ein charakteristisches Merkmal der kananitischen Naturreligion, ja sie zeigen den eigentlichen Kern derselben in unverhüllter Nacktheit.

Durch diese Darlegung wird es nun auch erst ganz deutlich, was es sagen will, wenn die abgöttischen Israeliten zum Holz (d. i. der Aschere) sprechen[3] „Du bist mein Vater," und zugleich erklärt es sich, weswegen die Propheten den Götzendienst so häufig als Hurerei bezeichnen. Ferner aber ist es vollkommen klar, dass diese Cultusform unmöglich etwas ursprünglich Israelitisches sein kann, sondern nothwendig von den Kananitern übernommen sein muss. Nach Stade[4] freilich soll sich bis auf die Zeit des Josia herab keine Spur davon finden, dass die Aschere den Propheten für heidnisch gegolten habe, und die Stelle Micha 5, 13 soll eben deswegen unecht sein, weil die Ascheren hier bedroht werden. Die letztere Behauptung ist eine petitio principii[5], und an der

---

[1] Zu 1 Reg. 15, 13 bei Scholz 250. [2] De dea Syr. 16. [3] Jer. 2, 27. [4] Geschichte I 458. ZATW. 1881, 345. 1883. 1 ff. 1884, 291 ff. [5] Die mit dem Ascherencult in enger Beziehung stehende am Tempel zu Samarien geübte Unzucht bezeugt Micha 1, 7.

ersteren ist nur soviel richtig, dass thatsächlich im Tempel zu Jerusalem und Samarien eine Aschere gestanden hat.[1] Dass aber dies ein götzendienerischer Brauch war, der unmöglich von den Propheten gut geheissen werden konnte, wird nach dem über die Bedeutung dieses Symbols Ausgeführten einleuchten. Dadurch dass eine Aschere neben den Altar Jahve's gestellt wurde, gesellte man ihm die Astarte als θεὸς σύμβωμος bei. Nur wenn die Propheten hieran keinen Anstoss nahmen, konnten sie die Aschere dulden. Dass aber die Verehrung der Astarte neben Jahve den Propheten unanstössig gewesen sei, wird schwer zu beweisen sein.

Dieselbe Idee, welche den Ascheren zu Grunde liegt, hat das Institut der Kedeschen ins Leben gerufen. Der Name bezeichnet solche Personen männlichen oder weiblichen Geschlechts, welche sich der Gottheit geweiht oder hingegeben haben; diese Hingabe aber ist als Ausübung der Unzucht im Dienste der Gottheit zu verstehn. Es ist wieder die weibliche Naturgottheit Astarte, in deren Cultus der Ursprung dieses Lasters liegt. Durch Verschmelzung des Astartedienstes mit dem Jahvismus ist es dann auch am Tempel zu Jerusalem herrschend geworden.[2] Dass es aber allezeit als etwas Unerlaubtes und dem Glauben Israels Widersprechendes galt, wird wenigstens bei diesem Institut auf allen Seiten anerkannt.[3]

„Von dem Greuel der Kindesopfer, welcher die Kananäer befleckte, waren die Israeliten, wie die Stellung des Erstgeborenen im Recht der Familie beweist, bei der Einwanderung in's Land frei. Es scheint nicht, dass sie es nach der Einwanderung von den Kananäern angenommen haben. Dass Jahve es nicht will, lehrt schon die alte Sage Genesis 22." Dies willige Zugeständniss Stade's[4] bedarf in einem Punkte der Berichtigung oder vielmehr Ergänzung. Dass das Kinderopfer der alten Sinaireligion fremd gewesen ist, steht allerdings fest. Aber wie mit

---

[1] 2 Reg. 13, 6. 18, 4 al. [2] 1 Reg. 14, 24. 15, 12. 22, 47. 2 Reg. 23, 7. [3] Deut. 23, 18 f. [4] Gesch. I 497.

der Annahme der kananitischen Culte andere Missbräuche und Laster verbunden waren, so haben sich die Israeliten auch von Menschenopfern nicht ganz frei gehalten. Wenn freilich Samuel den Amalekiterkönig Agag vor Jahve in Gilgal zu Stücken zerhaut[1], so ist dies kein Opfer, sondern wird ausdrücklich als Strafe dafür bezeichnet, dass Agag's Schwert Weiber ihrer Kinder beraubt hat. Ebenso ist es eine Strafe und nicht ein Opfer, wenn die Obersten des Volks, welche sich an Baal Peor gehängt hatten, dem Jahve angesichts der Sonne aufgehängt wurden.[2] Durch diesen Strafvollzug sollte der Zorn Jahve's von Israel abgewandt werden. Es war gewiss eine schauerliche Trübung des Jahveglaubens, wenn David und ebenso der Berichterstatter wähnte, in gleicher Weise könne bei Gelegenheit der dreijährigen Hungersnoth der Zorn Jahve's durch einen ähnlichen Strafvollzug an den unschuldigen Nachkommen Sauls beschwichtigt werden.[3] Aber ein Opfer war dieser peinliche Act schon deswegen nicht, weil dies nie aufgehängt wird — denn ein Gehenkter ist verflucht bei Gott[4], — sondern auf den Altar kommt.

Ein historisches Beispiel für ein dem Jahve dargebrachtes Menschenopfer bietet dagegen Jephta, welcher gelobt, das ihm aus der Thür seines Hauses Entgegentretende dem Jahve als Brandopfer darzubringen[5], und von dem es dann (v. 39) ausdrücklich heisst „Er vollzog an seiner Tochter das Gelübde, welches er gelobt hatte." Aber allerdings erklärt sich grade bei ihm am leichtesten eine solche Trübung des echtisraelitischen Gottesglaubens, denn er lebte in der Nachbarschaft der Ammoniter, deren Hauptgott der durch Kinderopfer verehrte Milkom (Moloch) war, und Jud. 10, 6 werden die Ammoniter ausdrücklich unter den Völkern genannt, deren Göttern die Israeliten unmittelbar vor dem Auftreten Jephta's dienten und in deren Hand sie verkauft wurden. — Auch Ezechiel[6] spricht von Kinderopfern, welche die Israeliten nach der Eroberung Kanaans dar-

---

[1] 1 Sam. 15, 33. [2] Num. 25, 4. [3] 2 Sam. 21, 1 ff. [4] Deut. 21, 23. [5] Jud. 11, 31. [6] 16, 20.

gebracht haben, ja er verlegt dies Laster bis in die Zeit **des** Wüstenzuges zurück[1], aber er fügt ausdrücklich hinzu, dass diese Opfer den Götzen (dem Moloch) galten.[2] Seit der assyrischen Zeit nehmen die Kinderopfer, die während der mittleren Periode nicht nachweisbar sind, Ueberhand; Ahas und Manasse opfern ihre Söhne. Dies Aufleben eines scheinbar bereits überwundenen Götzendienstes erklärt sich wohl aus einer Nachahmung der assyrisch-babylonischen Culte des Adrammelech und Anammelech, denen man Kinder verbrannte.[3] Zur Zeit des Jeremias muss diese barbarische Sitte sehr verbreitet gewesen sein, da sich im Thale Ben Hinnom eine eigne Opferstätte hierfür befand[4], und der Prophet mehrfach dagegen eifert.[5] Auch Ezechiel[6] bezeugt Kinderopfer für seine Zeit, und Zephanja[7] kennt in Jerusalem die Verehrung des ammonitischen Milkom, der von Moloch nicht wesentlich verschieden ist. Aber der Berichterstatter des Königsbuchs unterlässt nicht hervorzuheben, dass das Opfer des Ahas ein heidnischer Gräuel war[8], und Jeremias[9] erklärt ausdrücklich, dass Jahve solches nie geboten, nie davon geredet habe und dass es ihm nie in den Sinn gekommen sei.[10]

Wir haben hiermit die wichtigsten Institutionen und Bräuche des Baalcult, durch die der Gottesglaube Israels verunreinigt worden ist, erschöpft. Um nicht Zusammengehöriges auseinanderzureissen mussten wir von der Richterperiode, von der wir ausgingen, vielfach auf spätere Perioden der Geschichte Israels hinübergreifen. Nunmehr kehren wir zu dem Zeitpunkt zurück, bei dem wir oben stehen blieben, und untersuchen, wie sich das Verhältniss von Jahvedienst zum Baaldienst seit dem Anfang der Königszeit gestaltet.

Am Ausgang der Richterzeit finden wir das israelitische Nationalheiligthum, die Lade Jahve's, im Tempel zu Silo; Eli und seine Söhne fungiren hier als Priester Jahve's. Jährlich kommt man von auswärts, um in diesem Tempel zu opfern.

---

[1] 20, 26. [2] 20, 31. vgl. 23, 37. 39. ⚹ 106, 38. [3] 2 Reg. 17, 31. [4] 2 Reg. 23, 10. [5] Vgl. auch Deut. 18, 10. [6] 16, 23. 20, 31. [7] 1, 5. [8] 2 Reg. 16, 3. [9] **7,** 31. 19, 5. 32, 35. [10] **Vgl.** Micha 6, 7.

Im Kriege zieht die Lade Jahve's als Unterpfand des Sieges mit ins Feld. Ihr Verlust bedeutet das grösste nationale Unglück: „Die Herrlichkeit ist dahin von Israel, denn die Lade Gottes ist genommen." Aber auch im Dagontempel zu Asdod übt Jahve seine Wirksamkeit; der philistäische Götze muss vor ihm in den Staub sinken, und die Philister selbst werden durch schwere Plagen von Jahve heimgesucht. Dass bei solcher Sachlage Jahve als der ausschliesslich rechtmässige Herr und Gott Israels gelten musste, leuchtet ein, und so sieht sich denn auch Kuenen[1] zu dem Zugeständniss genöthigt, dass die Losung „Jahve der Gott Israels" nicht in Vergessenheit gerathen war, im Gegentheil so in Vieler Herzen lebte, dass sie dieselben ganz erfüllte und ihrem Thun und Lassen eine bestimmte Richtung gab. Wol nicht bei Allen aber doch bei Einzelnen liess solch eine Auffassung des Jahvismus für den Dienst anderer Götter überhaupt keinen Raum."

Es ist dies genau die Auffassung, welche der Darstellung der Quellen entspricht. Nur scheint Kuenen sich auch hier wieder nicht klar gemacht zu haben, dass er durch dies Zugeständniss mit seinem Hauptsatz, die Israeliten seien bis in die Zeit der Propheten zum grössten Theil Polytheisten gewesen und dieser Polytheismus sei nicht als später eingedrungen, sondern als ursprünglich zu betrachten, in schreienden Widerspruch setzt. Nicht danach, was die Götzendiener glaubten, sondern danach, was im Herzen eines Samuel und seinesgleichen lebte, ist die Religion Israels in jener Zeit zu bestimmen. Auch in Griechenland hat es im fünften Jahrhundert nur einen Perikles, nur einen Phidias gegeben, und doch benennen wir dies Zeitalter nach den Geistesheroen, die ihrer Zeit das charakteristische Gepräge gaben. Dass nicht alle Israeliten jener Zeit auf der Höhe des Glaubens eines Samuel standen, versteht sich von selbst, und dass der in der Richterperiode eingerissene Götzendienst nicht völlig geschwunden war, wird uns ausdrücklich berichtet. „Samuel sprach

---

[1] Godsdienst I 315.

zu dem ganzen Hause Israel: so ihr euch von ganzem Herzen bekehret zu Jahve, so thut von euch die fremden Götter und die Astarten, und richtet euer Herz zu Jahve und dienet ihm allein, so wird er euch erretten aus der Philister Hand. Da thaten die Kinder Israel von sich die Baalim und die Astarten und dienten Jahve allein."¹ Auch dieser Nachricht wird von Kuenen und Stade die Glaubwürdigkeit wieder abgesprochen, weil sie deuteronomistisch sei, und doch erklärt sich nur aus solcher Reformation des Samuel der Aufschwung, den das nationale und religiöse Leben Israels in der unmittelbar folgenden Zeit nahm. In den ersten Zeiten des Königthums finden wir keine Spur von Götzendienst in Israel. Dass die baalhaltigen Namen der Söhne Saul's nicht als Beweis für früheren Baaldienst des Königs verwendet werden dürfen, haben wir oben gesehen. Positiv zeigt sich Saul als eifriger Jahveverehrer nicht allein durch die Vertreibung der Wahrsager und Zeichendeuter², sondern noch vielmehr durch sein ganzes Verhalten gegenüber Samuel. **Es** ist nicht zu bezweifeln, was Kuenen sagt, dass er im Geiste der nationalen und jahvistischen Partei regiert hat, das heisst aber, in dem Geiste der echten und unverfälschten Religion Israels.

Die religionsgeschichtliche Bedeutung eines David eingehend zu würdigen, ist hier nicht der Ort. Es handelt sich vielmehr für uns nur darum, festzustellen, welche Stellung er eingenommen hat in dem Streit zwischen Jahvismus und Baaldienst. Da aber im Grunde hierüber kein Zweifel obwalten kann, so genügt es, einige gegen Davids reinen Jahvismus vorgebrachte Bedenken zu erledigen. Kuenen³ macht ihm zum Vorwurf den Teraphim, den Michal in sein Bett legte, um die Boten Saul's zu täuschen.⁴ Es ist ebenso wie bei Jakob wieder ein Weib, das sich mit diesem Spuk abgiebt. Ferner die ihm in den Mund gelegte Anrede an Saul: „Wenn Jahve dich verführt hat, so lass ihn doch ein Speisopfer riechen; thun's aber Menschenkinder, so

---

¹ 1 Sam. 7, 3. 4. | ² 1 Sam. 28, 3. | ³ a. a. O. I 324. | ⁴ 1 Sam. 19, 13 f.

seien sie verflucht vor Jahve, dass sie mich heute vertrieben haben, dass ich nicht Theil habe an dem Erbe Jahve's, indem sie sprachen: Gehe hin, diene anderen Göttern."[1] Aber insofern die letzten Worte den Gedanken enthalten, dass der Dienst Jahve's an Kanaan gebunden ist und die Vertreibung in das Ausland die Verehrung anderer Götter zur Folge hat, drücken sie doch zunächst nur die Ansicht der Widersacher David's aus. Uebrigens ist es nicht grade wahrscheinlich, dass der Berichterstatter diese Worte direct aus Davids Munde niedergeschrieben hat. Dass David während seines Aufenthaltes im Philisterlande thatsächlich den philistäischen Göttern gedient hätte, wird mit keiner Silbe angedeutet. — Ferner tadelt Kuenen an David „seine Unterwerfung unter das priesterliche Orakel, die wenigstens gegen die Selbständigkeit seines religiösen Glaubens Zeugniss ablegt." Demnach hätte also Ahas, als er das von Jesaias angebotene Zeichen abwies[2], **auf einer höhern** Glaubensstufe gestanden, als David, der freilich über Orakel noch nicht so dachte, wie das neunzehnte Jahrhundert nach Christus. — David's Eingehen auf den Wunsch der Gibeoniten, die Blutschuld Saul's durch den Tod von sieben seiner Nachkommen zu sühnen, welches schon oben gewürdigt ist, und endlich seine Ueberzeugung, dass die Pest, welche Israel geisselte, eine Strafe sei für die durch ihn im Widerspruch mit dem Volkswillen ausgeschriebene Volkszählung, führt Kuenen als letzte Belege dafür an, dass David's Gott „noch keineswegs der Jahve der Propheten war, der einzige oder wenigstens über alle übrigen Götter unendlich erhabene Gott." Dass aber jene Ueberzeugung keineswegs den Glauben an die Einheit und Erhabenheit Gottes auszuschliessen braucht, beweist die bekannte Thatsache, dass noch heute Tausende von Christen unsern modernen Volkszählungen religiöse Bedenken entgegenbringen. — Kuenen sucht seine Behauptung, dass die Idee der Einheit und Erhabenheit Gottes David fremd gewesen sei, dann noch zu stützen durch den Hinweis auf die

---

[1] 1 Sam. 26, 19. [2] Jes. 7, 10 ff.

sittlichen Grundsätze, nach denen der König handelte. „Rachsucht und Grausamkeit, selbst gegenüber Wehrlosen, wurden von seinem sittlichen Bewusstsein nicht missbilligt, wenigstens ohne Bedenken gegen den auswärtigen Feind in Anwendung gebracht und in der Todesstunde Salomo anempfohlen. Verrath und List galten nicht als unerlaubt. Dies alles darf man nicht übersehen, wenn wir uns von Davids Religion eine richtige Vorstellung zu bilden wünschen."

Ueber den Charakter Davids sind bekanntlich die Ansichten sehr getheilt. Dass er kein Heiliger war, wird überall zugegeben, und die biblischen Geschichtschreiber verschweigen am wenigsten seine Schwächen und Sünden. Wo viel Licht ist, ist viel Schatten. Es ist aber schwer verständlich, wie ein Mann wie Kuenen sich dazu verstehen kann, aus diesen Schwächen und Sünden auf die Religion zu schliessen, welcher David zugethan war, und welche doch nicht seine blosse Privatsache sondern die öffentliche Religion Israels war. Wenn es wahr wäre, was Kuenen behauptet, dass der Mensch sich seinen Gott nach seinem Bild und seiner Aehnlichkeit schafft, so dürfte er auch David's Ehebruch mit der Bathseba und den Mord des Uria bei der Zeichnung von David's Charakter und der dem entsprechenden Formulirung von David's Gottesbegriff nicht unberücksichtigt lassen. Es ist eine in der menschlichen Natur selbst begründete und sich überall wiederholende Thatsache, dass die, welchen durch ihre Stellung die Möglichkeit gegeben ist, ungestraft ihren Neigungen zu fröhnen, der Gefahr zu sündigen weit mehr ausgesetzt sind, als Andere, welche schon durch die äusseren Verhältnisse, in denen sie leben, in Schranken gehalten werden. Sie sündigen nicht deswegen, weil ihnen die Einsicht in die Verwerflichkeit ihres Thuns fehlte, sondern weil die blosse Einsicht nicht genügt um das Gute zu thun und das Böse zu lassen. David's Charakter hat zur Grausamkeit und zur Sinnlichkeit, zwei oft mit einander verbundenen Lastern geneigt, **und er hat sich** mehrfach **von** seinen Neigungen beherrschen **lassen; aber** wenn man ihm deswegen den Glauben an die Einzigkeit und Erhabenheit Jahve's absprechen will, so könnte man mit demselben Rechte einen bekannten Herrscher auf dem Zarenthron, dessen furchtbares Ende in Aller Erinnerung lebt, zu einem Polytheisten machen.

Es würde zu weit führen und ist zudem überflüssig, die positiven Beweise für David's ausschliesslichen Jahveglauben hier vorzuführen; ich müsste zu diesem Zweck die beiden Samuelisbücher ausschreiben. Dass der, welcher die Lade Jahve's in seine Residenz holt und, mit dem leinenen Leibrock begürtet, mit aller Macht vor ihr hertanzt; der das Volk im Namen Jahve Zebaoth's segnet; der mit Jahve-Propheten und -Priestern in engster Beziehung steht; der als König auf Nathans schonungslose Busspredigt reuevoll antwortet: ich habe gesündigt wider Jahve; der sich bewusst ist, dass Jahve's Geist durch ihn redet, der für die Propheten der Gegenstand der Hoffnung und das Vorbild des Messias geworden ist — dass dieser Mann andern Göttern neben Jahve gedient habe, wagt auch Kuenen nicht zu behaupten. Mir ist es nicht zweifelhaft, dass wir David trotz seiner Schwächen und Vergehen und trotz seines zu Zeiten getrübten Gottesglaubens mit vollem Recht einen Monotheisten nennen dürfen und müssen. Die Berechtigung hierzu gibt vor allem der 18. Psalm; der meiner Ansicht nach ebenso sicher David zum Verfasser hat, wie Richter 5 von Debora stammt. Stade dekretirt freilich, dass David keine Psalmen gedichtet haben könne, und ich selbst bin der Ueberzeugung, dass die meisten Lieder unseres Psalters, welche die Ueberschrift „von David" tragen, von andern Dichtern herstammen. Aber Psalm 18 kann ihm aus äusseren und inneren Gründen nicht wohl abgesprochen werden.[1] Nun, auch in diesem Liede offenbart der Sänger den Feinden gegenüber eine Gesinnung, welche mit dem Maasstabe christlicher Sittlichkeit gemessen, nicht bestehen kann.

> Ich will meinen Feinden nachjagen und sie ergreifen
> Und nicht umkehren, bis ich sie umgebracht habe.

---

[1] s. Riehm im Commentar.

Ich will sie zerschmeissen und sollen mir nicht widerstehen;
Sie müssen unter meine Füsse fallen.

Sie rufen, aber da ist kein Helfer;
Zu Jahve, aber er antwortet ihnen nicht.
Ich will sie zerstossen wie Staub vor dem Winde;
Ich will sie wegräumen, wie den Koth auf der Gasse.[1]

Wir erkennen in diesen Worten, in dem Preis Gottes, der dem Dichter „Rache giebt"[2] unmittelbar den energischen seine Feinde mit rücksichtsloser Härte behandelnden König, wie ihn die Bücher Samuelis schildern. Dass aber eine solche Denkungsart nicht, wie Kuenen es annimmt, mit Nothwendigkeit einen niedrigen religiösen Standpunkt voraussetzt, beweist der Umstand, dass dasselbe Lied, welches solchen echt antiken Hass gegen die Feinde athmet, mit dem herrlichen Worte beginnt: „Herzlich lieb habe ich dich Jahve meine Stärke," und dass wir in ihm den jeden Polytheismus unbedingt ausschliessenden Ausruf finden „denn wer ist Gott ausser Jahve, und wer ist ein Hort ausser unser Gott!" —

Bei der Beurtheilung der religiösen Stellung Salomos stossen wir wieder auf die eigenthümliche Erscheinung, dass zwei Kritiker, welche gegenüber den biblischen Quellen prinzipiell ein und dieselbe Stellung einnehmen, zu direct entgegengesetzten Resultaten kommen. Das Königsbuch erzählt, dass derselbe Salomo, welcher den Tempel für Jahve errichtet hatte und welcher des Jahres dreimal Brandopfer und Dankopfer auf dem Altar darbrachte, den er Jahve gebaut hatte[3], viele ausländische Weiber geliebt habe, die Tochter Pharao's und moabitische, ammonitische, edomitische, zidonische und hethitische. An diesen hing Salomo mit Liebe. „Und da er nun alt war, neigten seine Weiber sein Herz fremden Göttern nach, dass sein Herz nicht ganz war mit Jahve, seinem Gott, wie das Herz seines Vaters David." Er verehrte die zidonische Astarte und den ammonitischen Milkom und erbaute diesen, sowie dem moabitischen

---

[1] v. 18, 38—39. 42—43. | [2] v. 48. | [3] 1 Reg. 9, 25.

Kamos Bamoth auf dem Oelberge, welche erst durch Josias verunreinigt wurden.[1]

Dieser Bericht ist nach Stade[2] eine grobe Verunglimpfung Salomo's, das Elaborat eines Deuteronomisten. Nur die Notiz über die dem Kamos erbaute Höhe ist aus einer älteren Vorlage übernommen, aber diese Höhe war nur für Salomo's Frau bestimmt. „Es war ungewöhnlich, denn Jahve war Landesgott; aber wenn etwa auf die Höhe moabitische Erde gefüllt wurde, damit der Altar auf solcher stehe, so war es für jene Zeit vollkommen in Ordnung." „Die Vorstellung von Salomo's Abfall und Verehrung fremder Götter ist dagegen gänzlich aufzugeben." — Ganz anders Kuenen. Das Zulassen der Abgötterei ist, wie er[3] richtig bemerkt, nach dem Berichterstatter des Königsbuchs eine Schwachheit des bereits bejahrten Salomo, ein zeitweiliges Abweichen von der Richtung, welcher er in der Kraft seines Lebens gefolgt ist. Aber, meint Kuenen, es ist wenig Nachdenken nöthig, um einzusehen, dass dieser Versuch Salomo zu entschuldigen und seinen guten Namen zu retten, nicht geglückt ist. Die Abgötterei Salomo's kann nicht als eine zeitweilige Verirrung betrachtet werden. „Wenn er wirklich solch ein treuer Diener Jahve's war, wie konnte er dann ausser der Tochter Pharao's die moabitischen, ammonitischen, edomitischen, zidonischen und hethitischen Frauen in seinen Harem aufnehmen?" Als ob nicht der Beherrscher aller Gläubigen und Nachfolger des Propheten Frauen aus aller Herren Ländern in seinen Harem aufnähme und dabei doch ein guter Moslim sein könnte! — Auch der Tempelbau beweist nach Kuenen durchaus nicht, dass für Salomo's Bewusstsein ein nennenswerther Unterschied zwischen dem Gott Israel's und den Göttern der benachbarten Stämme bestanden habe. Es lag nicht in seinem Plan, dass in dem Tempel ausschliesslich zur Ehre Jahve's geopfert werden sollte. „Es scheint allerdings nicht, dass Salomo selbst irgend einer andern Gottheit ausser Jahve in dem Tempel

---

[1] 1 Reg. 11, 1—8. 2 Reg. 23, 13. [2] Gesch. I 307. [3] Godsdienst I 320.

gedient oder darin dem Bilde eines fremden Gottes einen Platz eingeräumt hat. Aber wohl darf aus den Ornamenten des jerusalemischen Tempels (Cheruben, Coloquinten, Lilien, Palmen, Granatäpfeln und den beiden ehernen Säulen) geschlossen werden, dass sein Gründer zwischen Jahve und den andern Göttern, besonders den phönicischen, keinen principiellen Unterschied annahm; wäre dies der Fall gewesen, so müsste es doch sein Streben gewesen sein, den Gegensatz von Jahve zu den Naturgöttern durch die Einrichtung seines Heiligthumes selbst, besonders durch **die Abwesenheit aller der oben genannten Ornamen**te deutlich ins Auge springen zu lassen." — In diesem Raisonnement kommt der Widerwille des reformirten Theologen gegen Kirchenschmuck **deutlich** zum Vorschein. Wenn Salomo auf der Wage der reformirten Bekenntnisschriften gewogen wird, so wird er allerdings **zu leicht** befunden. Wenn man sich dagegen in das Zeitalter Salomo's **zurückversetzt** und bedenkt, dass der König für seine **Bauten** kaum andere **Bau**meister und Künstler verwenden konnte, als phönicische; wenn **man** weiter bedenkt, dass diese ihren heimathlichen Stil naturgemäss auch in Jerusalem beibehielten, wo bis dahin grosse Bauten überhaupt nicht existirten, die sie sich hätten zum Vorbild nehmen können, wenn man dies bedenkt, so wird man aus den Coloquinten und Lilien nicht so ungeheuerliche Folgerungen ziehen, wie Kuenen es thut. Vergegenwärtigt man sich nun ferner, dass Kuenen mit Anwendung derselben Methode zu dem entgegengesetzten Resultat kömmt wie Stade, so wird man auch hier wieder gegen diese Methode misstrauisch werden, und es dürfte gerathener sein, anstatt sich einem dieser beiden Kritiker anzuschliessen, lieber dem biblischen Bericht zu folgen, welcher klar und einfach sagt, dass Salomo anfangs in den Spuren seines Vaters David gewandelt ist, später aber, durch seine Weiber verführt, den Lockungen des sinnlichen kananäischen Cultus unterlag. Es ist dieselbe Erscheinung, die sich bei **Ahab und** Isebel **wiederholt.** —

Die Folgen von Salomo's Abfall machten sich nach seinem

Tode zunächst im Südreiche bemerkbar. Das kananitische Wesen herrschte unter seinem Nachfolger wieder in weiten Kreisen. Freilich lesen wir von Rehabeam nicht direct, dass er andern Göttern gedient habe. Nach der Darstellung der Chronik[1] sind es mehr Unterlassungssünden im Dienste Jahve's, die ihm vorgeworfen werden, als directer Abfall. Dass Rehabeam Verehrer Jahve's war, ergiebt sich daraus, dass er regelmässig seinen Tempel aufsuchte.[2] Andererseits heisst es von der Regierung dieses Königs: „Und Juda that, was böse war in den Augen Jahve's."[3] Mazzeben und Ascheren wurden errichtet; Kedeschen trieben ihr Unwesen, „und sie thaten alle die Gräuel der Heiden, welche Jahve vor den Kindern Israel's vertrieben hatte". Die oben geschilderten kananitischen Unsitten scheinen danach unter dem Volke um sich gegriffen zu haben; sie wurden in den Dienst Jahve's gestellt, und dieser blieb der rechtmässige Gott Israel's, wenn auch **für die Propheten** ein solcher Cult nicht wesentlich vom Baaldienst verschieden ist. — Auch von Abia, der in den Fusstapfen seines Vaters wandelte, heisst es nur: „Sein Herz war nicht vollständig bei Jahve seinem Gott, wie das Herz seines Vaters David"[4]; ja beim Chroniker[5] rühmt er sich mit seinem Volke, Jahve nicht verlassen zu haben und die Sache Jahve's, seines Gottes, zu hüten. Dass dieser Anspruch aber doch nicht ganz haltbar ist, ergiebt sich daraus, dass sein Sohn und Nachfolger Asa, welcher im Geiste David's regierte, die bis dahin also vorhandenen Kedeschen aus dem Lande vertrieb, auch die „Dreckgötter", welche seine Väter gemacht hatten, entfernt, und die von seiner Mutter Maacha errichtete Aschere verbrennt. Nur der Höhendienst blieb bestehen.[6] — Ganz im Sinne seines Vaters handelte Josaphat; unter seinem Sohn Joram dagegen dringt vom Nordreich her, wieder durch eine Frau vermittelt, der Götzendienst ein. „Er wandelte auf dem Wege der Könige Israel's, wie das Haus Ahab's that; denn Ahab's Tochter war sein Weib, und

---

[1] 2 Chr. 12. [2] 1 Reg. 14, 28. [3] 1 Reg. 14, 22 f. [4] 1 Reg. 15, 3. [5] 2 Chr. 13, 10 f. [6] 1 Reg. 15, 11—14.

er that, was böse **war** in den Augen Jahve's.[1] Der aus dieser Ehe entsprossene Sohn Ahasja „wandelte auf dem Wege des Hauses Ahab's und that was böse war in den Augen Jahve's, wie das Haus Ahab's, denn er war verschwägert mit dem Hause Ahab's".[2] — Nachdem Ahasja in der von Jehu im Nordreich angestifteten Revolution sein Leben eingebüsst hatte, ergriff seine Mutter Athalja die Zügel der Regierung. Zu ihrer Zeit hatte der Baal in Jerusalem einen Tempel mit Bildsäule und Priester. In der durch den Priester Jojada herbeigeführten Restauration wurde dieser Tempel eingerissen und Mattan, der Priester **des** Baal, erwürgt.[3] In feierlicher Bundschliessung wird Jahve wieder als alleiniger Gott Israel's vom Volk und dem jungen König Joas anerkannt. —

Eine gradlinige Entwickelung **vom** Niederen zum Höheren bezeichnet der hier skizzirte **Verlauf der** Religionsgeschichte im Reich Juda während des ersten Jahrhunderts nach der Trennung nicht, und insofern hat Kuenen Recht, wenn er verwundert ausruft[4]: „Wo finden wir hier die Spuren einer natürlichen und regelmässigen Entwickelung?" Wenn er nun aber deswegen das günstige Urtheil der Berichterstatter über Josaphat und Asa für unhistorisch glaubt halten zu müssen; wenn er aus dem Umstande, dass Josaphat an den Kriegen des Nordreichs gegen Syrer und Moabiter Theil nahm, dass er seinen Sohn Joram mit einer Tochter des Ahab und der Isebel verheirathet, die Folgerung zieht, dass Josaphat's Jahvismus nicht exclusiv habe sein können; wenn er endlich zu dem Resultat kömmt, „dass auch unter den Königen, welche die fremden Culte keineswegs begünstigten, Jahve neben andern Göttern, nicht als die einzige, sondern als die erste und vornehmste Gottheit im Reiche Juda verehrt wurde" — so kann ich diese Schlussfolgerungen nicht als zwingend oder auch nur wahrscheinlich anerkennen. Gemeinschaft in kriegerischen Unternehmungen bedingt doch nicht Gemeinschaft des Glaubens, und wie oft sind Ehebündnisse zwischen

---

[1] 2 Reg. 8, 18. [2] 2 Reg. 8, 27. [3] 2 Reg. 11, 18. [4] a. a. O. I 348.

Herrscherhäusern geschlossen worden, die nicht demselben Bekenntniss angehörten! Die Folgen solcher Mischehen für die religiöse Entwickelung machen sich selbst heute noch gelegentlich bemerkbar, geschweige denn in jenen Zeiten, da der Grundsatz cujus regio illius religio eine ganz andere Bedeutung hatte, als etwa im sechzehnten Jahrhundert in Deutschland. Als noch kein König in Israel war, heisst es Jud. 17, 6, da that jeder, was ihm gefiel; d. h., wie der vorhergehende Vers zeigt, es herrschte völlige Freiheit des Cultus. Unter der Königsherrschaft wird das anders; da muss jeder den Anordnungen des Königs folgen, und es gilt das Gegentheil von dem, was Friedrich der Grosse als Maxime aussprach, dass unter seiner Regierung jeder nach seiner Façon selig werden könne. Ich kann mich daher nicht dazu entschliessen, dem Raisonnement Kuenen's den Vorzug vor den Angaben der biblischen Berichterstatter einzuräumen, und erkenne in dem von ihnen gezeichneten Gange der Religionsgeschichte Israel's während dieser Zeit einen neuen Beweis dafür, dass die Geschichte nicht immer „die Spuren einer natürlichen und regelmässigen Entwickelung" zeigt, sondern gelegentlich recht sprungweise fortschreitet oder auch zurückgeht. —

In viel grösserem Umfange als im Südreiche hat während der eben skizzirten Periode heidnisches Wesen im Nordreich Eingang gefunden. Jahve bleibt zunächst der officielle Gott des Reichs, wenn er auch durch die Darstellung unter dem Natursymbol des Stiers thatsächlich und seinem Wesen nach schon jetzt kaum von dem kananitischen Baal zu unterscheiden ist. Nach der Auffassung der Propheten sind daher die gegossenen Bilder gradezu „andere Götter", und ihnen dienen heisst, Jahve hinter den Rücken werfen.[1] Die heidnischen Unsitten, welche mit diesem Bilderdienst verbunden waren, vor allem die Ascheren[2], geben nach dem, was oben über dies Institut nachgewiesen ist, allerdings die volle Berechtigung zu dieser Betrachtungs-

---

[1] 1 Reg. 14, 9. ‖ [2] 1 Reg. 14, 15.

weise. Der synkretistische Cult herrschte bis auf Omri. Von diesem König sagt das Königsbuch[1], dass er gottloser gewesen sei, als alle seine Vorgänger. Da bei Ahab (v. 30) dasselbe Urtheil wiederholt und hier mit dem durch ihn eingeführten Baaldienst motivirt wird, so darf man vielleicht annehmen, dass bereits unter Omri der Cult anderer Götter eindrang. König Mesa erzählt auf seiner Inschrift von einem Altar des Dodo (? דודה), den er aus der vom Könige Israel's ausgebauten Stadt Atarot fortgeschleppt hat (Z. 12). Parallel hiermit läuft der Bericht, dass er einen Altar Jahve's aus Nebo fortgeschleppt hat. Hiernach scheint Dodo in der That ein von den Israeliten des Nordreichs verehrter Gott gewesen zu sein, der sich sonst freilich nicht nachweisen lässt.[2]

Unter Omri's Nachfolger Ahab entbrennt der unter seinen Vorgängern vorbereitete Kampf auf Tod und Leben zwischen Jahve und Baal. Es handelt sich, wie Kuenen[3] richtig bemerkt, jetzt nicht mehr um die Frage wie, sondern ob Jahve als Nationalgott verehrt werden soll. Zusammen mit der tyrischen[4] Prinzessin Isebel, einer Tochter des früheren Astartepriesters und späteren Königs Ethbaal, welche Ahab als Gemahlin heimführte, hielt Baal, der heimathliche Gott der Königin, seinen Einzug in die Hauptstadt des Reichs. Der Baal von Tyrus war der von den Griechen mit Herakles identificirte Melkart; obgleich dieser Name im alten Testament nicht genannt wird, ist wegen der Herkunft der Königin doch kaum daran zu zweifeln, dass er es war, der wie in den phönicischen Colonien so nun auch in Israel verehrt wurde. Ahab baute ihm in Samarien

---

[1] I 16, 25. [2] Oder gehört der Personenname דודו Jud. 10, 1. 2 Sam. 23, 24 hierher? Im Palmyrenischen kömmt der Name דודא vor. Vogüé, Palm. 93. [3] a. a. O. I 346. [4] 1 Reg. 16, 31 heisst Ethbaal König der Zidonier; nach Josephus Ant. 8, 13, 1 war er König der Tyrier und Zidonier; bei Menander (Jos. c. A. I 18) erscheint er unter den tyrischen Königen. Die Angabe des alten Testaments ist daher wohl ungenau und erklärt sich daraus, dass zidonisch im alten Testament auch die allgemeinere Bedeutung phönicisch hat (s. Winer s. **v. Sidon**). Zidon war damals **dem** tyrischen Staat unterthan.

einen Tempel mit Altar und Aschere, in welcher er selbst dem neuen Gott seine Huldigung darbrachte.[1] Wie eifersüchtig die Königin über dem Cult ihres Gottes wachte und mit welcher Grausamkeit sie die Diener Jahve's verfolgte, braucht hier nicht ausgeführt zu werden. Es ist nur zu wahrscheinlich, dass die Furcht vor dem Martyrium und das Streben, sich die Gunst der Königin zu verschaffen, viele Jahvediener zum Abfall verleitete. Treffen wir doch noch unter Antiochus Epiphanes dieselbe Erscheinung an. Dass auch der König selbst, den freilich Stade einen der bestverläumdeten nennt, dem Gott seiner Gemahlin huldigte, ist nach dem Bericht des Königsbuches nicht zu bezweifeln; besonders charakteristisch ist wieder die Aeusserung[2], dass sein Weib Isebel ihn zu seinem götzendienerischen Thun verleitete. Freilich hat er in echt heidnischer Weise daneben auch an Jahve festhalten zu können geglaubt, was die Namen seiner Kinder Ahasja, Joram, Athalja sowie die Erzählung über sein Verhältniss zu den Jahvepropheten[3] beweisen. Wie die Vertreter des echten Jahvismus über eine solche Auffassung urtheilten, nach der Jahve nur einer von den vielen Göttern war, zeigt das Auftreten Elias des Thisbiters; Ahab fragt den Propheten[4]: „Hast du mich je als deinen Feind erfunden?" Und Elias antwortet: „Ja, ich habe dich als solchen erfunden, weil du dich verkaufst, zu thun was böse ist in den Augen Jahve's." Der Prophet empfindet es als persönliche Fehde, wenn sein Gott, der Gott Israel's, befehdet wird dadurch, dass ihm andere Götter beigesellt werden.

Den Kampf des Elias gegen den Baal und seine Pfaffen im Einzelnen zu verfolgen, ist hier nicht der Ort. Entscheidend war der Sieg Jahve's nicht, denn Ahab's Sohn und Nachfolger Ahasja wandelte nicht bloss in den Wegen seines Vaters und seiner Mutter, sondern fügte auch noch ein neues Glied in das Pantheon ein, indem er bei dem philistäischen Orakelgott Baal Zebub Hülfe suchte. Eine Reaction gegen die fremden Culte

---

[1] 1 Reg. 16, 31 f. ‖ [2] 1 Reg. 22, 25. ‖ [3] 1 **Reg.** 22. ‖ [4] 1 Reg. 21, 20.

trat unter Ahasja's Bruder Joram ein, welcher die Säule des Baal entfernte[1]; die eigentliche Restauration des Jahvismus aber war das blutige Werk des auf Elisae Veranlassung gesalbten Jehu, der die Priester des Baal niederhauen liess, seinen Tempel einriss und so den Baal aus Israel vertilgte.[2]

Der Jahvismus war jetzt wieder der officielle Glaube des Nordreichs und ist es bis zum Untergange des Staates geblieben. Aber freilich der ideale Zustand war durch Jehu's Gewaltmassregeln nicht herbeigeführt worden. Der Baaldienst war nur als Staatsreligion beseitigt; in zahlreichen privaten Kreisen erhielt er sich bis in die assyrischen Zeiten.[3] Daneben drangen assyrische Culte ein, und jener durch Jehu zur Herrschaft erhobene Jahvismus selbst war nur eine neue Auflage der durch Jerobeam eingeführten synkretistischen Verehrung Jahve's unter dem Bilde eines Stieres. „Von den Sünden Jerobeam's, des Sohnes Nebat's, der Israel sündigen machte, liess Jehu nicht, von den goldenen Kälbern zu Bethel und zu Dan", heisst es im Königsbuche[4], und dasselbe Urtheil wiederholt sich bei allen seinen Nachfolgern. Diese bis zum Untergange des Reichs herrschende „Sünde Jerobeam's", welche Hosea an mehreren Stellen[5] züchtigt, meint auch Amos[6], wenn er von dem „Fluche Samarias" (אשמת שמרון) spricht, bei dem die Israeliten schwören. Sie ist in der That den Stämmen des Nordreichs zum Fluche geworden, denn das Herabziehen Jahve's in das Wesen der Naturreligion, für welches, wie wir gesehen haben, der Stierdienst der sichtbare Ausdruck war, hat es verschuldet, dass die zehn Stämme in der Verbannung den heidnischen Völkern, in deren Mitte sie lebten und deren Glauben von ihrem Stierdienst nicht wesentlich verschieden war, keinen Widerstand entgegenzusetzen vermochten; sie sind von ihnen aufgesogen worden und für immer verschwunden, und wer nach ihnen oder ihren Nachkommen suchen wollte, der vergisst, dass nur dasjenige dauernden Bestand behalten kann, was dauernden Werth hat.

---

[1] 2 Reg. 3, 3. | [2] 2 Reg. 10, 28. | [3] Vgl. Hosea 2, 13. 17. 11, 2 al. | [4] II 10, 29. | [5] 8, 4—6. 10, 5. 6. | [6] 8, 14.

Dass die Exulanten aus Juda nicht einem gleichen Geschick verfallen sind, wie ihre Brüder aus dem Nordreich, verdanken sie dem Umstande, dass der von Moses ausgehende Gottesglaube im Südreich wohl zeitweilig auch verfinstert, nicht aber auf die Dauer durch Naturdienst verdrängt worden ist.

Wir haben gesehen, wie unter Joas der Baalcult in Jerusalem ausgerottet wurde. Unter seinen Nachfolgern Amasja, Azarja (Uzzia) und Jotham wurde Jahve als der alleinige Gott Israel's anerkannt und verehrt, und Hizkia machte sogar den ersten Versuch zur Centralisirung des Cultus in Jerusalem. Er beseitigte, wie sich mit Sicherheit aus 2 Reg. 18, 22 ergiebt, die Höhen und die auf ihnen befindlichen Jahvealtäre und erhob das ausschliessliche Opfern auf dem Altar zu Jerusalem zum Gesetz. Auch die Mazzeben und die von seinem götzendienerischen Vater Ahas errichtete Aschere[1] entfernte er, und endlich zertrümmerte er die eherne Schlange, welche, ursprünglich ein Symbol, für das Volk ein Idol geworden war. Noch aber hatte Jahve nicht den definitiven Sieg über Baal davongetragen. Bevor das kananäische Heidenthum vollständig verschwand, loderte es noch einmal mächtig auf, angefacht und genährt durch das massenhafte Eindringen ägyptischer und besonders assyrischer Culte.

Es war vor allem der grauenhafte Molochdienst, der in dieser Zeit seine Orgien feierte. Dass dieser Cult ein kananäischer war, ist nicht zu bezweifeln. Soweit sich kananäischer und phönicischer Einfluss erstreckte, wurde der Gott, dessen Namen die Phönicier Milk aussprechen, durch Kinderopfer verehrt. Besonders für Karthago ist dieser Cult durch classische Schriftsteller bezeugt. Aber auch der eherne Stier des Minos auf Kreta, der die Insel umwandelt und die Fremden an seine glühende Brust drückt, ist nichts Anderes, als der nach Porphyrius[2] auf der phönicischen Colonie Kreta durch Menschenopfer **verehrte** Kronos-Moloch. Endlich **ist der** moabitische

---

[1] 2 Reg. 21, 3. [2] de **abst.** 2, 56.

Kamos, dem Mesa seinen Sohn opfert, nur eine Modification des Moloch, und der Name des ammonitischen Milkom, über dessen Einfluss auf Israel wir bei Jephta's Gelübte sprachen, ist nur durch eine kleine grammatische Besonderheit von Milk-Moloch verschieden. Dass dieser Cult in assyrischer Zeit unter den Judäern wieder auflebte, erklärt sich, wie schon oben bemerkt, aus einer Nachahmung der gleichartigen babylonisch-assyrischen Verehrung der Götter Anu-Malik und Adar-Malik, welche eine bestimmte Form des Malik-Moloch repräsentiren. Unter Manasse und Amon waren auch wieder Baalaltäre in Jerusalem vorhanden.[1] Im Tempel Jahve's stand eine Aschere[2], **und** die Kedeschen trieben ebenfalls ihr Unwesen.[3] Auch noch nach der Reformation des Josia spricht Zephanja[4] von einem „Ueberreste des Baal". — Da aber die späteren Propheten wie Zephanja und Jeremias das Wort Baal im allgemeinen Sinne für Götzen überhaupt gebrauchen, so lässt sich nicht immer mit Sicherheit ausmachen, welche Culte sie im Auge haben. Wir schliessen daher hier die Uebersicht über den kananäischen Götzendienst der Israeliten und wenden uns nunmehr zur Betrachtung des assyrisch-babylonischen, welcher in der Geschichte des Südreichs während der letzen Jahrhunderte seines Bestehens und noch über seinen Fall hinaus eine entscheidende Rolle gespielt hat.

Auch im Norden waren unter den letzten Königen in Folge der politischen Beziehungen bereits assyrische Culte eingedrungen. In der historisch-prophetischen Betrachtung über die Ursachen, welche den Fall Samaria's herbeigeführt haben, wird unter anderen Abfallssünden auch die genannt, dass die Israeliten das ganze Heer des Himmels anbeteten[5], womit eben assyrischer Gestirndienst gemeint ist. Ezechiel[6] wirft der zuchtlosen Ohola, der Personification des götzendienerischen Israel vor, sie sei in Brunst entbrannt gegen die in Purpur gekleideten Fürsten und

---

[1] Jer. 11, 13. [2] 2 Reg. 21, 7. [3] 2 Reg. 23, 7. [4] 1, 4. [5] 2 Reg. 17, 16. [6] 23, 5. 7.

Herren der Assyrer, die stattlichen Krieger, Reiter hoch zu Ross. Denen habe sie sich preisgegeben und sich zugleich oder als Folge davon von all ihren Dreckgötzen beflecken lassen. Und Amos[1] droht den Bewohnern des Nordreichs an, sie würden den Sakkut, welchen sie als himmlischen König, und den Kevan, welchen sie als Gottesbild (Gottesoffenbarung) verehrten, die Sternengötter, welche sie sich gemacht hatten, aufheben und in die Verbannung tragen, in welche Jahve sie durch die Assyrer führt. Sakkut wie Kevan sind assyrische Gestirngottheiten[2], welche die Israliten von den Assyrern angenommen hatten und, wie es scheint, mit ihrem Moloch (König) und der aramäischen Gottesgestalt Ṣelem[3], die unter den Israeliten Anhänger gehabt haben muss, in Verbindung setzten, so dass ein Sakkut-Melek und ein Kevan-Ṣelem entstand. Analoge Göttergebilde werden wir unten in grösserer Anzahl kennen lernen.

Nach der Zerstörung Samariens wurden durch die vom assyrischen König zur Besiedelung des Landes geschickten Colonisten verschiedene babylonische Götter, sowie ein hamathensischer (Asima) eingeführt[4]; Sukkot- (? Sakkut-) Benoth, Nergal, Nibhas, Thartak, Adrammelech und Anammelech. Genaueres ist jedoch über die meisten dieser Götter nicht bekannt; es sei nur noch darauf hingewiesen, dass nach 2 Reg. 17, 33 der Dienst dieser fremden Götter wieder in synkretistischer Weise mit der Verehrung Jahve's verbunden war.

Vom Nordreich her sind die assyrisch-babylonischen Culte in Juda eingedrungen und haben hier nach Ezechiel[5] einen noch tieferen Einfluss ausgeübt, als dort, eine Angabe, die durch die Berichte der geschichtlichen Bücher, sowie anderer Propheten bestätigt wird.

Der erste König in Juda, der sich mit assyrischem Götzendienst abgab, scheint Ahas gewesen zu sein.[6] Im Königsbuch wird erzählt, Josia habe unter anderen auch die Altäre ent-

---

[1] 5, 26. [2] S. Schrader **KAT** ad l. [3] S. o. S. 81. [4] 1 Reg. 17, 29 ff. [5] 23, 14. [6] 2 **Reg.** 23, 12.

fernt, „welche auf dem Dach, dem Söller des Ahas[1] waren, welche die Könige Juda's gemacht hatten". Da man nun auf den Dächern das Heer des Himmels anbetete[2], so liegt die Vermuthung nahe, dass die auf dem Söller des Ahas befindlichen Altäre für eben diesen Cult bestimmt waren, wenn auch die Wendung, „welche die Könige Juda's gemacht hatten", nicht recht klar ist.[3] Aber Ahas scheint diesen Cult noch als Privatsache betrieben zu haben, und in der Reform des Hizkia ist er jedenfalls beseitigt. Dagegen war unter Manasse, zu dessen Zeit das assyrische Weltreich auf dem Gipfel seiner Macht stand, der von dort entlehnte Gestirndienst neben Moloch- und Baaldienst der herrschende Cult. Das Königsbuch erblickt in Manasse einen judäischen Ahab.[4] In Bezug auf seinen assyrischen Götzendienst berichtet es[5], dass er das ganze Heer des Himmels, d. i. Sonne, Mond und Sterne angebetet und ihnen gedient habe. Eben diesen göttlich verehrten Wesen baute er im Tempel selbst und in den beiden Vorhöfen Altäre, an denen von dem König angestellte Priester räucherten.[6] Am Eingange des Tempels bei der Zelle des Kämmerers Nethanmelech waren die heiligen Sonnenrosse mit ihren Wagen untergebracht.[7] Solcher Art waren die Gräuel, durch welche, wie Jeremias[8] sagt, das Haus verunreinigt wurde, das von Jahve den Namen hatte.

Die Neuerungen des Königs wurden auch dies Mal vom Volke nur zu bereitwillig aufgenommen. Abgesehen davon, dass die Gestirngötter die Götter der mächtigen und siegreichen Assyrer waren und, wie es schien, diesen zu der Weltherrschaft verholfen hatten, übten sie auch auf das ästhetische Gefühl eine besondere Anziehungskraft aus, und was Jeremias als Gräuel bezeichnete, hat gewiss mancher abtrünnige Israelit als Inbegriff der Schönheit gepriesen. Das Deuteronomium gebraucht, wo es vom Abfall zum Gestirndienst spricht[9], den Ausdruck „sich

---

[1] **Klostermann** will עֲלִיַּת schreiben. ‖ [2] **Zeph.** 1, 5. ‖ [3] Vgl. aber 2 Reg. 23, 5. 11. ‖ [4] 2 Reg. 21, 3. ‖ [5] II 21, 3 ff. ‖ [6] 23, 5. ‖ [7] 23, 11. ‖ [8] 7, 30. 32, 34. ‖ [9] 4, 19.

fortreissen lassen," nämlich durch den Glanz und die Schönheit der strahlenden Himmelskörper. Das Buch der Weisheit[1] sagt geradezu, dass die Heiden die Lichter am Himmel deswegen für Götter hielten, weil sie an der Schönheit derselben Gefallen hatten; und Hiob[2] verwahrt sich zwar dagegen, dass er sich dieser Sünde schuldig gemacht habe, aber gerade die Art seiner Verwahrung zeigt, wie nahe die Gefahr lag, der Verführung zu unterliegen.

> Wenn ich ansah das (Sonnen-) Licht, wie es hell leuchtete,
> Und den Mond, wie er prächtig wallte,
> Und mein Herz heimlich bethört wurde,
> Dass meine Hand sich legte an den küssenden Mund —
> Auch das wäre eine Missethat für den Richter,
> Denn damit hätte ich verleugnet Gott von oben.

Das Königsbuch[3] berichtet ausdrücklich, dass Manasse auch Juda sündigen gemacht habe mit seinen Götzen[4], und die prophetischen Schriften bestätigen diese Nachricht. Zephanja[5] kennt in Jerusalem Leute, die sich auf den Dächern vor dem Heer des Himmels anbetend niederwerfen. Nach Jeremias[6] ist Manasse und sein Thun in Jerusalem die Ursache all' des Unglücks, das über das Volk hereinbrechen wird. Die Gebeine der Könige Judas, die Gebeine seiner Fürsten, der Priester, der Propheten und der Bürger zu Jerusalem sollen aus ihren Gräbern geworfen und hingestreut werden unter die Sonne, den Mond und alles Heer des Himmels, welche sie geliebt haben, denen sie gedient haben und nachgefolgt sind, die sie gesucht und angebetet haben.[7] Die Häuser Jerusalems sollen unrein werden, alle Häuser, auf deren Dächern sie dem ganzen Heer des Himmels geräuchert und andern Göttern Trankopfer ausgegossen haben.[8] Genaueres

---

[1] 13, 3. [2] 31, 26 f. [3] II 21, 11. 16. [4] Aus der Notiz, (v. 16) dass er sehr viel unschuldiges Blut vergossen habe, könnte man schliessen, dass der König auch vor Gewaltmassregeln nicht zurückschreckte, wo es galt, seinen Göttern die gebührende Anerkennung zu verschaffen, denn jenes Blutvergiessen stand nach dem Context der Notiz in Zusammenhang mit seinen Cultusmassregeln. Nach Jer. **19, 4 f.** sind aber doch **wohl** die Kinderopfer gemeint. [5] 1, 5. [6] 15, 4. [7] Jer. 8, 1 f. [8] 19, 13.

über den hierher gehörigen Cult erfahren wir aus 7, 13: „Die Kinder lesen Holz, die Väter zünden Feuer an, und die Weiber kneten Teig, dass sie der Melecheth des Himmels Kuchen backen und Trankopfer den fremden Göttern geben." Dieser Cult wurde auch noch unter den nach der Ermordung Gedalja's nach Aegypten geflüchteten Israeliten geübt, und als Jeremias es ihnen verwies, antworteten sie ihm: „In Bezug auf das Wort, welches du im Namen Jahve's zu uns gesprochen hast, gehorchen wir dir nicht. Sondern wir wollen thun nach alle dem Worte, das aus unserem Munde geht, und wollen der Melecheth des Himmels räuchern und derselben Trankopfer opfern, wie wir und **unsere Vä**ter, unsere Könige und unsere Fürsten gethan haben in den Städten Juda's und auf den Gassen Jerusalem's. Da hatten wir Brot genug und es ging uns wohl **und wir** sahen kein Unglück. Seitdem wir aber aufgehört haben **der** Melecheth des Himmels zu räuchern und Trankopfer zu opfern, haben wir an allem Mangel gelitten und sind durch's Schwert und durch Hunger umgekommen." Mag man die hier genannte Melecheth des Himmels wie Stade[1] es thut, als ein Synonym von „Heer des Himmels" fassen, oder als „Königin des Himmels," nämlich die Mondgöttin, unter allen Umständen haben wir es mit einem assyrischen Cult zu thun, der den Israeliten ursprünglich fremd **war.** Zugleich aber ist aus der Antwort, welche die Exulanten dem Propheten geben, deutlich erkennbar, wie tief dieser Cult in alle Volksschichten eingedrungen gewesen sein muss. Auch die wiederholte Warnung des Deuteronomiums[2] vor dem Dienst der Sonne und des Mondes und des ganzen Heeres des Himmels erklärt sich daraus, dass in der Zeit, in welcher dies Gesetzbuch entstand, die Gefahr, sich diesem Dienst hinzugeben, ganz besonders nahe lag, und eben der Umstand, dass diese Form des Götzendienstes in früherer Zeit in Israel unbekannt war, ist ein schwer wiegendes Beweismoment dafür, dass das Deuteronomium nicht früher als unter Manasse entstanden sein kann.

---

[1] ZATW 1886, 123 ff, **289 ff.** [2] 4, 19. 17, 3.

Dies Buch, welches indirect den Gestirncult unter den fleischlichen Israeliten bezeugt, zeigt uns nun aber in ganz anderer Deutlichkeit, wie das Israel κατὰ πνεῦμα über diese und jegliche andere Form des Götzendienstes urtheilte. Die Warnungen vor Abgötterei und die auf Ausübung derselben gesetzten Strafbestimmungen kehren immer wieder. Den Götzendienst aus Israel auszurotten und seiner Wiederkehr vorzubeugen, ist anerkanntermassen derjenige Punct, auf welchen es dem Gesetzgeber vor allen anderen ankömmt, weil das die Wurzel alles Uebels ist. „Höre Israel, der Herr unser Gott ist ein einiger Herr", dies Schibboleth Israels ist das Thema des Deuteronomiums. Wer Jahve lieb hat von ganzem Herzen, von ganzer Seele und von allem Vermögen, der hat Leben und Seligkeit; wer von ihm abfällt und den Götzen dient, über den kommt Tod und Verderben. Die Wahrheit dieses Satzes hat sich schon in der Vorzeit bewährt. „Eure Augen haben gesehen, was Jahve gethan hat beim Baal Peor; denn alle die dem Baal Peor folgten, hat Jahve dein Gott vertilgt aus deiner Mitte; aber ihr, die ihr Jahve eurem Gott anhinget, lebet alle heutigen Tages" lässt der Verfasser den Moses am Ende des Wüstenzuges sagen.[1] Ebenso wird es sich auch in der Zukunft verhalten:

„Siehe, ich habe dir heute vorgelegt das Leben und das Gute, den Tod und das Böse; der ich dir heute gebiete, dass du Jahve deinen Gott liebest, und wandelst in seinen Wegen, und seine Gebote, Gesetze und Rechte haltest, und leben mögest, und gemehret werdest, und dich Jahve, dein Gott, segne im Lande, da du einziehest, dasselbe einzunehmen. Wendet sich aber dein Herz und du gehorchest nicht, sondern lässest dich verführen, dass du andere Götter anbetest und ihnen dienest, so verkündige ich euch heute, dass ihr umkommen werdet, und nicht lange in dem Lande leben, da du hineinziehest über den Jordan, dasselbe einzunehmen. Ich nehme Himmel und Erde heute über euch zu Zeugen. Das Leben und den Tod habe

---

[1] Deut. 4, 3 f.

ich dir vorgelegt, den Segen und den Fluch, dass du das Leben erwählest, und du und dein Same leben mögest; dass du Jahve deinen Gott liebest und seiner Stimme gehorchest und ihm anhangest. Denn das ist dein Leben und dein langes Alter, dass du im Lande wohnest, das Jahve deinen Vätern, Abraham, Isaak und Jakob, geschworen hat, ihnen zu geben."[1]

Wie ernst der Gesetzgeber es mit der Bekämpfung der Abgötterei nimmt, zeigt sich darin, dass in dem furchtbaren Fluch, der über die Gesetzesübertreter ausgesprochen wird, der welcher einen Götzen oder gegossenes Bild macht, an erster Stelle genannt wird.[2] Dementsprechend werden die Warnungen vor dem Götzendienst fortwährend wiederholt.[3] Wie die Israeliten keine Abbilder fremder Götter haben sollen[4], so sollen sie sich auch kein Bild Jahve's machen[5], weil hierdurch die Gefahr nahe gelegt wäre, ihn mit den Naturgöttern der Heiden zu combiniren oder zu identificiren, und der Verfasser begründet diese Forderung wiederholentlich damit, dass die Israeliten auch bei der Offenbarung Jahve's am Horeb kein Bild oder Gleichniss gesehen, sondern nur seine Stimme gehört haben.[6]

Der Gesetzgeber begnügt sich aber nicht mit der blossen Warnung vor dem Götzendienst, sondern er setzt auch die schwersten Strafen auf die Uebertretung dieses Verbotes. „Wenn unter dir in einem deiner Thore, die dir Jahve, dein Gott, geben wird, gefunden wird ein Mann oder Weib, der da thut was böse ist in den Augen Jahve's deines Gottes, dass er seinen Bund übertritt, und hingehet und dienet anderen Göttern und betet sie an, es sei Sonne oder Mond oder das ganze Heer des Himmels, das ich nicht geboten habe, und es wird dir angesagt, und du hörest es, so sollst du wohl darnach fragen. Und wenn du findest, dass es gewiss wahr ist, dass solcher Gräuel in Israel geschehen ist, so sollst du denselben Mann oder dasselbe Weib hinausführen, die solches Uebel gethan haben, zu deinen Thoren, und sollst sie zu Tode steinigen."[7]

[1] 30, 15—20. [2] 27, 15. [3] 6, 12—14. 7, 16. 8, 19. 11, 16. 12, 30. 28, 14. 29, 18. [4] 4, 16—18. [5] 4, 23. [6] 4, 12. 15. [7] 17, 2—5.

Wenn eine ganze Stadt sich des Götzendienstes schuldig
gemacht hat, so sollen die sämmtlichen Bewohner durch die
Schärfe des Schwerts fallen, und die Stadt selbst soll zerstört
werden.[1]

Insbesondere ist auch der Verführer zum Götzendienst des
Todes schuldig, sei es ein falscher Prophet[2], seien es die nächsten
Verwandten. „Wenn dich dein Bruder, deiner Mutter **Sohn,**
oder dein Sohn, oder deine Tochter, oder das Weib in deinen
Armen, oder dein Freund, der dir ist wie dein Herz, überreden
würde heimlich und sagen: Lass uns gehen und andern Göttern
dienen, die du nicht kennest noch deine Väter, an Göttern der
Völker, die um euch her sind, sie seien dir nahe oder ferne,
von einem Ende der Erde bis an das andere: so bewillige nicht,
und gehorche ihm nicht. Auch soll dein Auge seiner nicht
schonen, und sollst dich seiner nicht erbarmen **noch es ver-**
bergen, sondern sollst ihn erwürgen. Deine Hand soll die erste
über ihn sein, dass man ihn tödte, und darnach die Hand des
ganzen Volkes. Man soll ihn zu Tode steinigen, denn er hat
dich wollen verführen von dem Herrn, deinem Gott, der dich
aus Aegyptenland aus dem Diensthause geführet hat; auf dass
ganz Israel höre und fürchte sich, und nicht mehr solches Uebel
vornehme unter euch."[3]

Um der Gefahr des Abfalls vorzubeugen, hat nun endlich
der Gesetzgeber zu einem durchgreifenden Mittel gegriffen, welches
den Götzendienst, wenn auch nicht grade unmöglich machen,
so doch sehr erschweren musste. Die sämmtlichen Opferstätten
im Lande, bei denen sich gar zu leicht das heidnische Wesen
eindrängte, sollen aufgehoben werden, und der Tempel zu Jerusalem soll der einzig rechtmässige Ort des Gottesdienstes sein.
Diese Centralisation des Cultus hatte, wie wir gesehen haben,
bereits Hiskia angestrebt. Seine hierhin zielenden Unternehmungen müssen aber von seinen götzendienerischen Nachfolgern Manasse und **Amon** wieder beseitigt worden sein. Mit

---

[1] 13, 13—19. ‖ [2] 13, 2—**6.** ‖ [3] 13, 7—12.

aller Energie tritt nun **das** Deuteronomium für die Aufhebung der **Höhen** und der auf ihnen geübten abgöttischen Gebräuche ein. Den Höhendienst mit seinen Requisiten haben, wie wir oben gesehen haben, die Israeliten von den Kananitern übernommen. Der Verfasser des Deuteronomiums betrachtet sie daher auch geradezu als kananitische Institutionen, und da er seinen geschichtlichen Standpunkt in der Zeit des Moses nimmt, so spricht er immer von der Vernichtung der Kananiter und ihrer Gräuel, meint aber in Wirklichkeit seine Zeitgenossen und Landsleute und ihren götzendienerischen Cult.[1]

Die Forderung der Aufhebung der sämmtlichen Opferstätten im Lande und die Beschränkung der Verehrung Jahve's durch Opfer etc. auf den Tempel zu Jerusalem war das Brechen mit einem alten Brauch, der Jahrhunderte lang in Israel geübt war; aber sie war doch nicht ein absolut Neues — auch abgesehen von dem Versuch des Hiskia — sondern sie war ein Anknüpfen an die Zeit des Wüstenzuges, da Jahve in seinem einzigen tragbaren Zelt verehrt wurde, und sie war eine Reaction gegen die Gefahren, welche das Aneignen der zahlreichen kananitischen Bamoth im Gefolge gehabt hatte. Auf diesen Opferstätten war Jahve noch mehr als im Tempel zu Jerusalem zum Theil geradezu durch andere Götter verdrängt worden, zum Theil wurden ihm andere Götter zugesellt und er selbst in die Natürlichkeit herabgezogen. Um einer solchen Corruption der Religion Israel's in Zukunft vorzubeugen soll auf den schwer zu beaufsichtigenden Altären der Landstädte und Dörfer garnicht mehr geopfert werden. Somit ist es ein reformatorisches Streben, das den Verfasser des Deuteronomiums beseelte, vergleichbar, wenn hier Vergleiche überhaupt gestattet sind, mit der Polemik der Reformatoren des sechzehnten Jahrhunderts gegen den Heiligen- und Reliquiendienst und gegen das Unwesen der Messe und des Ablasshandels in der katholischen Kirche. Darum sprechen wir mit gutem Recht von einer Re-

---

[1] Vgl. 7, 1—5. 25 f. — 12, 2—6. v. 11—14. — 20, 17 f.

formation des Königs Josias, der das Programm des Deuteronomiums zur Ausführung brachte; denn Jahrhunderte lange Abweichungen von den ursprünglichen Institutionen haben, auch wenn sich die Edlen im Volk an ihnen betheiligt haben, wie das in Bezug auf das Opfern auf den Höhen bei einem Samuel und Elias der Fall war, dadurch doch nicht ein dauerndes Recht gewonnen, und müssen, wenn sich schreiende Missstände bei ihnen herausstellen, beseitigt werden.

Der König führte die ihm gewordene Aufgabe mit Energie durch. Zunächst wurde der Tempel in Jerusalem von den fremden Göttern und ihren Symbolen gereinigt. Die von Manasse errichtete Aschere wurde verbrannt; die Räume, in denen die Kedeschen ihr Unwesen trieben, wurden abgebrochen; das Tophet im Thale Hinnom verunreinigt, die heiligen Sonnenrosse entfernt und ihr Wagen verbrannt; die Kapellen und Altäre der Abgötter aber sowohl in Jerusalem wie auf dem Lande, ja auch in Samarien, wurden zerstört. Zum Schluss wurde ein feierliches Passah begangen, wie es seit den Tagen der Richter nicht gefeiert war.[1] Der Berichterstatter schliesst seine Mittheilungen über die Reformation des Josias mit den Worten: „Seinesgleichen war vor ihm kein König gewesen, der so von ganzem Herzen, von ganzer Seele, von allen Kräften sich Jahve zuwandte, ganz nach dem Gesetz Mose, und nach ihm kam seines Gleichen nicht auf." In Uebereinstimmung damit lautet das Urtheil über die vier letzten Könige Juda's gleichmässig „Sie thaten, was böse war in den Augen Jahve's."

In der That sind auch durch die Reform des Josias die fremden Culte durchaus nicht definitiv beseitigt; neben kanaanäischem und ägyptischem Götzendienst lebt assyrisch-babylonischer in Jerusalem wie unter den Verbannten am Chaboras, in Babel und in Aegypten fort. Noch kurz vor der Eroberung Jerusalems unter Jojakim und Zedeqia war das Heiligthum durch allerlei Scheusale und Gräuel verunreinigt.[2] Jeremias[3] ruft den

---

[1] Vergl. für das einzelne 2. Reg. 23. [2] Ez. 5, 11. 22, 3 f. Jer. 25, 6. 32, 29. 34. 35, 15. [3] 16, 11. 12.

Israeliten zu: „Eure Väter haben mich verlassen, spricht Jahve, und sind hinter andern Göttern hergegangen und haben ihnen gedient und sie angebetet. Mich haben sie verlassen und mein Gesetz nicht beobachtet. Ihr aber habt es schlimmer gemacht als eure Väter." Welcher Art der Götzendienst im Tempel zu Jerusalem war, erfahren wir aus der Vision Ezechiel 8. Am Eingang des Thores zum inneren Vorhof war wieder, wie vor der Zeit des Josias, das Bild oder Symbol eines nicht näher bestimmbaren Götzen aufgestellt; in einer dunkeln Kammer wurde von zahlreichen Israeliten ägyptischen Thiergöttern Räucherwerk verbrannt; am nördlichen Thore sassen die Weiber und beweinten das Hinscheiden des Tammuz, des babylonischen Adonis; als das Schlimmste von Allem aber bezeichnet Ezechiel den Sonnendienst, der im innern Vorhof und zwar an der heiligsten Stelle desselben betrieben wurde. Vor der Thür zum Tempel Jahve's zwischen Vorhalle und Altar standen 25 Männer, die ihren Rücken gegen den Tempel Jahve's und ihr Angesicht gegen Osten gewandt hatten, und sich anbetend niederwarfen vor der aufgehenden Sonne. Nicht besser als in Jerusalem stand es bei den Verbannten am Chaboras. Sie tragen ihre Dreckgötzen auf dem Herzen, und das, was ihnen zum Fallstrick der Sünde wird, steht vor ihren Augen.[1] Sie verunreinigen sich mit dem Wesen ihrer Väter und treiben Hurerei mit ihren Gräueln; sie lassen sich beim Darbringen ihrer Gabe, bei der Verbrennung ihrer Kinder, von all ihren Dreckgötzen beflecken bis **heute[2], so dass** Jahve ihnen höhnend zurufen muss: geht nur hin und dienet ein jeder seinen Götzen, die Zeit wird schon kommen, da ihr auf mich hört.[3]

Auch die nach der Zerstörung Jerusalem's nach Babel fortgeführten Exulanten haben sich vielfach dem Götzendienst hingegeben; umgekehrt treffen wir freilich eben in dieser Zeit auch Proselyten aus den Heiden an, die sich Israel anschliessen.[4] Welcher Art jener Götzendienst der Israeliten in Babel war,

---

[1] Ez. 14, 3. [2] Ez. 20, 30 f. [3] v. 39. [4] Jes. 56, 6.

lässt sich nicht sicher nachweisen. Der grosse Prophet des Exils spricht meistens nur im Allgemeinen von Götzenbildern, auf welche abtrünnige Israeliten ihr Vertrauen setzen.[1] Auch erwähnt er Mysteriendienst, Opfermahlzeiten mit Schweinefleisch und dem Fleisch anderer unreiner Thiere, sowie auch Kinderopfer.[2] Endlich nennt er einmal[3] die beiden Götter Gad und Meni, über die bereits oben gesprochen ist, und hält seinen Mitexulanten vor, dass sie ihnen Lectisternien bereiten und Trankopfer ausgiessen. Dass der babylonische Bel von den Exulanten verehrt wurde, lässt sich freilich nicht beweisen, denn Jesaias 46, 1 sind die Babylonier, nicht die Juden, angeredet. Aber es ist gewiss höchst wahrscheinlich, dass sich die Abtrünnigen in erster Linie dem Dienste der babylonischen Hauptgottheit hingaben. — Ueber die Verehrung der Melecheth des Himmels durch die mit Jeremias nach Aegypten ausgewanderten Juden ist schon oben gesprochen.

Fürwahr, es ist ein dunkles Gemälde, das uns die Propheten von dem gottesdienstlichen Zustande Israel's während der letzten Zeit seines Bestandes und im Exil aufrollen. Ohne Uebertreibung kann man sagen, dass der Götzendienst dieser Zeit schlimmer gewesen ist, als der irgend einer früheren, und die Frage drängt sich auf, was hat denn die Reform des Josias genützt? und ist nicht dieser rasende Götzendienst der letzten Zeit der schlagendste Beweis für Kuenen's Behauptung, dass der Polytheismus der Volksmasse nicht erst später eingedrungen sein kann, sondern als ursprünglich betrachtet werden muss? **Und** doch muss zunächst diese letzte Frage unbedingt verneint werden. Man hört von den Vertretern einer „natürlichen und regelmässigen Entwickelung" seit David Hume oft die Behauptung aussprechen, ein Volk, welches einmal die Stufe des Monotheismus erklommen habe, könne nicht wieder zur Vielgötterei herabsinken. Und doch ist dies in Israel in noch späterer Zeit als die eben behandelte thatsächlich noch einmal der Fall gewesen. Bei der

---

[1] Jes. 42, 17. 46, 5 ff. 48, 5 ff. ‖ [2] 57, 5 ff. 65, 4 f. 66, 17. ‖ [3] 65, 11.

Rückkehr der jüdischen Exulanten aus Babel schien die ausschliessliche Verehrung Jahve's in Israel für alle Zeit sicher gestellt zu sein. Dennoch trat im ersten Drittel des zweiten Jahrhunderts vor Christus noch einmal ein Rückschlag ein. Der Zauber der heiteren griechischen Lebensauffassung, den die Juden in den zahlreichen auf israelitischem Boden entstandenen griechisch-macedonischen Colonien kennen lernten, übte einen gewaltigen Einfluss auf sie aus und drohte in weiten Kreisen das altjüdische Leben zu ersticken. Das erste Makkabäerbuch und **zum** Theil das Buch Daniel lassen es deutlich erkennen, dass nicht sowohl die Gewaltmassregeln des Antiochus Epiphanes als vielmehr der glänzende Schimmer des Heidenthums für zahlreiche Jahveverehrer der Anlass zum Abfall vom väterlichen Glauben wurde. Hier, wo wir keine drei Jahrhunderte von dem definitiven Untergange des jüdischen Volksthums entfernt sind, sehen wir einmal im klarsten Licht der Geschichte, wie ein Volk, welches bereits mehrere Jahrhunderte hindurch dem absoluten Monotheismus gehuldigt hat, in weitem Umfange durch die Lockungen einer sinnlichen Religion von dieser bisher inne gehabten höheren Stufe wieder herabsinkt und seine Ehre gegen ein Nichts eintauscht, gegen Götter, welche weder sie noch ihre Väter kannten.

Nicht anders als der Abfall der griechischen Zeit ist der Götzendienst während der assyrisch babylonischen Periode zu beurtheilen. Es waren die Götter der Sieger, denen das Volk anheimfiel, aber es waren **neue** und **fremde** Götter, die Israel in früherer Zeit nicht gekannt hatte und die erst seit dem achten oder siebenten Jahrhundert Eingang fanden. Immer massenhafter strömten die fremden Culte ein, ähnlich wie in Rom während der Kaiserzeit; und ebenso wie hier die neuen Götter die alten nicht verdrängten, sondern nur einen Platz neben ihnen begehrten, so haben auch die abtrünnigen Israeliten vielfach geglaubt, den Göttern der Heiden dienen und doch zugleich an Jahve festhalten zu können. Aus dem Tempel zu Jerusalem ist Jahve **nie** geradezu **entfernt** worden, auch nicht in der Zeit, als Ezechiel die oben geschilderten Gräuel in ihm erblickte. Bei

Jeremias[1] kommen die Israeliten, die eben noch dem Baal geräuchert haben und fremden Göttern nachgewandelt sind, in den Tempel und treten vor Jahve hin, um **ihr** Vertrauen auf Errettung aus der Gefahr auszusprechen. Freilich machen sie dadurch nach dem Ausspruch des Propheten den Tempel zu einer Mördergrube. Am Chaboras kommen die Aeltesten Israels zum Propheten Jahve's, um ein Gotteswort von ihm zu hören, während sie zu gleicher Zeit ihre Götzen auf ihrem Herzen tragen.[2] Dass die Exulanten in Babel einem religiösen Synkretismus huldigten, zeigt sich darin, dass sie nach Jesaias 48, 1 ff., vgl. mit v. 5, trotz ihres Götzendienstes doch auch bei Jahve schwuren, also auch ihn verehrten; und auch die widerspenstigen Juden in Aegypten, welche sich weigerten, dem Dienste der Melecheth des Himmels zu entsagen, erkannten trotzdem Jahve als ihren Gott an.[3]

Wodurch ist es denn nun gekommen, dass trotz dieses Synkretismus und trotz dieses Götzendienstes Israel's Glaube nicht definitiv untergegangen ist? Dass sich der Monotheismus der Propheten aus **jenem** Polytheismus des Volks entwickelt habe, ist eine vollkommen unhaltbare Behauptung, denn die Religionsgeschichte Israels hat gezeigt, dass der Götzendienst immer nur neue Götter schafft und immer complicirter wird. Vielmehr kann der schliessliche Triumph Jahve's über die Götzen nur daraus erklärt werden, dass er ursprünglich und von Alters her der alleinige rechtmässige Gott Israel's gewesen ist, und dass das, was die Propheten erstrebten, nicht eine Neuerung war, sondern ein Kampf für das unvergängliche Kleinod, das Israel von der Urzeit her anvertraut war, das aber das Volk in blinder Thorheit oft genug nicht zu würdigen verstand und gegen werthlosen Tand vertauschte. Nicht dieser bunte Flitter des Götzendienstes ist Israel's ursprüngliche und rechtmässige Religion, sondern der **von** den Propheten gehütete und durch alle Stürme hindurch gerettete Glaube an Jahve, den alleinigen

---

[1] 7, 10 f. ‖ [2] Ez. 14, 1 ff. vgl. 20, 39. ‖ [3] Jer. 43, 2.

Gott Israel's. Mochten sie auch oft genug verlassen dastehen auf einsamer Höhe, mochte auch ein Elia klagen müssen: „Ich habe geeifert um Jahve, den Gott Zebaoth; denn die Kinder Israel haben deinen Bund verlassen und deine Altäre zerbrochen, und deine Propheten mit dem Schwerte erwürget; und ich bin allein übergeblieben, und sie stehen darnach, dass sie mir mein Leben nehmen"[1] — nicht bei jenen Bundbrüchigen haben **wir** nachzufragen, was Israels Glaube war, sondern bei dem, der auf dem Horeb seinem Gott sein Herz ausschüttete. An solchen Männern hat es Israel nie gefehlt, und insonderheit haben in den letzten Zeiten des Reiches Juda ein Jeremia und der Verfasser des Deuteronomiums eine Saat ausgestreut, die nicht verloren gegangen ist. Den Beweis dafür, dass sie und der König Josias nicht vergeblich gearbeitet haben, liegt darin, dass siebenzig Jahre nach der Zerstörung Jerusalems eine Gemeinde nach Juda zurückkehrt, in welcher nicht mehr gegen den Götzendienst geeifert zu werden braucht. Jetzt endlich wird es auch allgemein befolgt, was seit Moses Gesetz in Israel war: keine anderen Götter neben Jahve.

---

[1] 1 Reg. 19, 10.

DIE EINHEIT INNERHALB DER VIELHEIT DER SEMITISCHEN GÖTTER UND DER MONOTHEISMUS ISRAEL'S.

> „Das Ursprüngliche, die notitia insita, ist Gott, nicht Götter; diese sind das Werk menschlicher Gedanken und Sprachbildung."
> *Welcker.*

Die historische Betrachtung der heidnisch-semitischen Religionen auf der einen Seite und des israelitischen Gottesglaubens auf der anderen hat zu dem Resultat geführt, dass diese beiden Richtungen des Semitismus zwei durchaus verschiedene, ja entgegengesetzte Auffassungsweisen des Göttlichen bezeichnen. Denn während der unverfälschte Hebraismus stets nur Einen Gott anerkannt hat, ist die Zahl der Götter bei den heidnischen Semiten schier endlos. Die durch diesen Thatbestand gekennzeichnete Kluft wird nun aber, wenn auch nicht überbrückt, so doch verengert durch eine doppelte Beobachtung. Einerseits ist auch innerhalb der scheinbar regellosen Vielheit der semitischen Götter ein Streben nach Einheit bemerkbar, welches sich in verschiedenen Beziehungen geltend macht. Anderseits lässt sich nachweisen, dass die zahllosen Göttergestalten durchaus nicht alle gleich ursprünglich sind; dass ihre Anzahl in fortwährendem Zunehmen begriffen ist, und dass demnach die ursprünglichen Verhältnisse viel einfacher gewesen sein müssen als die sind, welche uns **am** Ende der Entwickelung entgegentreten. Das sofort näher **zu** erläuternde Streben nach Einheit geht von der Vielheit der Götter aus und setzt diese voraus; ob umgekehrt die fortwährende Zunahme der Götter nicht bloss auf frühere einfachere Verhältnisse, sondern auch auf eine ursprüngliche Einheit des Göttlichen schliessen lässt, soll die darauf folgende Untersuchung zeigen.

Eine Reaction des Einheitsstrebens gegen die Vielheit der Götter ist zunächst bemerkbar in der durch zahlreiche Beispiele zu belegenden Erscheinung, welche die Götteramalgamation genannt werden kann. Aus zwei Göttern, welche bis dahin ein getrenntes Dasein geführt haben, entsteht durch Zusammenschweissen ihrer Namen eine neue Gottheit, welche die Eigenschaften jener beiden in sich vereinigt. Eine solche Gottheit ist z. B. der ägyptische Ammon-Ra, d. h. der Ammon, welcher mit Ra eins geworden ist. Das Vorkommen ähnlicher Gestalten auf semitischem Gebiete ist bisher **nicht** genügend beobachtet oder auch gradezu geleugnet worden. **Die** folgenden Belege — eine sachliche Ordnung der im ersten Theil zerstreuten Beispiele, vermehrt um einige assyrische Götter — zeigen, dass jene Amalgamationen auch im semitischen Gottesglauben eine bedeutende Rolle spielen.

Das bekannteste Beispiel bieten die beiden im alten Testament[1] erwähnten babylonischen Götter Adrammelech und Anammelech, die Götter von Sepharvaim. Die beiden Namen lauteten im Babylonischen *Adar-Malik* und *Anu-Malik*, sind nun aber nicht, wie Schrader[2] will, zu übersetzen: „Adar ist Fürst", „Anu ist Fürst", denn so kann natürlich kein Gott genannt werden, sondern nur ein Mensch; vielmehr ist Malik ebenso wie Adar und Anu Gottesname. Es ist der bei allen nördlichen Semiten wiederkehrende Moloch, Milk, Milkom. Adar ist der assyrisch-babylonische Kriegsgott, als Planet Saturn; Anu der Gott des Himmels. Indem nun diese beiden letzteren Götter mit Malik in Conjunction treten, entstehn die beiden Göttergestalten Adar-Malik und Anu-Malik, d. h. der Kriegsgott Adar sowohl wie

---

[1] 2 Reg. 17, 31. [2] KAT² 284.

der Himmelsgott Anu wurden von den Sipparenern als Malik verehrt und mit diesem identificirt. Hieraus erklärt es sich auch, dass Adrammelech und Anammelech durch Kinderopfer verehrt wurden; denn dieses Opfer gilt überall dem Moloch oder Malik. Auch mit Ilu (אל) ist Malik combinirt worden in der Forn *Ilu-Malik*[1]; ferner wird Anu mit verschiedenen andern Göttern identificiert[2], und einmal heisst es gradezu: „Lakhma[3] ist Anu, der Gott der Geister Himmels und der Erden."

Ein Beispiel für die Amalgamation zweier weiblichen Gottheiten schliesse ich hier gleich an: die assyrische *Istar-Malkatu*, d. i. diejenige Istar, welche mit der bei den Phöniciern nachgewiesenen Göttin מלכת gleichgesetzt ist.[4]

Zahlreiche Götteramalgamationen haben wir bei den Phöniciern gefunden. Auf Cypern trafen wir die Verehrung des Eschmun-Melkart, des Eschmun-Adonis und des Adonis-Osiris an, Göttergestalten, welche schon von den Alten aus einer mystischen Theokrasie erklärt wurden. In Karthago und seinen Colonien standen die Götter Milk-Baal, Milk-Osir und Ṣad-Melkart in Ansehen. Die Syrer verschmolzen ihren Hadad mit dem assyrischen Ramman zu Hadad-Rimmon. Die Assyrer selbst kennen einen Schamasch-Ramman, einen Assur-Ramman und einen Ilu-Ramman. In Palmyra gehören die vaterländischen Götter Agli-Bol, Malach-Bel und Jarchi-Bol, sowie auch Bol-Athe hierher, und endlich ist möglicher Weise auch Aschtar-Kamosch der Mesainschrift unter diese Rubrik zu subsumiren, wenn nämlich Aschtar in jener Verbindung eine männliche Gottheit sein sollte. Da aber ein männlicher Aschtar (Athtar) bisher nur bei den Südsemiten, (Himjaren und Aethiopiern) nachweisbar ist, so wird jene moabitische Götteramalgamation mit grösserer Wahrscheinlichkeit einer anderen Classe von zusammengesetzten Göttergestalten zuzuzählen sein.

---

[1] Stade, ZATW 1886, 330. ∥ [2] Sayce, Hibbert Lectures 191. ∥ [3] Ein in der Schöpfungsgeschichte vorkommender Gott der Naturkraft. ∥ [4] Stade a. a. O.

Ebenso nämlich wie in den bisher genannten Beispielen zwei männliche oder zwei weibliche (Istar-Malkatu) Gottheiten zusammengewachsen sind, kann auch ein Gott und eine Göttin zu einer Einheit zusammengefasst werden. Das Princip, welches dieser Bildung zu Grunde liegt, ist ebenfalls eine Reaction gegen die Vielheit der Götter und zugleich gegen ihre sexuelle Differenzierung. Die auf diese Weise entstandenen Göttergestalten pflegt man hermaphroditische zu nennen, vielleicht nicht ganz mit Recht. Wie mir scheint, wurden diese Götter nicht zweigeschlechtig gedacht, vielmehr sollte durch diese Combination der männlichen und weiblichen Gottheit die eine der anderen **gleichgesetzt werden.** Es handelte sich also um eine Aufhebung des Geschlechtes überhaupt oder wenigstens um eine möglichste Neutralisirung desselben. Dass dies in keinem Falle völlig gelang und dass in den zusammengesetzten Gestalten thatsächlich doch immer der männliche oder der weibliche Charakter **vorherrscht**, kann nicht überraschen; denn wenn einmal die Götter in die Sphäre des Menschlichen hineingezogen waren, so war eine völlige Nichtberücksichtigung des Geschlechts einfach eine logische Unmöglichkeit. Die hierher gehörigen Gottheiten sind ebenfalls bereits im ersten Capitel behandelt und es genügt daher eine einfache Aufzählung mit Verweisung auf die Stellen, an denen ausführlicher über sie gehandelt ist. Der männliche Gott nimmt die erste Stelle ein in den Namen Eschmun-Aschtart, Milk-Aschtart und vermuthlich Ṣad-Tanit; die Göttin steht voran in Atar-ate (Atargatis), Allât-Athtar und vielleicht in Hathor-Miskar. Zu dieser zweiten Classe rechne ich auch die Aschtar-Kamosch, welcher König Mesa die bei der Erstürmung der Stadt Nebo gefangenen israelitischen Frauen und Mädchen weihte. Es ist diejenige Astar[te] gemeint, welche die Eigenschaften des Kriegsgottes Kamos an sich trägt und mit diesem **in eine** so innige Verbindung getreten ist, dass beide in ihrer Verbindung als eine einzige Gottheit aufgefasst werden. Nichts war natürlicher, als dass die erbeuteten Frauen und Mädchen grade dieser Gottheit geweiht wurden.

Es wäre völlig verkehrt, in diesen aus einem Gott und einer Göttin zusammengesetzten Gestalten Reste eines alten und ursprünglichen Gottesglaubens zu suchen, welcher das männliche und das weibliche Element in der Gottheit noch nicht trennte. Von einem anderen, unten zu erörternden Gesichtspunct aus werden wir allerdings zu dem Resultat kommen, dass die Semiten die Gottheit ursprünglich nicht geschlechtlich bestimmt gedacht haben; aber die eben behandelten Göttergestalten dürfen nicht als Beweis für diesen Satz gebraucht werden. Aschtar-Kamos oder Atargatis (Atar-Ate) haben sich nicht in Aschtar und Kamos oder in Atar und Ate gespalten, sondern die complicirten Gottheiten sind aus zwei einfachen zusammengesetzt; sie setzen daher ebenso wie die Amalgamation zweier männlicher oder zweier weiblicher Gottheiten die Vielheit der Götter voraus und stehn nicht etwa am Anfange, sondern am Ende der Entwickelung. Das Einheitsstreben, welches in diesen Zusammensetzungen seinen Ausdruck findet, darf demnach nicht für die Charakteristik des alten und ursprünglichen semitischen Gottesglaubens verwandt werden, sondern nur für die des späteren und abgeleiteten.

Trotzdem sind diese Gestalten einer jüngeren Epoche in einer anderen Beziehung auch für die Erkenntniss des älteren Gottesglaubens der Semiten von Wichtigkeit. Die zusammengesetzten Götter verdankten ihren Ursprung dem Streben nach Vereinfachung. Thatsächlich wurde jedoch dies Ziel nicht erreicht. Denn da neben den zusammengesetzten Göttern auch die einfachen fortbestehn blieben, also neben Eschmun-Melkart auch Eschmun und Melkart, neben Aschtar-Kamosch auch Aschtar und Kamosch, neben Atargatis auch Atar und 'Ate, so wurde die Zahl der Götter durch die Zusammensetzungen in Wirklichkeit nicht vermindert, sondern umgekehrt vermehrt. Hiermit aber ist zunächst an Einem Beispiel der Nachweis geliefert, dass die Zahl der Götter in der späteren Zeit eine grössere war als in der früheren, und dass demnach durch die Beseitigung jüngerer Gestalten die zahllosen Bewohner des semitischen Pantheons auf einen geringeren Bestand reducirt werden können. Eine solche Reducirung auf eine ursprünglich geringere Anzahl gelingt nun aber auch noch auf Grund verschiedener anderer Erwägungen.

Aus der Zahl der Götter, welche von einem Volke oder Stamme verehrt worden sind, müssen, wenn es sich um die Eruirung des älteren Glaubens handelt, zunächst die fremden Götter ausgeschieden werden; denn diese von auswärts importirten Götter bilden keinen ursprünglichen Bestandtheil des Gottesglaubens jenes Volkes oder Stammes.

Ebenso wie die Israeliten haben auch die heidnischen Semiten zahlreichen fremden Göttern Eingang bei sich gewährt. Bei den Israeliten galt dies immer als etwas Unerlaubtes; bei den heidnischen Semiten war es vielfach ein Ausdruck der Frömmigkeit. Den Anlass **für die** Aufnahme fremder Götter boten kriegerische wie friedliche Beziehungen der Völker unter einander. In den Kriegsberichten assyrischer Könige liest man öfter, dass die Götter der überwundenen Völker nach Ninive oder Babel gebracht wurden. Assurbanipal z. B. erzählt[1], sein **Vater** Asarhaddon habe einem überwundenen Araberkönige mehrere Götterbilder, unter ihnen das der Atar-Samain abgenommen, die er selbst dann zurückerstattete. Eben derselbe König erzählt[2], dass er bei der Eroberung von Susan ein 1635 Jahre früher von einem elamitischen Könige geraubtes Bild der Göttin Nanâ nach Babylonien zurückgebracht habe. Galten auch diese fortgeführten Götterbilder zunächst als Trophäen, so durfte doch auch in ihrer neuen Heimath ihr Cult nicht vernachlässigt werden. Im Rom der Kaiserzeit treffen wir ja ganz ähnliche Erscheinungen an. Umgekehrt konnten sich auch die überwundenen Völker leicht veranlasst finden, dem Gott oder den Göttern der Sieger ihre Huldigung darzubringen. Gelegentlich wurden sie auch dazu gezwungen; die assyrischen Könige

---

[1] Schrader, KGF 53. [2] Ders. KAT 136.

führen ihre Kriege, um Assur's Herrschaft und Majestät bei allen Völkern zur Anerkennung zu bringen.

Aber auch im friedlichen Verkehr, auf dem Wege des Handels, durch Connubium oder auch durch den Einfluss höherer Gesittung sind vielfach die Götter eines Volkes zu einem anderen übergegangen. Auf das Connubium führt das Richterbuch ausdrücklich die Annahme kananitischer Götter durch die Israeliten zurück, und bei Salomo und Ahab wiederholt sich diese Erscheinung. Es ist ferner oben ausführlich nachgewiesen, wie die Israeliten je nach der politischen Constellation ägyptischen, assyrischen, babylonischen, ja sogar griechischen Göttern Eingang bei sich gewährten. Bei den Phöniciern fanden wir zahlreiche ägyptische Götter, die auf dem Wege des Handelsverkehrs ihren Eingang gefunden haben werden. Wir trafen bei ihnen Osiris und Isis, Horus, Ptah, die Bast, die Hathor und mehrere andere ägyptische Götter an. Alle diese Götter müssen bei Seite gelassen werden, wenn es sich darum handelt, den ursprünglichen und echt phönicischen Gottesglauben kennen zu lernen. Aus dem Pantheon der Palmyrener sind zu gleichem Zwecke die aus Babylonien eingeführten Götter Bel, Beltis und Nebo, sowie verschiedene arabische zu entlassen. Bei den arabischen Nabatäern des Hauran fanden wir den griechischen Zeus, den Ganymed, die Nike, die Aphrodite und den altgriechischen Ogenes; ferner die aramäischen Götter Marnas und Aziz und endlich den ägyptischen Ammon und die Isis. Zu den Arabern sollte nach Schahrastani unter anderen der Götze Hobal aus Syrien importirt sein. Innerhalb Arabiens selbst sind die Götter und Göttinnen von einem Stamme zum andern gewandert, und bei den drei grossen Göttinnen liess es sich noch mit ziemlicher Sicherheit nachweisen, dass jede von ihnen ursprünglich die Stammgöttin eines einzelnen Stammes war, und dass, wo zwei von ihnen oder alle drei gemeinsam vorkommen, dies auf Entlehnung und späterer Entwickelung beruht. Bei den Himjaren war nicht bloss der Mondgott Sin, sondern wahrscheinlich auch die Hauptgottheit Athtar babylonischen

Ursprungs; andere Gottheiten wie Schams, Ta'lab u. a. waren wiederum ursprünglich auf einen einzelnen Stamm beschränkt und daher bei anderen Stämmen, wenn sie überhaupt bei ihnen vorkamen, sekundäre Gestalten. Die assyrisch-babylonischen Götter endlich sind zum grossen Theil gar nicht einmal semitischen Ursprungs, sondern von der älteren Bevölkerung des Landes entlehnt.

Werden diese fremden Götter eliminirt, so verringert sich bereits die Anzahl der bei den einzelnen Völkern und Stämmen in historischer Zeit nachweisbaren Culte für eine frühere, historisch allerdings in der Regel nicht fassbare Periode um ein Bedeutendes.[1] Eine solche Reduction des späteren Bestandes auf frühere einfachere Verhältnisse ist nun ferner durch die Beobachtung eines anderen Vorganges geboten, welcher das Pantheon der einzelnen semitischen Stämme bevölkert hat, und welcher mit dem Namen der lokalen und qualitativen Differenzirung bezeichnet werden kann. Hierunter ist zu verstehn die Erscheinung, dass ein und dieselbe Gottheit nach den verschiedenen Stätten, an welchen sie verehrt wird, oder nach ihren verschiedenen Eigenschaften, von denen jedes Mal Eine besonders ins Auge gefasst wird, sich in zahlreiche, dem Wesen nach gleichartige, aber nach Ort und Art des Cultus unterschiedene Numina spaltet. Die Wesensgleichheit aller dieser aus Einer Gottheit hervorgegangenen Theilgötter wird dadurch angedeutet, dass sie alle ein und denselben Hauptnamen führen; die lokale Differenzirung durch Hinzufügung des Namens der Cultusstätte zu dem Hauptnamen; die qualitative durch ein hinzutretendes Adjectiv oder logisch gleichwerthiges untergeord-

---

[1] Eine andere Kategorie von Göttern, deren später Ursprung augenscheinlich ist, behandele ich, weil sie nur vereinzelt nachweisbar ist, hier anmerkungsweise, nämlich die deificirten Menschen. Unter dem Einfluss der römischen Kaiserzeit haben wir in Batanaea einen Θεός Μαρῖνος gefunden. Bei den Nabatäern trafen wir den vergötterten König Obodas an. Aber auch die Himjaren, bei denen von römischem Einfluss nicht die Rede sein kann, kannten vergötterte Menschen. Auch Deificationen von Städten kommen bei ihnen vor.

netes Substantiv. Auf diese Weise entstehen die zahlreichen Baalim und Astaroth aus dem Einen Baal und der Einen Astarte. Die verschiedenen Theilformen der einzelnen Götter sind im ersten Theile aufgezählt. Beispiele lokaler Differenzirung des Einen Baal waren: der Baal von Tyrus (Melkart), der Baal von Sidon, vom Berge Peor, vom Hermon, von Tarsus u. a. Ferner der Baal des Nordens und der Himmelsbaal. Qualitative Differenzirungen sind: der tanzende Baal, der heilende Baal, der Gluthbaal, der Bundesbaal, der Fliegenbaal, der Glücksbaal. Differenzirungen zweiter Potenz sind der [Baal] Reschef Cheṣ, der [Baal] Reschef von Amyklae u. a. Eine Theilform des Eschmun lernten wir im Eschmun-Merre kennen. Unter den Göttinnen wurde besonders Astarte lokal differenzirt. Die Assyrer kannten drei Hauptformen der Göttin: die assyrische Istar, die Istar von Nineve und die Istar von Arbela. Zwei Astarten unterscheidet Eschmunazar in seiner Grabinschrift. Der Name Asteroth Qarnaim deutete darauf hin, dass in dieser Stadt mehrere Astarten verehrt wurden; ebenso Anathoth auf die Verehrung mehrerer Theilformen der ʿAnât. Bei den Nabatäern erschien Allât lokalisirt als die von ʿAmnad und die von Ṣalchad. Am reichsten ausgebildet war die Differenzirung bei den Himjaren, bei denen wir zahlreiche Athtar und Almaqah kennen gelernt haben; ferner verschiedene Theilformen der Sonnengottheit, des Taʾlab, des Hagr, des Nasr und vereinzelt auch des Wadd. Hier bei den Himjaren ist es besonders deutlich, dass die Vielheit der Götter mit gleichem Hauptnamen, also z. B. die verschiedenen Athtar, aus ursprünglicher Einheit hervorgegangen und dass somit die Vielheit dieser Götter das Secundäre ist. Bevor es einen auf- und untergehenden Athtar, einen Athtar von Juḥrîq u. a. gab, wurde Athtar ohne nähere Bestimmung verehrt. Dass dieser Athtar ohne nähere Bestimmung nicht etwa eine künstliche theologische Abstraction aus den verschiedenen lokal oder qualitativ näher bestimmten Einzel-Athtar war, folgt mit Sicherheit aus dem Umstande, dass er in einer und derselben Inschrift neben seinen Theilformen genannt und angerufen wird. Auch ist ja Athtar nicht ein Allgemeinbegriff, sondern ein Eigenname; ein solcher aber kann nicht eine blosse Abstraction sein. Vielmehr lässt sich die Verehrung der zahlreichen Athtar nur vergleichen mit der ganz analogen Erscheinung in der katholischen Kirche, welche zahlreiche lokal oder qualitativ differenzirte Marien kennt, die alle durch Theilung und Spaltung aus der ursprünglichen einen erwachsen sind. Nicht anders aber als die verschiedenen Athtar sind die differenzirten Almaqah, Ta'lab, Schams u. s. w. zu erklären. Auch alle diese Gottheiten sind ursprünglich als je eine gedacht, und die Vielheit derselben ist **erst** im Laufe der Zeit entstanden. Dies auf dem Gebiet des himjaritischen Gottesglaubens gewonnene Resultat ist eine Gewähr dafür, dass die analogen Erscheinungen bei anderen semitischen Stämmen aus **ebendemselben** Differenzirungsstreben erklärt werden müssen. Wie es also ursprünglich nur einen Athtar, nur eine Istar gegeben hat, so ist auch **bei** den Phöniciern ursprünglich nur eine Astarte und nur ein oder der Baal verehrt worden, und die Vielheit der Baalim ist secundär und allmählich immer mehr gewachsen. Wir haben oben gesehn, dass dieser ursprüngliche Glaube an den Baal im Sprachgebrauch des alten Testaments noch vielfach zum Ausdruck kömmt. —

Mit der Erkenntniss des Princips der lokalen und qualitativen Differenzirung ist wiederum die auf den ersten Blick schier endlose Zahl der semitischen Götter für eine frühere Periode um ein Bedeutendes reducirt worden. Erwägt man ferner die seit langer Zeit beobachtete Thatsache, dass die einzelnen semitischen Völker und Stämme je eine Hauptgottheit verehrten, neben welcher die übrigen Götter mehr oder weniger zurücktraten; und erinnern wir uns endlich daran, dass eine Göttergestalt wie die des Himmelsherrn eine noch weiter greifende Bedeutung hatte, insofern er für mehrere weit von einander abliegende Gebiete der höchste Gott war — erwägt man dies Alles, so lässt sich in der That nicht leugnen, dass der Gottesglaube der heidnischen Semiten in der Urzeit ein einfacherer gewesen sein muss, als etwa der der Griechen und Römer.

Ja selbst jene Hauptgötter lassen sich zum Theil auf einander reduciren. Die Namen der grossen semitischen Götter sind nicht sowohl Eigennamen als vielmehr synonyme Prädikate für den Begriff „Gott", und bezeichnen ihn als den Herrn und König seines Volkes, oder auch als den Erhabenen, den Herrlichen, den Gewaltigen. Alle diese Prädikate aber gelten ursprünglich einem und demselben Wesen. Baal, der Inhaber des Volkes oder Landes, ist ursprünglich kein anderer als Milk, der König, welcher über das Volk und Land herrscht. Adon, der Gebieter, und Adoni „mein Gebieter", ist ursprünglich nicht sachlich, sondern nur sprachlich verschieden von Mar und **Marna** „**unser Herr**". In einigen Gebieten des phönicisch-kananäischen Dialects gebrauchte man als Bezeichnung des höchsten Gottes das Wort Adoni; in aramäischen Dependenzen statt dessen das gleichbedeutende Marna. Ursprünglich bezeichnen beide Worte ein und dasselbe Wesen; es ist nur die Folge „menschlicher Gedanken und Sprachbildung", wenn aus diesen **verschiedenen** Namen materiell verschiedene Götter geworden sind. Ebenso ist Adar „der Herrliche" ursprünglich nicht verschieden von Aziz „dem Mächtigen". Der Name der Göttin Uzza „die Mächtige" hebt nur eine bestimmte Eigenschaft an Allât „der Göttin" hervor, und die byblische Baalat verhält sich zu der karthagischen Milkat nicht anders als Baal zu Milk.

Diese Verdichtung allgemeiner Prädikate zu concreten Einzelnamen ist ein charakteristisches Merkmal der semitischen Theogonie, für welches sich bei Griechen und Römern kein Analogon findet. Die Wörter Ἄναξ, Δεσπότης, Βασιλεύς und Βασίλισσα, *Dominus*, *Rex* und *Regina* sind nie zu Göttern geworden[1], während man umgekehrt bei den Semiten vergeblich nach einem Gott sucht, der dem griechischen Zeus („leuchtender Himmel") entspräche. Die Semiten kennen wohl einen Herrn des Himmels, aber sie kennen nicht den Himmel selbst als Gott, und auch Sonne, Mond und Sterne sind, wo sie verehrt wurden,

---

[1] *Regina coeli* ist Uebersetzung eines semitischen Titels.

anfangs vielmehr Symbole und Erscheinungsformen der Gottheit, als selbständige und ursprüngliche Götter. Diese Verschiedenheit in der Benennung der Götter deutet darauf hin, dass die Semiten das Verhältniss zwischen Gott und Mensch von vorn herein mehr als ein sittliches aufgefasst haben; denn die Namen Baal, Milk, Adon drücken sittliche Beziehungen aus. „Als Fürst und König ist die Gottheit eine dem Menschen ebenso verwandte wie überlegene Geistesmacht." Damit aber ist ein sittliches Wechselverhältniss zwischen dem Gott und dem Menschen gesetzt. Für den Menschen besteht die Aufgabe, den Anforderungen des Gott-Königs gemäss zu leben, wofür dieser den Schutz und die Sicherung seiner Unterthanen und Verehrer übernimmt. Namen wie Varuna, Zeus, Agni dagegen sind von concreten Naturerscheinungen entnommen, zeugen für ursprüngliche Naturvergötterung **und schliessen** an und für sich ein eigentlich sittliches Verhältniss zum Menschen aus; denn ein solches kann nur zwischen gleichartigen Wesen bestehn. Im lateinischen Jupiter ist allerdings ein sittliches Element (pater) enthalten, giebt sich aber deutlich als secundär zu erkennen, da es im griechischen Zeus noch fehlt. Umgekehrt ist bei den Semiten die Identificirung des Gottes mit der sichtbaren Naturerscheinung das Secundäre und als Trübung eines älteren und reineren Gottesglaubens zu betrachten. Baal ist ursprünglich nicht die Sonne selbst, sondern die Sonne ist das Symbol des Himmelsherrn; der Mond oder das Venusgestirn ist Symbol der Astarte; ein Stein oder ein Baum sind Symbole arabischer Götter und Göttinnen. Erst auf einer Stufe des Verfalls sind diese Symbole selbst zu Göttern geworden, und es ist eine grade für die semitische Religionsgeschichte durchaus wahre und zutreffende Auffassung, wenn Paulus von den Heiden sagt: Sie sind zu Narren geworden und haben verwandelt die Herrlichkeit des unvergänglichen Gottes in ein Bild.

Diese Anschauung, nach welcher im Anfange der Entwickelung die Auffassung der Gottheit bei den Semiten eine im höheren Grade sittliche war als später, würde allerdings unhaltbar sein, wenn die vielfach gehörte Behauptung wahr wäre, dass das eigentliche Characteristicum des semitischen Gottesglaubens seit den ältesten Zeiten die Verehrung eines Gottes **neben** einer Göttin war, oder dass die Göttinnen gar ein höheres Alter hatten als die Götter. Denn die Verehrung von Göttinnen, besonders wenn sie als Gemahlinnen eines Gottes aufgefasst werden, ist nur zu begreifen als eine Abstraction des in der ganzen Natur zu Tage tretenden und zugleich alles Naturleben gewährleistenden Gegensatzes von männlich und weiblich. Sind aber Götter und Göttinnen ein Spiegelbild der in der Natur wirkenden Kräfte, so sind sie keine sittlichen Wesen mehr.

Nun ist es freilich zweifellos, dass in historischer Zeit bei allen heidnischen Semiten neben jedem Gott eine ihm zugehörige Göttin steht: neben dem Baal die Baalat oder Astarte, neben Milk die Milkat, neben Anu die Anât. Ja mehrfach haben die weiblichen Gottheiten die männlichen in den Hintergrund gedrängt. **So findet** sich bei den Hethitern, bei denen die Anât in hohen Ehren stand, keine Spur ihres männlichen Gegenstückes, des Anu. Die Araber verehrten die Uzza, aber nicht den Aziz. In Karthago musste der Baal chamman hinter die Tanit zurücktreten, und in der grossen syrischen Göttin Atargatis war der Gott Athe völlig aufgegangen. — Trotz dieser hervorragenden Stellung, welche die Göttinnen im semitischen Pantheon einnahmen, finden sich mehrfache Spuren davon, dass wir es auch hier mit einer späteren Entwickelung zu thun haben, und dass die Semiten in der Urzeit keine Göttinnen kannten. Hierfür spricht zunächst der Umstand, dass bei den Israeliten eine einheimische Göttin nicht nachweisbar ist, ja dass die hebräische Sprache überhaupt kein Wort hat, um den Begriff „Göttin" auszudrücken, und zu diesem Zweck das Maskulinum Elohim gebrauchen muss (1 Kön. 11, 5). Ein solcher Mangel lässt sich nur daraus erklären, dass in der schöpferischen Periode der Sprache jener Begriff noch nicht concipirt war. Auch bei den Edomitern lässt sich keine Göttin nachweisen;

ich lege hierauf aber kein Gewicht, weil die Nachrichten über die Götter der Edomiter zu dürftig sind.

Auf ursprüngliche Geschlechtslosigkeit der Götter führt ferner die Beobachtung, dass eine so wichtige Gottheit wie Istar-Athtar-Astarte bei Himjaren und Aethiopen männlich, bei den Nordsemiten weiblich gedacht wurde. Eine ursprünglich weibliche Gottheit kann nicht zu einer männlichen werden und **ebenso** wenig umgekehrt eine männliche zu einer weiblichen. Jene verschiedenartige Auffassung erklärt sich daher nur so, dass die Istar-Athtar genannte Gottheit ursprünglich überhaupt nicht geschlechtlich bestimmt vorgestellt wurde und erst durch **Herabziehn in die Sphäre der** Menschlichkeit bei einem Zweige der Semiten zu einem Gott, **bei** einem anderen zu einer Göttin wurde. Wenn die Phönicier das Bedürfniss empfanden, diese geschlechtliche Bestimmtheit auch äusserlich durch Anfügung der grammatischen Femininendung an den Namen der Gottheit kenntlich zu machen, so giebt sich auch dies deutlich als eine jüngere Stufe der Entwickelung zu erkennen, da die Namensform mit dem *t* ausschliesslich bei ihnen auftritt.

Eben dieser selbe Vorgang, die Anhängung der grammatischen Femininendung an den Namen einer Gottheit, hat nun auch anderen Göttinnen zum Dasein verholfen. Der babylonische An(u) ist gewiss ursprünglich nicht geschlechtlich bestimmt gedacht; aber indem durch Anhängung der Endung *at* an seinen Namen die Göttin Anat entsteht, ist dadurch zugleich der bis dahin gegen das Geschlecht indifferente ʽAn zu einem ausgesprochen männlichen Gott geworden. Etwas anders steht es bei den Göttinnen Baalat und Milkat, insofern die Grundformen Baal und Milk wohl von vorn herein einen specifisch männlichen Charakter hatten. Aber als secundär geben sich doch auch hier die weiblichen Bildungen deutlich genug zu erkennen und stehn als sexuelle Differenzirungen auf derselben Stufe der Entwickelung, wie die oben besprochenen lokalen Differenzirungen. Die aus den Allgemeinbegriffen „Herr" und „König" durch Verdichtung hervorgegangenen Einzelgötter Baal und Milk verdoppeln oder spalten sich, indem ihnen in der weiblichen Form ihres Namens die Göttinnen Baalat und Milkat zur Seite treten oder sie unter Umständen auch verdrängen.

Das Bewusstsein von der nur relativen Selbständigkeit, welches den Göttinnen hiernach ursprünglich zukömmt, hat sich zum Theil bis in späte Zeiten erhalten und zeigt sich in solchen Prädikaten einiger Göttinnen, in welchen diese als das Abbild, das Antlitz oder der Name eines Gottes bezeichnet werden. In Sidon lernten wir eine עשתרת שם בעל als eine bestimmte Modification der Astarte kennen. Dillmann[1] deutet diesen Namen als „die Himmelsastarte Baals, die Gemahlin des Himmelsbaals, des Βεελσαμην". Er vocalisirt שֵׁם, verbindet שם עשתרת und lässt dies von בעל bestimmt sein. Für eine Himmelsastarte hätte Dillmann sich auf die bei Assurbanipal genannte *Atarsamain* berufen können. Aber die Verbindung „Himmelsastarte des Baal" ist doch sehr gezwungen. Dillmann scheint dies selbst gefühlt zu haben, da er statt dieses Ausdrucks sofort den verständlicheren „Gemahlin des Himmelsbaals, des Βεελσαμην" substituirt. Wenn jedoch eine solche Astarte gemeint wäre, so war Nichts natürlicher, als עשתרת בעל שמם zu schreiben. Sollte aber grade Astarte als himmlische und zugleich als Gemahlin des Baal bezeichnet werden, so würde man hinter עשתרת שם eine Partikel oder ein Substantiv erwarten, durch welche dies eheliche Verhältniss angedeutet wäre. Aus diesen Gründen scheint es mir doch geboten zu sein, שם in der Bedeutung „Name" zu fassen. Ich kann nun aber auch die Auffassung „Astarte der Name d. h. die Manifestation Baals" nicht mit Dillmann für unzulässig halten. Es ist bekannt, dass die Verbindung שם יהוה im alten Testament oft genug den sich offenbarenden Jahve bedeutet; der Name Jahve's ist in dem Engel gegenwärtig[2]; sein Name wohnt im Tempel zu Jerusalem, wo Jahve seine Gnadenwirkungen kund thun will. Allerdings heisst der Engel nicht — und natürlich noch weniger der Tempel —

---

[1] Sitzungsber. der Berl. Akad. 16. Juni 1881. ‖ [2] Ex. 23, 21.

„der Name Jahve's"; aber hierin zeigt sich grade der charakteristische Unterschied der alttestamentlichen Auffassung von der phönicischen. Im alten Testament bleibt jener Engel, trotzdem Jahve sich in ihm offenbart, doch ein dienendes Geschöpf; würde ein solches direct „der Name" oder „die Offenbarung Jahve's" genannt, so wäre damit der Unterschied zwischen dem Geschöpf und dem Schöpfer verwischt, oder auch es wäre mit dem so benannten Engel ein zweiter Gott gesetzt. Für die Phönicier konnten solche Bedenken nicht in Betracht kommen. So gut ihr Baal sich in der Sonne offenbarte, die dann göttlich verehrt wurde, konnte er auch irgend eine andere Erscheinungsform wählen; immer wurde die Manifestation selbst zu einem Gotte, und immer konnte diese Erscheinungsform der Name Baals genannt werden. Durch diese Benennung war jedoch dem Gedanken Ausdruck gegeben, dass die Manifestation, wenn sie auch eine relativ selbständige Existenz hatte, doch im Grunde nur ein Reflex des Baal war. Wurde also die Benennung שם בעל auf die Astarte angewandt, so kann hierbei ebenfalls nur der Gedanke zu Grunde liegen, dass die so genannte Göttin ein Reflex, eine Manifestation des höchsten Gottes ist. Sie wurde durch diesen Beinamen unterschieden von anderen Astarten, etwa von einer solchen, welche die Mutter der Götter hiess; dass aber eine Astarte überhaupt als Erscheinungsform des Baal bezeichnet werden konnte, beweist, dass die Göttin im Verhältniss zum Gott sekundär war, denn nie hätte umgekehrt Baal der Name oder die Manifestation der Astarte genannt werden können!

Auch die in Karthago verehrte Tanit Pené Baal, welche wir S. 56 als deorum dearumque facies gedeutet haben, ist trotz ihrer durch diesen Titel ausgedrückten hohen Würde und trotzdem sie die Macht und die Befugnisse aller anderen Götter in sich schloss, durch die Benennung „Angesicht Baal's" doch immer als eine Erscheinungsform und somit als eine ihrem Ursprunge nach sekundäre Göttergestalt gekennzeichnet. Es ist ferner bereits S. 57 hervorgehoben, dass die Idee, welche dem

Namen Salambo, d. i. Bild des Baal, zu Grunde liegt, nicht wesentlich verschieden ist von der durch das Prädicat Penê Baal ausgedrückten. Die Richtigkeit dieser Deutungen wird nun endlich bestätigt durch die Beobachtung, dass sich die Anschauung, bestimmte Gottheiten seien Modificationen **eines** höheren oder höchsten Gottes, auch noch auf anderen Puncten nachweisen lässt.

Zunächst ist nochmals zu erinnern an die lokalen Differenzirungen des Baal oder eines anderen Gottes. Diese Theilformen waren Manifestationen des Einen Baal oder des Einen Athtar. Auch die in Teima verehrten Götter, welche als verschiedene „Bilder" einer Hauptgottheit galten, gehören hierher. Aber der Glaube an ein einheitliches Princip innerhalb der vielgestaltigen Götterwelt reicht viel weiter. Die zahlreichen Theilformen lassen sich nicht bloss auf einzelne Hauptgötter zurückführen, sondern es finden sich auch unverwerfliche Zeugnisse für den Glauben, dass alle Götter **im Grunde nur** Erscheinungsformen des Einen Gottes sind. Man bezeichnet diesen Glauben am treffendsten mit dem Terminus Monismus, im Unterschiede vom Monotheismus einerseits, und vom einheitslosen Polytheismus anderseits. Unter Monismus versteht man diejenige Theorie, nach welcher alle Einzelerscheinungen nur relative Selbständigkeit haben, aber in letzter Linie begründet und getragen sind von einer umfassenden Einheit. Die Vielheit der semitischen Götter ist unbezweifelbar, weswegen von einem Monotheismus der heidnischen Semiten nicht die Rede sein kann, und die einzelnen Götter haben allerdings eine relative Selbständigkeit, die oft an eine absolute grenzt. Trotzdem kennen die Semiten eine höhere göttliche Einheit, welche die einzelnen Götter hält und trägt. Dieser Monismus hat einen klassischen Ausdruck gefunden in dem Briefe **des** Grammatikers **Maximus** aus der numidischen Stadt Madaura an Augustin[1], in welchem er die heidnischen Anschauungen gegenüber dem Christenglauben ver-

---

[1] August. ep. 16. Vol. II p. 19 Maur. cf. ep. 232. Vol. II p. 841.

theidigt und zu rechtfertigen sucht. Dieser Brief gehört allerdings einer späten Zeit an; es wird sich aber zeigen, dass sich Spuren der hier vorgetragenen Theorie schon viele Jahrhunderte früher nachweisen lassen.

Maximus schreibt: Olympum montem deorum esse habitaculum, sub incerta fide Graecia fabulatur. At vero nostrae urbis forum salutarium numinum frequentia possessum nos cernimus et probamus. Equidem unum esse Deum summum sine initio, sine prole naturae ceu patrem magnum atque magnificum, quis tam demens, tam mente captus neget esse certissimum? Hujus nos virtutes per mundanum opus diffusas, multis vocabulis invocamus, quoniam nomen ejus cuncti proprium videlicet ignoramus. Nam Deus omnibus religionibus commune nomen est. Ita fit ut dum ejus quasi quaedam membra carptim, variis supplicationibus prosequimur, totum colere profecto videamur . . . .
. . . .

Dii te servent, per quos et eorum atque cunctorum mortalium communem patrem, universi mortales, quos terra sustinet, mille modis concordi discordia veneramur et colimus.

Nach Maximus sind also alle Einzelgötter nur verschiedene Kräfte oder Glieder des Einen Gottes, dessen eigentlicher Name unbekannt ist, für dessen Existenz aber der Umstand angeführt wird, dass alle Religionen das Wort „Gott" haben. In dem Worte „Gott" erblickt demnach Maximus den Ausdruck für die Einheit innerhalb der Vielheit der Götter. Um zu entscheiden, ob seine Meinung für die semitischen Religionen zutreffend ist, muss nunmehr die bis hierher verschobene Untersuchung über die allgemeinen Benennungen Gottes und der Götter im Semitischen aufgenommen werden.

Die Semiten haben zwei Wörter, um das deutsche „Gott", das lateinische *deus* auszudrücken, deren Grundformen *il* (אל El, Elon[?]) und *ilâh* (אלה Elâh, Alâh, Allâh, Elohim, Eloah) lauten.

Im Grossen und Ganzen kann man sagen, dass die einzelnen semitischen Stämme und Völker entweder das eine oder das andere dieser beiden Worte gebrauchen; doch finden sich von *il* überall mindestens Spuren, während *ilâh* in einigen Sprachen ganz fehlt.

Anderseits ist *il* der lebenden Sprache z. Th. ganz fremd geworden, z. Th. ist es im Verschwinden begriffen und wird durch *ilâh* verdrängt. Nur in Personennamen, in denen sich stets das älteste Sprachgut zu erhalten pflegt, hat *il* sich bei allen Semiten behauptet, und zwar bei einigen ausschliesslich, bei andern neben *ilâh*.[1] Wir schliessen hieraus, dass *il* die ältere und zwar die ursemitische Gottesbezeichnung ist; als die Semiten sich noch nicht in Araber und Aramäer, Hebräer und Assyrer gespalten hatten, gebrauchten sie für Gott das Wort *il*. Später, wenn auch immerhin in uralten Zeiten, drang daneben das Wort *ilâh* ein, vermutlich eine bloss grammatische Weiterbildung jenes alten Wortes. Bei den Phöniciern kam eine dritte Bildung, *elon*, zur Herrschaft; der Umstand, dass dies Wort sich ausschliesslich bei den Phöniciern findet, beweist, dass es die jüngste Bildung ist. Die im Excurs gegebenen Nachweise über das Vorkommen des Wortes *il* bei den verschiedenen semitischen Völkern werden hiernach nicht als etwas Ueberflüssiges erscheinen; denn da diese Gottesbezeichnung, und zwar sie allein, allen Semiten gemeinsam ist, so muss auch die durch *il* ausgedrückte Idee ursprünglich allen Semiten gemeinsam gewesen sein, wenn auch selbstverständlich dieses Wort wie jedes andere seine Geschichte gehabt hat und im Verlauf der Zeit bei dem einen semitischen Volk eine andere Entwickelung durchgemacht haben kann als bei einem anderen.

Von der allergrössten Wichtigkeit für die Erkenntniss des ursemitischen Gottesglaubens würde es nun sein, wenn wir die ursprüngliche Bedeutung von *il* kennten. Allein die in diesem Worte beschlossenen Tiefen lassen sich mit etymologischen

---

[1] Die genaueren Daten giebt der Excurs am Ende des Buches.

Mitteln nicht ergründen. Die traditionelle Etymologie deutet אֵל als „den Starken", von der Wurzel אול. Dies ist die officielle Etymologie der Synagoge (הקפא *ἰσχυρός* *el-qâdir*), findet sich bei Kirchenvätern[1] und hat zahlreiche Vertreter bis auf den heutigen Tag. Nach den zwischen de Lagarde und Nöldeke geführten Verhandlungen[2] ist diese Etymologie jedoch definitiv aufzugeben. Bei aller Verschiedenheit der positiven Aufstellungen kommen beide Gelehrten darin überein, dass der Wurzel אול die Bedeutung „stark sein" nicht zukommt. Nöldeke wollte אל, Wurzel אול „voransein", als „den Führer" erklären, hält jetzt aber diese Deutung selbst nicht mehr für zweifellos. **In der** That scheint sich in Bezug auf die Frage, ob *il* ursprünglich ein kurzes (de Lagarde) oder ein langes (Nöldeke) *i* habe, die Wage definitiv auf Seite de Lagarde's geneigt zu haben, womit die Ableitung von אול überhaupt beseitigt ist. de Lagarde seinerseits führt אל auf אלי zurück. Diese Wurzel habe, die Bedeutung „hinstrecken, hinreichen **nach**" gehabt, und hiernach bezeichne das semitische Wort für Gott „den, welchem man zustrebt", „das Ziel aller Menschensehnsucht und alles Menschenstrebens". Ich verstehe es und weiss es wohl **zu** würdigen, weshalb de Lagarde für diese seine Erklärung des Wortes אל kämpft, und ich stimme ihm unbedingt bei, wenn er diejenige Auffassung der **Religion,** nach welcher dieselbe der Reflex alltäglicher Naturerscheinungen wäre, eine falsche nennt; wenn er energisch dafür eintritt, dass am Morgen unserer Geschichte nicht der Papua auftrat, sondern „ein entwickelter Mensch, in dessen reinen Augen sich alles spiegelte, was schön und erhaben war, und von dessen Erbe wir noch heute zehren." Dass aber diese schönen Gedanken auf etymologischem Wege aus dem Worte אל erschlossen werden können, scheint mir

---

[1] Eusebius Praep. ev. XI 6, 20, Hier. Ez. 17, 13. **32**, 21. [2] de Lagarde, Abhandl. d. Gött. Ges. d. Wissensch. 1880, 1. Mai. Nachrichten v. d. K. Ges. d. Wissensch. z. Göttingen 1882, 173 ff. 1886, 147 f. Mittheilungen 107 ff. 222 ff. — Nöldeke, Monatsber. d. Berl. Akad. 1880, 760 ff. Sitzungsber. d. Berl. Akad. 1882, 1175 ff.

unmöglich zu sein. Gewiss ist auch den Heiden der Gott gelegentlich der ersehnte, ja der dreifach ersehnte[1]; das **Wort** אל aber kann schon deswegen diese Bedeutung nicht **haben,** weil es in Verbindungen vorkommt, welche sie ausschliesst. Ich erinnere zunächst an die Prädikate, welche El in den ältesten uns zugänglichen Texten führt. Er heisst im alten Testament: der uralte, der ewige, der verborgene, der höchste, der einzige, der lebendige, der wissende und sehende, der starke Held, der schreckliche, der grosse und furchtbare, der eifernde und rächende, der täglich zürnende, der gerechte, der treue, der helfende, der barmherzige und gnädige, der vergebende. Dagegen führt El im ganzen alten Testament nie gradezu ein Prädikat, welches ihn als Ziel der Menschensehnsucht (תשוקה) bezeichnet. Einmal heisst er der Anlass zu jubelnder Freude; aber auch dies ist noch etwas anderes als Sehnsucht. Freilich, wenn der Dichter sagt, dass seine Seele dürstet nach **Gott**, nach ihm schreit wie der Hirsch nach Wasserbächen, dass sein Fleisch nach ihm schmachtet **im** dürren Lande, so ist das ein ergreifender Ausdruck der Sehnsucht nach Gott, und wer wollte leugnen, dass Gott dadurch als der Gegenstand des Sehnens und des Verlangens gekennzeichnet wird. Aber sollte diese Auffassung wirklich der Ausdruck des ältesten gemeinsemitischen Gottesglaubens sein? tritt uns nicht grade in solchen Stellen der specifisch israelitische Glaube entgegen, an den sich bei Heiden höchstens Anklänge finden? und ist nicht auch in den älteren Stücken des alten Testaments wie im Liede der Debora, im 18. Psalm und im Dekalog die Auffassung noch eine andere? — Es kömmt hinzu, dass das Wort El im Hebräischen und im Phönicischen auch von Menschen gebraucht wird. Mag dieser Gebrauch der abgeleitete oder der ursprüngliche sein, immer ergeben sich bei de Lagarde's Etymologie grosse Schwierigkeiten, um diese Anwendung des Wortes auf Menschen zu erklären.

---

[1] Bion Id. I, 58. Hippolyt. refut. haer. 5, 9. οἱ καλοῦσι μὲν Ἀσσύριοι τριπόθητον Ἄδωνιν.

Auf der Inschrift von Maʿsub werden **als** Erbauer eines Porticus genannt die Elim (אלם), Boten des Milk-Astart, und die Diener des Baal Chamman. Aus dieser Zusammenstellung ergiebt sich mit Sicherheit, dass ebenso wie der Diener des Baal Chamman auch die Elim Menschen sind, und zwar solche, welche im Dienste einer Gottheit stehn, mit einem Amte betraut sind. Ist es nun wohl wahrscheinlich, dass diese Beamten den Titel „Götter" erhalten hätten, wenn dies Wort „die Ersehnten" oder „das Ziel aller menschlichen Sehnsucht" bedeutete? Dreifach ersehnt ist wohl der Gott, aber nicht seine Diener.

Aehnliche Bedenken erheben sich bei Betrachtung der Stellen des alten Testaments, an welchen das Wort El auf Menschen angewandt wird. Vorweg bemerke ich, dass die Orthographie איל statt אל, welche sich an einigen der nun zu besprechenden Stellen in manchen Handschriften findet, nur dazu dienen soll, אל als חֹל zu bezeichnen; sprachlich sind beide Formen vollkommen gleichwerthig, ebenso wie גיר 2 Chr. 2, 16 von גֵר nicht verschieden ist.

Ex. 15, 15 אילי מואב יאחזמו רעד „die Elim Moab's ergriff Beben". Da אילי מואב parallel mit אלופי אדום und יושבי כנען steht, so können die Elim hier nicht (was an und für sich möglich wäre) Götter sein, sondern nur Menschen, welche Elim genannt wurden. Vielleicht bedeutet das Wort hier aber „Widder", eine Bezeichnung der Stammesfürsten, welche sich für Moab wohl erklären würde. Diese Stelle bleibt daher besser ausser Betracht.

Hi. 41, 17 משתו יגורו אילים „vor seinem Auffahren fürchten sich Elim". Nach dem Zusammenhange müssen die Elim Helden sein. Diese konnten wohl Götter genannt werden wegen ihrer unvergleichlichen Kraft, ihres Muthes, ihrer Führerschaft im Kampfe oder dgl.; aber wenn El das Ziel aller menschlichen Sehnsucht bezeichnete, so war dies Wort doch ein wenig passendes Prädikat für sie.

Ez. 32, 21 reden אלי גברים den Pharao in der Unterwelt an; **es** sind damit gemeint die Könige von Assur, Elam etc.

Ebenso heisst Nebukadnezar אל גוים. Sollten diese Könige so genannt sein als das Sehnsuchtsziel der Völker? Es mag freilich sein und ist sogar wahrscheinlich, dass die Israeliten zur Zeit Ezechiels die etymologische Bedeutung von אל nicht mehr heraushörten, so wenig die Griechen und Lateiner ihr θεός und *deus* etymologisch verstanden. Dazu kommt, dass die bisher besprochenen Stellen der poetischen oder doch der getragenen Diction angehören, die sich kühne Wendungen erlauben darf. Dass aber trotzdem das Bewusstsein von einer ursprünglich allgemeineren Bedeutung des Wortes אל dem Sprachbewusstsein nicht abhanden gekommen war, beweisen zwei Stellen, an denen sich El ebenso wie im Phönicischen in schlichter Prosa auf Menschen angewendet findet.

Ez. 17, 13 und 2 Reg. 24, 15 ואת ׳אילי הארץ לקח ,,und die Elim des Landes nahm er". Aus dem Zusammenhange und dem Gegensatze עם הארץ (die Bauern) ergiebt sich, dass mit dem Worte Elim die Vornehmen gemeint sind. Da aber der Satz in schlichter Prosa steht, so konnten sie nur dann Elim genannt werden, wenn das Sprachbewusstsein noch vorhanden war, dass dies Wort an und für sich nicht ein ausschliessliches Prädikat der Gottheit war, sondern auch auf Menschen in bevorzugter Stellung angewandt werden konnte. Im anderen Falle hätte der Verfasser sich ebenso undeutlich ausgedrückt, als wenn man im Deutschen in schlichter Prosa sagen wollte: ,,die Götter des Landes führte er weg", und damit den Adel meinte. — Hiernach scheint mir de Lagarde's tiefsinnige Deutung von El unhaltbar zu sein und ist für mich unannehmbar.

Ich begnüge mich mit diesem negativen Resultat und verzichte auf eine selbständige Erklärung. Die etymologische Bedeutung von אל bleibt vorläufig dunkel und unbekannt. Was wir wissen ist nur dies, dass אל ebenso wie Ilâh ,,Gott" bedeutet; welche Eigenschaft Gottes die Sprache durch dies Wort aus-

---

[1] Das Kethîb אילי ist wohl einfacher Schreibfehler, den man nicht mehr zu ändern wagte.

drücken wollte, lässt sich nicht mehr ermitteln. Ich halte es für richtiger, dies offen zu bekennen, als sich in unsicheren Vermuthungen zu ergehn. Vielleicht aber lässt sich auf anderem Wege erschliessen, welchen Begriff die Semiten mit ihrem ältesten Namen für Gott verknüpften. Zu diesem Zweck müssen einerseits die Nachrichten der Alten, anderseits der Sprachgebrauch und Zusammenhang, in welchem אל vorkommt, untersucht werden.

Einige Classiker identificiren den semitischen El mit dem griechischen Kronos. Zu diesen gehört freilich nicht der von Scholz[1] u. A. angeführte Diodor (II, 30), denn bei ihm ist von Ἥλιος die Rede, und Ἦλος, wie Scholz liest, ist eine nicht gerechtfertigte Conjectur.[2] Dagegen berichtet Philo Byblius[3]: Nachdem Uranos die Herrschaft seines Vaters übernommen hatte, führte er seine Schwester als Gattin heim und zeugte mit ihr vier Kinder, von denen das erste El oder Kronos war (Ἦλον τὸν καὶ Κρόνον; vgl. p. 568 Ἦλου τοῦ Κρόνου; ibid. Ἦλος τοῦτ' ἐστὶν ὁ Κρόνος). Nachdem Kronos herangewachsen, half er seiner Mutter gegen den sie bedrängenden Uranos. Mit Hülfe seiner Tochter Athene und des Hermes verfertigt Kronos eine eiserne Sichel (ἅρπη, vgl. Hesiod, Theog. 175) und Lanze, worauf er, unterstützt von seinen Bundesgenossen, den Uranos mit Krieg überzieht, ihm die Herrschaft entreisst und selbst die Regierung übernimmt. Er umgiebt darauf seinen Wohnsitz mit einer Mauer und gründet so die erste Stadt Phoeniciens, nämlich Byblos. Dann wüthet Kronos gegen seine eigene Familie, so dass alle Götter über seinen wilden Sinn erschrecken. Schliesslich entmannt er seinen Vater Uranos u. s. w. — Nach Philo hätten die Griechen diese Mythen von den Phöniciern entlehnt, und Hesiod und die Kykliker hätten sie ausgeschmückt. Es bedarf aber keines Beweises, dass umgekehrt Philo vollständig von Hesiod abhängig ist.[4] Seine Nachrichten sind daher

---

[1] Götzendienst 193. [2] Vgl. F. Blass, Eudoxi ars astronomica, Kiel 1887, p. 7. [3] Müller 567. [4] Vgl. Baudissin, Studien I 38 f.

völlig werthlos, wenn es darauf ankommt, das ursprüngliche Wesen des phönicischen El zu bestimmen. Philo hat einfach auf diesen übertragen, was er von dem griechischen Kronos wusste. Nur so viel darf man dem geborenen Byblier glauben, dass El in besonderer Weise der Gott von Byblus war, wenn auch keineswegs der einzige; an Ehren **stand** die Baalat von Byblus sogar über ihm.

In einem anderen Fragment[1] berichtet Philo, Kronos, welchen die Phönicier Israel nannten, sei nach seinem Tode in den gleichnamigen **Stern** (Saturn) versetzt. Die Lesart ῏Ηλ, welche einige Handschriften statt ᾽Ισραὴλ hier bieten, ist nach A. v. Gutschmids competentem Urtheil[2] „eine von einem ebenso gescheidten als gewissenlosen Interpolator gemachte Recension ohne allen und jeden Werth". Diese Stelle hat also noch weniger Anspruch auf Beachtung für die Wesensbestimmung des phönicischen El.

Nach Damascius[3] nannten die Phönicier und Syrer **den** Kronos El und Bel und Bolathe. Auch diese Stelle ist nicht geeignet, um über das **Wesen El's Licht** zu verbreiten. Damascius will nur sagen, dass die drei genannten syrischen und phönicischen Götter aus irgend einem Grunde mit dem griechischen Kronos verglichen werden können. Aber schon der Umstand, dass drei verschiedene semitische Götter mit dem einen griechischen identificirt werden, zeigt, wie wenig jene Stelle dazu angethan ist, das Wesen El's im Besonderen zu erklären. Andere Schriftsteller identificiren auch den Moloch mit Kronos[4]; und bei Berossos ist Kronos, welcher dem Xisuthros erscheint, nach Ausweis des keilinschriftlichen Fluthberichtes nicht El (der hier überhaupt nicht vorkommt), sondern der Gott Ea. Der griechische Kronos ist ursprünglich ein Gott der Erndte, der Reife, der Fülle[5], Eigenschaften, die sich für El mindestens nicht nachweisen lassen und die unter keinen

---

[1] Müller 571. [2] Bei **Baudissin** I, 39. [3] Bei Phot. cod. 242. Φοίνικες καὶ Σύροι τὸν Κρόνον ῏Ηλ καὶ Βὴλ καὶ Βολάθην ἐπονομάζουσι. [4] Scholz 188 ff. [5] Preller, Griech. Myth. I, 44 ff.

Umständen sein ursprüngliches Wesen ausmachen. Die Combination Kronos-El beruht wohl auf dem rein formellen Grunde, dass beide für alte Götter und für Väter der Götter galten. Für El ergiebt sich dies schon daraus, dass sein Name die älteste semitische Gottesbezeichnung ist und sich bei allen Semiten findet; von Kronos sagt Preller a. a. O.: „Ebenso wesentlich [wie der verschlagene Charakter] war das Prädikat des Alters; daher Saturnus senex Virg. A. 7, 177." Hieraus erklärt sich dann ferner, warum auch Bel und andere alte Götter Kronos genannt werden konnten.

Aus diesen Nachweisen ergiebt sich, dass die noch von de Lagarde[1] für möglich gehaltene Annahme, אל hätte ursprünglich den Planeten Saturn bedeutet und erst später die allgemeinere Bedeutung Gott angenommen, unhaltbar ist. Diese Annahme war doch auch von vornherein nicht wahrscheinlich. Dass die Semiten den entfernten und wenig in die Augen fallenden Planeten Saturn für ihren ältesten und höchsten Gott, oder — mit de Lagarde zu reden — für das Ziel ihrer Sehnsucht gehalten haben sollten, wird schwerlich Jemandem einleuchten. Allerdings galt der Saturn als der vorzüglichste unter den Planeten[2], und auf dieser Werthschätzung fusst vielleicht de Lagarde's Erläuterung: „man mag denken, der Saturn als fernster Planet sei als letzte Instanz am Himmel angesehn worden, der die weitgreifendste, ja allumfassende Gewalt im Himmel und auf Erden besitzt." Aber diese Begründung wäre doch nur dann statthaft, wenn nachgewiesen wäre, dass die ursprüngliche Religion der Semiten Planetendienst war. Dieser Nachweis wird jedoch nie gelingen. Auch Baal, Astarte und andere Götter haben erst in zweiter Linie astralen Charakter, und für El lässt sich ein solcher überhaupt nicht nachweisen. Bei den Babyloniern war nicht El sondern Adar[3] der Gott, dem der Saturn heilig war. Die Nachrichten des Philo von

---

[1] Abhandl. der Gött. Ges. d. Wissensch. 1. Mai 1880. [2] S. Scholz 193.
[3] S. Schrader, Theol. Studien u. Krit. 1874, 328 f.

Byblus waren werthlos und sagen nicht einmal, dass El der Planet Saturn gewesen wäre. Dass der El der Himjaren dies Gestirn war, ist durch nichts angedeutet; endlich wird es stets vergebliche Mühe sein, in dem alttestamentlichen Gebrauche des Wortes El Anklänge an eine Verehrung des Planeten Saturn zu suchen.[1]

So hat auch die Befragung der Classiker keine Auskunft über das Wesen El's gegeben, und es bleibt nunmehr nur noch übrig, den Sprachgebrauch in den einheimischen Quellen darauf hin zu untersuchen, ob er über den in diesem Namen enthaltenen Gedanken Licht verbreitet. Allerdings bestehn die Quellen hier in erster Linie in trockenen Personennamen; aber grade dies spröde Material bewährt sich als das allein zuverlässige.

Die im Excurs gegebene Uebersicht über das Vorkommen des Worets אל bei den verschiedenen semitischen Stämmen zeigt, dass der Sprachgebrauch dieses Wortes sich in einer doppelten oder dreifachen Strömung bewegt. אל wird als **Appellativ zur Bezeichnung** irgend eines Gottes gebraucht; אל ist sodann ein Einzelgott geworden, welcher neben anderen Göttern eine selbständige Existenz hat und als Gott El bezeichnet werden kann, und אל findet sich endlich in einer noch näher zu bestimmenden Bedeutung in zahlreichen Personennamen. Der appellativische Gebrauch des Wortes war bei den Assyrern allgemein herrschend; ein anderes Appellativum für Gott hatten sie nicht. Bei den Phöniciern wurde das appellativische אל etwa in demselben Umfange gebraucht wie אלן. Im Hebräischen ist es im Verschwinden begriffen und wird durch אלהים ersetzt. Im Himjaritischen finden sich nur einzelne Beispiele für diesen

---

[1] Zu der weiten Verbreitung der Meinung, dass El der Planet Saturn sei, hat besonders Movers (Phönicier I 254 ff. Encyk. S. 387) beigetragen. Aber seine Beweisführung scheitert daran, dass er El und Bel einfach identificirt; das was die Alten von Bel berichten, auf El überträgt; diese Nachrichten nicht kritisch prüft, und endlich wo die Alten von der Verehrung des Saturn durch die Semiten reden, unter diesem Namen ohne weiteres El versteht. Uebrigens hat sich **Movers** selbst die Bedenken vergegenwärtigt, welche gegen die Gleichsetzung El = Saturn sprechen (Phön. I 312 ff.).

appellativischen Gebrauch, und bei Aramäern, Arabern und Aethiopen ist er völlig geschwunden. Der Einzelgott El, offenbar eine secundäre Gestalt, welche ihr Dasein demselben Verdichtungsprocess verdankt, wie Baal, Milk, Adon, tritt bei den Himjaren, Babyloniern und Phöniciern auf, aber überall nur vereinzelt; bei Aramäern, Arabern und Aethiopen findet sich keine Spur von ihm. Dagegen sind die mit אל gebildeten Personennamen ausnahmslos bei allen Semiten nachweisbar, wenn auch bei dem einen Stamme im grösseren Umfange als bei dem anderen. Was bedeutet אל in diesen Personennamen? Ist der Einzelgott El gemeint oder ist אל Appellativ? oder, um die Fragestellung an einigen Beispielen klar zu machen: bedeutet Bab-ilu (Babel) „Pforte des El" oder „Pforte (eines) Gottes"? bedeutet himjaritisches ישמעאל „El hört" oder „(ein) Gott hört"? heisst der phönicische Ἐνυλος, der hamathensische Eniël, der arabische ʿAinʾil „Auge El's" oder „Auge (eines) Gottes"? — Nöldeke[1] nimmt ohne weiteres an, dass אל in diesen und ähnlichen Personennamen als nomen proprium aufzufassen ist, also והבאל = „El hat gegeben" u. s. w. Diese Annahme scheint allerdings die nächstliegende zu sein. Es hat nämlich den Anschein, als stehe אל in diesen Personennamen genau auf derselben Stufe wie der irgend eines Einzelgottes in ganz analog gebildeten Personennamen. Neben Φασαηλος = פצאל = „אל errettet" steht Φασαβαλος = פצבעל = „Baal errettet"; neben Γαιρηλος = גראל = „Client des אל" findet sich phönicisches גראשמן, גרעשתרת „Client des Eschmun, der Astarte". So will auch de Vogüé[2] das אל dieser und ähnlicher Personennamen überall als nomen proprium fassen, nur dass der El dieser Personennamen eine mehr allgemeine Natur und vor allem einen ausgebreiteteren Cult als die Lokalgottheiten gehabt habe. — In dieser Beschränkung tritt das Bedenken zu Tage, welches de Vogüé bei seiner Deutung offenbar nicht ganz hat unterdrücken können. In der That ist es nicht möglich, seiner oder gar der noch weniger verklausulirten Deutung Nöldeke's

---

[1] Berichte d. Berl. Akad. 1880, 774. [2] Zu Nab. 6.

zu folgen. אֵל kann in diesen Personennamen nicht der Einzelgott El sein.

Eine Reihe phönicischer Personennamen ist **mit dem Plural** אֵלִם gebildet, wie Abdelim, Muthunilim, Ischelim. Für diesen Plural ist keine andere Deutung möglich als die appellativische. Da ist es doch von vornherein bedenklich, den Singular anders zu erklären. Ferner kommt Folgendes in Betracht. Der Einzelgott El ist, wie wir gesehn haben, den Aramäern, Arabern und Aethiopen überhaupt unbekannt; sie konnten sich also auch nicht nach ihm nennen. Und doch finden sich auch bei ihnen zahlreiche el-haltige Personennamen. Wo ferner der Einzel-El vorkommt, ist er doch überall ganz selten. Bei den Phöniciern war er sicher nachweisbar nur als einer der Götter von Byblus; bei den Babyloniern scheint er fast nur dem System zu Liebe an die erste Stelle gesetzt zu sein; bei den Himjaren lässt er sich nur ein Paar Mal belegen. Umgekehrt sind hier die mit אֵל gebildeten Personennamen sehr zahlreich. Bei den Himjaren finden sich gegenüber den Paar Stellen, an welchen der Einzel-El sicher nachweisbar **ist, über** 100 el-haltige Personennamen, ja die so gebildeten Namen scheinen bei den Himjaren häufiger zu sein als irgend eine andere Bildung. Sollten sich alle diese Leute nach dem wenig hervortretenden El genannt haben? Das ist kaum glaublich. Endlich lässt sich wenigstens für Einen mit אֵל zusammengesetzten Namen der positive Beweis führen, dass das Gottescomplement nicht den Einzelgott El bezeichnet.

Der Stadtname Babel (Bab-ilu) wurde früher von Schrader „Pforte des El" gedeutet; Schrader hat diese Deutung auf den Widerspruch von F. Delitzsch hin jetzt zurückgenommen. Delitzsch[1] weist nämlich nach, dass das Ideogramm für die Gottesbezeichnung in Bab-ilu (also für *ilu*) auch mit dem Determinativ des Plural geschrieben **wird, so** dass also „Pforte der Götter" zu übersetzen ist. Hieraus ergiebt sich, dass die Babylonier den zweiten Theil des Namens Bab-ilu appellativisch fassten.

---

[1] Paradies 212 f.

Delitzsch fügt hinzu: „Er [der Name Babel] bedeutet „„Pforte Gottes;"" **dass nicht etwa** „„Pforte El's"" zu übersetzen ist, wird durch **die** Schreibung des Namens hundertfach bestätigt." Endlich vergleicht Delitzsch noch den südbabylonischen Stadtnamen Dûri-ilu „Burg Gottes." Beanstanden möchte ich in Delitzsch's Ausführungen nur die von Schrader wiederholte Behauptung, dass die erwähnte pluralische Schreibung des Gottesideogramms irrthümlich sei; diese Variante wird vielmehr dazu dienen, die wahre Bedeutung des Wortes *el* in Babel genauer zu bestimmen.

Aus **dem Umstande,** dass אל in Bab-ilu nicht den Gott El **bedeutet in V**erbindung mit den übrigen oben angeführten **Argumenten wird man nun, ohne sich** einer falschen Verallgemeinerung schuldig zu machen, schliessen dürfen, dass auch in den übrigen el-haltigen Namen **bei** den verschiedenen semitischen Völkern dies *el* nicht nomen proprium eines Einzelgottes, sondern vielmehr Appellativ ist.[1] Hier aber erhebt sich ein neues Bedenken. Ist mit diesem Appellativ אל irgend ein einzelner nicht näher genannter Gott gemeint oder die Gottheit schlechthin, so dass bei dieser Ausdrucksweise auf die Vielheit der Götter nicht **reflectirt** wurde? Mit **anderen Worten:** bedeutet Bab-ilu „Pforte eines Gottes" oder „Pforte Gottes?" Bedeutet Eniël „Auge eines Gottes" oder „Auge Gottes?" Bedeutet himjaritisches Jisma'-el „ein Gott hört" oder „Gott hört?" — Zur Beantwortung dieser Frage genügt der Hinweis auf Namen wie Jeda'el „Gott weiss," Hasaël „Gott schaut," Rabel „Herr ist Gott," Karibaël „Gott ist erhaben" u. s. w. Die Prädikate, welche im ersten Theil dieser Namen ausgesprochen sind, können sich nicht auf irgend einen ungenannten Gott x beziehn, sondern nur auf die Gottheit schlechthin. Ich denke, dies muss einleuchten, sobald man an-

---

[1] Hiermit erledigt sich denn auch Osiander's von Nestle (Eigennamen 41) wiederholter Versuch, אל in den himjaritischen Personennamen als eine Verkürzung von אלהים zu verstehn. Eine solche Verkürzung ist unbeweisbar, **und** die himjaritischen el-haltigen **Namen** können nicht von den analogen bei anderen **Semiten** getrennt werden.

erkennt, dass אל in jenen Namen weder den Einzelgott El bezeichnet noch eine Verkürzung aus אלשמק oder dgl. ist. Denn auch die etwa noch mögliche Annahme, אל in den el-haltigen Namen sei ein appellatives Attribut des Stammgottes, der Titel, mit dem der Gott benannt wurde „wie ein König in seinem Lande der König heisst und nicht Wilhelm[1]," ist aus verschiedenen Rücksichten unhaltbar. Einerseits verehrten die semitischen Stämme, bei welchen el-haltige Namen vorkommen, nicht bloss einen einzigen Gott, wie jedes Volk nur einen König hat; anderseits ist auch hier wieder darauf hinzuweisen, dass אל mehreren der Völker, welche el-haltige Namen verwendeten, sonst fremd war, also auch nicht als Titel gebraucht werden konnte. —

So hätte denn also die Untersuchung über אל zu einer Bestätigung von Renan's Behauptung eines semitischen Monotheismus geführt, der sich innerhalb des Polytheismus **erhalten** hätte? — Es liegt mir fern, diese Schlussfolgerung zu ziehn oder zuzugeben. Renan meint, die Semiten wären durch **die** Eintönigkeit der sie umgebenden Natur zum Monotheismus prädisponirt gewesen, und dieser ursprüngliche Monotheismus hätte auch in späterer Zeit inmitten des herrschenden Polytheismus zahlreiche Anhänger bewahrt. Diese Bekenner des Monotheismus innerhalb des Polytheismus wären diejenigen Personen, welche el-haltige Namen führen, also z. B. bei den Himjaren die Aus'il, Jisma'il, Kariba'il u. s. w. In dieser Form ist Renan's Behauptung unhaltbar. Nicht allein stand bei den Himjaren, um bei ihnen stehn zu bleiben, der Polytheismus in üppigster Blüthe, eine Thatsache, die Renan selbst nicht leugnet; sondern auch die Träger der el-haltigen Namen sind deutlich genug als Polytheisten zu erkennen. Väter von Söhnen mit el-haltigen Namen, also Väter von angeblichen Monotheisten sind nach irgend einem Götzen genannt. Osiand. 18 z. B. ist הובאל der Sohn eines לחיעתת „beim Leben des Atht." Ferner haben Väter mit el-haltigen Namen (also in Renan's Sinne Monotheisten)

---

[1] Wellhausen, Skizzen III 185.

Söhne, welche nach Göttern und Göttinnen genannt sind. So hat Hal. 187 Eljafaʻ (אליפע) einen Sohn היעתת d. i. „Atht erhält." Osiand. 29 hat Elscharach (אלשרח) einen Sohn צדקכר, welcher sich als Verehrer des Mondgottes Sin, des Athtar und anderer Götter und Göttinnen bekennt. Endlich charakterisirt, was das Wichtigste ist, der Text der Inschriften die Personen mit el-haltigen Namen oft genug als Polytheisten, indem sie anderen Göttern opfern, Bauwerke errichten u. s. w. Die Belege hierfür sind so zahlreich, dass es kaum eines Beispieles bedarf; nur der Uebersichtlichkeit halber setze ich die Inschrift Hal. 255 in DHMüllers[1] Uebersetzung hierher. „Waqah'il Ṣadîq Sohn des Iljafaʻ (יקהאל צדק בן אליפע) König von Maʻîn und seine Leibgarde stifteten und weihten dem Athtar von Qâbid^m und Wadd^m und Nakrâh^m, den Göttern von Maʻîn, den ganzen Bau des Thurmes Jarbin u. s. w. Ebenso bringt im Hauran ein Αγγηλος (= הנאל) dem Marnas ein Weihgeschenk dar.[2]

Hiernach kann keine Rede davon sein, dass die Personen mit el-haltigen Namen sich von ihren anders genannten Volksgenossen in religiöser Hinsicht wesentlich unterschieden hätten und Anhänger des Einen Gottes mit Ausschluss aller anderen Culte gewesen wären. Vielmehr erklärt sich die in Frage stehende Namengebung so, dass trotz des ausgeprägten Polytheismus und neben dem Cult der verschiedenartigsten Gottheiten doch auf dem Gebiet des heidnischen Polytheismus das Bewusstsein von Einem höchsten Gott (אל), welcher im Grunde allein mit Recht diesen Namen führte, nicht gefehlt hat. Logisch consequent gedacht würde dies Bewusstsein die Existenz von Einzelgöttern ausgeschlossen haben; aber diese Consequenz wurde eben nicht gezogen, wie denn auch sonst, besonders auf religiösem Gebiete, das logisch folgerichtige sich keineswegs immer mit dem geschichtlich Wirklichen deckt. Statt die übrigen Götter auszuschliessen, schliesst אל (die Gottheit schlechthin) dieselben vielmehr in sich ein, umfasst sie und trägt sie als die

---

[1] ZDMG 37, 344. | [2] Wadd. 2412 g.

höhere Einheit. Daher kann die Gottesbezeichnung in **Bab-ilu** auch pluralisch geschrieben werden, **d. h.** statt „Pforte der Gottheit" kann man sagen „Pforte der Götter," denn die Gesammtheit der Elim findet ihre Zusammenfassung und Einheit in אל. Darum ist der Name Abd-elim nicht wesentlich verschieden von Abd-el, denn der Träger des letzteren Namens sollte nicht als der Verehrer Eines Gottes mit Ausschluss der anderen bezeichnet werden, sondern als Verehrer der Gottheit, welche in den zahlreichen Elim zur Erscheinung kommt.

Es ist dies die Anschauung, welche ich oben als theologischen Monismus im Gegensatz zum Monotheismus bezeichnet habe und für welche der Grammatiker Maximus als Zeuge angeführt wurde. Die Einheit des Göttlichen, dessen durch die Welt zerstreute Kräfte mit vielen Benennungen angerufen werden, ist אל, scheinbar ein Abstractum, in Wirklichkeit aber die Quelle, aus der alle einzelnen Götter hervorgegangen sind, und zugleich das Meer, in dem sie sich alle wieder vereinigen. Es ist das numen schlechthin, dessen eigentlicher Name Allen unbekannt ist, das in seiner Allgemeinheit über den anderen Göttern schwebt und nicht oder doch nur in geringem Masse eine concrete Gestalt angenommen hat. Es ist der älteste und der höchste Gott, aber grade als solcher unfassbar und ungreifbar; es ist secretum illud, quod sola reverentia colunt. So erklärt sich die zunächst auffallende Erscheinung, dass wir von einem Cult El's so wenig Spuren antreffen, während er in Personennamen sehr häufig erscheint. Einem Allgemeinbegriff werden keine Tempel gebaut und keine Opfer dargebracht, denn der Cultus richtet sich immer auf ein concret gedachtes Wesen. Die Gottheit an und für sich ist zu hoch und erhaben, als dass man ihr direct in Opfer und Gebet nahen könnte; man wendet sich um seine religiösen Bedürfnisse zu befriedigen lieber an die näher stehenden und mehr menschlichen Götter, wie im Katholicismus an die Heiligen. Jene näher stehenden Götter werden dann vielfach als Manifestationen der Gottheit angesehn, woraus es erklärlich wird, dass auch von diesen an und für sich inferioren Gottheiten gelegentlich doch jede einzelne als die höchste betrachtet und angerufen werden kann; als Offenbarung, als Erscheinungsform der Gottheit nehmen sie eben denselben Rang ein wie diese und haben dieselben Eigenschaften wie sie. —

Nicht anders als אל in den besprochenen Personennamen sind die sekundären Bildungen אלן und besonders *ilâh*, *allâh* zu erklären; wo sie in Personennamen auftreten sind sie von אל in derselben Verbindung nicht verschieden.

Der phönicische Name יחואלן lässt sich nicht anders übersetzen als „Deus dat vitam."[1] Einen Einzelgott kann אלן in diesem Namen nicht bezeichnen, denn das sonst nur im Plural vorkommende Wort wird ausschliesslich als Appellativ gebraucht. Aber auch als individuelles Appellativ in dem Sinne dass irgend ein Gott von den vielen Göttern gemeint wäre kann אלן schwerlich aufgefasst werden; man sieht nicht ein, warum der Namengeber diesen Einzelgott, den er doch im Sinne haben musste, nicht genannt hätte. Vielmehr wird in dem Namen יחואלן von der Gottheit schlechthin dasjenige ausgesagt, was in dem Namen יחומלך von dem Einzelgott Milk (Moloch) gerühmt wird. Hier wird Moloch als Lebenspender bezeichnet, dort Gott, dessen Erscheinungsform Moloch ist.

Bei Palmyrenern und Arabern treffen wir zahlreiche mit *elâh*, *ilâh* zusammengesetzte Personennamen an[2], wie Elâhzabben, Zabdilâh, Zaid-, Wahab-, Saʻd-, Abd-, Aus-, Taim-ilâh(i); auch mit dem Artikel versehn tritt die Gottesbezeichnung auf in Θεμαλλας, Σγαλλας, Σαμαραλλας, Μυρουλλας, und die in den ersten christlichen Jahrhunderten häufige Benennung Θεόδουλος ist in einzelnen Fällen nachweisbar griechische Uebersetzung von ʻAbd-Allâh.[3] Dass dies *ilâh* oder *allâh* (das Fehlen des Artikels macht keinen Unterschied) nicht anders erklärt werden darf als אל an derselben Stelle, folgt schon daraus, dass Aus-ilâh neben Aus-el, Saʻd-ilâh neben Saʻd-el steht. Der Unterschied dieser

---

[1] Vgl. יחואל 2 Chr. 29, 14. | [2] S. den Excurs. | [3] ZDMG 3, 144.

Namen ist ein bloss sprachlicher; dem Sinne nach sind sie vollkommen gleichbedeutend.

Der Monismus ist die höchste Stufe, zu welcher sich der Gottesglaube der heidnischen Semiten hinaufgeschwungen hat. Er ist nicht erst am Ende der Entwickelung erreicht; denn wenn wir für seine theoretische Begründung auch nur ein so spätes Zeugniss wie das des Maximus haben, so bürgt doch der uralte Name Bab-il, womit Bab-ilē wechselt, dafür, dass schon im höchsten Alterthum der Name Gott in der Bedeutung Gesammtheit der Götter gebraucht wurde. Allein durch diesen Nachweis ist der Abstand, welcher zwischen dem Gottesglauben der Israeliten und dem der heidnischen Semiten klafft, nichts weniger als überbrückt. Der Monismus setzt die Vielheit der Götter **logisch** voraus, der israelitische Monotheismus schliesst sie aus. Anderseits habe ich freilich nachgewiesen, dass die Zahl der Semitengötter in der früheren Zeit eine viel geringere gewesen ist als in der späteren; dass sich die Bevölkerung des semitischen Pantheons fortwährend vermehrt hat durch Annahme fremder Götter, durch lokale und sexuelle Differenzirungen und durch Verdichtung von Prädikaten der Gottheit zu Eigennamen von Einzelgöttern. Und so mag denn auch die Vermuthung gerechtfertigt sein, dass es eine Zeit gegeben hat, wo El noch nicht die Gesammtheit der Götter bezeichnete, sondern das noch ungetheilte Göttliche. Diese voraussetzlich ursprüngliche Auffassung war nicht Monotheismus, sondern „das einfache Bewusstsein des Göttlichen überhaupt, das zu der Vollkommenheit der menschlichen Natur gehört, und das wir nur insofern Monotheismus nennen können, sofern die Vorstellung des Göttlichen als ein völlig Ungetheiltes, durch keine Merkmale Unterschiedenes die Gesammtheit des Bewusstseins erfüllte, der reinen aller Abstraction und Reflexion vorangehenden Anschauung vergleichbar."[1]

---

[1] F. C. Baur, Symbolik und Mythologie I 304, angeführt bei Baudissin, Jahve et Moloch.

Hier sind wir bei dem gemeinsamen Ausgangspunct der heidnisch-semitischen Religionen einerseits und der israelitischen anderseits angelangt. Das Wort El in seiner ältesten Bedeutung bezeichnet den Punct, von welchem zwei Entwickelungsstrahlen ausgehn. Bei den heidnischen Semiten fortwährende Spaltung des Urbegriffs zu zahllosen Göttern und dem gegenüber nur vereinzelte Bestrebungen, zur Einheit zu gelangen. Bei den Israeliten einzelne Ansätze zur Spaltung, heftige Kämpfe mit der heidnischen Richtung, aber im Grunde ein stetiges Fortschreiten auf dem Wege zum absoluten Monotheismus. Dass **dies Ziel** von Israel erreicht worden ist, kann ich aus nichts Anderem erklären als aus steter göttlicher Leitung und göttlicher Offenbarung.

Die Entwickelung **des** israelitischen Gottesglaubens **im Einzelnen** zu verfolgen ist nicht die **Aufgabe**, welche ich mir in diesem Buche gestellt habe oder stellen konnte. Nur in einer selbständigen Untersuchung kann die inhaltliche Fülle des mosaischen und prophetischen Gottesbegriffs entfaltet und gewürdigt werden. Ich beschränke mich daher darauf, kurz recapitulirend auf diejenigen Puncte hinzuweisen, an denen die formelle Eigen**art** des israelitischen Gottesglaubens gegenüber dem semitischen Polytheismus in die Augen springt, auch abgesehn von dem ethischen Gehalt, durch welchen freilich dieser Glaube erst seinen wahren Werth erhält.

Von der Verehrung El's als des noch ungetheilten und unpersönlichen Göttlichen sind aller Wahrscheinlichkeit nach auch die Hebräer ausgegangen; denn wenn sie diese Gottesbezeichnung und zwar diese allein mit allen semitischen Völkern theilen, so müssen sie ursprünglich auch denselben Begriff mit diesem Worte verbunden haben wie ihre Stammesverwandten. Mit der Trennung der Semiten in verschiedene Stämme hörte diese Gleichheit auf; und hier zeigt sich nun sofort die völlige Einzigartigkeit der Hebräer, sobald wir untersuchen, in wie weit ihr Gottesglaube die gleiche Entwickelung durchgemacht hat **wie der der** heidnischen Semiten. Denn die charakteristischen

Vorgänge, welche das Pantheon der heidnischen Semiten bevölkert haben, haben auf den Gottesglauben der Hebräer keinen oder doch keinen entscheidenden Einfluss auszuüben vermocht.

In erster Linie ist hier auf die nicht genug zu betonende Thatsache hinzuweisen, dass sich im israelitischen Gottesglauben keine Spur von sexueller Differenzirung zeigt. Wie bereits S. 265 hervorgehoben ist besitzt das Hebräische nicht einmal ein Wort für den Begriff Göttin. Dieser Mangel der Sprache ist der grösste Vorzug von Israel's Glauben; denn er beweist, dass die mit dem Worte Göttin verbundene Vorstellung dem Hebräer sozusagen unfassbar war. Damit aber war der semitischen Naturreligion, welche auf dem physischen Gegensatz von männlich und weiblich basirt, in Israel von vornherein der Nerv durchschnitten.

Auch in einer zweiten Beziehung nimmt Israel unter seinen Stammesverwandten durchaus eine Ausnahmestellung ein. Der Verdichtungsprocess, durch welchen bei den heidnischen Semiten allgemeine Prädikate der Gottheit zu Eigennamen von Einzelgöttern wurden, hat im alten Testament kein Analogon. Die Worte Baal, Melek, Adon u. s. w., welche wir bei Phöniciern und anderen semitischen Stämmen als Namen von ebensovielen gleichnamigen Göttern antrafen, haben im alten Testament überall ihre appellativische Bedeutung behalten. Es giebt keinen israelitischen Baal neben Jahve, sondern Jahve wurde in älterer Zeit der Baal d. i. der Inhaber seines Volkes genannt. Es giebt keinen israelitischen Adonai (Adonis) neben Jahve, sondern dies ursprünglich in der Anrede an Jahve gebrauchte Wort hat nur diejenige Selbständigkeit erhalten wie etwa das französische Notre Seigneur in der Anwendung auf Christus. Und wenn die Israeliten einen Moloch (מלך) verehrten, so war dies nicht ein auf hebräischem Boden erwachsener sondern von den heidnischen Nachbarn entlehnter Gott.

Fremde Götter sind, wie wir gesehn haben, zu Zeiten massenweise in Israel verehrt worden. Aber der Abstand von der analogen heidnisch-semitischen Verehrung fremder Götter ist auch hier deutlich genug erkennbar. Denn während bei den heidnischen Semiten die Verehrung fremder Götter durchaus in der Ordnung war, ist sie von der officiellen Religion Israel's stets unbedingt verdammt worden.

In diesen drei Beziehungen — dem Fehlen der sexuellen Differenzirung und des Verdichtungsprocesses allgemeiner Prädikate, sowie in der Versagung des Bürgerrechtes an fremde Götter — tritt es deutlich zu Tage, wie unhaltbar die Behauptung ist, die Eigenart des israelitischen Gottesglaubens sei erst durch die ethische Predigt der Propheten geschaffen. Die Propheten konnten ihre ethische Wirksamkeit deswegen entfalten, weil sie **auf** einem reineren und höheren Gottesglauben fussten, als die heidnischen Semiten. Die Behauptung, dass umgekehrt die höhere Sittlichkeit den reineren Gottesglauben geschaffen habe, lässt dagegen die Frage, woher denn den Propheten diese höhe Sittlichkeit kam, völlig unbeantwortet.

Zu der oben näher beschriebenen lokalen und qualitativen Differenzirung Eines Gottes bei den heidnischen Semiten finden sich im alten Testament einige Ansätze. Wenn Absalom das Gelübde erfüllen will, welches er dem Jahve in Hebron gelobt hat[1], so ist hier eine Lokalform des Jahve in's Auge gefasst vergleichbar der Allât in Ṣalchad. Denn Absalom hat das Gelübde nicht etwa in Hebron gethan, sondern er will es dem Jahve in Hebron erfüllen. Er hätte es aber ebenso gut in Jerusalem erfüllen können, wenn nicht der Jahve in oder von Hebron in irgend welcher Weise von dem in Jerusalem verschieden gedacht worden wäre.[2] — Von Gideon wird erzählt[3], dass er dem Jahve einen Altar baute und ihn יהוה שלום (Jahve Friede) nannte. Studer bemerkt hierzu sehr richtig: „Es erhellt aus solchen Stellen, dass in früherer Zeit Jehova an verschiedenen Orten unter verschiedenen Beinamen verehrt wurde."[4] Dann ist es aber auch sehr wahrscheinlich, dass sich im Bewusstsein des

---

[1] 2 Sam. 15, 8. [2] Vgl. Klostermann z. St. [3] Jud. 6, 24. [4] Vgl. auch Ex. 17, 15.

Volkes **mit** diesen verschiedenen Beinamen die Idee materiell verschiedener Erscheinungsformen Jahve's verband. Diese Vermuthung wird gestützt und bestätigt durch die genaue **Aus**legung des berühmten Wortes Deut. 6, 4 שמע ישראל יהוה אלהינו יהוה אחד. Die Uebersetzung Luthers: „Höre Israel, der Herr unser Gott ist ein einiger Herr" ist insofern missverständlich, als nach ihr das Vorhandensein anderer Götter ausser Jahve geleugnet ist. Der Grundtext sagt jedoch nicht, dass es nur Einen Gott giebt — obgleich dieser Gedanke an und für sich echt deuteronomisch ist — sondern dass es nur Einen Jahve giebt. Die Betonung dieses Gedankens setzt aber voraus, dass den Israeliten der Gedanke an mehrere irgendwie differenzirte Jahves nicht absolut fremd war. Auch der Verfasser von Zach. 14, 9 erhofft es erst von der Zukunft, dass „Jahve einer und sein Name einer" sein wird, wonach zu seiner Zeit die Verehrung Jahve's in einer Mehrheit von Erscheinungsformen in Israel vorgekommen sein muss.

Diese in historischer Zeit **nur** sporadisch nachweisbare Differenzirung Jahve's scheint nun auch schon in der Urzeit des Hebraismus ihr Analogon gehabt zu haben, und dies wird der Vorgang gewesen **sein,** durch welchen der ungetheilte El zu dem näher bestimmten aber dadurch auch im Gegensatz zu andern Göttern gesetzten El Schaddai wurde.

Dass die vormosaischen Israeliten Gott unter diesem Namen verehrt haben, ist, wie S. 193 nachgewiesen wurde, nicht zu bezweifeln; schwerer ist es zu entscheiden, worin sich El Schaddai vom einfachen El einerseits, von Jahve anderseits unterschied. Nun steht El Schaddai zunächst formell auf derselben Stufe wie der El Eljon Melchisedek's; durch beide Namen wird Eine Seite in dem Wesen El's besonders hervorgehoben. Auch dem Wesen nach sind beide im Grunde nicht von einander unterschieden, denn Abraham erkennt durch den Schwur bei **El Eljon** diesen als **seinen Gott an**[1] **und** identificirt ihn also

---

[1] Der Zusatz *Jahve* zu *El Eljon* Gen. 14, 22 scheint jüngere Interpolation zu sein; vgl. Dillmann.

mit El Schaddai. Durch die Prädicirung El Eljon's als des höchsten Gottes ist nun logisch der Gedanke anderer minder hoch stehender Götter gesetzt. Die Verehrer des höchsten Gottes brauchten diesen niederen Göttern nicht zu dienen, aber die Vorstellung ihrer Existenz setzte sich im Bewusstsein fest. Es war wieder das Werk menschlicher Gedanken und Sprachbildung, welches die Götter schuf. Zu demselben Resultat führten andere Beinamen, mit welchen nach den Erzählungen der Genesis El in der Patriarchenzeit angerufen wurde. Wenn Abraham zu Bersaba den El Olam[1] „den Gott der Urzeit" anrief, so war damit die Vorstellung jüngerer Götter gegeben. Wenn Jakob zu Sichem eine Mazzebe aufstellte und sie, d. h. den Gott, zu dessen Ehren sie errichtet war, „El, der Gott Israel's" nannte[2]; oder wenn er dem El von Bethel einen Altar erbaute[3], so war diese Beziehung El's auf Israel oder auf Bethel eine nähere Bestimmung, aber zu gleicher Zeit auch eine Beschränkung und Spaltung des ursprünglichen Gottesbegriffs, denn wie von selbst drängte sich der Gedanke auf, dass ebenso wie Israel so auch jedes andere Volk oder Geschecht seinen besonderen Gott haben müsse. Ebenso führte nun die Prädicirung El's als des Schaddai (des gewaltigen, s. u.) zu der Annahme, dass es andere göttliche Wesen gebe, denen dies Prädikat nicht oder doch nur in beschränktem Sinne zukäme. Dieser Gottesname muss nach den biblischen Zeugnissen in der alten Zeit des Hebraismus einen viel weiter reichenden Einfluss ausgeübt haben als die anderen; denn während El Olam, El der Gott Israels und El von Bethel nur bei einzelnen bestimmten Anlässen vorkommen, gilt El Schaddai schlechthin als Gottesname der Patriarchenzeit.

Den mit diesem Gottesnamen verbundenen engeren Begriff zu eruiren macht, wie gesagt, Schwierigkeiten. Aus den Erzählungen der Genesis darf man das Material nicht ohne weiteres

---

[1] Gen. 21, 33. Auch hier ist Jahve wohl späterer Zusatz. [2] Gen. 33, 20; vgl. oben S. 217 Anm. 3. [3] Gen. 35, 7.

schöpfen, weil, wie oben nachgewiesen, die Patriarchen in der Tradition zum Theil zu idealen Trägern eines Glaubens geworden sind, welcher erst einer späteren Zeit angehört. Nur die Thatsache, dass dieser Name der in der vormosaischen Zeit herrschende war, ist zunächst das allein feststehende. Ich wage den Versuch, ihn grammatisch zu erklären.

Nöldeke[1] hält die Aussprache שַׁדַּי für eine künstliche und vermuthet, dass der Name ursprünglich שְׂדִי gelautet habe. Diese angeblich ursprüngliche Aussprache, wonach שְׂדִי ein Synonym von אֲדֹנָי sein würde, wäre aufgegeben, weil שֵׁד in späterer Zeit die Bedeutung Dämon angenommen hatte. — Aber die Aussprache שַׁדַּי ist gesichert nicht nur durch die freilich unhaltbare Deutung Aquila's, Theodotion's und Symmachus', welche ἱκανός = דַּי und שֶׁ übersetzen, sowie die damit identische Auslegung der Synagoge („ich bin derjenige, in dessen Göttlichkeit jedes Geschöpf Genüge findet"[2]), sondern durch die einmal bei den LXX vorkommende Transscription Σαδδαι.[3] Grammatisch wird das Wort Schaddai von Ibn Esra, Ewald und Dillmann als Steigerungsadjectiv von שדד = שדה erklärt. Aber ein Verb שדה in der Bedeutung von שדד ist im Hebräischen nicht nachweisbar, und zudem würde man שָׁדִי mit langem â, wie הָיָה, erwarten. — Im jüngeren Hebräisch kommen viele Personennamen vor, die genau wie שַׁדַּי gebildet sind, vgl. שַׁמַּי רַמַּי קַלַּי עַתַּי רַדַּי סַלַּי חַגַּי וַדַּי בַּי. Gesenius u. a. nehmen an, dass die Endung âj in diesen Namen Verkürzung aus Jahve ist. Dies ist in der That der Fall in יִשְׁמַרְיָה = יִשְׁמְרִי u. a. ähnlichen Namen. Aber diese Erklärung trifft nicht bei allen auf âj ausgehenden Namen zu, denn wir finden auch in Palmyra z. Th. buchstäblich gleichlautende Namen, welche sichtlich von Verbis ע״י mit der Adjectivendung âj gebildet sind; vgl. זבי Ζαββαιος[4]; Zenobia hiess mit ihrem einheimischen Namen בת זבי.[5]

---

[1] Monatsber. d. Berl. Akad. 1880, 775. ‖ [2] Raschi אני הוא שיש באלהותי די לכל בריה. ‖ [3] Ezech. 10, 5. Vgl. auch Symmach. Hiob 6, 4. ‖ [4] Vogüé Palm. 28. 29. 112. ‖ [5] ibid. p. 153.

Vgl. ferner יחדו‎[1], יהדי‎ Ιαδδαιος[2], Μανναιος[3], מקי‎ Μακκαιος[4], בני‎ :בדי‎, שתי‎, רעי‎ Ρααιος, רשי‎.[5] Ja שדי‎ selbst war im Palmyrenischen als Personenname gebräuchlich[6] und findet sich in griechischer Transscription auf einer Inschrift aus Batanaea[7] wieder. Εύτυχος ... κ(αὶ) Κωερος Σαδδαιο[υ]. Diese Form entspricht bis auf die griechische Endung genau der Transscription der LXX. Ob in der That der alttestamentliche Gottesname und der palmyrenische Personenname identisch sind, wage ich nicht zu entscheiden; unmöglich ist es keineswegs. Aber so viel scheint mir mit Sicherheit aus diesen Nachweisen zu folgen, dass das hebräische שַׁדַּי‎ nicht anders erklärt werden darf als Jaddai, Zabbai, Makkai u. s. w. und demnach auf שדד‎ zurückgeführt werden muss. Von dreilautigen Wurzeln sind auf dieselbe Weise gebildet im Palmyrenischen עבדי‎ Αβδαιος, שדדי, וחבי יחדי‎ al., im Hebräischen שָׁתִי, שָׁבְתַי‎ al. Die im alten Testament vorkommenden Bildungen mit āj sind Aramaismen, denn sie finden sich fast ausschliesslich in Namen der jüngeren und jüngsten Zeit, während die analogen Namen in Palmyra augenscheinlich ursprünglich heimisch waren. Dann lässt sich aber auch der Gottesname שַׁדַּי‎ nur als Aramaismus erklären.

Ich sehe voraus, dass dies Resultat begierig aufgegriffen werden wird, um als neues Argument für die nachexilische Abfassungszeit der sogenannten Grundschrift und ihre völlige Unzuverlässigkeit in Fragen der Religionsgeschichte verwendet zu werden, wie sich denn Wellhausen[8] bereits dahin ausgesprochen hat, dass der Name Schaddai bei Leibe nicht älter sei als Jahve. Gegen eine so junge Datirung ist der Name Schaddai nun aber gesichert durch den Segen Jakobs.[9] Aramaismen sind einerseits in der jüngsten Zeit in das Hebräische eingedrungen, anderseits finden sie sich in der allerältesten Periode.[10] Mir scheint der Gebrauch des Gottesnamens Schaddai nur so erklärt werden

---

[1] ibid. p. 154. [2] ibid. S. 63. [3] CIG 4505. [4] Vogüé 116. [5] ibid. 132. 146. 55. 16. 136. [6] Euting, Berichte d. Berl. Akad. 1885, 674ter. [7] Wadd. 2197. [8] Bleek 176. [9] Vgl. auch Num. 24, 4. 16 in den Bileamsprüchen. [10] Ein Name auf āj **aus** alter Zeit ist חֶלְבַּי‎; vgl. auch כְּתִי‎.

zu können, dass die Hebräer ihn aus ihren aramäischen Stammsitzen mitgebracht haben. Während wir also oben zugeben mussten, dass auf dem Wege rein historischer Forschung der Gottesglaube der Israeliten nicht weiter **hinauf** verfolgt werden kann als bis zu den Stämmen in Gosen, führt die grammatische Untersuchung des alten Gottesnamens Schaddai in höhere Fernen, und die Vermuthung, dass Abraham es war, der diesen Namen aus der aramäischen Heimath mitbrachte, wird demjenigen nicht zu gewagt erscheinen, der Abraham überhaupt für eine historische Persönlichkeit hält.

Die Bedeutung des Namens ist nach der Tradition der Starke, Gewaltige. LXX übersetzen es im Hiob 15 Mal παντοκράτωρ, der Syrer ebenda חסינא, Hieronymus *omnipotens* **oder** *robustissimus*, Ibn Esra תקיף. Sprachliche Bedenken gegen diese Deutung sind unter Vergleichung des arabischen *šadîd* nicht vorhanden, und ebenso wenig sachliche. אל שדי steht auf derselben Stufe wie אל קנא, אל חי und אל עליון. Durch Weglassen von אל wurde שדי zum Eigennamen, wie auch עליון es hätte werden können und z. Th. thatsächlich geworden ist.[1]

Der Gott der Patriarchen ist durch diesen Namen als derjenige gekennzeichnet, dem die Macht und Gewalt zusteht. Vermuthlich ist hierbei in erster Linie an die physische Gewalt gedacht, worauf die Verbindung שד משדי[2] „Gewalt vom Gewaltigen" führt. Schaddai ist ein Synonym von אביר, womit es Gen. 49, 24 im Parallelismus steht, und welches ebenfalls in erster Linie **von** der physischen Kraft gebraucht wird. Ist aber der Gott der vormosaischen Zeit in erster Linie der gewaltige, so lässt sich nun auch feststellen, wodurch er sich von dem durch Moses verkündeten unterschied. So wenig Jesus einen neuen Gott verkündet hat, hat Moses den Gott der Väter abrogiren wollen. Aber **er** hat eine neue Seite seines Wesens offenbart; und wenn nun der Gott der Väter der naturgewaltige war, so kann das Neue, welches Moses gebracht hat und das

---

[1] ψ **9, 3. 21,** 8. 46, 5 **und** der phönicische Eליון. ‖ [2] Jes. 13, 6. Joel 1, 15.

die Väter noch nicht kannten, nur dies gewesen sein, dass eben jener naturgewaltige Gott zugleich auch ein **sittliches** und **heiliges** Wesen ist. Diese Offenbarung ist nicht sofort allgemein durchgedrungen; neben dem neuen Namen Jahve und dem damit verbundenen Begriff blieb der alte in Geltung, und die Eigenschaften Schaddai's wurden vielfach einseitig auf Jahve übertragen. Auch ist die Existenz anderer Götter durch das Gebot, Jahve allein zu dienen, nicht von vorn herein ausgeschlossen, wie sich denn die Annahme, dass es viele Götter und viele Herren gebe, lange Zeit und in weiten Kreisen Israel's[1], ja z. Th. bis in die **Zeit** des neuen Testaments hinein erhalten hat. Aber principiell **hat** Moses seinem Volke und durch dies der Welt den geistig sitt**lichen** Monotheismus geschenkt. Diesen Ruhm machen ihm die Propheten, welche sein Werk **gehütet** und weiter gebildet haben, nicht streitig. „Und es stand hinfort kein Prophet in Israel auf, wie Mose, den der Herr **erkannt** hätte von Angesicht zu Angesicht."

Hier, wo wir dem unsichtbaren, geistigen und sittlichen Gott Israel's gegenüber treten, machen wir Halt. Wer sich darüber wundern sollte, dass wir es nicht vorgezogen haben, Sein Wesen zu erforschen und darzulegen, anstatt uns mit phönicischen und syrischen Göttern zu beschäftigen und Israel's vormosaischen Glauben zu prüfen, dem diene zur Antwort, dass Niemand zum Allerheiligsten dringen kann, der nicht zuvor den Vorhof der Heiden und den Vorhof der Israeliten durchschritten hat.

---

[1] Vgl. Baudissin, Studien I 47 ff.

Excurs zu S. 271 ff.

Im alten Testament wird Gott am häufigsten mit seinem Eigennamen benannt, den er in Israel führt. Nestle[1] hat berechnet, dass Jahve etwa 6000 Mal vorkömmt. Als appellativische Gottesbezeichnung, sowohl für den wahren Gott Israels als auch für einen Gott oder für die Götter der Heiden, ist stehend das Wort Elohim; es findet sich nach Nestle 2570 Mal; dazu kommen 57 Fälle, wo der jüngere Singular Eloah gebraucht ist.[2]

---

[1] Theol. Stud. aus Würtemberg III. Jahrg. § [2] Von diesen 57 Fällen kommen auf Hiob 41; Psalmen 4; Daniel 4; Habakuk 2; Deuteronomium (Lied Mosis) 2; Proverbien, Chronik, Nehemja, Deuterojesaias je 1. — ψ 18, 32 steht אלוה für ursprüngliches אל 2 Sam. 22, 32. Diese Psalmstelle ist ihrerseits angeführt Jes. 44, 8. — ψ 50, 22 steht שכחי אלוה parallel dem älteren שכחי אלהים ψ 9, 18. — ψ 114, 7 scheint der ganz vereinzelt dastehende Ausdruck אלוה יעקב aus אלהי יעקב corrumpirt zu sein. — ψ 139, 19 ist ganz jung. — Prov. 30, 5 steht אלוה für ursprüngliches יהוה ψ 18, 31. Desgleichen 2 Chr. 32, 15 אלוה für ursprüngliches אלהים (אלה) 2 Reg. 18, 33. 19, 12. — Habak. 3, 3 אלוה מתימן יבא ist Variation von Deut. 33, 2 יהוה מסיני בא. — Habak. 1, 11 זו כחו לאלהו ist um so unsicherer, als אלוה sonst nie mit einem Suffix verbunden wird. Somit bleiben, abgesehen von den 4 Stellen bei Daniel und der einen bei Nehemja (9, 17 אלוה סליחות) im Grunde nur die 2 Stellen im Liede Mosis als Beleg für selbständigen Gebrauch von אלוה gegenüber den 41 Stellen bei Hiob übrig. Hiernach aber gewinnt es den Anschein, als ob entweder der Dichter des Hiob oder der des Liedes Mosis die Gottesbezeichnung אלוה erst geprägt hätte. Schon das Altersverhältniss entscheidet für den Verfasser von Deut. 32, dessen Originalität sich auch in dem sechsmaligen zum Theil recht eigenthümlichen Gebrauch von צור für Gott (v. 4. 15. 18. 30. 31. 37) zeigt, und der auch in dem Worte שדים (v. 17) einen eigenthümlichen Ausdruck für den Begriff „Götzen" geprägt hat. Vielleicht sollte die Singularform אלוה als Bezeichnung des Gottes Israels ein directes Zeugniss für seine Einheit sein. Der Dichter des Hiob, welcher Deut. 32 als Lied des Moses kannte, griff diesen vermeintlich uralten Namen auf und gebrauchte ihn mit besonderer Vorliebe, ebenso wie das alte אל und שדי.

Während Deut. 32, 17 die Bedeutung von אלוה zwischen der appellativischen und der eines Eigennamen schwankt, ist es bei Hiob ausschliesslich

Sehr viel seltener ist El (226 Mal), Plural Elim (9 **Mal**), eine Benennung, welche ebenfalls sowohl von Jahve **wie von** den Göttern der Heiden gebraucht wird, und welche im Sprachgebrauch — abgesehen von dem weniger häufigen Vorkommen — überhaupt nicht von Elohim unterschieden ist. Das Wort El ist im Hebräischen augenscheinlich im Aussterben begriffen, nimmt aber grade deswegen unsere besondere Aufmerksamkeit in Anspruch[1], zumal da wir in anderen semitischen Sprachen ganz ähnliche Erscheinungen antreffen.

Das Wort El findet sich überhaupt nicht in folgenden Büchern des a. T.: Chronik, Esra, Koheleth, Esther, Ruth, Hohes Lied, Proverbien, Leviticus, Königsbücher, Joel, Amos, Obadja, **Habakuk, Zephanja,** Haggai, Zacharja. Es fehlt ferner im Richterbuch mit Ausnahme **von** 9, 46 אל ברית, wofür 8, 33. 9, 4 בעל ברית steht. In den Büchern Samuelis findet es sich nur in den poetischen Stücken I 2, 3. II 22 (4 Mal). II 23, 5. Bei Nehemja ist 1, 5. 9, 32 (האל הגדול והנורא) Entlehnung aus Deut. 10, 17; dieselbe Entlehnung findet sich Jer. 32, 18. Dan. 9, 4. — Nehem. 9, 31 ist aus Exod. 34, 6 entnommen; selbständig hat auch Nehemja dies Wort nicht gebraucht. Bei den Propheten **findet** es sich nur im Deuterojesaias etwas häufiger, nämlich 14 Mal, sämmtliche Fälle im ersten Drittel der Schrift. Beim ersten Jesaias kömmt es, abgesehen von den Eigennamen עמנו אל

---

[1] Eigenname, wird daher stets ohne Artikel, ohne Suffix und ohne genetivisches oder adjectivisches Complement gebraucht. Bei Daniel dagegen ist es wieder ausschliesslich Appellativ. Die sämmtlichen Stellen, an welchen es bei Daniel vorkömmt, sind in den drei Versen C. 11, 37—39 vereinigt. (אלהי, אלוה כל, אלוה נכר, אלוה אשר לא ידעו אבתיו). Die erste von diesen vier Stellen bleibt ausser Betracht, da die Worte ועל כל אלוה v. 37 zu streichen sind. Sie steht im Widerspruch zu v. 38 und LXX haben sie nicht gelesen. Nun aber ergiebt sich das eigenthümliche Resultat, dass an den drei übrig bleibenden Stellen mit אלוה immer der von Antiochus Epiphanes verehrte Gott (Zeus Olympius oder Jupiter Capitolinus) gemeint ist. Da אלוה im ganzen Daniel sonst nicht vorkömmt, so muss dies Absicht sein, wobei es freilich sehr auffallend bleibt, dass das Wort, welches ursprünglich geprägt wurde um **die** Einheit **des** Gottes Israels zu betonen, hier ausschliesslich von dem falschen Gott gebraucht ist. ¶ [1] Vgl. für das Folgende Th. Nöldeke, Sitzungsberichte der Berl. Akad. 1882, S. 1175—1192.

und אל גבור, nur 2 Mal vor (5, 17. 31, 3); bei Jeremias fehlt es ausser der genannten Entlehnung und 51, 56 (aus exilischer Zeit) ganz. Ezechiel hat einmal אל שדי der Grundschrift und ausserdem 28, 2. 9 eine Reminiscenz an Jes. 31, 3.[1] Bei Hosea und Maleachi findet sich der Name je 3 Mal, bei Micha, Nahum, Jona je 1 Mal, bei Daniel 2—3 Mal. Im Hexateuch stellt sich die Sache folgendermassen. Im Leviticus fehlt, wie gesagt, El ganz; im Buche Numeri findet es sich 6 Mal in den Bileamsprüchen, ausserdem noch 2 Mal: 12, 13. 16, 22. Im Exodus tritt es nur in den ältesten Stücken auf: in dem Siegesliede 15, 2, im Dekalog 20, 5 und in der Parallelstelle 34, 14; ausserdem 6, 3 אל שדי aus der Grundschrift. In der Genesis 18 Mal, darunter 5 אל שדי und 4 אל עליון; im Deuteronomium 13 Mal, **aber** ausschliesslich in den das gesetzliche Corpus umrahmenden Stücken, während es C. 11—31 gar nicht vorkömmt; 5 **von** jenen 13 Fällen kommen auf das Lied und den Segen Mosis. Im Buche Josua kömmt El 3 Mal vor. Ganz anders stellt sich der Gebrauch von El in den poetischen Büchern Hiob und Psalmen. „Ein Viertel aller Fälle (über 50) kommt auf die dichterischen Theile des Hiob, in denen es noch etwas mehr gebraucht wird als אלוה. Ungefähr ein Drittel aller Psalmen enthält אל, aber es ist auch in den Psalmen nicht annähernd so beliebt wie אלהים" (Nöldeke).

Ziehn wir das Resultat aus dieser Uebersicht, so ergeben sich folgende Sätze. Das Wort El wird von Amos an bis in die jüngste Zeit hinab von einer grösseren Anzahl von Schriftstellern ganz gemieden; bei anderen findet es sich vereinzelt, aber nur in den von ihnen aufgenommenen poetischen Stücken. In gehobener Rede findet sich El auch sonst wohl (Jesaias, Deuterojes. Deuteron.), desgleichen in besonders alterthümlichen Stücken (Exodus), und in der poetischen Prosa der Genesis; vor allen aber in den rein poetischen Büchern Hiob und Psalmen.

---

[1] Hiernach ist Nöldeke's Angabe zu berichtigen, dass Ezechiel **nie** El habe.

Hieraus aber ergiebt sich, dass El im Hebräischen ein vorwiegend poetisches und zugleich ein alterthümliches Wort ist, welches der lebenden Sprache oder wenigstens der prosaischen Redeweise fremd geworden und hier durch Elohim ersetzt war, während die Poesie wie überall so auch hier das ältere Sprachgut bewahrte. Auch die auffallende Thatsache, dass zahlreiche Personennamen wie Isra-el, Schemu-el, Eli-ezer, Eli-jahu, El-nathan, Jechesqe-el u. v. a. durch Zusammensetzung mit El gebildet sind, während sich kein einziges Compositum mit Elohim oder Eloah findet, deutet darauf hin, dass jenes die althebräische Gottesbezeichnung ist, welche für die Namenbildung (neben Jahve) immer beibehalten wurde und neben der Elohim nicht mehr einzudringen vermochte, obgleich dies Wort sonst das allgemein herrschende wurde.

Die mit El gebildeten Personennamen sind für die Erkenntniss des altsemitischen Gottesglaubens von ganz besonderer Wichtigkeit; denn überall bei den heidnischen Semiten treffen **wir** auf Namen, welche dieselbe Gottesbezeichnung enthalten. Danach aber liegt es nahe, grade in diesem Wort den Gedanken ausgedrückt zu finden, welcher allen jenen Religionen gemeinsam ist.

Ob die kleinen Nachbarvölker Israels Gott auch Elohim genannt haben, wissen wir nicht; überall aber finden sich Composita mit El. Für Edom sind zu nennen Esau's Söhne Eli-phaz und Re'u-el[1]; ferner Magdi-el[2], ein edomitischer Phylarch, und Mehetab-el[3], ein Frauenname. Für Moab haben wir als einzigen Beleg den geographischen Namen Nachli-el[4]; auf Mesa's Inschrift kömmt leider ein Appellativ für „Gott" nicht vor. Bei den Ammonitern kömmt in assyrischen Keilschriften[5] der Name Pudu-ilu vor, den Schrader mit פדהאל Num. 34, 28 zusammenstellt, Andere[6] als Bod-el = בדאל erklären. Für die Philister fehlt uns ein Beleg, denn Jabne-el Jos. 15, 11 = Jabne

---

[1] Gen. 36, 4. [2] 36, 43. [3] 36, 39. [4] Num. 21, 19. [5] Schrader, KAT² 141.
[6] S. DLZ 1886, 20. Novb.

2 Chr. 26, 6 kann kananäischer Name sein. Bei den Kananäern findet sich אל auch sonst in geographischen und Stammes-Namen vgl. Jiftach-el[1], Jizre'-el und Jerachme-el.[2] Bei anderen mit El zusammengesetzten Städtenamen in Palästina ist es zweifelhaft, ob sie israelitisch oder kananäisch sind.

Die Phönicier haben, wie es scheint, die Gottesbezeichnung *ilâh* nicht gekannt. Allerdings sagt Philo Bybl.[3]: Οἱ δὲ σύμμαχοι Ἤλου τοῦ Κρόνου Ἐλοείμ ἐπεκλήθησαν, ὡς ἂν Κρόνιοι οὗτοι ἦσαν οἱ λεγόμενοι ἐπὶ Κρόνου. Da sich aber auf den Inschriften bisher keine Spur von אלהים gefunden hat, so ist es wahrscheinlich, dass Philo sein Ἐλοείμ aus dem Hebräischen genommen hat. Die phönicischen Appellative für Gott sind El (אל), Plur. Elim (אלם), und Elon (oder Alon? אלן), Plur. Alonim (אלנם). Das letztere Wort ist bekannt aus Plautus *Yth alonim valonuth* = **Deos deasque**; ferner aus dem Namen des tyrischen Königs Abdalonymus.[4] Auf den Inschriften finden wir die Verbindungen לפני אלנם[5] *coram diis*; ferner bei Eschmunazar האלנם הקדשם (Z. 9) *dii sancti*; אלנם הקדשם (Z. 22); בת אלנם (Z. 15. 16) *templa deorum*; לאלנ צדנם (Z. 18) *diis Sidoniorum*. Auf dem Ausgabenverzeichniss aus Larnaka[6] liest man zwei Mal לאלנ חדש, was **Renan** zweifelnd *diis neomeniae* übersetzt. Endlich werden auf der Inschrift von Ma'sub Ptolemaeus und Arsinoe אלנ אחים „Geschwistergötter" genannt. Der Singular lässt sich mit Sicherheit einmal nachweisen auf einer Inschrift aus Cirta[7], auf welcher der Name יחואלן *deus dat vitam* vgl. יחומלך vorkömmt.

Neben Elon gebrauchten die Phönicier das Wort El, von welchem jenes vermuthlich abgeleitet ist. Der appellativische Gebrauch des Wortes zeigt sich in der Verbindung לאלי רשף מכל[8] „seinem Gotte Reschef von Amyklae". Ebenso bei folgendem weiblichen Gottesnamen לאלי לעשתרת[9] „seiner Gottheit Astarte". Den appellativischen Gebrauch bezeugt ferner der ziemlich häufige Plural אלם, vgl. פני אלם *coram diis* auf den

---

[1] Jos. 19, 14. 27. ‖ [2] 1 Sam. 27, 10. ‖ [3] Müller 568. ‖ [4] s. Schröder. ‖ [5] CIS 1, 10. ‖ [6] ibid. 86a und b, 3. ‖ [7] ibid. 192. ‖ [8] ibid. 90, 94. ‖ [9] ibid. 4.

Opfertafeln von Massilia und Carthago.[1] ישמע אלם קלא[2] *audiant dii vocem eius*. Mehrfach wird אלם in Verbindung mit einem Substantiv als Amtsbezeichnung von Personen gebraucht, die im Dienste der Götter standen. Am verständlichsten ist אמת אלם[3] *serva deorum*; danach erklärt sich אש אלם[4] *vir deorum*; vgl. גלב אלם[5] *tonsor deôrum* i. e. *tonsor sacer*, מרזח אלם[6] *parasitus*(?) *deorum*, מקם אלם[7] *constitutor*(?) *deorum*. Auf der Inschrift von Ma'sub bezeichnet אלם selbst ein nicht näher zu bestimmendes Amt (אש בן האלם „was gebaut haben die Elim"; es ist von einem Porticus die Rede). Auch zur Bildung von Personennamen wird der Plural אלם gebraucht; vgl. עבדאלם[8] *servus deorum*, und Ἀβδήλιμ[ος] Τύριος auf einer griechischen Inschrift[9], sowie den tyrischen König Ἀβδήλιμος bei Josephus.[10] Ferner מתנאלם[11] *donum deorum*, und in lateinischer Transscription *Muthunilim*.[12] Endlich כלבאלם[13] *canis deorum*. Häufiger sind Personennamen, in denen אל im Singular erscheint. Ich kenne folgende Belege: Ἔνυλος, König von Byblos[14], auf seinen Münzen עינאל „Auge Gottes"[15] genannt. Ferner Ἀνηλος = חנאל (Gott erbarmt sich) auf einer griechischen Inschrift bei Theuprosopon (אנואל) in Phönicien[16], vgl. אלחנן auf einem geschnittenen Steine.[17] In Sardinien kömmt der Name אלפם[18] vor, wozu Euting das alttestamentliche אליפם[19] vergleicht. In Karthago heisst eine Frau מתנאל בת מתנבעל.[20] Auf einer lateinischen Inschrift[21] kömmt *Risuil* = רצואל als Name eines Puniers vor. Endlich auf geschnittenen Steinen[22] יונאל, אלברך, עשנאל, אלאמת.

Wie das Wort אל in diesen Namen zu verstehen ist — ob

---

[1] CIS 165, 13. 167, 8. ǁ [2] ibid. 193. ǁ [3] ibid. 378. ǁ [4] Vogüé, Melanges 81. ǁ [5] CIS 257. 258. 259. ǁ [6] ibid. 165, 16. ǁ [7] ibid. 227. 260. 261. 262. 377 bis. ǁ [8] ibid. 7, 2. 14, 6. 87, 1. ǁ [9] Renan, Mission 709. ǁ [10] C. Apion. I 21. ǁ [11] CIS 194. 363. Euting, Samml. 183. ǁ [12] CIL VIII 10525. ǁ [13] CIS 49. ǁ [14] Arrian 2, 20, 1. ǁ [15] Für diese Benennung vgl. Zach. 2, 12 nach der richtigen Lesart עיני. — Denselben Namen עינאל führte ein König von Hamath, das nach Gen. 10, 18 kananäisch war. S. Dillmann ad l. ǁ [16] Renan, Mission 146. 147. ǁ [17] Rev. arch. 1868, I 436. ǁ [18] CIS 147. ǁ [19] 2 Sam. 11, 3. 23, 24. ǁ [20] CIS 406. ǁ [21] S. Schröder 178. Einige andere nicht ganz sichere el-haltige Namen ibid. 130. ǁ [22] Rev. arch. 1868, I 435 f.

als Name eines Einzelgottes oder als Appellativ — untersuche ich im Zusammenhang mit den ebenso gebildeten Namen bei anderen semitischen Stämmen; ich bemerke hier nur, dass sich auf den Inschriften keine Spur von einem phönicischen Einzelgott El findet. Auf der Inschrift von Ma'sub scheint El Chamman Aequivalent von Baal chamman zu sein. Die Nachrichten griechischer Schriftsteller über Ἥλος = Κρόνος kommen ebenfalls an anderer Stelle zur Sprache.

Im Aramäischen ist in den Texten אלהא durchaus das herrschende Wort für Gott. So im biblischen Chaldäisch, im Syrischen und in **den** Targumen. Wo in den beiden letzten Schriftgattungen einmal אל vorkömmt, da ist es einfacher Hebraismus. Für das Targum citirt Buxtorf die Stellen Gen. 14 אל עלאה = **אל עליון**; Gen. 17, 1 אל שדי; ψ 22, 2 אלי אלי und v. 11 אלי אנת. Die Stellen, an welchen איל im Syrischen vorkommt, citirt Payne Smith; anerkannter Massen ist es an allen diesen Stellen Fremdwort; ebenso das mandäische עיל, על. Auch auf den aramäischen Inschriften wird als Appellativ für Gott im Context der Rede immer אלהא gebraucht. „Die Götter von Teima" heisst אלהי תימא. In palmyrenischen Inschriften finden wir שמשא אלהא[1] „Gott Sonne"; ירחבול אלהא = θεοῦ Ἰαριβώλου[2]; חדריינוס אלהא = θεοῦ Ἀδριάνου[3]; שמשא אלה בית אבהן[4] „Sonne, der Gott ihres Vaterhauses"; אלהיא[5] „Götter"; אלהיא טביא[6] „gute Götter". In solchen oder ähnlichen Verbindungen kömmt אל nie im Palmyrenischen vor. Auch in palmyrenischen Personennamen erscheint אלה; aus der griechischen Transscription ergiebt sich, dass es *elâh* oder *ilâh* ausgesprochen wurde. Hierher gehört der oft vorkommende Name אלהבל, griechisch Ελαβηλος „Gott ist Bel", **der** Aussprache nach genau übereinstimmend mit *Elagabalus* = אלהגבל, wofür freilich auch *Alagabalus* vorkömmt. Ferner אלהשא Ελασσα[7] für אלה שמשא „Gott ist die Sonne"; אלהובן[8]; זבדלא für זבדלה und dies für זבדאלה „Gabe Gottes", griechisch

---

[1] Vogüé 108. [2] ibid. 15. [3] ibid. 16. Wadd. 2585. [4] Oxon. I. [5] Vogüé I. 2. [6] ibid. 3. [7] ibid. 70. [8] Bericht **der** Berl. Akad. 1885, 676.

Ζαβδίλα, Ζαβδέλα oder auch Ζηνόβιος.[1] Diese Gräzisirung beweist, dass der zweite Theil von ובדלא die Gottheit bezeichnet. — Die nabatäischen Inschriften ergeben dasselbe Resultat. Auf hauranischen lesen wir לאלה קציו [2] „dem Gott Qaçiu". דושרא אלה [3] „Gott Dusares"; אלה אם אלהי[א] [4] „Allât, Mutter der Götter"; ferner לאלת אלהתהם [5] „der Allât ihrer Göttin". Auch hier erscheint אלה in dem Personennamen ובדאלהי [6], und mit deutlich erkennbarem Artikel vor der Gottesbezeichnung in Θεμαλλου [7] (gen.) = taim-allâh und Σηαλλας [8] = šaí-allâh. Auch die Nabatäer in Arabien (Hegr) gebrauchen im Text nur das aramäische אלהא, nicht אל, vgl. Euting 4, 7 דושרא אלהא .. 19, 7 .. אלהא ... Im stat. constr. אלה, vgl. 11, 6. 12, 8 דושרא אלה מראנא „Dusares, der Gott unsers Herrn"; 21, 3 אלה רבאל „Gott des Rabel"; auch 8, 9 לאלהי (?) „meinem Gott". In Personennamen findet sich das arabische ilâh(î) oder allâh(î). 3, 11 ותבאלהי. 5, 6 מנעאלהי. 7, 1 תימאלהי. 9, 10 חלפאלהי. 20, 1 ש[עד]אלהי. Bei den Nabatäern der Sinaihalbinsel findet sich אלה ebenfalls sehr häufig in Personennamen wie עבדאלה oder עבדאלהי, תימאלה, שעדאלה, אושאלה, גרמאלה u. a. Im Text [9] בדן תא אלה תא „Priester des Gottes Tâ"; auch אלהא mit aramäischem Artikel kömmt vor.[10] Die Form אל scheint in diesen Inschriften ganz zu fehlen.

אלה ist auf dem gesammten aramäischen Sprachgebiet die ausschliesslich herrschende appellativische Gottesbezeichnung[11] und kömmt theilweise auch in Personennamen vor. Viel häufiger aber ist für Bildungen der letzteren Art von den ältesten bis in die jüngsten Zeiten das sonst nicht vorkommende אל verwendet worden. Auch hier hat sich ähnlich wie im Hebräischen das alte und ursprüngliche Wort für Gott, welches der lebendigen Sprache verloren gegangen war, in den Eigennamen erhalten. Für die ältere Zeit verweist Nöldeke[12] auf solche uralte

---

[1] Vogüé 15. [2] Vogüé Nab. 4. [3] Vogüé Nab. 7a. [4] ibid. 8. [5] ibid. 6; vgl. Euting Nab. 40. [6] Vogüé Nab. 12. [7] Wadd. 2020. [8] ibid. 2298. [9] ZDMG 3, 212. [10] ZDMG 14, 481. [11] Die einzige Ausnahme würde das nicht ganz sichere אל קציו (Vogüé Haur. 5) bilden; s. hierüber oben S. 104. [12] Monatsber. der Berl. Akad. 1880, 760 ff. Sitzungsber. der Berl. Akad. 1882, 1175 ff.

Namen wie בתואל und קמואל „den Vater Arams". Der Damascener חזאל, meint Nöldeke, könnte allenfalls kananitischer Herkunft gewesen oder nach einem fremden Gott benannt sein. Da wir aber neben dem Hazaël von Damaskus andere Syrer dieses Namens kennen und ausserdem sonstige el-haltige Namen auf syrischem Gebiet finden, so ist diese Annahme weder nothwendig noch wahrscheinlich. Schrader[1] weist ausser dem Hazaël von Damaskus in assyrischen Keilschriften mehrere nordarabische Fürsten dieses Namens nach und zieht aus diesen Namen den Schluss, dass sich schon in frühen Zeiten aramäische Einflüsse in jenen Gegenden geltend gemacht haben müssen. Wie sehr diese Folgerung berechtigt war, hat die Stele von Teima gezeigt. Ferner ist der echtsyrische Name טָבְאַל[2] vgl. hebr. טוביה zu nennen; die Gottesbezeichnung aus israelitischem Einfluss zu erklären, liegt gar kein Grund vor. Nöldeke führt noch an den Syrer אלידע 1 Reg. 11, 23. Endlich darf daran erinnert werden, dass die Sage den Knecht Abraham's, **Eliezer, aus Damaskus** stammen lässt. — **Im** Palmyrenischen finden sich die Namen דניאל[3], פציאל[4] vgl. Δανιβωλος, מלבאל[5]; auf nabatäischen Inschriften[7] רקיבאל, רבאל, כליאל, מקימאל; ferner bei Vogüé והבאל **und** נמראל. Dazu kommen die zahlreichen mit אל gebildeten Personennamen auf griechischen Inschriften aus dem Hauran, Batanäa **und** Trachonitis, welche Nöldeke a. a. O. zusammengestellt und erklärt hat. Ich nenne beispielsweise Ναταρηλος = נמראל; Θαιμηλος = taim + אל; Γαιρηλος = גראל; Ανηλος = חנאל; Ραββηλος = רבאל u. a.[8] —

Auch auf den Inschriften von Safa im Osten von Damaskus, welche von umherstreifenden Arabern auf aramäischem Sprachgebiet herstammen, hat Halévy[9] die Gottesbezeichnung אל in den Personennamen אלסמר, פוראל nachgewiesen. Von der Form

---

[1] KAT² und KGF Index. ‖ [2] Jes. 7, 6. ‖ [3] Vogüé 99. ‖ [4] ibid. 93. ‖ [5] Euting, Ber. der Berl. Akad. 1885, 674. ‖ [6] ibid. S. 677. ‖ [7] S. Euting Index. ‖ [8] Die Behauptung de Lagarde's, das Wort אל in diesen Namen sei von den Juden entlehnt, hat Nöldeke in seinem zweiten Aufsatz widerlegt. ‖ [9] JA 1882, I 479.

אלה findet sich in diesen Texten keine Spur, und Halévy ist zu der Annahme geneigt, der Islam habe sein *allâh* den christlichen Nabatäern entlehnt. Diese Annahme ist jedoch schwerlich haltbar. Die Formen *allâh* und *ilâh* als Bezeichnung Gottes oder eines Gottes sind bei den eigentlichen Arabern so sehr die herrschenden, dass an Entlehnung nicht wohl zu denken ist. Besonders bemerkenswerth ist[1], dass *allâh* (mit Artikel) auch schon bei vormohammedanischen Dichtern vorkömmt, und dass die von arabischen und europäischen Gelehrten vertretene Annahme, Allâh sei an solchen Stellen von mohammedanischen Censoren erst später für einen ursprünglichen heidnischen Gottesnamen eingesetzt, jedenfalls durchaus nicht überall zutrifft. v. Kremer ist geneigt, diesen Gebrauch von Allâh in vormohammedanischer Zeit auf Rechnung christlichen und jüdischen Einflusses zu stellen; allein schon aus der Zeit der Ptolemäer kennen wir einen Araber Namens Μοσουλλας, worin Renan[2] gewiss richtig das Wort *allâh* mit dem Endvokal des vorhergehenden Wortes verbunden erkennt. Auch Σαμαραλλας[3], der Name eines Arabers aus dem ersten Jahrhundert vor Christus, gehört hierher.[4] Die Form אל (*il*) ist den Arabern zur Zeit Muhammed's nicht bekannt und wird von ihnen für ein Fremdwort gehalten. **Aus** einer Anzahl von Personennamen wie ʿAbdil, ʿAinil, Qismil u. a.[5] ergiebt sich jedoch, dass auch auf diesem Gebiet des Semitismus אל in alter Zeit als Gottesbezeichnung gebraucht wurde.

Dies Ergebniss wird bestätigt durch die Thatsache, dass sich das gleiche Wort bei den Himjaren verhältnissmässig lebendig erhalten hat. Die gewöhnliche Gottesbezeichnung ist freilich auch bei ihnen das gemeinarabische אלה[6], wovon ein Plural אלאלה vorkömmt, den Nöldeke auf eine im Singular nicht gebräuchliche Wurzel אלל zurückführt. Auch in dem Personennamen סעדלה[7] — *saʿd-ilâh* tritt dies Wort auf. Daneben finden

---

[1] S. A. v. Kremer, Ueber **die** Gedichte des Labyd, in Berichte d. Wien. Akad. Bd. 98 (1881) S. 555—603. | [2] JA 1859 I 240. | [3] Jos. Ant. XIV 13, 5. | [4] Vgl. auch Wellhausen, Skizzen III 184 ff. | [5] S. Nöldeke, Ber. d. Berl. Akad. 1882, 1186. | [6] Os. 29, 6. **32, 4. 37, 6.** Hal. **192, 3.** 556, 3. 681, 3 etc. | [7] Os. 4.

sich aber auch zahlreiche Spuren von אל, und zwar wird es
sowohl als Appellativ wie auch als Name eines Einzelgottes
gebraucht. Der appellativische Gebrauch von אל ist mit Sicherheit nachgewiesen von D. H. Müller[1] in der Phrase
ואלהמי | עתתר | דגופתם | בעל | עלם | ובשר
„und ihrer beiden Götter, des Athtar von Gaufat^m, des Herrn
von ʿAlm, und des Baschar". Müller bemerkt hierzu „das Wort
ואלהמי an dieser Stelle ist von höchster Wichtigkeit, weil es allen
Zweifeln, ob אל im Sabäischen als Appellativum gebraucht wird,
ein Ende macht, da durch das j des Duals jede andere mögliche Erklärung endgültig beseitigt wird.[2] Dass dies אל ganz
gleichbedeutend mit ilâh (אלה) gebraucht ist, zeigt die Inschrift
auf S. 387, Z. 4: ובאלהתהו דסמוי „und bei ihrem Gotte Du
Samâwi".

Neben diesem appellativischen Gebrauch des Wortes אל
findet sich eine Reihe von Fällen, in welchen *Il* nomen pro-
prium eines himjaritischen Einzelgottes geworden ist.[3] In der
Inschrift Hal. 144, 3 ist genannt ein Aus ben Ausil vom Ge-
schlechte Raimân, Priester des Il und Athtar (רשו | אל | ועתתר).
Dieser Priester Aus stand also im Dienste zweier Götter, von
denen der eine Il, der andere Athtar hiess. Hal. 150, 4 ist
genannt אלאוס | קין | ידמרמלך | ואל | ועתתר „Elaus, Diener des
Jadmurmalik und des Il und des Athtar". Hal. 257, 2[4] wird
Il^m in Verbindung mit den Göttern ŠIM^m und HBL^m und HMR^m
genannt, vgl. Hal. 50, 2. 385, 4. Endlich füge ich in D. H.
Müller's Uebersetzung[5] hier an die Inschrift Hal. 349: „Damarʿalî
Watâr, Sohn des Karibaʾil, stellte wieder her und . . . . den
Sabäern und Bakiliern die Erweiterung, die ausgeführt hat an
der Mauer der Stadt Nasq^m sein Vater Karibaʾil, in Gemässheit
der Vorzeichnung und Abgrenzung, die vorzeichnete und ab-
grenzte sein Vater Karibaʾil. Und Il möge senden in dieselbe
(oder: ihm verleihen) Bestand und Sieg, und Il möge gedeihen

---

[1] ZDMG 1883, 366. | [2] Andere allerdings durch Ergänzung hergestellte
Belege für diesen Gebrauch von אל s. bei Müller a. a. O. 353 bis. 378. ||
[3] Vgl. Derenbourg, JA 1882 I 361 ff. | [4] Vgl. ZDMG 30, 697. | [5] ZDMG 37, 3.

lassen alle Früchte, die nicht bewässert werden". In dieser Inschrift ist ausser Il kein Gott namentlich genannt, und es will mir scheinen, als ob statt Il direct „Gott" zu übersetzen wäre; dass eine solche Ausdrucksweise auf heidnischem Gebiet nicht unmöglich ist, hat sich an anderer Stelle ergeben. Der Einzelgott Il findet sich nur sehr selten auf den Inschriften, woraus geschlossen werden muss, dass sein Cult nicht sehr beliebt war. Um so bemerkenswerther ist die Thatsache, dass bei den Himjaren ausserordentlich viele mit אל gebildete Personennamen vorkommen, welche nicht anders erklärt werden können, als die ebenso gebildeten bei anderen semitischen Völkern. Als Beispiele für himjaritische el-haltige Namen nenne ich die folgenden, von denen einige sehr häufig vorkommen. Es ist längst bemerkt, dass einzelne **genau** entsprechende Aequivalente im Hebräischen haben.

אהליאב; אהלבעל, und אהלבעל vgl. phönic. אהלמלך; אהלאל vgl. אביםאל; אוםאל und בעאל; אלאוס vgl. hebr. בניה; דרהאל vgl. hebr. **הדדה**; יהבאל; *Iddobaal, Iddorâm*, phönic. ידידיה, vgl. hebr. ורדאל; הושאל; und אלוהב vgl. hebr. נתנאל; וסראל vgl. hebr. עזריהו; וקהאל vgl. hebr. יקותיאל; וחראל vgl. hebr. חםואל; ידעאל und אלידע, idem hebr.; ילבראל vgl. hebr. זמריה; יחםאל; יבלאל vgl. hebr. יםליה; יסםאל und אלסםע vgl. hebr. ישםעאל und אלישםע; ישעאל und אליםע; ישרהאל idem hebr.; יקםאל vgl. hebr. אליקים; יתאל vgl. hebr. ישעיהו; סנראל כרבאל Χαριβαηλ und אלכרב; םנגאל; נבםאל vgl. hebr. יראיה; und אלםסד; צדקאל vgl. hebr. צדקיהו; ראבאל (vgl. hebr. ראובן); רבאל; אלדרא; טובאל vgl. hebr. תובאל; שריהבאל; אלםדה und שרחאל; רחאל; אלםדר; אלקדם vgl. hebr. קדםיאל; אלרם vgl. phön. בעלרם; אלרסא vgl. hebr. רםאל; אלכו Ελεαζος vgl. hebr. בזראל.

Bei den Aethiopen ist die gemeinsemitische Gottesbezeichnung durch eine neue Bildung ersetzt; von *ilâh* finden sich bei ihnen keine Spuren, von *il* hat Halévy[1] in jüngster Zeit einige Reste aufgefunden. In den von Dillmann[2] zusammengestellten Listen äthiopischer Könige finden sich zahlreiche mit אל (*El*

---

[1] JA 1883 II 454 ff. [2] ZDMG 3, 338 ff.

oder *Ela*) zusammengesetzte Namen wie El-Ahjawa, Ela-Çebâh u. v. a. Halévy weist nach, dass **dieses** אל, welches man früher fälschlich als Relativpronomen auffasste, nichts **Anderes** ist als die altsemitische Gottesbezeichnung, so dass also jene beiden Namen zu übersetzen sind: „Gott hat belebt", „Gott ist Licht". Halévy weist noch darauf hin, dass der Name Ela-Amêdâ, welcher sich auf den vorchristlichen Inschriften von Axum findet, seine genaue Parallele an dem himjaritischen אלעמד[1] hat, und erkennt endlich in den griechisch überlieferten Namen Ελεαζος, Ελισαρης, Ελεσβαος die äthiopischen Aequivalente אליז, אלשרח und אלאצבח.

Im Assyrisch-Babylonischen ist אל (*ilu*, Plur. *ilê* und *ilânê*) die ausschliessliche appellativische Bezeichnung für Gott; von der Wurzel *ilâh* findet sich hier keine Spur. Die Maskulinform *ilu* wird auch von Göttinnen gebraucht; Beltis wird *ilu bîlit ilê* „die Gottheit, die Herrin der Götter" genannt. Als Eigenname bezeichnet אל den babylonischen Obergott Ilu. In einer II R 48, 28—39 veröffentlichten, von Schrader[2] erläuterten babylonischen Götterliste steht Il an der Spitze des ganzen Systems; ihm schliessen sich an Anu, Bel, Ea, Sin, Samas, Bin, Marduk, Nabiuv. Diese Zusammenstellung zeigt, dass ebenso wie Anu, Bel u. s. w. auch Il Einzelgott ist. Dass aber diese Göttergestalt im Verschwinden begriffen war, ergiebt sich daraus, dass auf einer parallelen vom assyrischen Standpunct aus angefertigten Liste[3], welche im übrigen der babylonischen fast völlig entspricht, Il durch den assyrischen Schutzgott Assur ersetzt ist, der also bei den Assyrern an die Stelle Il's getreten war. Auch in den solennen Götteraufzählungen kömmt, so viel ich weiss, Il nicht vor.[4] Eine von Norris[5] mitgetheilte Stelle lautet:

---

[1] Hal. 529, 1. ‖ [2] Theol. Stud. u. Krit. 1874, 338 f. ‖ [3] ibid. 337. ‖ [4] Nach Delitzsch, Paradies 165 ist ilu im Assyrischen „nur in ganz besonderen Fällen Eigenname eines speciellen Gottes und bedeutet sonst stets wie hebräisches אל allgemein Gott". — Auch in dem babylonischen Schöpfungs- und Fluthbericht, in welchem doch die „grossen Götter" Anu, Bel, Adar, Ea genannt werden, findet sich von Il keine Spur. ‖ [5] Assyr. Dict. II 480.

„sari maduti alik maḥriya, sa ilu ana sarruti erkuru (?) zikirsun — many kings going before me, whom god to royalty hath pronounced (?) their name". Wie es scheint ist *ilu* in diesem Text nicht der Einzelgott, sondern, wie auch Norris es auffasst, Gott schlechthin. — Zur Bildung von Personennamen ist אל im Babylonisch-Assyrischen nicht viel verwendet worden; doch kömmt ein assyrischer König Pudi-ilu im 14. Jahrhundert vor.[1] Ferner steckt אל bekanntlich in dem Namen Babel (Bab-ilu); für die Auffassung des Wortes in dieser Zusammensetzung ist von Wichtigkeit, dass das Gottesdeterminativ, durch welches אל ausgedrückt wird, auch pluralisch geschrieben vorkömmt.[2]

[1] Schrader KGF 473. [2] Schrader KAT 129.

REGISTER.

(G = Gott oder Göttin.   N = geographischer oder Personen-Name.)

Abdallah N 286
Abdel N 285
Abdelim N 281. 285. 302
Abdhadad N 68
Abel N 148
Abigail N 156
Abimelech N 146
Abital N 156
Abraham (Abram), **Etym. 155 f.**
Actia Dusaria 92
Ada N und G 149 f.
'A'dâ (?) G 108
Adad s. Hadad
Adar G 54. 254. 263
Adar-Malik G 238. **254**
Adon, Adoni 41. 263
Adonis 41 ff.
Adonis-Osiris G 43. 75. 255
Adrammelech G 254
'Adu (?) G 107
Aescolapius Merre G 49
Aglibol G 83 ff. 255
Alasathos N 103
Alilat G 97
Alitta G 99
Allat G 58. 90. 92. 97 ff. 114. 128. 263
Allat von Amnad 97. 261

Allat-Athtar G 119. 256
Allat Mutter der Götter 97
Allat von Salchad 97. 261
Almakah G 121 ff.
Amastra N 36
'Amed (?) **G 91**
Ammaedara N **58**
'Amm Anas G 128
Ammastart N 156 f.
Ammon G 28. 105
Ammon-Ra 254
Amrisamsos N 89
Anammelech G 254
Ananja N 147 Anm.
Anat G und N 52. 141. 265
„   Theilformen 261
Anatot N 53
Anu G 254 f. 265
Anu-Malik G 84. 238. 254
Aphrodite 104. 259
„   ἐπήκοος 33
„   Paphia 34
„   Urania 34
Apisdienst 198
Apollo von Alesion 51
„   von Amyklae 51
„   Erythibios 171

Apollo von Helos 51
Asclepius **N 45**
Ascher N 161
Ascheren 218 ff.
Aschtar-Kamos G **14.** 255 f.
Aschur-Ramman G 76. 255
Asmunius N 44. **141**
Astar G 130
Astarte 16. 31 ff. 117. 266
„ von Aphaka 34
„ von Arke 34
„ von Askalon 34. 65
„ von Berytus 34
„ **als Kriegsgöttin 34**
„ ἡ μεγίστη 36
„ שם בעל 32. 267
„ Theilformen 261
Asthor N 20
Astroarche G 36
Atar G 69 f.
Atargateion 74
Atargatis G 68 ff. 90. 256 f. 265
Atar-samain G 69. 258. 267
Athare **N 70**
Athe G 62. 70 f. 265
Athene Gozmaia 98
„ **Kyria 97**
Athenodoros N 90
Atht G 120 Anm. 3
Athtar G 117 ff. 259
Aum G 128
Aumu G **101**
Azemilkos N **37**
Azgad N 80. **141**
Aziz G 62. 76. 259. 263. 265

Baal 10. 17. 263
„ Adar 43
„ berith 25. 212 f. 261
„ **Chamman** 25. 39. 55. 261. 265
„ **Chazor 19**

Baal Gad 25. 79. 261.
„ vom Gebirge 20
„ Hermon 19. 261.
„ vom Libanon 20. 94
„ Markod 25. **261**
„ Meon 19
„ Peor 14. 210. 261
„ Perazim 19
„ Sanator 24. 261
„ Saphon 261
„ Schalischa 19
„ Schamem 23. 82. 103. 261
„ von Sidon 19. 261
„ **von Tarsus 19. 261**
„ von Tyrus **20. 261**
„ Zebub 25. 65. 261
„ als Feminin 144 Anm. 1
Baalat 29. 263. 266
„ **Gebal 30**
„ הדרת 30
Baalis N 16
Babel 280 ff.
Bast G 64. 259
Beelmari G 62
Bel 86 f. 89. 249. 259
Belaqab N 86
Belbaraq N 86
Belschuri N 86
Beltis G **87. 259**
Beth Anat N 53
Bol G 87 f.
Bolathe G 88. 255
Bonifatius N 60
Bostor N 36
Bur-Marna N 66

Chaamu G 107
Chalasath G 103. 106
Chamital N 156
Chammanim 28
Chenadad s. Henadad

Chiel N 156
Chinisdo N 60

Dagon G 65
Daniel N 305
Dât anwâṭ G 98
Demeter erysibie 171
Derketo 65. 70
Doda (?) N 83
Dodo G und N 13. 234
Doom G 54. 91
DRIA G 107
Dûri-ilu N 282
Dû Samâwî G 123 f.
Dusares G 92 ff. 108
Dusaria 92
Dusarios N 92. 93. 141

Ea G 277
Ebjatar N 156
Edom 10
Egzia samâj G 130
Eirene 104
El, Bedeutung 271 ff.
„ von Bethel **292**
„ Eljon **291** f.
„ Olam **292**
„ Schaddai 192 ff. 291
Ela-'Amêdâ N 309
Elabel N 86. 303
Ela-Çebâḥ N **309**
El-aḥjawa N 309
Elagabal G und N **80**
Elassa N 89. 303
Eleazos N 309
Elesbaios N **309**
Elias, Heiliger 101 f.
Elimelech N 146
Elisares N 309
Ellotis G 59
Elusa N 106 f.

Eniel N 280
Ephka N 87
Erucium N 26
Eryx N 36
Eschbaal N **144**
Eschmun G 44 ff.
„ -Adonis G 43. 255
„ -Astarte G 47. 256
„ -Melkart G 46 f. 255
„ -Merre G 261
Ethaos G 71
Ethbaal N 234 Anm. 4
Eva 148

Gad G und N 66. 76 ff. 159. 249
„ Taimi 78. 90
Ganymed 104. 250
Georg, Heiliger 102
Gestirndienst der Araber 112
„ in Israel 239 ff.
Giddeneme N 60
Gisco N 54

Hadad G 67. 72
Hadadezer N 67
Hadadnadinach N 68
Hadad-Rimmon G 75. 84. 255
Hadoram N **67 Anm. 6**
Ḥagr G 127. **261**
Hasaël N **282**
Hathor G 64. 259
Hathor-Miskar G 64. 256
Haubas G 123
Heiligencult bei Himjaren 129
Heliogabal N 80
Hellotis s. Ellotis
Henadad N 68 Anm. 4. 141
Henoch 153
Hierobolus **G 87**
Himilco N **40**
Hirâ G 107

Hiram N 156
Hobal G 108. 113. 259.
Horus G 64. 259

Jabal N 149
Jahve, Theilformen 290
Jakob, Etym. 156
Jalîl G 128
Jaghûth G 128
Jaraios N 87
Jarchibol G 86 f. 255
Jared **N 151**
Jaṭṭa' G **127**
Idnibal N 42
Idris N 153
Jechawelon N 286. 301
Jerubbaal N 143. 145
Jerubbeschet N 143
Je'usch N 10
Il s. El
Ilu-Malik G 255
Ilu-Ramman G 76. 255
Imilco N 40. 156
Iolaos 46
Irad **151**
Isaak, Etym. 158
Ischbaal N 145
Ischboschet N **144**
Ischelim N 281
Isis G 64. 105. 259
Isis-Baaltis 31
Istar von Arbela 261
 „ assyrische 261
 „ -Malkatu 255
 „ von Nineve 261
Jubal N 149
Juppiter Hammon 28

Kain N 151 f.
Kais G und N 11. 108
Kalsah G 108

Kamos G 13. 15. 238. 256
Kamos-Gad N **79**
Kaziu G 103. 304
Kenan G und N 127. 152
Kevan-Selem G 239
KN G 107 f.
Kos G 11. 108
Kostobar N 11
Kozach G 12
Kronos 105. 276 f.
Kulal G 128

Lakhma G 255
Lunus G 85

Madhuw G 128
Mahalalel N 148 f.
Mahram **G 130**
Malachbel G 84. **255**
Malik G 11. 254
Malkiel N 146
Malkischua N 146
Malkiram N 146
Manot G 94. 97. 108. 115
Manu G 79 Anm. 5
Marna G 65 f. 259. 263
Marinus N und G 109. 260
Marni G 62
Marnion 66
Mechujaël N 148
Melecheth des Himmels 242
Melkart G 20 f. 234
Men G 85
Meni G 79. 249
Menotyrannus G 85
Mephiboschet N 143
Meribaal N 143. 145
Methuschaël N 148
Methusalah N 149
Milchato N 37
Milichus N und G 39

Milk (Moloch) G 37. 84. 263
Milk-Astart G 27. 39. 256
Milk-Baal G 27. 39. 84. **255**
Milk-Osir G 39. 255
Milkat G 40. 263. 266
Milkom G 15. 84. 238
Minäer 117
Minos 237
Miskar G 64
Mnevis G **198**
MNU G (= Mnevis?) 107
Moloch G 15. 237; s. auch Milk
Monddienst 105
Monimos G 76
Muthunilim N 281

Naama N und G 150
Nab'al G 128
Namphamo N 54
Nana G 258
Nasr G 80. 128. 261
Nebo G und N **15. 89. 259**
Neith G 57
Nike G 104. 259
Nurbel N 86

Odeinath N 90
Obodas N und G **109. 260**
Ogenes G **104** f. **259**
Orotal G **95**
Osiris G 63. 259
Otmilc N 37
Otmilcat N **156**

Pa'am G 53
Patris (Kyria) G 104
Phasabaal N 280
Phasaël N 280
Ptah G 64. 259
Pudu-ilu N 300. 310
Pumi G 53

Pygmalion 54
Pygmaios 54
Pymatos N 53

Rabbat, Titel für Göttinnen 41
Rabbat Amma G 58
Rabel N 282
Raḥam (?) G 91
Regina coeli 56. 263
Reschef G 50 ff.
„ -Cheṣ G 51. 261
„ von Amyklae 51
Rimmon G 75
Ruben Etym. 159
RṢU G 90
Rusaddir N 54

Sabäer 116 ff.
Sad G 59
„ -Melkart G 9. 60. 255
„ -Tanit G 60. 256
Sa'd N und G 116. 161
Saddaios N 294
Sakkun G 54
Sakkut-Melek G **239**
Salambo G 57. 269
Salamier N 94
Sams G 130
Sanchuniathon N **54**
Ṣaphon G und N **22**
Sara N **157**
Sasam G 65
Saturn 113. 278 f.
Schaddai s. **El** Schaddai
Schamash-Ramman G 76. 255
Schams (Schemesch) G 88. 260
Secchun N **54**
Ṣelem G 80 f.
Ṣidḳ G **128**
Sidon G 60
Simson 161 ff.

Sin G 106. 120. 122 f. 259
Sol sanctissimus G 84
Sonnengottheit, Theilformen 123. 261
Sophonisbe N 22
Stierdienst 198 f.
Straton N 32
Suva' **G 126**

Tâ G 108
Ta'lab G 127. 260 f.
„   Rijâm G 127
Tammuz G 44
Tanit G 16. 25. 36. 55 ff. 265
„   Penê Baal 56. 81. 268
Taimoamed N 91
TDH G 109
Teima 80 f.
Teraphim 180
Theandrios G und N 102
Theandrites G 102
Theandrition 102
Theodulos N 286
Theusares G 96 Anm. 4
Thubal N 149
TUN G 128

Tyche G 76 ff.
Tychea 78
Tycheon 66. 78

Ummathtar G 118 f.
Urania G 99 f.
Uzza G 114. 263. 265

Vabalathus N 90, 97
Vaseathu G 102
Venus Erycina 35

Wadd G 124 ff. **261**

Zabdila N 304
Zenobios N **304**
Zeus 104. 259
„   **Belus 86**
„ $\dot{\epsilon}\pi\iota\kappa\acute{\alpha}\rho\pi\iota o\varsigma$ 96
„   Kasius 103 f.
„   Κεραύνιος 103
„   Κύριος 104
„   μέγιστις Κεραύνιος 82
„   Τέλειος 96
„   ὕψιστος καὶ ἐπήκοος 83
Zilla N 151

Druck von W. Drugulin in Leipzig.

www.ingramcontent.com/pod-product-compliance
Lightning Source LLC
Chambersburg PA
CBHW030809230426
43667CB00008B/1138